Quellen zur Geschichte der Frauen

Neuzeit

W0359979

# Quellen zur Geschichte der Frauen

Band 3

## Neuzeit

Herausgegeben von
Anne Conrad und Kerstin Michalik

Philipp Reclam jun. Stuttgart

Mit 19 Abbildungen

Universal-Bibliothek Nr. 17024
Alle Rechte vorbehalten
© 1999 Philipp Reclam jun. GmbH & Co., Stuttgart
Gesamtherstellung: Reclam, Ditzingen. Printed in Germany 1999
RECLAM und UNIVERSAL-BIBLIOTHEK sind eingetragene Marken
der Philipp Reclam jun. GmbH & Co., Stuttgart
ISBN 3-15-017024-9

# Einleitung

Obwohl die Frauen- und Geschlechtergeschichte durch zahlreiche Einzelstudien seit einiger Zeit eine immer breitere Basis gewonnen hat, ist ihre Integration in die ›allgemeine‹ Geschichte noch nicht gelungen. In Werken, die sich mit übergreifenden sozial- oder politikgeschichtlichen Fragestellungen befassen, kommen Frauen und ihre Lebenswelten immer noch kaum vor. Ebensowenig werden sie bislang in den einschlägigen Quellensammlungen berücksichtigt. Im Geschichtsunterricht in der Schule und in Seminaren an der Universität ist jedoch das Interesse an Fragen der Frauen- und Geschlechtergeschichte erheblich gewachsen.

Der vorliegende Band hat vor diesem Hintergrund ein doppeltes Ziel: Zum einen soll anhand exemplarischer Quellen Material für eine vertiefte Auseinandersetzung mit der Frauen- und Geschlechtergeschichte zur Verfügung gestellt und damit auch eine Voraussetzung für eine festere Verankerung in Schule und Studium geschaffen werden. Zum anderen wurden die Quellen so gewählt und kommentiert, daß ›Laien‹ ohne fachspezifische Vorkenntnisse der Zugang zur neuzeitlichen Frauengeschichte ermöglicht und so eines der wichtigsten und interessantesten Felder der Geschichtswissenschaft für einen größeren Kreis von Lesern und Leserinnen erschlossen wird.

Die Konzeption einer Quellensammlung zur Geschichte der Frauen von der Frühen Neuzeit bis zur Gegenwart ist mit zwei grundsätzlichen Problemen konfrontiert. Erstens gilt es in geschichtstheoretischer Hinsicht zu bedenken, daß es keine separate Geschichte der Frauen gibt, die neben und zusätzlich zu einer (allgemeinen) Geschichte der Männer dokumentiert werden könnte, sondern daß die geschlechtsspezifisch unterschiedlichen Lebenswirklichkeiten und Handlungsräume von Frauen und Männern miteinander in Beziehung stehen. Frauen und Männer leben eingebunden in kulturell geprägte Geschlechterverhältnisse und -ordnungen, die alle gesellschaftlichen Bereiche durchdringen und nicht nur die Lebensrealitäten von Männern und Frauen, sondern auch ihre Selbstbilder und ihre gegenseitigen Wahrnehmungen beeinflussen. Als wissenschaftlich tragfähig hat sich daher weniger eine zu einer isolierten Betrachtung neigende Frauengeschichte, als vielmehr eine die Beziehungen und Verflechtungen berücksichtigende Geschlechtergeschichte erwiesen.

Daß hier dennoch eine Auswahl von Dokumenten zur Geschichte der Frauen vorgelegt wird, hat verschiedene Gründe: Zum einen ist mit dem Ziel einer ›Geschlechtergeschichte‹ die ›Frauengeschichte‹ nicht hinfällig geworden, zumal es hier nach wie vor großen Forschungsbedarf gibt und auch eine integrative, das Geschlechterverhältnis in den Blick nehmende Geschichtsschreibung auf Studien angewiesen ist, die den besonderen und auch unterschiedlichen Lebensverhältnissen und Erfahrungen von Frauen und Männern gewidmet sind. Zum anderen stellt die Geschlechtergeschichte ein relativ neues Forschungskonzept dar und entsprechend sind konkrete Studien, insbesondere zu einer auch die Männer explizit als Wesen männlichen Geschlechts thematisierenden Männergeschichte, noch eher rar.

Das zweite grundsätzliche Problem besteht im zeitlichen Rahmen der Quellensammlung, die Dokumente von der Frühen Neuzeit (16.–18. Jahrhundert) bis zum ausgehenden 20. Jahrhundert umfaßt, da sich bei der geringen Anzahl von Quellen, die auf jedes einzelne Jahrhundert entfallen, die Frage nach den Kriterien für die Auswahl in besonderem Maße aufdrängt. Die vorliegende Zusammenstellung von Quellen zur Geschichte der Frauen überwiegend aus dem deutschsprachigen Raum findet ihre Berechtigung jedoch darin, daß gerade die Übergangszeit vom 18. zum 19. Jahrhundert, von der Frühen Neuzeit zur ›Moderne‹, eine nicht nur für die allgemeine, sondern insbesondere auch für die Geschlechtergeschichte überaus wichtige und folgenreiche Phase darstellt. Denn in dieser sogenannten ›Sattelzeit‹ wurde eine Geschlechterordnung entworfen, ideologisch fundiert und rechtlich fixiert, die bis weit ins 20. Jahrhundert hinein nicht nur die gesamtgesellschaftliche Organisation und eine geschlechtsspezifische Aufgaben- und Arbeitsteilung normierte, sondern auch die gegenseitige und Selbstwahrnehmung von Männern und Frauen nachhaltig bestimmte. Um solche langfristigen und teilweise nach wie vor wirksamen Determinanten des Geschlechterverhältnisses sichtbar zu machen, bietet sich gerade ein historischer Längsschnitt an, zumal es zu begrenzten Zeiträumen und bestimmten Themenbereichen bereits umfangreiche Quelleneditionen gibt.

Für den Aufbau des Bandes und die Auswahl der mehr als 60 Text- und Bildquellen, die teils bereits in älteren Quelleneditionen veröffentlicht wurden, teils weniger bekannt sind und erstmals im Rahmen einer Quellensammlung präsentiert werden, waren daher folgende inhaltliche Gesichtspunkte leitend:

- Die Quellen sollen zum einen Lebensrealitäten von Frauen im historischen Wandel dokumentieren, zum anderen Einblicke in die kulturell geprägte Gestalt des Geschlechterverhältnisses im jeweiligen historischen Kontext bieten.
- Neben der Dokumentation der konkreten Lebensbedingungen (Familie, Alltag, rechtliche Verhältnisse usw.) stehen daher Quellen zum Diskurs über das Geschlechterverhältnis und zur Entwicklung bestimmter Frauenbilder.
- Die Quellen sollen nicht isolierte Zeugnisse der jeweiligen Epoche darstellen, sondern Wandlungsprozesse, Diskontinuitäten oder auch Kontinuitäten transparent machen und historische Probleme oder Konflikte, die bis heute aktuell sind (z. B. die Zuschreibung bestimmter Ei-

genschaften und ›Räume‹ wie etwa männlich/öffentlich/politisch einerseits und weiblich/privat/häuslich andererseits), in ihrer Genese verdeutlichen.

Um die Vielfalt weiblicher Lebenswirklichkeit zu erfassen und gleichzeitig einen strukturierten Einblick in die historischen Wandlungsprozesse zu geben, wurden fünf thematische Schwerpunkte gesetzt: Arbeit – Ehe, Familie, Sexualität – Bildung – Recht, Politik, Öffentlichkeit – Religion.

Die Zuordnung der Quellen zu den verschiedenen Bereichen ist nicht immer eindeutig, da es vielfache Überschneidungen gibt, die sich aus den Verflechtungen und wechselseitigen Bedingtheiten der hier aus funktionalen und didaktischen Gründen getrennten Lebens- und Gesellschaftsbereiche ergeben. Insbesondere bei den Kapiteln Ehe und Familie, Arbeit und Recht sind scharfe Abgrenzungen kaum möglich und immer abhängig vom Gesamtzusammenhang.

Die Auswahl der fünf Oberthemen erfolgte aus bestimmten Überlegungen zur jeweiligen Relevanz für die Frauen- und Geschlechtergeschichte:

### I. Arbeit

Der Bereich Arbeit, der sowohl Hauswirtschaft als auch alle übrigen Erwerbszweige umfaßt, die Frauen zugänglich waren, ist zentral sowohl für die historischen Lebensrealitäten von Frauen als auch für das Geschlechterverhältnis. Die Art der gesamtgesellschaftlichen Organisation von Arbeit und die Rolle der Frau im Produktionsprozeß ist nicht nur bestimmend für das innereheliche Verhältnis zwischen Mann und Frau, sondern auch für die soziale Stellung der Frau in der Gesellschaft. Die wachsende Disparität zwischen Männer- und Frauenarbeit seit dem Spätmittelalter durch die Übernahme schlecht bezahlter und gering qualifizierter Tätigkeiten durch Frauen wirkte sich in einer allgemeinen Degradierung weiblicher Arbeit aus, deren Ertrag für eine unabhängige Existenz in der Regel nicht ausreichte.

Mit der zunehmenden Beschränkung weiblicher Erwerbsarbeit, die mit der im 19. Jahrhundert normativ verfestigten Trennung von privater und öffentlicher Sphäre, männlicher Produktions- und weiblicher Reproduktionsarbeit ihren Höhepunkt fand, wurde die soziale Ungleichheit von Frauen nachhaltig fundiert. Der historische Wandel der Arbeitsorganisation spiegelt sich wandelnde Entwürfe von Geschlechterordnungen wider und zählt zu den für die Frauengeschichte zentralen Forschungsbereichen.

Die ausgewählten Quellen vermitteln einen Einblick in Arbeitsbereiche und Lebensbedingungen sowohl von bürgerlichen (Ehe- und) Hausfrauen als auch von (ledigen) Frauen der Unterschichten in der Frühen Neuzeit. Sie dokumentieren die Wandlungsprozesse im Bereich der Frauenarbeit im Übergang zum 19. Jahrhundert und zeigen hinsichtlich der für die soziale Ungleichheit der Geschlechter so folgenreichen geschlechtsspezifischen Trennung von Haus- und Familienarbeit einerseits und Erwerbsarbeit andererseits Kontinuitäten bis in die heutige Zeit auf.

## II. Ehe, Familie, Sexualität

Ehe und Familie als Formen des Zusammenlebens von Männern und Frauen strukturieren nicht nur auf der unmittelbaren zwischenmenschlichen Ebene das Verhältnis der Geschlechter. Sie stellten und stellen zentrale staatliche Ordnungsinstanzen dar, deren jeweilige Normierung nicht nur im Dienste der erwünschten Geschlechterordnung, sondern auch der Gesellschaftsordnung steht. Charakteristisch für die Frühe Neuzeit ist die gesellschaftliche, religiös fundierte Aufwertung von Ehe und Familie und die damit verbundene kirchliche Diskriminierung und Kriminalisierung jeglicher nichtehelicher Sexualität, die erst mit der Aufklärung im 18. Jahrhundert einer liberaleren Bewertung wich. Die im ausgehenden 18. und beginnenden 19. Jahrhundert entworfene bürgerliche Geschlechterideologie, die im Dienste einer neuen Fundierung überkommener patriarchalischer Herrschaftsverhältnisse in Ehe und Gesellschaft stand, war für die rechtliche und soziale Stellung der Frauen bis weit in die 70er Jahre des 20. Jahrhunderts hinein überaus folgenreich.

Die teils autobiographischen, teils normativen und publizistischen Quellen sind einerseits frühneuzeitlichen Eheverhältnissen gewidmet und berücksichtigen andererseits die mit der Ächtung der außerehelichen Sexualität verbundenen gesellschaftlichen Probleme der Mutterschaft lediger Frauen wie z. B. den Kindsmord. Für die Neuzeit wurden neben Dokumenten zum bürgerlichen Ehe- und Familienmodell und seinen rechtlichen Auswirkungen nicht nur frühe alternative Entwürfe von Vertreterinnen der Frauenbewegung berücksichtigt, vielmehr wurde der zu Beginn des 20. Jahrhunderts begonnene, durch den Nationalsozialismus weit zurückgeworfene und von der neuen Frauenbewegung der 70er Jahre fortgeführte Kampf für sexuelle Selbstbestimmung und ehe- und familienrechtliche Gleichstellung dokumentiert.

## III. Schule und Bildung

Der Zugang zu Bildung steht nicht nur im Dienste der Persönlichkeitsentwicklung, sondern entscheidet auch über Berechtigungen im gesellschaftlichen Bereich und auf dem Arbeitsmarkt und damit über den sozialen Status innerhalb der Gesellschaft. Entsprechend stabilisierte der Ausschluß bestimmter Gesellschaftsgruppen von Bildung hierarchische Verhältnisse von Unter- und Überordung. Höhere (formale) schulische Bildung auf Lateinschulen, Gymnasien und Akademien war in der Neuzeit eine Domäne der Männer und blieb dies auch mit der Gründung von modernen Universitäten im 19. Jahrhundert. Bereits seit dem Humanismus, verstärkt vor allem seit der Aufklärung, gab es jedoch eine breite Diskussion über die Notwendigkeit und Förderung von Frauenbildung. Mädchenschulen wurden im 16. und 17. Jahrhundert – vorrangig zum Zweck religiöser Bildung – von den verschiedenen Konfessionen initiiert und von den Kirchen betrieben, seit dem 18. Jahrhundert dann vom aufgeklärten Bürgertum für die Allgemeinheit gefordert. Im 19. und in der ersten Hälfte des 20. Jahrhunderts war zunächst die Forderung nach gleichwertigen, dann gleichen Bildungsmöglichkeiten eines der wichtigsten Anliegen der bürgerlichen Frauenbewegung. Mit der neuen Frauenbewegung, die in den 70er Jahren des 20. Jahrhunderts entstand, wurde das neue Problem thematisiert, daß eine formal gleiche Schulbildung aufgrund vielfältiger gesellschaftlich bedingter Faktoren und Mechanismen noch nicht per se eine reale Gleichheit der Bildungschancen für beide Geschlechter zu gewährleisten vermag.

Die zum Komplex Bildung ausgewählten Quellen umfassen ein weites Spektrum und reichen von Dokumenten zur Mädchenschulbildung, Zeugnissen über frühe Wissenschaftlerinnen und Diskursen über Mädchenpädagogik in der Aufklärung bis hin zu Konzepten und Forderungen zur Mädchenbildung seitens der bürgerlichen Frauenbewegung im 19. Jahrhundert sowie feministischer Schulkritik in den 80er Jahren des 20. Jahrhunderts.

## IV. Recht, Politik, Öffentlichkeit

Recht als Instrument für die Herstellung von Ordnung und die Sicherung von Macht und Herrschaft gehört zu den zentralen Kategorien der Gesellschaftsgeschichte und damit auch der Geschlechtergeschichte. Die Kombination der Bereiche Politik und Recht folgt der Erwägung, daß rechtliche Normierungen politische Partizipationsmöglichkeiten definieren und das Engagement von Frauen im politischen Bereich immer auch mit dem lange geführten Kampf um gleiche Rechte verbunden war.

Die zu diesem Bereich ausgewählten Quellen sind aufgrund der Weite der Thematik recht heterogen. Neben klassischen Rechtsquellen stehen Zeugnisse des öffentlichen politischen Wirkens von Frauen z. B. im Rahmen der Salons um die Wende zum 19. Jahrhundert oder des Engagements von Frauen in Zeiten revolutionärer Umbrüche. Da wichtige Quellen zur Rechtslage im 19. und 20. Jahrhundert im Themenkomplex Ehe und Familie berücksichtigt wurden, rückt für diesen Zeitraum die Dokumentation der die politische Partizipation von Frauen beschränkenden Rechtsnormierungen sowie der Kampf von Frauen um politische Rechte, speziell das Wahlrecht, in den Vordergrund.

Die proletarische und bürgerliche Frauenbewegung des 19. Jahrhunderts wurde nur am Rande berücksichtigt, da es zu diesem Thema bereits sehr umfangreiche eigenständige Quelleneditionen gibt. Breiteren Raum nimmt dagegen das Engagement von Frauen im 20. Jahrhundert ein: Neben der von Frauen zu Beginn des Jahrhunderts initiierten internationalen Friedensbewegung steht der studentische Ausgangspunkt der bundesrepublikanischen autonomen Frauenbewegung in den 70er Jahren sowie die Gründung einer nicht mehr nur sozialistischen Frauenbewegung in der DDR der ›Wendezeit‹.

## V. Religion, Kirche, Frömmigkeit

Religion und Kirche sind insbesondere in der Frühen Neuzeit (16.–18. Jahrhundert) Bereiche, in denen Frauen traditionell vielfältige Entfaltungs- und Lebensmöglichkeiten wahrnehmen, in denen sie sich ›öffentlich‹ profilieren und gesellschaftliche Anerkennung finden konnten. Beispiele dafür sind weibliche Orden und Klöster, aber auch allgemein die Beteiligung von Frauen an religiösen Bewegungen. Andererseits konnte sich das kirchliche Frauenbild höchst restriktiv und diskriminierend – bis hin zur Verfolgung und Vernichtung – auf die Lebenswirklichkeit von Frauen auswirken.

Der Schwerpunkt der Quellen zur Religion liegt auf der Frühen Neuzeit, da die Religion in dieser Epoche allgemein eine ungleich größere Bedeutung hatte als in späterer Zeit. Zusammengestellt wurden autobiographische Zeugnisse und andere Dokumente, die über die Rolle von Frauen in religiösen Gemeinschaften (Orden, Schwesternschaften) und Bewegungen (Reformation, Täufer, Pietismus) sowie spezifisch weibliche Frömmigkeitsformen Auskunft geben, aber auch eines der dunkelsten Kapitel der Kirchengeschichte, die Hexenverfolgung, berücksichtigen. Für das 19. Jahrhundert geben die Quellen Einblicke in das langsame Eindringen von Frauen in traditionell männerdominierte kirchliche Tätigkeitsbereiche und das im Zuge der ersten Frauenbewegung erwachende Bewußtsein von der Rechtlosigkeit des weiblichen Geschlechts in der Kirche, das sich mit der neuen Forderung nach einem gleichberechtigten Zugang zu allen Kirchenämtern verband. Die Dokumentation schließt mit einem Text zur feministischen Theologie aus dem letzten Drittel des 20. Jahrhunderts, in deren Rahmen nicht mehr nur ein Platz in der ›Männerkirche‹ gefordert wird, sondern neue Formen von Religiosität und Theologie entworfen werden.

Alle Dokumente werden durch Kommentare eingeleitet, die in die historischen Rahmenbedingungen und speziellen Problembereiche einführen und je nach Art der Quelle unterschiedlich ausführlich sind. Die Bildquellen stehen zumeist als eigenständiges Dokument mit ausführlichem Kommentar, wurden vereinzelt jedoch auch als Illustration zu den in den Textquellen und Kommentaren entfalteten Themen eingesetzt. Den Einzelkommentaren beigefügt sind

Angaben zur Druckvorlage (D), zu den Abbildungen (A) und zur spezielleren Forschungsliteratur (L).

Zur weiterführenden Lektüre und als Anregung zum Selbststudium schließt die Quellensammlung mit einem Verzeichnis wichtiger Literatur und Quelleneditionen zur Frauen- und Geschlechtergeschichte.

Für Hinweise auf einzelne Quellen zum Bereich der Frühen Neuzeit sind wir Silke Brockerhoff und Nicole Grochowina zu Dank verpflichtet.

*Anne Conrad Kerstin Michalik*

# I
# Arbeit

## 1
## Zunfturkunde für die Barbiere: Fortführung des Meisteramtes durch eine Witwe (1557)

Die Lebenswirklichkeit von Frauen aller sozialer Schichten und jeden Alters war zunächst wesentlich von Arbeit bestimmt. Die Vorstellung von der ›Hausfrau und Mutter‹ als ›Beruf‹ und idealer Frauenrolle gewann zwar im Gefolge des wirtschaftlichen und kulturellen Wandels seit dem 15. Jahrhundert allmählich an Bedeutung, kam jedoch vollends erst im 18. Jahrhundert zum Durchbruch. Erwerbstätigkeit – sei es als Lohnarbeit oder als (Mit-)Arbeit im eigenen Betrieb – blieb für Frauen wie im Mittelalter auch in der Frühen Neuzeit selbstverständlich. Bei Bauern, Handwerkern und Kaufleuten bildete das Ehepaar den Mittelpunkt der selbständigen Familienwirtschaft. Gemeinsam standen die Ehepartner dem ›ganzen Haus‹, zu dem nicht nur die Familie im engeren Sinn, sondern Knechte, Mägde, Lehrlinge, Gesellen sowie oft auch weitere Mitbewohner gehörten, vor. Die Ehefrau war Stellvertreterin des Hausvaters und besaß selbst weitgehende Herrschaftsrechte. Die faktischen Gemeinsamkeiten des ›Ehe- und Arbeitspaares‹ (Heide Wunder) implizierten jedoch keine rechtliche Gleichstellung im städtischen Handwerk und Gewerbe. Gemäß der Zunftordnungen, die im Einvernehmen mit der Obrigkeit die Rechte und Pflichten der Handwerker regelten, waren im allgemeinen nur die Meister vollberechtigte Mitglieder einer Zunft. Frauenzünfte wie etwa in Köln die Garnmacherinnen-, Seidenmacherinnen- und Goldspinnerinnenzunft waren äußerst selten. Die Ehefrauen der Meister, ihre Kinder, Gesellen und Lehrlinge gehörten jedoch zum Kreis der ›Schutzgenossen‹ einer Zunft, deren Stellung ebenfalls in den Zunftordnungen festgeschrieben wurde. Der folgende Auszug aus der Zunftordnung der Lüneburger Barbiere von 1557 befaßt sich mit der Frage, ob, wie lange und unter welchen Bedingungen die Witwe eines Meisters im ›Amt‹ bleiben und das Geschäft weiterführen darf. Die Barbiere waren zugleich Wundärzte und standen in höherem Ansehen als die Bader. In Lüneburg ist ihrer Zunft erstmals 1494 eine Urkunde gewidmet.

Wenn ein Meister ohne eheliche Erben stirbt und eine Frau zurückläßt, und die Frau ist noch so jung, daß sie gedenkt, sich wieder zu verheiraten, so soll es ihr freistehen, das Amt ein Jahr lang mit Gesellen aufrechtzuerhalten. Innerhalb dieser Zeit soll es ihr freistehen, sich wieder zu verheiraten, oder [das Amt] zu verkaufen. Jedoch muß der künftige Gatte oder Käufer von einem ehrbaren Rat als tüchtig anerkannt und dem Amt genehm sein. Wenn aber der verstorbene Meister mit seiner Frau eheliche Kinder zurückgelassen hat und die Frau sich wieder verheiraten will, so sollen die Vormünder der Kinder und nächsten Freunde väterlicherseits mit allem getreuen Fleiß darauf hinwirken, daß die Mutter den Kindern das Amt überlasse und abtrete oder selbst dabeibleibe (welches in ihrer Willkür stehen soll), damit die Kinder nicht übervorteilt werden. Wenn auch die Frau schon älter wäre oder nicht gedenkt, sich wieder zu verheiraten, mag sie das Handwerk mit Gesellen so lange aufrechterhalten, bis eines von den Kindern so verständig und bewandert ist, daß es dem ehrbaren Rat und dem Amte genehm ist. Wäre es aber ein Mädchen, so soll man sie mit einem Gesellen verheiraten, der dem ehrbaren Rat und dem Amt, wie gesagt, genehm ist, und der auch die Kunst [das Handwerk] gelernt hat und darin erfahren ist.

D: Die älteren Zunfturkunden der Stadt Lüneburg. Hrsg. von Eduard Bodemann. Hannover: Hahn, 1883. S. 28. – Übers. ins Neuhochdeutsche von Anne Conrad.

L: Heide Wunder: Zur Stellung der Frau im Arbeitsleben und in der Gesellschaft des 15.–18. Jahrhunderts. Eine Skizze. In: Sammelband Geschichtsdidaktik: Frau in der Geschichte I/II/III. Hrsg. von Bodo von Borries [u. a.]. Düsseldorf 1984. S. 159–171.

2

# Selbständige Berufstätigkeit: Auszug aus den autobiographischen Aufzeichnungen des Kölner Ratsherrn Hermann Weinsberg zum Jahr 1543

Das Textilgewerbe, an dem Frauen in unterschiedlichen Funktionen beträchtlichen Anteil hatten, gehörte im Spätmittelalter und in der Frühen Neuzeit zu den wichtigsten Wirtschaftszweigen. Besonders selbständig konnten Frauen in diesem Bereich in Köln agieren, wo sie, abgesehen von der Zulassung zum Rat, volle bürgerliche Rechte und Pflichten besaßen. Es bestanden eigene Frauenzünfte, und Frauen konnten ohne Einschränkungen Handel und Gewerbe treiben. Die mehrere 1000 Seiten umfassenden autobiographischen Aufzeichnungen des Kölner Ratsherrn und Advokaten Hermann von Weinsberg (1518–1598) sind eine wichtige Quelle zur Sozial- und Kulturgeschichte des 16. Jahrhunderts und geben ausführlich Einblick in Alltag und Lebenswelt des städtischen Bürgertums. 1548 heiratete Weinsberg seine Nachbarin, die Witwe Weisgin Ripgin (1512–1557), eine selbständige Tuchhändlerin (Scharzenhändlerin), die ihren Beruf zunächst auch nach ihrer Heirat mit Weinsberg weiter ausübte und damit für den gemeinsamen Lebensunterhalt sorgte. Erst als Weinsberg 1549 als Burggraf das Amt der Rathausverwaltung übernahm und eine Wohnung »unter dem Rathaus« bezog, machte er sich von seiner Frau finanziell unabhängig. 1551 gab Weisgin Ripgin den Tuchhandel auf, weil es ihr »zu beschwerlich« war, und vermietete den Betrieb. Aus der Darstellung Weinsbergs geht hervor, daß das Ehepaar in gegenseitigem Einvernehmen zusammenarbeitete, finanziell unabhängig voneinander war und die jeweilige Eigenständigkeit des Partners respektierte.

[. . .] Anno 1548 auf Sonntag, den 15. Januar, habe ich meine erste Hausfrau Weisgin Ripgin zur Ehe genommen. [. . .]

An diesem Tag und am Samstagabend geschah es zum ersten Mal, daß ich in meiner Hausfrau Haus eintrat [. . .]. Weisgin war Witwe, hatte Paulus von Kaub, ihren Vormann, anno 1531 zur Ehe bekommen, hat in den sieben ersten Jahren keine Kinder getragen, danach hat sie in zwei Jahren Hermann und Johann getragen und darauf fünf Jahre wieder nicht getragen und sind sechzehn Jahre zusammen gewesen. Paulus war Scharzenweber gewesen und handelte damit, auch mit Bettziechen und Leinengarn, zu Antwerpen, Frankfurt, und hin und wieder in Städten und Flecken auf den Märkten. Diesen Handel hat Weisgin im Witwenstand und auch etliche Jahre zu meiner Zeit betrieben, denn sie war sehr gut darin erfahren, sie hatte ihr Gesinde, Knechte und Mägde und andere Arbeitsleute und Kunden.

Ich war, als ich zuerst in die heilige Ehe trat, dreißig Jahre und zwölf Tage alt. Weisgin war an Bartholomä sechsunddreißig Jahre alt gewesen. [...] Sie war von jung auf schön gewesen und war es auch noch jetzt, von ziemlicher Größe, war gottesfürchtig, tugendsam, fröhlich und friedsam, was mich auch bewegte, daß ich sie zur Ehe genommen hab'. Von den Gütern, die ich im Hause vorfand, wurde später ein Inventar gemacht, und ich hab' anfänglich unserer Ehe in ihrem Hause gewohnt, und sie hat ihren Handel getrieben, und ich bin im Haus Weinsberg aus und ein gegangen und wartete dort meines Studierens und Advocierens. Da ich schon dreißig Jahre alt war, wollte ich keine Jungfrau nehmen von zwanzig Jahren, denn mich deuchte, es sei schicklicher, jünger zu sein als die Frau, hatte auch meine besonderen Ursachen dazu. Tat es auch nach des weisen Mannes Lehre, daß man unter den Bekannten in der Nachbarschaft freien gehen soll. Daß sie Kinder hatte, damit mußte ich mich freilich abfinden, dafür hatte sie ja auch ihre Nahrung, ihr Einkommen, und ihr Hauswesen [...].

Im Jahr 1549 hab ich mit meiner Hausfrau Weisgin zeitweise vier Häuser bewohnt und benutzt, nämlich Cronenberg, Weinsberg, Turm und Paulis Haus, was leicht zu tun war, denn man konnte aus dem einen Haus ins andere kommen. In Paulis Haus hatten wir die Scharzenweberknechte und -mägde, die schliefen und arbeiteten daselbst, auch ward der Handel und die Krämerei da getrieben, und ich hielt Buch darüber, was jede Woche gemacht und verkauft ward, wie viele wollene und härene Scharzen, wie viele Stück Garns gesponnen, gekratzt und geschlagen wurden. Und zuzeiten finde ich, daß wohl hundert Scharzen in einer Woche gemacht wurden. Wir hatten auch Austräger, die die Scharzen in Haufen und Packen von uns nahmen und auf die Märkte zu Frankfurt, Bacharach, Linz, Andernach, Bonn brachten, auch ins Jülicher, Kölnische, Clevische und Bergische Land zogen. Oft kamen auch Krämer und Kunden aus dem Stift Münster und aus dem Märkischen Land. Und wiewohl dieser Handel etwas unruhig ward und für meine Hausfrau beschwerlich, so brachte er doch auch Nutzen und Gewinn, und nach meinen Aufzeichnungen löste man jährlich wohl zwei- oder dreitausend Gulden; darum hielten wir uns an diesen Handel auch im vierten Jahr, das wir beieinander waren. [...]

[Im November 1549 bot der Rat Weinsberg an, »Burggraf unter dem Rathaus« zu werden.] Ich gab es von Stund' an meiner Hausfrau zu erkennen, darnach meiner Mutter und Schwester Mergen und beredete mich mit ihnen und ward dies für ratsam angesehen: ich solle die Gelegenheit nicht abschlagen, sondern solle es annehmen, vornehmlich weil es mir vom Bürgermeister selbst angeboten worden war, es sei mir auch sonderlich zu raten, denn wenn meine Hausfrau sterben würde, so bliebe ihren Kindern das Ihre, nähme ich das Amt an, so hätte auch ich einen Unterhalt. [...]

Anno 1551, den 25. März, hat meine Hausfrau ihr Haus auf der Bach an Johann von Worringen, Scharzenweber, für zehn Jahre vermietet. Dies geschah, weil wir jetzt eine ruhigere Haushaltung unter dem Rathaus hatten und es meiner Hausfrau, die damals nicht gut zu Fuß war, beschwerlich war, hin und her zu laufen, wenn etwas einzukaufen, zu verkaufen und zu bestellen war. Auch war das Gesinde weder getreu noch fleißig noch sorgfältig. So fanden wir einst eine verbrannte Kerze unter einem Bette liegen, das machte uns scheu, und da wir fürchteten, wir möchten eines Tages in der Asche aufwachen oder bestohlen werden, so wäre es doch besser beizeiten aufzuhören, solange es noch gut ginge, statt sich eines solchen Schadens zu begeben. Deshalb haben wir um diese Zeit die Scharzenhandlung abgeschafft, nachdem wir fünf Vierteljahre unter dem Rathaus gewohnt hatten. [...]

D: Das Buch Weinsberg. Aus dem Leben eines Kölner Ratsherrn. Im Auftrag der Stadt Köln hrsg. von Johann Jakob Häßlin. Mit einem Nachw. von Max-Leo Schwering. 5. Aufl. Köln: Bachem, 1997. S. 183–219. [Auszug.]

L: Margret Wensky: Die Stellung der Frau in der stadtkölnischen Wirtschaft im Spätmittelalter. Köln/Wien 1980.

## 3

## Verbot von Frauenarbeit: Auszug aus Adrian Beiers *Der Lehrjung* aus dem Jahr 1682

Bis zum 16. Jahrhundert konnten Frauen zwar nur in Ausnahmefällen formell eine Handwerkslehre absolvieren, aber zumindest inoffiziell – als Töchter oder Mägde eines Meisters – ein Handwerk erlernen. In der folgenden Zeit wurde selbst diese informelle Beteiligung von Frauen mehr und mehr in Frage gestellt und eingeschränkt – eine Entwicklung, die mit dem Wandel der wirtschaftlichen Verhältnisse in den Städten und der Entwicklung eines anderen Frauenbildes in den Handwerkerkreisen zusammenhing. Zum bürgerlichen Lebensstandard der Handwerker gehörte nunmehr eine aufwendigere Haushaltsführung, für die vor allem die Frauen zuständig sein sollten. Ihre Beteiligung an der produktiven Arbeit des Handwerkerbetriebs trat dabei immer mehr in den Hintergrund. Im Hinblick auf ihre spätere Rolle als Ehefrau, Leiterin des Haushalts und Repräsentantin der Familie erschien für unverheiratete Mädchen nun eine handwerkliche Lehre überflüssig. Adrian Beier (1634–1698), aus dessen Werk *Der Lehrjung* (Jena 1682) der folgende Quellenauszug stammt, war Jurist in Jena und Verfasser zahlreicher Standardwerke zur Technologie und zum Handwerksrecht.

[...] In Bezug auf das Geschlecht schließen wir die Frauen aus, daß sie von keinem Meister in die Lehre genommen werden dürfen. Der Grund dafür ist, daß ihnen die Leitung der Familie unter der Oberleitung des Gatten anvertraut ist, daß es aber ungewiß ist, wer jener Zukünftige sein wird. Sicherer und dem Geschlecht angemessener ist es aber, sich um die Familie und die Küche zu kümmern, den Durchschlag zu handhaben, zu waschen usw. Jene Hauptbeschäftigungen sind für den Gatten, welcher Art er auch sein mag, angenehm und notwendig. Zugleich schließen sie die Annehmlichkeit ein, daß jedes Geschlecht das, was ihm angemessen ist, betreibt, daß sich beide nicht mit demselben beschäftigen und sich gegenseitig hindern, daß jeder das, was dem anderen zukommt, vernachlässigt und sich nicht in Dinge mischt, die ihn nichts angehen, unter Hintansetzung seiner eignen Angelegenheiten. Ich füge hinzu, daß andernfalls die Frauen Gelegenheit hätten, sich unter den Männern zu bewegen, nicht ohne Gefahr für ihre Sittsamkeit, wenn nicht bei einer Gelegenheit, so doch bei zehn andern. Sie sind außerdem von den öffentlichen Ämtern ausgeschlossen; und es wird heute niemand leugnen können, daß das Handwerk ein öffentliches Amt ist, wo die Zunft von der Obrigkeit geschaffen ist und die Gerichtsbarkeit hier ausgeübt wird. Es ist ferner besser, wenn die Handwerke von den Männern ausgeübt werden als von den Frauen, sowohl für das Lernen wie für das Lehren, da nicht alles zu Hause und in der Lehrzeit übermittelt und aufgenommen werden kann, sondern durch einen häufigeren und höheren Gebrauch, durch Erfahrung und Wanderung vervollständigt wird. Daher stammt das Handwerkssprichwort: »Was ich nicht hab erlernt, das hab ich erwandert.« Nun aber schicken sich Wanderungen für die Frauen nicht, weil sie mit einem Verdacht an ihrer Sittsamkeit oder Bescheidenheit zurückkommen, und ein deutsches Sprichwort sagt daher: »Von ungewanderten Junggesellen und gewanderten Jungfrauen werde beiderseits wenig gehalten.« Leiten, vorstehen, beschützen, was zum Meisteramt gehört, ist dem männlichen Geschlecht vorbehalten. Daher, zu welchem Zweck sollten die Frauen das Handwerk lernen, wenn sie immer Gesellen bleiben und nicht zum Meister zugelassen werden und ihnen die Leitung nicht gestattet ist? Endlich verlangt das Handwerk öffentliche Pflichten von dem Handwerker und männliche Dienste, wachen und gaffen.[1] Angemessen aber ist es, daß die Frauen von den Männern, nicht die Männer von den Frauen verteidigt werden.

D: Adrian Beier: Der Lehrjung. Jena 1688. In: Dora Schuster: Die Stellung der Frau in der Zunftverfassung: Berlin: Herbig, 1927. S. 47 f. [Auszug.]

## 4

## Frauenarbeit in Manufakturen: Patent des preußischen Königs zur Abschaffung von Unordnung bei den Wollspinnerinnen (1722)

Im 17. und 18. Jahrhundert bildeten die Manufakturen für Frauen eine neue und wichtige Möglichkeit außerhäuslicher Erwerbstätigkeit. Ihre Arbeits- und Lebensbedingungen nahmen dabei in vielfacher Hinsicht jene der Fabrikarbeiterinnen im 19. Jahrhundert (Industrialisierung) vorweg. Die Löhne waren so niedrig, daß die Frauen von ihrem Arbeitsertrag kaum leben konnten. Alleinste-

1 Militärische Dienste.

hende Frauen bildeten häufig Wohngemeinschaften, um sich die Ausgaben für die Unterkunft zu teilen; für viele war die Prostitution ein lebensnotwendiger Nebenerwerb.

Den höchsten Anteil an Manufakturunternehmungen machte der Textilbereich aus, in dem in der Mehrzahl Frauen tätig waren. Spinnen und Stricken, Fertigkeiten, die vor allem Geschicklichkeit und Ausdauer erforderten, galten als typische Frauenarbeiten, die so schlecht bezahlt wurden, daß sich die meisten Manufakturarbeiterinnen am Rande des Existenzminimums bewegten. Das 1722 vom preußischen König erlassene Patent zur »Abschaffung allerhand [...] eingerissener Unordnungen« gibt Aufschluß über die Versuche der Frauen, ihre desolaten Verhältnisse zu verbessern: Durch Wolldiebstahl und Vertauschen des Garns mit solchem von schlechterer Qualität suchten sie das eigene Einkommen aufzubessern; die Forderung nach höheren Löhnen blieb ohne Erfolg; der häufige Wechsel der Arbeitsstelle spiegelt die Erwartung wider, anderswo bessere Verdienstmöglichkeiten nutzen zu können.

## Patent zu Abschaffung allerhand bey den Woll-Spinnerinnen in hiesigen Residentzien zum Schaden der hiesigen Manufacturen eingerißenen Unordnungen.

Nachdem bey Seiner Königlichen Majestät in Preußen pp. Unserm allergnädigsten Herrn sowohl von hiesigem Lagerhause als auch von anderen Manufacturiers in den Residentzien über die Unordnung der Woll-Spinnerinnen öfters geklagt worden, daß nehmlich dieselben, wann sie eine kleine Zeit bey jemanden gesponnen, gleich ohne Abschied bey einem andern in Arbeit sich begeben, und wann der Manufacturier oder das Lagerhauß um Gespinst ein wenig verlegen sind, sofort mehr Lohn, als ihnen gebühret, erzwingen wollen, In Entstehung deßen aber zur Verfertigung des Gespinstes keinen Fleiß anwenden, und nur dadurch Gelegenheit suchen ihren Abschied zu bekommen und bey einem andern Meister in Arbeit zu gehen; Einige Spinnerinnen auch wohl gar das Gespinste, so sie von des Manufacturiers Wolle verfertiget haben, an andere zu versetzen, zu verkaufen oder gegen schlechteres Garn zu vertauschen sich unterfangen, und wann diejenigen, welche von solchen untreuen Spinnerinnen die Wolle oder das Garn gekaufet, oder als Pfand angenommen haben, darüber von den Manufacturiers in Anspruch genommen worden, so haben sie das Ihrige nicht anders als durch förmlichen Proceß und mit vielen Kosten wieder erhalten können. Wann aber durch obgedachte Unordnung und dgl. Verfahren die einländischen Woll-Manufacturen ziemlich gedrücket und niedergehalten worden, auch die Manufacturiers, sie werden begnadiget mit was vor Benefeciis sie auch wollen, bey so vielfältigen Verkürtzungen, wofern solchen nicht ernstlich gesteuret wird, unmöglich bestehen weniger in Aufnahme gebracht werden können. Als haben Höchstgedachte Seine Königliche Majestät zur Abstellung deßen allergnädigst vor gut gefunden, wollen und verordnen auch hiermit alles Ernstes [...]

1) Daß von Dato an jede Spinnerin, welche im Lagerhause, oder bey einem Manufacturier in hiesigen Residentzien einmahl angefangen zu spinnen, bey selbigem so lang in Arbeit bleiben soll, als sie zureichende Arbeit und ihr Lohn richtig bekommt; Es wäre dann, daß eine oder andere Spinnerinn das Wollspinnen gäntzlich niederlegen, und durch eine andere ehrliche Arbeit sich nähren wolte, da sie vorhero dem Meister solches aufrichtig anzuzeigen, und von diesem sodann ihren Abschieds-Schein zu gewärtigen hat.

2) Soll den Spinnerinnen in hiesigen Residentzien zu keiner Zeit mehr an Spinner-Lohn gegeben werden als [...]. [Es folgen die Stücklohnsätze.]

3) Würde sich jemand unterstehen, einer Wollspinnerin ein mehres, als obstehet, an Spinner-Lohn zu bezahlen, oder durch Verhöhung des Lohns dieselben einem andern Manufacturier abspänstig zu machen, derselbe soll, wann er deßen überführet worden, das erste mahl in 5 Rthlr, das an-

dere mahl in 10 Rthlr, und so weiter gestrafet, auch solches Geld den durch Unglücks-Fällen verarmeten Woll-Arbeitern zum Besten angewendet werden.

4) Wann auch den Spinnerinnen zureichende Arbeit gegeben, und es von ihnen begehret wird, sollen dieselben nicht andere Arbeit daneben vornehmen, weniger zur Garten-Arbeit oder zur Erndte-Zeit aufs Land gehen, damit das Lagerhauß und die Manufacturiers in Verfertigung ihrer Waaren nicht aufgehalten werden.

5) Alles Gespinste, so die Spinnerinnen verfertigen, müßen dieselben mit rechtem Fleiß machen, weniger solches boßhafter Weise verderben, sonst aber gewärtigen, daß sie den Preiß der gelieferten Wolle dreyfach bezahlen, oder sonst der Gebühr nach mit dem Kraut-Garten abgestrafet werden; welche Strafe auch diejenigen Spinnerinnen zu gewärtigen haben, welche ohne einen Abschieds-Zettel muthwilliger weise auß der Arbeit gehen.

6) Soll niemand, wer der auch sey, von einer Spinnerin, so beym Lagerhause oder Manufacturier hieselbst in Arbeit stehet, einige Wolle oder wollen Garn kaufen, noch zum Pfand oder im Tausch annehmen, bey Verlust der Wolle oder des Garns; Es wäre dann, daß die Spinnerin vorhero darüber ein glaubhaftes Attest von ihrem Wirt, wo sie wohnet, produciren könte, daß sie das Garn von ihrer eigenen Wolle gesponnen hätte; In Entstehung solches Attests aber ist das Garn pro re furtiva zu halten, und dem Eigenthümer, sobald er sich deshalb angiebet, unentgeltlich und unweigerlich wieder abzufolgen. Wie dann Seine Königliche Majestät über dgl. Manufactur-Sachen keinen förmlichen proceßum probatorium verstattet, sondern alle dabey und über obstehende Puncta vorkommende Streitigkeiten, es sey der Beklagte eine Teutscher oder Franzose, Christ oder Jude, bloß allein vor Dero Hof-Richter und Magistrat summariißime gehöret und entschieden wißen wollen.

Wornach sich also die hiesigen Ober- und Unter-Gerichte Teutscher und Französischer Nation, wie auch die Magistrate in den herum liegenden Land-Städten, alwo einige Spinnerinnen, so vor das Lagerhauß und hiesige Manufacturiers arbeiten, sich aufhalten möchten, auch sonst jedermänniglich allergehorsamst zu achten, und vor Schaden zu hüten hat.

Uhrkundlich haben Se. Königliche Majestät dieses Patent hohenhändig vollenzogen, und durch offentlichen Druck in Dero hiesigen Residentzien publiciren zu laßen in Gnaden verordnet. So geschehen und gegeben zu Berlin, den 19. Martii 1722. Friedrich Wilhelm.

D: Jürgen Kuczynski: Studien zur Geschichte der Lage der Arbeiterin in Deutschland von 1700 bis zur Gegenwart. Berlin: Akademie-Verlag, 1963. S. 28–31. [Auszug.]

L: Rita Bake: Vorindustrielle Frauenerwerbsarbeit. Arbeits- und Lebensweise von Manufakturarbeiterinnen im Deutschland des 18. Jahrhunderts unter besonderer Berücksichtigung Hamburgs. Köln 1984.

## 5

## Ausrufbild: Eine Korbhändlerin (1744)

Im Wirtschaftsleben der Städte spielte der Straßenhandel eine bedeutende Rolle. Neben dem durch Zünfte und Gilden organisierten Gewerbe bildete sich, reglementiert durch städtische Verordnungen, ein eigener Stand der Wanderhändler, Höker und Kolporteure, der sich vor allem aus Männern und Frauen der ländlichen Umgebung oder der städtischen Unterschicht rekrutierte. Als »Ausrufer« zogen sie durch die Straßen, machten durch Rufen (»Holla!«) auf sich aufmerksam und boten ihre Waren an. Graphische Darstellungen des Straßenhandels sind seit Ende des 15. Jahrhunderts überliefert. Der *Göttinger Ausruff* des Kupferstechers Georg Daniel Heumann

Holla! Hand-Körbe koepen.

(1691–1759), der von 1740 bis 1751 in Göttingen als Universitätsgraveur tätig war, umfaßt eine Serie von dreißig Kupferstichen zum Göttinger Straßenhandel, die sich in der Darstellung der Personen durch große Detailgenauigkeit auszeichnen. Auf sechs der Stiche sind weibliche Straßenhändler dargestellt, die mit Waren aus der näheren Umgebung Göttingens handeln (Flaschen, Besen, Körbe, Tauben, Butter, Krüge). Die Abbildung zeigt eine Korbhändlerin mit dem Ruf »Holla! Handkörbe kaufen!« Vermutlich handelt es sich um längliche Brotkörbe, die beim Backen zum Abmessen und Formen des Teigs verwendet wurden.

A: Georg Daniel Heumann: Der Göttingische Ausruff von 1744. Neu hrsg. und komm. von Rolf Wilhelm Brednich. Göttingen: Schwartz + Co., 1987. Tafel 14.

## 6

## Hausfrauenarbeit im Bürgertum des späten 18. Jahrhunderts: Das Vermächtnis der Margarethe Milow

Einblick in die Lebenswelt einer bürgerlichen (Haus-)Frau im späten 18. Jahrhundert geben die autobiographischen Aufzeichnungen der Margarethe Elisabeth Milow, geborene Hudtwalker (1748–1794). Margarethe Hudtwalker, die aus einer angesehenen Hamburger Kaufmannsfamilie stammte, hatte 1769 den in Lübeck tätigen Prediger Johann Nicolaus Milow (1738–1795) geheiratet. Als Ehefrau hatte sie keinen unmittelbaren Anteil an der Berufstätigkeit ihres Mannes. Ihre Aufgabe war es vielmehr, unterstützt durch eine Hausangestellte, sparsam und sorgfältig den Haushalt zu führen. Diese Trennung zwischen der außerhäuslichen Berufsarbeit des Mannes einerseits und dem Haushalt im engeren Sinn als Domäne der Frau andererseits bildet den Hintergrund für die Polarisierung von vermeintlich naturgegebenen männlichen und weiblichen Eigenschaften und Lebensformen, die für das Bürgertum seit dem 18. Jahrhundert typisch wurden. In ihren Erinnerungen, die nicht für die Öffentlichkeit, sondern als Vermächtnis für ihre acht Kinder bestimmt waren, beschreibt Margarethe Milow ihren Alltag als Ehefrau und Mutter. Im folgenden Textauszug berichtet sie als Mahnung an die Töchter über ihre Schwierigkeiten mit der Haushaltsführung während ihrer ersten Ehejahre. Sie zählt auf, was von einem Mädchen idealerweise erwartet wurde: Fleiß, Bescheidenheit, Reinlichkeit, Ordnungsliebe und der Verzicht auf jegliche Eitelkeiten.

[...] Den Schluß des 1770sten Jahres brachte ich dankbar gegen Gott zu, weil es nach einigen schweren, leidvollen Jahren, mit welchen ichs verglich, ein fröhliches gewesen war. Wie aber Neujahr die Rechnung aus Hamburg kam, ich unsre Ausgaben mit der Einnahme verglich, da gings ziemlich im Kopfe herum. Das Mädgen, das wir mitgenommen, und die noch dazu meine Verwandte war, hinterging uns auf alle Weise, widersetzte sich jeder, auch der kleinsten Arbeiten. Ich hatte sie im Anfange verwöhnt, war zu gütig gegen sie gewesen, das hatte sie verdorben. Auch war ich, (merkt auf, meine Töchter, damit Ihr nicht erst nöhtig habt, durch Erfahrung klug zu werden, wie ich) unwissend in der Wirtschaft, war meine ersten Mädgenjahren zu leichtsinnig gewesen, um darauf zu achten, und das letzte Jahr kam ich, wie Ihr wißt, nicht viel vom Zimmer, war der großen Haushaltung in meiner Eltern Hause gewohnt, hatte also nicht Verstand genug dazu, um nun eine im kleinen zu führen, richtete unsern Tisch, den Tisch des Mädgens, so ein, wie ich in meiner Eltern Hause gewohnt gewesen war, machte sie dadurch leckerhaft, kam in allen Sachen des Einkaufens an die unrechten Leute. Es ging uns also so, daß wir noch einmahl so viel ausgegeben hatten, wie andre Leute von unserm Stande, und die doch besser dafür lebten, wie wir. ›Dies kränkte mich, dies kränkte Milow. »Wo soll das hinaus?« sagten wir.‹ 300 Marck nehmen wir ein, und 500 geben wir aus, wie lange können wir das machen? Ich faßte Muht, entdeckte unsre Ausgabe, nicht unsre Einnahme, einer alten, in der Wirtschaft erfahrenen Frau, die meine Freundin war. Diese zeigte mir alles, worin ich gefehlt hatte, wo ich hier zuviel, dort was gantz unnützes ausgegeben hatte, rieht mir, mein Mädgen Ostern gehen zu lassen und dann eine gantz andre Einrichtung anzufangen.

So sparsam, wie es mir nur möglich war, richteten wir uns schon gleich noch bey dem Mädgen ein. Ich hatte vielen Verdruß von ihr darüber, setzte mich aber darüber hinaus. Ich legte mich mit allem möglichen Fleiß auf die Wirtschaft, sparte, wo ich nur sparen konnte, merkte auf, wo ich nur von Haushaltungssachen sprechen hörte, war den gantzen Tag fleißig, las nur, wenn ich dabey stricken konnte, schaffte den Thee nachmittags ab, das warme Essen, auch wenns nur Vorspeise seyn sollte des Abends, schränkte unsern Umgang so viel nur thunlich ein – ›hielten eigentlich nur mit 4 Häusern Umgang‹ – verschloß alles mögliche und paßte genau auf das Mädgen, sodaß sie mich nur in wenigem hintergehen konnte und ersetzte ungefähr auf die Weise, was ich das vorige Jahre durch Mangel der Erfahrung, durch Nachlässigkeit versäumt hatte. Freylich gehörten Jahre dazu, ehe ich das in der Wirtschaft, bey allem möglichen Fleiße ward, was billig jedes Mädgen, sobald sie heyrahtet, seyn sollte. Was die Ursache auch dieser meiner Vernachlässigung war, wißt Ihr, meine Töchter, und daß es mir auch unangenehme Stunden machte, könnt Ihr denken. Also auch das zu vermeiden, meine Lieben, Euch durch Eure Schuld, Euer Leben so wenig zu verbittern wie möglich, laßt Euch das Beyspiel Eurer Mutter wieder Warnung seyn. ›Hang zur Eitelkeit habe ich auch als Mädgen nur gehabt‹, aber nun schaffte ich auch so gar alles ab, was nur von weitem dem Putz ähnlich war. In Lüneburg waren die Moden wohl um 6 Jahre oder mehr zurück, wie ich also erst hinkam, war ich das Modell, wonach die galanten Damen sich richteten, aber nun legte ich all meinen modischen Putz ab und sparte den, bis ich einmahl nach Hamburg käme, kriegte alles das wieder hervor, was da schon längst aus der Mode war, ging mit den Damen meines Standes gleich und sparte auf diese Weise vieles. Daß ich mich immer, und vor allem im Hause reinlich und ordentlich kleidete, könnt Ihr wohl denken. [...]

D: Margarethe Milow: Ich will aber nicht murren. Hrsg. von Rita Bake und Birgit Kiupel. Hamburg: Dölling und Galitz, 1993. S. 146–148. [Auszug.] – © 1993 Dölling und Galitz Verlag GmbH, Hamburg.

L: Karin Hausen: Die Polarisierung der »Geschlechtscharaktere« – Eine Spiegelung der Dissoziation von Erwerbs- und Familienleben. In: Sozialgeschichte der Familie in der Neuzeit Europas. Neue Forschungen. Hrsg. von Werner Conze. Stuttgart 1976. S. 363–393.
Anne-Charlott Trepp: Sanfte Männlichkeit und selbständige Weiblichkeit. Frauen und Männer im Hamburger Bürgertum zwischen 1770 und 1840. Göttingen 1996.

## 7

## Frauenerwerbsarbeit um die Mitte des 19. Jahrhunderts: Ein Bericht von Louise Otto aus dem Jahr 1866

Eine zentrale Forderung der entstehenden bürgerlichen Frauenbewegung um die Mitte des 19. Jahrhunderts, programmatisch formuliert in den Satzungen des 1865 u. a. von Louise Otto in Leipzig gegründeten ›Allgemeinen Deutschen Frauenvereins‹, war die »erhöhte Bildung des weiblichen Geschlechts und die Befreiung der weiblichen Arbeit von allen ihrer Entfaltung entgegenstehenden Hindernissen«. Diese Zielsetzung betraf in erster Linie die Frauen der bürgerlichen Mittel- und Oberschichten, da Lohnarbeit für junge Frauen aus Arbeiterfamilien oder verheiratete Arbeiterfrauen keine Ausnahme, sondern die Regel war und neben der hohen Zahl weiblicher Dienstboten auch Tagelöhnerinnen und Heimarbeiterinnen sowie die in Landwirtschaft, Handel und Gewerbe beschäftigten Frauen das Bild der erwerbstätigen weiblichen Bevölkerung zu dieser Zeit bestimmten.

Das Recht auf Arbeit, auf Zugang zu qualifizierten Berufen und höherer Bildung wurde von den Vertreterinnen der bürgerlichen Frauenbewegung nicht nur in Hinblick auf das Ziel der Selbständigkeit und Mündigkeit des weiblichen Geschlechtes gefordert. Es stellte angesichts der wachsenden Zahl vermögensloser Frauen aus der Mittelschicht auch eine ökonomische Notwendigkeit dar.

In ihrer Schrift *Das Recht der Frauen auf Erwerb* prangert Louise Otto insbesondere die Reduzierung der Frauen der ›höheren Stände‹ auf den ›Beruf‹ der Ehefrau und Mutter an. Dies gelte es, nicht nur in Hinblick auf veränderte ökonomische Erfordernisse, sondern auch angesichts des Frauen verwehrten Rechts auf ein sinnerfülltes Leben außerhalb der Ehe durch die Erschließung neuer Berufe im medizinischen, pädagogischen, kaufmännischen, handwerklichen und auch industriellen Bereich zu überwinden. Die folgenden Ausführungen bieten jedoch nicht nur einen Einblick in die Erwerbslage der Frauen aus der Mittel- und Oberschicht, sondern nehmen insbesondere auch die Arbeits- und Lebensbedingungen der Frauen aus weniger privilegierten Schichten in den Blick.

## Die Unzulänglichkeit der gegenwärtigen weiblichen Erwerbszweige.

Unter den Proletariern muß Jeder arbeiten, der nicht verhungern will. Es heißt zwar immer und überall: der Mann ist der Ernährer der Familie, der Erwerber, die Frau hat nur zu erhalten; – aber wo, wie in den untersten Ständen, der Mann oft kaum genug verdienen kann das eigne Leben zu fristen, da muß die Frau auch für das ihrige selbst sorgen und die Kinder, Knaben und Mädchen, auch wieder, wenn sie groß genug sind um etwas verdienen zu können. Die Frauen, welche für den Tagelohn die gröbsten Arbeiten verrichten, bekommen einen geringeren Tagelohn als die Männer, welche ebenfalls auf Tagelohn arbeiten. Man erklärt dies für angemessen, weil in vielen Fällen die naturgemäß geringeren Kräfte der Frauen auch nur zu geringeren Leistungen ausreichen und da der männliche Körper ein größeres Quantum von Nahrungsmitteln erfordern mag als der weibliche. Aber man kann gerade nicht behaupten, daß: Holzspalten, Wassertragen und Scheuern, Waschen und Kehren, ja das schon in ein höheres Fach gehörende Plätten, leichte Arbeiten wären, sie sind bekanntlich sämmtlich sehr anstrengend – aber die Redensart vom »zarten Geschlecht« wendet man solchen Frauen gegenüber nicht an – man besinnt sich nur noch darauf, wenn man die Frauen von irgend einem Handwerk zurückschrecken oder die Unmöglichkeit darthun will, daß sie etwas, was Kraft und Ausdauer erfordert, üben könnten. Aber diese Frauen, welche die schwersten Arbeiten verrichten, sind noch lange nicht die beklagenswerthesten. Gegenwärtig sind sogar ihre Löhne ziemlich gestiegen, in den meisten Fällen bekommen sie gut zu essen und ihre Arbeiten sind zwar anstrengend, aber, wenn sie nicht ein gewisses Maß überschreiten, nicht gerade ungesund; das Tagelohn reicht in der Regel für den nothdürftigsten Lebensunterhalt aus. Diejenigen aber, welche nicht gelernt haben sich diesen gröbsten Arbeiten zu unterziehen oder deren Kräfte dazu nicht ausreichen, oder die durch ihre Kinder oder hilfsbedürftigen Eltern an's Haus gefesselt sind, sich auch nicht vermiethen können, müssen solche Arbeiten verrichten, die als speciell weibliche überall verzeichnet werden: Stricken, Nähen, Sticken. – Welche Concurrenz hierin, welches Angebot der Arbeitskräfte in Bezug auf ihren Verbrauch und dafür welch' geringer Lohn!

Eine Strickerin bekommt für ein Paar Strümpfe zu stricken in der Regel 5 Neugroschen oder 17 Kreuzer Rheinisch – – zwei bis drei Tage muß sie darüber stricken, wenn sie nicht nebenbei etwas Anderes thut. Da es die leichteste Arbeit ist, fällt sie meist den Kindern und alten Frauen zu, welche zu anderen Arbeiten unfähig sind. In dieser Leichtigkeit, in diesem Nebenher liegt die stete Aufnahme dieses

Arbeitszweiges, trotz den immer mehr sich vervollkommnenden Strumpfwirkerstühlen, trotz der Erfindung und endlichen Benutzung der Nähmaschinen. Aber welche Concurrenz noch außer der hierher gehörenden Strumpfwirkerei! Wer anhaltend strickt, kann etwa 15–18 Pfennige oder 8 Kreuzer Rheinisch verdienen – aber wer hat so viele Kunden? Da das Stricken eine leichte Nebenbeschäftigung ist, die bei jeder Art der Unterhaltung, ja selbst beim Lesen und Spazierengehen vorgenommen werden kann, so giebt es Hunderte, die nur stricken, um nicht müßig zu gehen, und dann auch ihre Arbeit verkaufen. Es ist auch Denen, welche es nicht zur höchsten Noth brauchen, nicht zu verargen, wenn sie sich einen kleinen Verdienst verschaffen wollen; aber dadurch, daß Viele dessen nicht bedürftig sind und die Bezahlung mehr als Nebensache betrachten, lassen sich diese auch die Arbeit schlechter bezahlen und so drücken die vermögenderen Frauen eigentlich unbewußt und aus lauter Gutmüthigkeit den Verdienst der armen Leute herab, da diejenigen, welche davon leben müssen, nun auch so billig arbeiten sollen wie die, welche es nur zu ihrer Unterhaltung thun. Die armen Strickerinnen schätzen sich daher oft glücklich, wenn sie für die »Strumpfstricker«, die damit handeln, stricken können, sie dürfen da doch immer auf Arbeit und den Absatz derselben rechnen, wenn sie gleich dieselbe noch schlechter bezahlt bekommen. Derselbe Grund ist es, welcher die Weißstickerinnen antreibt für die Fabriken, die mit Seide und Wolle Stickenden für größere Handlungen zu arbeiten. Sie werden auch schlechter bezahlt, aber sie haben wenigstens keine Auslagen, da sie das Material, Stoffe wie Zeichnungen geliefert bekommen und, außer wenn eine Handelskrisis eintritt, doch sichere Beschäftigung haben. – Eine solche Stickerin – und gewiß kennt Jedermann die kunstreichen Arbeiten des modischen Weißzeugs – verdient den Tag etwa 2–3 Neugroschen, wenn sie von früh bis zum späten Abend arbeitet. Man glaube nicht, in den großen Städten und für Private würden diese Dinge viel besser bezahlt – ich habe gestickte Namenszüge in Taschentüchern gesehen, welche mit 8–10 Neugroschen oder ½ Gulden rheinisch (das Garn nimmt die Stickerin noch dazu) bezahlt wurden. Es war nicht möglich, ein solches Tuch unter zwei Tagen anhaltender Arbeit zu vollenden. Ist nun die Stickerin im Zeichnen nicht geübt, so muß sie für das Zeichnen erst noch ein Viertel ihres Verdienstes abgeben. Auch die Arbeiterinnen der großen Städte schätzen sich glücklich, wenn sie für eine Handlung arbeiten können – sie haben dann doch immer zu thun – aber wenn sie von früh 6 bis Abends 9 Uhr mit der geringen Unterbrechung der Mittagszeit arbeiten, können sie etwa 5–10 Neugroschen verdienen, mehr gewiß nicht. Vielleicht nur um die Weihnachtszeit, wo die Arbeit drängt und viele dieser Arbeiterinnen ganze Nächte durchwachen, gewiß aber nie vor Mitternacht die Arbeit wegzulegen wagen. Und welche augenanstrengende Arbeit – die noch dazu zur Hälfte unter Licht gethan werden muß – und die, wenn die Arbeiterin allein wohnt, kaum ausreicht Kleidung und Nahrung, Holz und Licht zu verdienen. Es geht eben nur, wenn das Letztere von einer Familie bestritten wird. Dies sind die am besten gestellten Arbeiterinnen. Aber eine gute Nähmaschine kostet noch immer 70–80 Thaler und es ist wohl auch bei der Construction derselben nicht anzunehmen, daß der Preis derselben sehr falle und so sind Tausende der armen Näherinnen in der Lage, in welcher die Handspinner den Maschinenspinnern gegenüber einst waren, ja zum Theil noch sind: in der Maschine, die der Menschengeist zur Erlösung der Menschen von geisttödtender Arbeit erfand, erblicken sie ihre Feindin. Die Nähmaschine wird als Feindin der armen Näherinnen betrachtet, sie macht ihnen Concurrenz, denn sie sollen nun auch so billig und so accurat arbeiten, wie es die Maschine thut, und der dann und wann noch gerühmte Vorzug der größeren Haltbarkeit der Handarbeit vor der Maschinenarbeit wird nicht sehr gewichtig in die Wagschaale fallen – es ist auch hier derselbe Gang der Dinge zu erwarten, wie bei der Spinnerei: das Vorurtheil wird allmälig überwunden, die Maschinen werden noch verbessert und endlich wird es nur wie eine Sage betrachtet werden, daß man sich allein mit seinen Fingern ohne andere Beihilfe abmühte, ein Kleidungsstück zu fertigen. Und selbst wenn das neue Fabrikat weniger lange hält als das alte: – was thut es? es kostet dafür auch weniger und die daraus gezogenen Consequenzen sind einmal die herrschenden in unsrer industriellen Zeit. Es heißt eben darum mit ihr fortschreiten – was ist es denn für ein Unglück, wenn so und so viel tausend Mädchen durch die Nähmaschinen von ihrem alten Nähtisch vertrieben werden, an dem sie engbrüstig und hektisch werden und Zeit haben zu nichtigen Träumereien oder zum Jammern über ihr Schicksal? Die Hauptsache ist nur eben, daß man, wo ein Arbeitszweig aufhört lohnend zu sein, sich nach einem andern umsieht. [...]

Glücklich sind diejenigen Mädchen, welche, indem sie von weiblichen Handarbeiten leben, noch einer Familie angehören, so daß sie wohl, was sie verdienen, den Eltern oder Geschwistern mit zum Haushalt geben, aber doch nicht speciell dafür zu sorgen haben. Dann sitzen sie wenigstens in einer warmen Stube und haben ein warmes Mittagessen. Aber welches Glück ist eine solche Existenz! Eine fleißige Arbeiterin steht früh 5 Uhr auf und setzt sich gegen 6 Uhr an ihren Arbeitstisch – dann steht sie nicht eher auf als um 12 Uhr zum Mittagessen – in längstens einer halben Stunde ist dies beendigt und sie setzt sich gleich wieder hin – hat sie viel zu thun, so macht kaum die Dämmerung, noch weniger das Abendessen eine Unterbrechung, ein Butterbrot kann bei der Arbeit genossen werden – und darin besteht allein ihre Abendmahlzeit; gegen 10 Uhr, oder – je nachdem die Arbeit treibt – früher oder später, geht sie schlafen. Und so Tag für Tag, Stich für Stich – kein Feierabend, wie ihn andere Arbeiter haben, kaum Sonntags ein Kirchenbesuch, ein Spaziergang. Die Gedanken stumpfen entweder ganz ab oder bleiben an den Sorgen hängen: wo wieder Arbeit herzubekommen, wenn diese fertig? und wird diese auch bezahlt werden? – Aber keine Thräne darf in ihr Auge treten, dann möchte sie zu große Stiche machen – auch kein Blick auf die Straße irren – das ist schon eine Arbeitsversäumniß. Wie gesagt, eine Nähterin, die noch nicht ganz verlassen ist, kann das schon aushalten aus den Ersparungsgründen, die wir vorhin erwähnten und auch weil sie sich nicht so verlassen fühlt, weil ja die langweiligste Arbeit dadurch Werth bekommt, wenn man sich sagt, daß man nicht nur für sich arbeitet und wenn überhaupt Mehrere zusammen arbeiten oder doch ein Gespräch statt finden kann – aber wenn sie nun ganz allein steht oder noch einen alten Vater, eine stumpfe Mutter, kleine Geschwister, vielleicht ein eignes Kind mit zu ernähren hat? Im erstern Falle ist sie noch besser daran, dann kann sie als Näherin zum Ausbessern auf die Stube zu den Leuten gehen, da bekommt sie 2 ½ bis 5 Neugroschen und das Mittagsessen – so hat sie wenigstens dies und doch meist ein kräftiges, erspart Holz und Licht zu Hause, kann auch bis Tagesanbruch schlafen und ist Abends von sieben Uhr an frei. Ist sie so glücklich, Schneidern oder Putzmachen gelernt zu haben, bekommt sie 8–12 ½ Neugroschen den Tag. Solche Mädchen haben unter den Arbeiterinnen noch das glücklichste Loos gezogen, aber sie haben auch in der Regel sich erst das Erlernen des Schneiderns und Putzmachens etwas kosten lassen müssen. Auch wird von ihnen schon eine gute Erziehung und feinere Bildung verlangt, wenn die gebildeten Familien sie in ihrer nächsten Umgebung sehen sollen – die arm und unwissend aufgewachsenen Mädchen eignen sich daher zu diesem Geschäfte nicht.

Diese »weiblichen Arbeiten,« wie Sticken, Häkeln, Nähen u. s. w. werden auch von allen denen vorgezogen, welche es nicht wollen wissen lassen, daß sie einen Verdienst brauchen können. Jedermann will für reicher gehalten sein, als er ist, oder die »höheren« Stände halten es für ihrer unwürdig, zu arbeiten. Man kann kaum dem Einzelnen einen Vorwurf daraus machen, einem Unrecht, welches das hergebrachte Unrecht der ganzen Gesellschaft ist, sich zu unterwerfen – das ist nicht oft genug zu wiederholen. Alles gilt ja der Schein und wenig das Sein – nun, so ergiebt man sich dem in der Gesellschaft einmal herrschenden Schwindel. Der Mann, der Familienvater sieht in der Regel durch die Kinder und deren Größerwerden die Ausgaben des Hausstandes in einem Grade wachsen, mit dem seine Einnahmen nicht Schritt halten, die Forderungen des Luxus werden täglich größer, nicht nur die Lebensmittel mit ihren sich immer höher steigernden Preisen vertheuern einen Haushalt, sondern die Garderobe – und zwar für beide Geschlechter – steigert sich zu immer mehr kostspieligen Extravaganzen, welche nicht mitmachen zu können fast wie ein Unglück, sicherlich als ein Mangel empfunden wird. Die meisten Familienväter belächeln zwar diese Dinge und finden sie überflüssig, ja stemmen sich oft hartnäckig dagegen, indeß, sie werden überstimmt, oder wenn das nicht hilft: überlistet. [...] So wird oft aus lauter Liebe und Rücksichtnahme der Mann selbst in Bezug auf die Kostspieligkeit seiner ersten Forderung: gutes Essen, getäuscht, wie viel mehr nicht über die der weiblichen Familienglieder: gute Toilette. Die Preise aller einzelnen Gegenstände, welche sie bilden, sind so verschieden, daß wohl die wenigsten Männer hier den richtigen herausfinden werden, wenn ihnen ein billigerer gesagt wird – und um dies zu können, suchen die Töchter solcher Väter sich heimlich ein Taschengeld zu verdienen, um davon das Deficit ihrer Putzrechnungen decken zu können. So herrscht im gepriesenen deutschen Familienleben, an dem beileibe Niemand wagen darf zu rütteln, weil man das für einen Angriff auf die »Heiligkeit« der Familie erklärt, ein völlig ausgebildetes Hintergehungssystem, das sich natürlich fortpflanzt von Geschlecht zu Geschlecht und sein Gift von einem Kreis in den andern überträgt. Die Hausväter fürchten ihren Credit zu verlieren, wenn man erfährt, daß ihre Töchter für Geld arbeiten und geben das nicht zu, die Mütter fürchten aus gleichem Grunde, daß sie dann keinen Mann bekommen und lassen das Arbeiten heimlich geschehen – und um dies Alles noch zu unterstützen, versuchte jüngst eine deutsche Schriftstellerin in einer deutschen Residenz die Gründung eines »Bazars,« für welchen »Beamtentöchter« unter der Garantie, daß Niemand ihre Betheiligung daran erführe, arbeiten sollten! – Es sollte hierdurch wohl der schädliche Brauch vermieden werden, daß diejenigen, welche nicht von dem Verdienst ihrer Arbeit leben müssen, dieselbe gar noch billiger als Andere abliefern, weil sie die Arbeit nur als »Zeitvertreib« verrichten – aber das verwerfliche Lügensystem, die unmoralische Anschauung, sich der Arbeit zu schämen, bekam dadurch nur einen neuen Beitrag.

Zum Glück sind nicht alle Eltern so verblendet, nicht alle Mädchen so thöricht. Aber wie wenig Gelegenheit finden sie zum Erwerb, auch wenn sie denselben suchen wollen mit Aufgabe ihrer häuslichen Existenz!

Die meisten Mädchen, die eine oberflächliche Erziehung genossen haben und nicht so weit vorgebildet sind, um eine Stelle als »Gouvernante« ausfüllen zu können, suchen eine solche als »Bonne« oder »Erzieherin,« oder »Mamsell,« wie der andere Kunstausdruck lautet. Kommt ein solches Mädchen, das von Allem etwas und meist Nichts ordentlich gelernt hat, in eine Familie, so weiß man dann oft nicht, ob man mehr die Familie bedauern soll, welche einem so dilettantenhaft gebildeten Mädchen die Aufsicht über ihre Kinder, wohl gar deren Erziehung anvertraut, – oder das Mädchen, das tausend Ansprüche an sich gemacht sieht, die alle zugleich zu befriedigen fast eine Unmöglichkeit ist! Wie fast immer im planlosen Frauenleben, entscheidet auch hier nur der Zufall, natürliche Begabung und der gute Wille, ob in irgend einer Weise ein günstiges Resultat erreicht wird.

Betrachten wir uns doch einmal diese Verhältnisse ein wenig näher. Wer eine »Bonne« engagirt, wünscht gewöhnlich Gouvernante, Kammerjungfer und Kindermädchen in einer Person zu vereinigen. Es sind einige kleine Kinder im Hause, die noch nicht oder nur zum Theil das schulpflichtige Alter erreicht haben. Die Mutter ist abgehalten sich ihnen ganz zu widmen – im schlimmern Falle durch Bequemlichkeit und gesellige Bedürfnisse, im bessern durch einen mit dem Geschäft des Mannes verknüpften großen Hausstand, durch Kränklichkeit oder ein kleines, vielleicht auch kränkliches Kind. Wir verdenken ihr dann nicht, daß sie sich nach einer Gehilfin umsieht; es ist sogar ihre Pflicht, es zu thun, sobald es die Verhältnisse erlauben. Eben so wenig verdenken wir ihr, daß sie statt einer vorurtheilsvollen, vielleicht abergläubischen Kinderfrau, oder eines leichtfertigen Kindermädchens, ein Mädchen von besserer Bildung wünscht, dem sie vertrauensvoll die Kinder überlassen kann. Nehmen wir also an, daß ein Hausmädchen existirt für die Küche, Wäsche und andere gröbere Arbeiten und für das kleinste Kind eine Amme oder ein Kindermädchen, das ausschließlich von dessen Bedürfnissen in Anspruch genommen wird. Was wird nun von der Bonne Alles verlangt? Sie muß bei den größern Kindern schlafen, früh sie wecken, ankleiden helfen und den ganzen Tag über beaufsichtigen. Sie muß Französisch verstehen, um es den Kindern »spielend« – wie der Kunstausdruck lautet – mit zu lehren, außerdem aber Schneidern, Putzmachen, Gardinen aufstecken, plätten, nähen und alle weiblichen Handarbeiten verrichten, Alles besorgen, was zur Kleidung der Kinder und zur Haustoilette der Hausfrau gehört; vielleicht muß sie diese auch frisiren und ankleiden, wenn nicht täglich, doch für die Gesellschaft. Vielleicht muß sie auch mit bei der Wäsche helfen, stärken und mit auf die Rolle gehen, in der Küche jedenfalls, wenn es etwas mehr als gewöhnlich zu thun giebt. Außerdem muß sie mit den Kindern spazieren gehen und immer bereit sein »spielend« ihre Anliegen und Einfälle zu befriedigen: ihre Puppensachen nähen, ihre Spiele leiten, Alles aufräumen, was sie herumwerfen, für Alles stehen, was sie zerreißen oder sonst umbringen, wo möglich jeden Schaden wieder heilen, den sie anrichten und das Alles mit der liebevollsten und freundlichsten Miene – denn dazu hat man sie ja! Selten darf sie den Kindern etwas verbieten, abschlagen, noch weniger sie bestrafen, dazu haben die Eltern allein das Recht. Sind aber die Kinder unartig, so fällt die Hauptschuld allein auf die Bonne. Dies letztere bezeichnet schon den Standpunkt, den sie im Hause einnimmt. Wenn die Kinder mit am Tische essen, so hat sie das gleiche Recht – gewiß aber verschwindet sie mit ihnen, wenn Besuch kommt. Diesem gegenüber wird sie nicht besser als jeder Dienstbote behandelt; sie darf nur im Zimmer erscheinen, wenn sie zum Serviren, zur Theebereitung u. s. w. gebraucht wird und dann sitzt sie nicht mit am Tische, sondern hält sich abseits in einer dunkeln Ecke oder am Büffettisch auf. [...]

Nehmen wir nun auch an, daß ein geschicktes Mädchen schon in der eignen Familie sich die meisten Fertigkeiten aneignen kann, die als Mamsell von ihr gefordert werden, so muß sie doch wenigstens Französisch, Clavierspiel, vielleicht auch Schneidern und Putzmachen erst durch bezahlten Unterricht gelernt haben und überhaupt einen Grad der Bildung besitzen, der sich entweder nur durch Erziehung im Schooße einer gebildeten Familie oder sehr schwer in anderen wechselnden Verhältnissen erreichen läßt. Keineswegs also ist jedes Mädchen zu einer solchen Stellung befähigt und wenn es auch keiner allzugroßen Vorbereitung dazu bedarf, so ist doch immer für die einzelnen Zweige Lehr- und Stundengeld aufgewendet worden, das sich nun verinteressiren muß. Es sind die Töchter von Beamten, Pastoren, Advocaten, Künstlern, Privatgelehrten und kleinen Kaufleuten, die nach einem solchen Lebensunterhalt streben, entweder weil das Einkommen der Väter nicht ausreicht sie zu ernähren, oder weil sie denselben verloren haben.

Und was ist nun bei Bildungsgrad, Leistungsfähigkeit und Behandlung wie geschildert, meist der Lohn für solche Mühsal? – Die Feder sträubt sich es zu sagen!

Sechzig bis achtzig, höchstens hundert Thaler jährlich – dazu kommen im besten Falle noch Weihnachtsgeschenke, aber fast nie wird das Gesammteinkommen viel über hundert Thaler betragen. Dafür wird nicht nur die ganze Freiheit – es giebt keine Ferien und Feiertage, von den letzteren gestattet vielleicht einer um den andern einen Kirch- und freien Ausgang – und die ganze Arbeitskraft eines Mädchens verkauft, sondern es wird auch »anständige« Kleidung gefordert, deren Verbrauch bei den vielen wirthschaftlichen Leistungen und der Kindernähe kein geringer ist, indeß meist die Zeit fehlt, für sich selbst zu nähen und auszubessern.

Und wenn irgendwo eine solche Stelle angekündigt wird, findet leicht eine Concurrenz von hundert Bewerberinnen statt!

Daraus kann man schließen, wie viele Mädchen es giebt, die zu einem solchen Erwerb genöthigt sind, genöthigt sich für den schlechtesten Gehalt auch noch der schlechtesten Behandlung Preis zu geben! [...]

In den gebildeten Ständen finden die Töchter nur in der Kunst, in der Literatur und im Lehrfach für sich eine Quelle des Erwerbes. Aber wehe den Unglücklichen, die sich nur um des Erwerbes willen, ohne Begeisterung und ohne Talent dahin wagen. Sie werden es im besten Falle kaum zu mittelmäßigen Leistungen bringen – und wenn man namentlich über so viele beim Theater untergehende, in der Literatur nur das Oberflächlichste leistende Frauen klagt, so liegt der Schlüssel dazu darin: alle diese hätten sich nie auf der Bühne oder in der Literatur versucht, wenn ihnen ein andrer Beruf zugänglich gewesen wäre.

D: Louise Otto: Die Unzulänglichkeit der gegenwärtigen weiblichen Erwerbszweige. In: L. O.: Das Recht der Frauen auf Erwerb. Blicke auf das Frauenleben der Gegenwart. Hamburg: Hoffmann und Campe, 1866. S. 19–32. [Auszug.]

L: Barbara Duden / Elisabeth Meyer-Renschhausen: Landarbeiterinnen, Näherinnen, Dienstmädchen, Hausfrauen. Frauenarbeit in Preußen. In: Preußen. Zur Sozialgeschichte eines Staates. Eine Darstellung in Quellen. Bearb. von Peter Brandt unter Mitw. von Thomas Hofmann und Reiner Zilkenat. Reinbek bei Hamburg 1981. S. 265–285.
Ute Gerhard: Verhältnisse und Verhinderungen. Frauenarbeit, Familie und Rechte der Frauen im 19. Jahrhundert. 2. Aufl. Frankfurt a. M. 1983.
Gerhard Schildt: Frauenarbeit im 19. Jahrhundert. Pfaffenweiler 1993.

## 8

## Die Lage der Arbeiterinnen im ausgehenden 19. Jahrhundert, dargestellt von Clemens Heiss (1900/01)

Während die bürgerliche Frauenbewegung auch noch in der zweiten Hälfte des 19. Jahrhunderts mit wachsendem Erfolg für die Erweiterung der Erwerbsmöglichkeiten von Frauen stritt, kämpfte die sich mit dem massiven Eintritt von Frauen in die Industrie in den 80er Jahren formierende proletarische Frauenbewegung für den Schutz der Arbeiterinnen gegen finanzielle und körperliche Ausbeutung. Im Zeitraum von 1882 bis 1907 stieg die Anzahl der in Fabriken beschäftigten Frauen von 540 000 auf 1,5 Millionen, von denen rund ein Viertel verheiratet war. Obwohl der Arbeitsertrag der Ehefrauen und Mütter infolge des geringen Verdienstes oder Arbeitsausfalls des Ehemannes zum festen Bestandteil des Familieneinkommens gehörte, galten Frauenlöhne aufgrund der Orientierung am männlichen Ernährerprinzip als Zuverdienst und machten nur die Hälfte bis zwei Drittel der männlichen Löhne aus. Unter diesen Bedingungen war es insbesondere für alleinstehende Arbeiterinnen außerordentlich schwierig, ihren Lebensunterhalt zu bestreiten.

Um die Jahrhundertwende wurden von staatlicher Seite Bedenken über die Fabrikarbeit insbesondere verheirateter Frauen laut, wie der folgende Bericht über die Ergebnisse einer 1899 von der Regierung in Auftrag gegebenen Untersuchung über »Zweckmäßigkeit und Wege« der Beschränkung von Fabrikarbeit verheirateter Frauen zeigt. Hintergrund war die mit der zunehmenden industriellen Arbeit verheirateter Frauen befürchtete Vernachlässigung von »Hauswirthschaft« und »Familie«. Daß für die Rückführung der Arbeiterfrau zu ihren Pflichten als Hausfrau eine allgemeine Begrenzung der Arbeitszeit auf acht bis zehn Stunden als ausreichend erachtet wurde, wirft ein bezeichnendes Licht nicht nur auf die Doppelbelastung verheirateter Arbeiterinnen. Deutlich wird auch die nachgeordnete Bedeutung des ›Familienschutzes‹ gegenüber Erwägungen wirtschaftspolitischer Art. Auf das willige, abhängige und billige Arbeitskräftepotential der Ehefrauen und Mütter konnte die Wirtschaft bereits nicht mehr verzichten.

## Die Beschäftigung verheirateter Frauen in den Fabriken Deutschlands

Die Gesammtzahl der in deutschen Fabriken beschäftigten Arbeiterinnen beträgt nach unseren Berechnungen 853.786. Hievon waren 221.207 verheiratete, verwitwete, geschiedene oder eheverlassene Frauen. Im Folgenden ist, wenn nichts Besonderes bemerkt wird, unter dem Ausdruck verheiratete Frauen immer die Summe der erwähnten Kategorien zu verstehen. Ihre Zahl beträgt also etwas mehr als ein Viertel aller in Fabriken beschäftigten Arbeiterinnen und ist auch absolut so beträchtlich, dass sich eine Untersuchung ihrer Verhältnisse wohl rechtfertigt.

Die hauptsächlichsten Industriezweige, in denen verheiratete Frauen Beschäftigung finden, ergeben sich aus unserem Aufsatz in Bd. IV, Nr. 16, pag. 509 f., dieser Zeitschrift, da die Beschäftigung verheirateter Frauen von der Beschäftigung von Arbeiterinnen überhaupt im Grossen und Ganzen keine erheblichen Abweichungen zeigt. Nur die grossen Industriegruppen, die für die Frauenarbeit ganz besonders in Betracht kommen, sollen hier nochmals kurz aufgezählt werden. Es sind vor Allem die Textilindustrie, die Industrie der Nahrungs- und Genussmittel, der Bekleidung und Reinigung, der Steine und Erden (namentlich Ziegeleien) und mancherorts noch die Papierindustrie und die Metallverarbeitung.

Entsprechend einer vom Reichstag gegebenen Anregung wurden daher im Jahre 1899 die Gewerbeaufsichtsbeamten vom Reichskanzler beauftragt, sich eingehend über die Beschäftigung verheirateter Frauen in Fabriken zu äussern, und zwar über Umfang, Gründe und Gefahren der Beschäftigung, Möglichkeit, Zweckmässigkeit und Wege der Beschränkung.

Die Gründe der Beschäftigung verheirateter Frauen in Fabriken sind verschieden, je nachdem man die Frage vom Standpunkt des Arbeitgebers oder des Arbeiters behandelt. Von letzterem Gesichtspunkte hat das Gesammtergebniss der Erhebungen der Fabrikinspector für Mittelfranken am kürzesten zusammengefasst, wenn er sagt: »Der einzige Grund, weshalb verheiratete Frauen Fabrikbeschäftigung suchen, ist die Nothwendigkeit; wohl werden auch hie und da vereinzelte Frauen angetroffen, welche vermöge ihrer wirthschaftlichen Lage es nicht nöthig hätten, Fabrikarbeit zu suchen, allein diese Fälle sind so selten, dass sie vollständig unberücksichtigt bleiben können.« In Bremen hat man die Gründe der Fabrikarbeit verheirateter Frauen im Einvernehmen mit den Vertrauensmännern der Gewerkschaft näher erforscht. Hiebei hat sich ergeben, dass 71 Percent aller Frauen zum Erwerb gezwungen sind, da sie allein stehen oder weil der Verdienst des Mannes zum Unterhalt der Familie nicht ausreicht. 23·5 Percent aller Frauen, deren Männer einen Wochenverdienst von 18 bis 20 M. haben, wären nach Bremer Verhältnissen nur zu einem theilweisen Miterwerb gezwungen, und nur 5·5 Percent aller Frauen bleiben übrig, deren Männer einen Wochenverdienst von 21 M. und darüber hinaus aufzuweisen haben, und für welche ein Ausschluss von der Fabrikarbeit, falls ein Hauswesen zu verwalten wäre, eine gewisse Berechtigung haben könnte. Und in Hamburg wurde durch directe Befragung von 2220 Frauen sogar ermittelt, dass nur 20 oder 0·9 Percent lediglich aus dem Grunde ihre Arbeitskraft in der Fabrik verwertheten, um die Lebenshaltung ihrer Familie besser und reichlicher zu gestalten. Alle übrigen Frauen sind nach diesem Bericht zur Arbeit in der Fabrik gezwungen, weil sie durch die Verhältnisse zum wesentlichen, bisweilen zum Haupternährer, oft sogar zum einzigen Ernährer der ganzen Familie geworden sind. [...]

Am tiefsten dringt in diese Dinge der verdiente badische Fabrikinspector Dr. Wörishoffer ein, weshalb wir sein Gutachten in extenso wiedergeben: »Die Gründe für die Fabrikbeschäftigung verheirateter Frauen sind im Wesentlichen keine anderen als diejenigen für die Beschäftigung von Arbeiterinnen überhaupt in Fabriken. Sie liegen in der Unzulänglichkeit des Verdienstes des Familienoberhauptes für die nothwendigen Bedürfnisse der Familie. Wo diese Unzulänglichkeit keine allzu grosse ist oder wo sie nicht durch eine zu zahlreiche Familie hervorgerufen wird, begnügt man sich damit, die unverheirateten weiblichen Mitglieder in die Fabrik zu schicken. Wo aber hierdurch das Einkommen der Familie nicht auf die erforderliche Höhe gebracht werden kann, muss zur Ergänzung dieses Einkommens auch noch die verheiratete Frau durch regelmässige gewerbliche Arbeit, meist Fabrikarbeit, mithelfen. Die wirthschaftliche Entwicklung hat den Frauen immer mehr die Möglichkeit entzogen, auch ausserhalb der Besorgung der eigentlichen Haushaltungsarbeiten noch durch Hausfleiss verschiedener Art für das Bestehen der Familie beizutragen. Die meisten der früher selbstgefertigten Dinge können jetzt billiger durch Kaufen beschafft werden. Das Geld zum Kaufen muss aber beschafft werden, und durch die fortschreitende Cultur sind weiter dringende Bedürfnisse entstanden, die einen vermehrten Gelderwerb nöthig machen. Es ist daher die Noth, welche zur Fabrikarbeit auch der verheirateten Frauen drängt. Dies geht auch daraus hervor, dass die Arbeiter in Industrien mit Löhnen, die für die Existenz einer nicht allzu grossen Familie genügen, z. B. Schlosser, Schmiede, Schreiner u. A., und dass auch in Industrien mit weniger günstigen Löhnen die gut verdienenden Arbeiter zunächst ihre Frauen und dann auch ihre Töchter niemals in die Fabrik schicken. Sie sind entweder zu stolz dazu oder sie finden, dass ihre Frauen im Hause nicht entbehrt werden können, wenn die Ansprüche erfüllt werden sollen, welche jeder tüchtige Arbeiter an seinen Haushalt stellt.«

»Ausser diesem hauptsächlichen Grunde kommen noch eine Anzahl anderer Beweggründe für die Frauenbeschäftigung in Betracht, die fürsich alle in der Regel nicht zu derselben führen. So kann in vielen Industriezweigen die manuelle Geschicklichkeit der Arbeiterinnen gar nicht entbehrt werden, und die Arbeitgeber ziehen hierbei die verheiratete Frau den unverheirateten Arbeiterinnen deshalb vor, weil deren Arbeitskraft wegen ihrer Sesshaftigkeit ihnen mehr gesichert ist, und angeblich auch deswegen, weil sie fügsamer sei.«

»Vor allem aber sind es die niederen Löhne der Arbeiterinnen, die ihre Verwendung den Arbeitgebern überall erwünscht scheinen lassen, wo sie stattfinden kann. Genügender Beweis hierfür ist, dass die Löhne in den Industriezweigen am niedersten sind, in denen Arbeiterinnen in grösserer Zahl verwendet werden. Auch erregen alle Nachweise, dass da und dort die Löhne der Arbeiterinnen denen der Arbeiter gleich oder nahezu gleich sind, stets besonderes socialpolitisches Interesse. Man bedenkt aber nicht, dass dort stets das ganze Lohnniveau durch die Frauenarbeit beeinflusst ist. Auch der Hinweis auf die bei Accordarbeit für Männer und Frauen meist gleichen Accordsätze bewirkt vielfach nur eine Täuschung, denn den Frauen werden schon in grossem Umfange vielfach nur die Arbeiten zugewiesen, bei denen überhaupt weniger verdient werden kann. Es kann aber die erfreuliche Tatsache constatirt werden, dass die Löhne namentlich in den letzten Jahren ziemlich gestiegen sind und dass sie schon da und dort an die Löhne der in den gleichen Industriezweigen beschäftigten Männer heranreichen. In den Industriezweigen aber, in denen mehr oder weniger ausschliesslich nur Männer beschäftigt werden können, reicht ihr Verdienst jetzt schon in normalen Fällen zur Erhaltung der Familie hin. Dasselbe kann man von Industriezweigen mit starker Frauenarbeit nicht sagen. In diesen Industriezweigen bewirkt daher die Möglichkeit, weibliche Arbeiter in grossem Umfange zu beschäftigen, in den Arbeiterfamilien die Nothwendigkeit, sie auch thatsächlich eintreten zu lassen.«

Recht tief ist auch der Beamte für das Unterelsass in die Gründe der Fabrikarbeit verheirateter Frauen eingedrungen, weshalb wir auch noch seine lebensfrische Schilderung hier wiedergeben:

»Der Hauptgrund für die Ehefrauenarbeit ist das durch die moderne Cultur, die Verkehrsmittel und den unbeschränkten Wettbewerb geschaffene Verlangen der Industrie nach billigen Arbeitskräften. Schon die Zahlen von 1875[1] weisen dies nach. Auch die seitdem geschehene Vermehrung und Verallgemeinerung der Ehefrauenarbeit ist wesentlich derselben Ursache zuzuschreiben, denn auch die seitdem erfolgte Vermehrung und Vergrösserung der Betriebe ist eine Consequenz jener Voraussetzung; sie musste das Verlangen nach billigen Arbeitskräften zur Folge haben.«

»Dass seit 1875 eine Vertheuerung der Löhne, auch der Ehefrauenlöhne stattgefunden hat, ändert an der Sache nichts; diese Vertheuerung war allgemein. Im Ganzen und Grossen verdient die Frau nicht mehr als das gleich leistungsfähige Mädchen, obgleich sie einen weit werthvolle-

1 1875 wurden im Unterelsass 5534, 1899 9500 Arbeiterinnen in Fabriken beschäftigt. Davon waren 1875 1197 verheiratet, 1899 2178, wozu noch 335 Witwen kommen, die für 1875 nicht nachgewiesen sind.

ren Einsatz bei dem Geschäfte darbringt: nämlich den theilweisen oder gänzlichen Verzicht auf ein entwickeltes und glückliches Familienleben. Dieser Einsatz aber ist für den anderen Contrahenten geschäftlich werthlos und wird nicht vergütet.«

»Ein anderer Grund für die Ehefrauenarbeit ist dann gegeben, wenn die Frau als Mädchen in Fabriken thätig war und nichts von dem gelernt hat, was der Hausfrau als solcher wie als Hausmutter ihren besonderen Werth verleiht und sie trotz Sorge und Noth feit gegen die Vortheile der Fabrik, wenn sie dagegen eine tüchtige Fabrikarbeiterin geworden ist, die gut und rasch schafft und deshalb der Industrie werthvoll genug erscheint, um sie, selbst gegen höheren als gewöhnlichen Lohn, der Fabrik zu erhalten. Die Antwort: »Ich habe nichts gelernt, als in der Fabrik schaffen« wurde bei den für die vorliegende Darstellung vorgenommenen Erhebungen so oft gehört, mit so vielen Varianten im Tone – der Scham, des Bedauerns, der Trauer, des Zornes – dass auch dieser Grund als ein Hauptgrund für die Ehefrauenarbeit bezeichnet werden muss.«

»Ein dritter Grund ist die grössere Zuverlässigkeit und Stetigkeit der Frau im Arbeitsverhältniss. Namentlich in grösseren Orten mit gehäufter Arbeitsgelegenheit kommen diese Eigenschaften in Betracht. Die Mädchen wechseln häufiger als die Frauen ihre Arbeitsstelle und nicht nur diese, sondern auch das Handwerk, sie sind freier, weil häuslich weniger verpflichtet, und sie sind leichter fertig mit ihren Entschlüssen, weil Andere nicht in dem Masse, wie es bei Ehefrauen der Fall ist, dadurch benachtheiligt werden.« [...]

Manche Berichte geben auch noch über die directe Veranlassung, die die Frauen in die Fabrik führte, Auskunft sowie darüber, welchen Beruf die Frauen früher ausübten, ob sie schon vor der Verheiratung die Fabrik besuchten u. s. w. Doch sind die Angaben hierüber so ungleichmässig, dass sie sich schwer zu einem Gesammtbild vereinigen lassen, weshalb wir leider auf ihre Wiedergabe verzichten müssen.

Dagegen dürfen wir uns die Mühe nicht verdriessen lassen, die Arbeitszeit der Frauen etwas eingehender zu untersuchen, da hier der Kern der ganzen Materie liegt. Wir haben daher aus allen Gebieten Deutschlands Berechnungen darüber zusammengestellt, ob die tägliche Arbeitszeit der verheirateten Frauen über zehn Stunden oder ob sie zehn Stunden und weniger beträgt. Die Pausen sind hier durchweg ausgeschlossen, so dass wir es also mit absoluter Arbeitszeit zu thun haben. Die statistischen Angaben fliessen über diesen Punkt sehr reichlich, doch finden sich auch Berichte, die selbst hierüber nur allgemeine Bemerkungen geben.

[Siehe Tabelle S. 53.]

[...]

Es heisst Eulen nach Athen tragen, wenn man noch besonders hinweist auf die Vernachlässigung des Haushaltes, des ganzen Familienlebens und der Kindererziehung, die mit der Fabrikbeschäftigung der Frauen unzertrennlich verbunden ist. Und doch ist es nöthig. Denn der Magdeburger Beamte berichtet: »Die Erziehung der Kinder, deren Mütter in der Fabrik arbeiten, ist nach dem Urtheile von Schulleitern und Geistlichen in kleineren Industriestädten, wo man über die Verhältnisse der Eltern in der Regel ziemlich gut unterrichtet ist, keineswegs so mangelhaft, wie man sich zunächst vorstellt. Erfahrene Lehrer versichern im Gegentheile, dass sich gerade diese Kinder manchmal recht vortheilhaft von den Kindern anderer Arbeiterfamilien auszeichnen; sie seien ordentlicher, sauberer, besser genährt. Betreffs der älteren Kinder wird sogar rühmend hervorgehoben, dass sie schon verhältnissmässig viel Ueberlegung bekundeten (frühreif!), eine Folge der Selbstständigkeit, zu der sie schon frühzeitig bei der Wartung der jüngeren Geschwister und der Besorgung der Geschäfte des Haushaltes erzogen werden.« Difficile est satiram non scribere. Doch

## Es arbeiteten Frauen:

| in den Aufsichtsbezirken | 10 Stunden und weniger | über 10 Stunden |
|---|---|---|
| Marienwerder | 21 | 50 |
| Danzig | 66 | nicht angegeben |
| Kattowitz (Hüttenbezirk) | 210 = 87 % | 32 = 13 % |
| Oppeln (ländlicher Bezirk) | 710 = 67 % | 347 = 33 % |
| Potsdam | 5649[2] | 1760 |
| Berlin-Charlottenburg (dritter Inspectionsbezirk) | 1070 | 360 |
| Magdeburg | 1960 | 720 |
| Schleswig | 1648 | 1342 |
| Hannover, Stade, Osnabrück und Aurich | 80 % | 20 % |
| Arnsberg[3] | 1040 | 583 |
| Kassel | 197 | 53 |
| Köln | 844 | 582 |
| Oberbayern | 777 | 476 |
| Aue | 1059 | 660 |
| Chemnitz | 1736 | 2022 |
| Freiberg | 459 | 196 |
| Hamburg | 1986 | 234 |
| Württemberg | 5993 | 2769 |
| Darmstadt | 710 | 70 |
| Lothringen | 245 | 53 |
| Offenbach | 115 Betriebe | 70 Betriebe |
| Giessen | 71 (Sommer)Betriebe<br>78 (Winter)Betriebe | 38 (Sommer)Betriebe<br>31 (Winter)Betriebe |
| Unterelsass | 90 Betriebe | 126 Betriebe |
| Breslau | 552 Betriebe = 63⅓ % | 319 Betriebe = 37⅔ % |

2 Darunter 118, die nach Belieben und 1007, die 8 Stunden und weniger arbeiten.

3 886 Frauen haben hier eine kürzere Arbeitszeit als die ledigen Arbeiterinnen.

wir befinden uns im Centrum der Zuckerindustrie und des Zuckerrübenbaues – das erklärt Alles. Wie trostlos müssen da die Schulverhältnisse im Allgemeinen sein, wenn diese wildaufwachsenden Fabrikarbeiterkinder ohne mütterliche Aufsicht und Pflege die Elite bilden! Hören wir einen Mann aus einem anderen socialen Klima: Dr. Wörishoffer, der meint, die Nachtheile der Beschäftigung verheirateter Frauen in Fabriken treffen vor Allem die Hauswirthschaft und die Familie. Ein Arbeiterhaushalt mit nur mässiger Kinderzahl kann von einer ermüdet nach ihrer vollen Tagesarbeit heimkehrenden Hausfrau kaum mehr in der richtigen Ordnung gehalten werden. Ueber die Vernachlässigung der Kinder bemerkt er treffend: »Man kann sich wenigstens über die Verrohung der Jugend so lange nicht mit Recht beklagen, als beide Eltern zur Fabrik gehen müssen und die Kinder vielfach wild aufwachsen.«

Was den Umfang anlangt, in dem die Frauen der Kindererziehung entzogen werden, so würde ein specieller statistischer Nachweis hierüber zu weit führen. Im Allgemeinen gewinnt man aus den statistischen Daten, soweit solche vorhanden sind, den Eindruck, dass etwa die Hälfte aller in Fabriken beschäftigten Frauen Kinder hat, die sich im schulpflichtigen Alter befinden oder noch jünger sind.

Wie schwer es ist, die alten ausgefahrenen bureaukratischen Geleise zu verlassen, zeigen die preussischen und sächsischen Beamten, die sich damit begnügen, zu constatiren, dass angesichts der zwingenden Gründe für die Fabrikarbeit der Frauen ihr Ausschluss aus der Fabrik unmöglich erscheint. Dem kann allerdings nicht widersprochen werden. Am weitesten haben sich in ihren Abhilfevorschlägen die Beamten des ersten und zweiten württembergischen Bezirkes – das sei zu ihrer Ehre constatirt – vorgewagt. Sie empfehlen den achtstündigen Arbeitstag. Der Beamte des zweiten Bezirks zieht aus seinen eingehenden Untersuchungen folgendes Schlussresultat: »Darüber, dass ein ernstlicher Anfang damit gemacht werden sollte, die verheiratete

Frau ihrer Familie und insbesondere die Mutter ihren Kindern nach und nach wieder zu gewinnen, kann kein Zweifel bestehen. Mit diesem Ziel erklärten sich auch zahlreiche Betriebsunternehmer einverstanden. Der erste Schritt zur Erreichung desselben würde wohl am sichersten mit einer allgemeinen Einschränkung gethan. Es wäre daher zu empfehlen, dass die verheirateten Frauen, soweit sie ein Hauswesen zu besorgen haben, in Fabriken nicht länger als acht Stunden täglich beschäftigt werden dürfen, und dass die Arbeitszeit durch eine zweistündige Mittagspause unterbrochen werden müsste.«

Die Forderung eines verlängerten Schutzes der Schwangeren und Wöchnerinnen sei wegen ihrer untergeordneten Bedeutung zu dieser Hauptforderung nur beiläufig erwähnt. Sie wird von zahlreichen Sachverständigen aufgestellt, aber nur wenige haben den Muth, auch die Gewährung des vollen Krankengeldes für die Zeit des Ausschlusses aus der Fabrik aus diesem Grunde zu verlangen.

In einer allgemeinen Verkürzung der Arbeitszeit liegt der Kern der ganzen Frage. Doch möchten wir nicht so weit gehen wie die württembergischen Beamten, sondern uns zunächst mit dem zehnstündigen Arbeitstag im Interesse der Durchführbarkeit begnügen, wobei allerdings der achtstündige Arbeitstag in nicht allzulanger Zeit als Endziel anzustreben wäre. Dass aber der zehnstündige Arbeitstag bei einigermassen gutem Willen durchführbar ist, haben unsere Untersuchungen zur Evidenz ergeben: denn er ist thatsächlich bei der Mehrzahl aller Betriebe schon durchgeführt. Dr. Wörishoffer, der energisch für eine Verkürzung der Arbeitszeit für alle Arbeiterinnen eintritt, wirft die Frage auf, ob diese aus inneren Gründen und im Hinblick auf den derzeitigen Mangel möglich ist. Der Mangel an Arbeiterinnen wird nach seiner Ansicht zum grossen Theile hervorgerufen durch die minder günstige Behandlung der Arbeiterinnen den männlichen Arbeitern gegenüber. Ganz allgemein halte man es überhaupt für selbstverständlich, dass die Frau auch bei qualitativ und quantitativ gleichen Leistungen weniger verdiene als der Mann. Es könne nur der Gedankenlosigkeit entspringen, wenn z. B. in Städten mit zahlreicher und grossentheils gut bezahlter männlicher Arbeiterschaft aber mit verhältnismässig kleiner weiblicher Arbeiterschaft von einem wirklichen Mangel an Arbeiterinnen gesprochen werde. In den zahlreichen Arbeiterfamilien müssen genug Arbeitskräfte vorhanden sein, deren Familienverhältnisse gewerbliche Thätigkeit zulassen würden. Diese Familien befinden sich nun glücklicherweise in einer Lage, die nicht alle weiblichen Angehörigen nöthigt, zu den angebotenen Löhnen und bestehenden Arbeitszeiten Fabrikarbeit zu suchen. Offenbar wird aber dieser Mangel an Arbeiterinnen in dem Masse beseitigt, als die Löhne steigen und die Arbeitszeiten verkürzt werden.

Wörishoffer fügt seinem Vorschlag, für alle Arbeiterinnen einen zehnstündigen Maximalarbeitstag einzuführen, folgende Schlussbemerkung an: »Nachdem schon an vielen Orten die zehnstündige Arbeitszeit durch einen Sieg der Arbeiter sich eingeführt hat, halten zudem viele Fabrikanten des In- und Auslandes sie für unvermeidlich. Nachdem so der Boden genügend vorbereitet ist, ist eine Regelung durch den Staat im Interesse seines Ansehens vorzuziehen. Auch für die Sache selbst wäre dies besser, da stets eine Anzahl rückständig gesinnter Arbeitgeber in der irrigen Ansicht, hieraus einen Extragewinn erzielen zu können, freiwillig von der längeren Arbeitszeit nicht abgehen würde.«

Nur durch eine weitgehende allgemeine Verkürzung der Arbeitszeit wird es möglich, die Arbeiterfrau wieder für die Pflichten der Hausfrau heranzuziehen. Denn nur hierdurch wird die für eine erspriessliche Wirksamkeit der Haushaltungs- und Kochschulen unerlässliche Zeit gewonnen. Also gerade im Interesse der Familie ist eine allgemeine Verkürzung der Arbeitszeit unerlässlich.

D: Cl[emens] Heiss: Die Beschäftigung verheirateter Frauen in den Fabriken Deutschlands. In: Dokumente der Frauen Hrsg. von Marie Lang. Bd. 4. Leipzig: Maier [i. Komm.], (1900/01). S. 662–674. [Auszug.]

L: Jürgen Kuczynski: Studien zur Geschichte der Lage der Arbeiterinnen in Deutschland von 1700 bis zur Gegenwart. Berlin 1965.
Anneliese Neef: Mühsal ein Leben lang. Zur Situation der Arbeiterfrau um 1900. Köln 1988.

9

## Hausarbeit als Voraussetzung außerhäuslicher Produktion: Käthe Schirmacher über Frauenarbeit im Hause (1905)

Käthe Schirmacher (1865–1930), die nach ihrer Ausbildung am Lehrerinnenseminar ein Studium der romanischen Sprachen an der Sorbonne absolvierte und 1895 in Zürich als eine der ersten deutschen Frauen (nebst Ricarda Huch 1891) promovierte, gehörte vor dem Weltkrieg zu den führenden Kräften des radikalen Flügels der bürgerlichen Frauenbewegung. Sie war sowohl Mitbegründerin des ›Bundes fortschrittlicher Frauenvereine‹ (1899) als auch des ›Weltbundes für Frauenstimmrecht‹ (1902). Nach dem Ersten Weltkrieg nahm sie jedoch eine zunehmend konservative Haltung ein und wurde 1919 deutschnationale Abgeordnete in der Nationalversammlung.

Käthe Schirmacher kommt das große Verdienst zu, die unentgeltlich geleistete Hausarbeit von Frauen in ihrer Bedeutung für die Wirtschaft herausgestellt zu haben: »Die häusliche Frauenarbeit ist die Conditio sine qua non der außerhäuslichen Berufsarbeit des Mannes.« In ihrer scharfsinnigen Analyse legt sie den wirtschaftlichen Wert der Hausarbeit dar, die mit dem Übergang zur Entwicklung kapitalistischer Produktionsverhältnisse im 19. Jahrhundert, mit der Trennung von Haus und Wirtschaft, Wohnung und Betrieb im Kontext des bürgerlichen Modells einer geschlechtsspezifischen Trennung von öffentlicher Produktions- und privater Reproduktionssphäre aus dem Bereich »produktiver«, gesellschaftlich anerkannter Arbeit ausgegrenzt wurde. Ziel ihrer Ausführungen ist die Anerkennung der Hausfrauenarbeit als Berufsarbeit, die es nicht nur entsprechend zu entlohnen gilt, sondern deren Wertschätzung auch Basis für die Anerkennung der Gleichheit der Geschlechter vor dem Gesetz und für politische Rechte der Frauen sein soll.

Schirmacher grenzt sich explizit von der vom radikalen Flügel der bürgerlichen Frauenbewegung angestrebten Berufstätigkeit von Frauen als Basis für die Forderung nach Frauenrechten ab, da sie hierin nur eine zusätzliche Belastung zum »Beruf der Hausfrau« erblickt. Sie entlarvt zwar die gesellschaftlichen und wirtschaftlichen Voraussetzungen der geschlechtsspezifischen Arbeitsteilung, tastet diese selbst jedoch nicht an und verbleibt damit innerhalb der normativen Prämissen des bürgerlichen Geschlechtermodells.

Schirmachers Analyse ist bis heute aktuell. Die immer noch nahezu ausschließlich von Frauen gratis geleistete Haus- und Familienarbeit und die Doppelbelastung berufstätiger Frauen war zentrales Thema auch der neuen Frauenbewegung in den 70er Jahren des 20. Jahrhunderts, ebenso wie die Debatte um ›Hausfrauenlohn‹, die in dieser Zeit entbrannte.

Wenn die Nationalökonomie von »Frauenarbeit« spricht, so versteht sie darunter fast ausschliesslich die Fabrik- und Werkstättenarbeit der Frauen.

Die Frauenarbeit im Hause wird meist mit einer kurzen Analyse abgetan, die den nicht produktiven Charakter der häuslichen Frauenarbeit betont. Die Frau im Hause, heisst es, konsumiert Werte, verteilt Werte, schafft aber keine Werte. Ich beeile mich hinzuzusetzen, dass letzteres unrichtig ist.

Der Gedanke, den nationalökonomischen Wert der häuslichen Frauenarbeit abzuschätzen, zu prüfen, ob die Frauen für die Erfüllung so zahlreicher Pflichten das gebührende Äquivalent an Geld, an bürgerlichen und politischen Rechten, an sozialer Wertschätzung erhalten, dieser Gedanke ist den Nationalökonomen nur selten gekommen.

Haben sie mit Absicht dieses Kapitel der Wirtschaftslehre ausser Acht, ausserhalb ihrer scharfsinnigen Analysen, ihrer eindringenden Forschung gelassen? Verdiente dieser Gegenstand die Aufmerksamkeit des Mannes nicht?

Oder hat man gefühlt, dass hier eine Gefahr vorlag, eine Mine, die springen und das Gebäude der »Männerwelt« zum Sturze bringen konnte? Hat man gefürchtet, durch eingehendes Studium der Frauenarbeit im Hause zu einer Umwertung bestehender Werte, zur wissenschaftlichen Anerkennung unbequemer Forderungen gezwungen zu werden?

Wie dem auch sei, bei meiner Beschäftigung mit der häuslichen Frauenarbeit habe ich einen ziemlich unberührten Boden gefunden und war meist auf mich selbst angewiesen.

Ausgegangen bin ich von der Tatsache, dass Frauenarbeit fast immer unter ihrem Werte bezahlt wird.

Niemand, auch der schärfste Gegner der Frauenbewegung, bestreitet diese Ungerechtigkeit auf industriellem Gebiet. Jedermann findet es unbillig, dass eine Arbeiterin, auch bei gleichwertiger Arbeit, ein Drittel, ja die Hälfte geringer bezahlt wird als der Arbeiter.

Ähnliche Ungerechtigkeiten lasten aber auf der häuslichen Frauenarbeit, und dass sie weniger zu Tage treten, vermindert ihre Wucht nicht.

Sie feststellen, deutlich an den Tag legen, die öffentliche Aufmerksamkeit darauf ziehen, scheint mir eine erstrebenswerte Aufgabe. [...]

Was ist unter »häuslicher Frauenarbeit« zu verstehen?

In erster Linie scheint es, dass »häusliche Frauenarbeit« alle die Verrichtungen umfasst, die zur Führung der Haushaltung, zur Existenz und zum Wohlsein der Familienmitglieder unentbehrlich sind.

Diese Verrichtungen obliegen den Hausfrauen, Müttern und den Dienerinnen.

Nun besteht aber ein nennenswerter Unterschied zwischen der Tätigkeit der Hausfrau und Mutter und der der Dienerinnen.

Die Dienerinnen leisten wohl »häusliche Frauenarbeit«, jedoch als eine ausserhäusliche Berufsarbeit, für Rechnung Dritter und im fremden Hause.

Die Hausfrau und Mutter hingegen leistet die häusliche Berufsarbeit für ihre eigene Rechnung, am eignen Herd und für die Ihren.

Das gibt ihr eine ganz besondere Stellung, und ich habe mich hier nur mit derjenigen häuslichen Frauenarbeit zu beschäftigen, die von der Frau am eignen Herd im eignen Interesse geleistet wird.

Unter »häuslicher Frauenarbeit« verstehe ich daher die Gesamttätigkeit der Hausfrau und Mutter.

Hausfrauen und Mütter sind nun in meinen Augen nicht nur die standesamtlich oder kirchlich Getrauten, mit einem »gesetzlichen Vertreter« versehenen Frauen.

Jede Frau – sei sie ledig oder verwitwet, Gattin oder Geliebte – sobald sie einen Haushalt führt, ist sie eine Hausfrau. [...]

Welcher Verrichtungen entledigen sich die Hausfrauen?

Ihre Tätigkeit ist eine äusserst mannigfaltige. Sie sind, je nachdem, Dienstmädchen und Köchin, Wirtschafterin, Schneiderin, Wäscherin, Tapezierer, Maler, Dekorateur etc. Das Haus, die Wiege aller Industrie und Gewerbe, verlangt von der Hausfrau die zahlreichsten und verschiedenartigsten Fähigkeiten, nicht eine hohe Spezialisierung und Vollkommenheit, sondern ein gewisses Mittelmass von Können für den täglichen Hausgebrauch. – Das Arbeitsfeld der Hausfrau ist sehr ausgedehnt und ihre häusliche Berufsschulung mehr extensiv als intensiv, mehr in die Breite als in die Tiefe gehend.

Die Beschäftigungen der Mutter sind ebenso mannigfaltig und zeitraubend.

Die Vorbereitung auf die Mutterschaft, die Zeit der Schwangerschaft, ist lang und oft beschwerlich.

Die Geburt des Kindes ist ein schmerzhafter Akt.

Bei dem Neugeborenen hat die Mutter bald Amme und Wärterin, bald Krankenpflegerin zu sein und das stille Heldentum der Mütter am Krankenbett lässt die Bezeichnung der Frauen als »schwaches Geschlecht« ganz unzulässig erscheinen.

Die Mutter ist auch des Kindes natürliche Lehrerin, sein erster »Professor«, sein Wegweiser auf den Pfaden der sichtbaren, wie der geistigen und moralischen Welt, sein Seelsorger und Berater.

Kurz die Frau als Hausfrau und Mutter betreibt im Hause, je nach Umständen, 10–20 verschiedene Tätigkeiten, die ausserhalb des Hauses als ebenso viele unabhängige Berufe betrieben, anerkannt und gegen klingenden Lohn ausgeübt werden.

Für gewöhnlich schafft die Hausfrau und Mutter neben all diesen materiellen Werten noch jene moralischen Imponderabilien, die aus einem Haus ein Heim und aus einer Menschengruppe eine Familie machen. [...]

Eine Anzahl Hausfrauen und Mütter arbeiten sogar noch im ausserhäuslichen Beruf, betreiben also gleichzeitig zwei Berufe. So z. B. eine Menge Arbeiterinnen und in Frankreich die verheirateten Lehrerinnen, die Post- und Telegraphenbeamtinnen etc.

Diese zweifache Berufstätigkeit bedeutet oft eine Ueberlastung, die der Frau selbst ebenso schädlich ist wie der Ausübung ihrer beiden Berufe und dem Wohlsein ihrer Familie.

Wer nie Hausarbeit getan noch ein Hauswesen geführt hat, (und das ist leider bei fast allen Männern der Fall) kann sich nur einen unvollkommenen Begriff von dem Charakter dieser Arbeit machen.

Rein materiell gesprochen, füllen sie den ganzen Tag aus; kaum ist das erste Frühstück besorgt, so heisst es ans Mittagessen denken; ist das Geschirr aufgewaschen, so muss man das Vesper serviren, und ist das erledigt, kann man zu Abend kochen.

Und so geht's alle Tage ohne Ausnahme, ja, an Sonn- und Festtagen kommt noch Extraarbeit dazu.

Es gibt auch für die Frauenarbeit im Haus keine festen Stunden, sie ist endlos, die Arbeit der Penelope. Ferien, Freizeit sind den meisten Hausfrauen und Müttern unbekannt, wenn sie fortwährend Vorräte beschaffen, den Herd anzünden, alle Haushaltsgegenstände, sowie die Kleider der ganzen Familie in Stand halten, überall anfassen und nachschauen sollen.

Wie wächst die Beschäftigung erst, wenn die Kinder klein sind. Da gibt's nicht Schlaf, nicht Vergnügen, die nicht von dem Geschrei und den Forderungen dieser lieben, aber oft schrecklich tyrannischen, kleinen Wesen gestört werden.

Die Arbeit der Hausfrau und Mutter verursacht aber auch grosse geistige Ermüdung.

Nichts macht nervöser als wie zu wissen, dass man nie Herr über seine Zeit ist, dass man keine Pläne machen kann, fortwährend in seiner Beschäftigung unterbrochen wird; nichts ermüdet auf die Dauer mehr als die Notwendigkeit für einen Erwachsenen, sich unablässig auf das Kinderniveau hinunterzuschrauben.

Die mütterliche Tätigkeit ist jedoch nicht nur zeitraubend und anstrengend, sie bringt auch ernste Gefahren mit sich.

Die Zahl der Frauen, die im Wochenbett sterben oder infolge der Mutterschaft eine schwere Schädigung ihrer Gesundheit davontragen, diese Opfer und Invaliden des Mutterberufs sind sicher zahlreicher als die Opfer und Invaliden des Schlachtfeldes. (S. Bebel, die Frau, S. 221.)

Man hat auch bemerkt, dass viele Hausfrauen, viele Mütter vor der Zeit verblüht und verbraucht sind, dass sie an allerlei nervösen Zuständen und Krankheiten leiden, kein Interesse am geistigen Leben, keinen Geschmack an Lektüre, kein Gedächtnis selbst für die Namen und Daten der Zeitgeschichte haben.

Diese Frauen sind Opfer ihres Berufs, sind Ehekrüppel. Sie leiden an nervöser Zerrüttung, Folge ihrer unbarmherzigen, häuslichen Überanstrengung. Sie sind verkümmert und verwelkt, aufgebraucht von dem oftmals unbewussten aber brutalen Egoismus der anderen, der Ihren, die da finden, dass »Mutter« nie genug für sie dasein kann.

Ich muss gegen diese Ausbeutung der Hausfrau und Mutter protestieren, sie ist ebenso ungerecht, verhängnisvoll und unmoralisch wie die der Arbeiterin. [...]

Die Arbeit der Hausfrau und Mutter beansprucht die Zeit, verbraucht Leib und Leben der Frauen, die sich ihr widmen.

Es ist eine wirkliche »Arbeit«, keine Sinecure. Als Hausfrauen und Mütter leisten die Frauen unschätzbare Dienste.

Die Hausfrauen organisieren das materielle Dasein der Menschheit, schaffen mit dem Heim, das Behagen, die Gemütlichkeit, machen das Leben äusserlich erträglich. Ohne sie würde die materielle Existenz der Völker stocken.

Im Heere der Arbeit sind die Frauen sozusagen: die Intendanz.

Will der Mann ausserhäuslichem Beruf nachgehen, so muss die Frau ihm die zu seiner Existenz unentbehrlichen häuslichen Verrichtungen abnehmen. Die häusliche Frauenarbeit ist die conditio sine qua non der ausserhäuslichen Berufsarbeit des Mannes.

Wäre der Mann, von Anbeginn der Zivilisation an, verpflichtet gewesen, jeden Tag sein Zimmer zu fegen, sein Bett zu machen, seinen Markt und seine Küche zu besorgen, seine Kleider zu nähen und seine Kinder zu hüten, er hätte unmöglich seinen Geist bilden, erfinden und entdecken können.

Ohne die geduldige Arbeit von Millionen Frauen, deren Namen nie ein Lied, nie ein Heldenbuch nennen wird, wäre eine Geisteskultur, eine Entwicklung der Künste und Wissenschaften undenkbar gewesen.

Was der Mann wird, verdankt er zum Teil der Aufopferung der Frau.

Was der Mann leistet, leistet er dank ihrer Mitarbeiterschaft, einer anonymen, nicht eingestandenen, nicht gewerteten noch anerkannten, aber nichts desto weniger unentbehrlichen und unbestreitbaren Mitarbeiterschaft.

Unsere heutige Kultur beruht auf der häuslichen Hörigkeit, der anonymen Mitarbeiterschaft der Frau.

Die häusliche Tätigkeit der Frauen ist sowohl eine produzierende, wie eine erhaltende und verteilende.

Man ist im allgemeinen über die beiden letzten Punkte einig. Die Hausfrau, sagt man, erhält die Werte, die ihren Haushalt zusammensetzen, Möbel, Kleider, Küchengerät etc., beim Einkauf der Vorräte verteilt, setzt sie das Geld, dass der Mann für die Bedürfnisse des Haushalts heimbringt, in Umlauf, übt sie die grosse, soziale Macht des Käufers, des Konsumenten aus.

So betrachten Roscher und Lorenz Stein die Hausfrauentätigkeit, und bei dieser Anschauung ist man bisher verblieben.

Soll jedoch die häusliche Frauenarbeit als eine produktive Tätigkeit hingestellt werden, so erhebt man Schwierigkeiten.

Ich glaube, man wird aber nicht länger den Augenschein leugnen können.

Die Frau im Hause ist nicht nur Erhalter und Verteiler von Werten, sie schafft, sie produziert auch neue.

Wenn die Hausfrau Stoff zu einem Kleidungsstück, Mehl, Eier und Butter zu Kuchen, einen Meter Seide zu einem Lampenschirm verarbeitet, so ist diese Hausfrau, was man auch sage, ein Produzent.

Wenn dies Kleidungsstück, diese Kuchen, dieser Lampenschirm aus einem Laden kommen, wird niemand ihnen den

Charakter von »Werten« abstreiten, noch der Arbeit, die sie erzeugt, den Charakter einer »produktiven« Arbeit.

Inwiefern kann aber der Umstand, dass diese Gegenstände »Hausarbeit« sind, die Natur des Produkts und die Natur der Arbeit verändern?

Gibt es endlich eine »produktivere Arbeit« als die der Mutter?

Ist es nicht die Mutter, die ganz allein den Wert aller Werte, den denkenden und handelnden Wert aufbaut, den man ein Menschenwesen nennt?

Ist es nicht die Mutter, die das Kind produziert, die die grosse nationale Industrie der Bevölkerung ausübt, von der das Bestehen der Menschheit abhängt?

Und man wollte ihrer Tätigkeit den Charakter einer eminent produktiven Arbeit abstreiten?

Das hiesse doch die Tatsachen leugnen, gegen die Wahrheit verstossen, sich am Augenschein vergehen.

Ich schliesse daher aus dem Vorhergehenden, dass die Arbeit der Hausfrau und Mutter eine wirkliche Berufsarbeit ist. [...]

Die Hausfrauen und Mütter arbeiten gegen Entgelt.

Vom Hause fordern sie als Gegenleistung für die erwiesenen Dienste ihren Unterhalt, Kost und Wohnung.

Hausfrau und Mutter sein, ist ihr »Brotverdienst«.

Ich weiss, dass diese Auffassung manchen Leser chockieren wird.

Man hat die Frage bisher nicht in diesem Lichte betrachtet, sie schwebte, eingehüllt in eine Wolke phrasenreicher Sentimentalität.

Man hat es bisher unterlassen, ein genaues Aufgestell der durch die Frau erwiesenen Dienste zu machen, vielleicht auch um eine genaue Rechenschaft über die vorenthaltenen Rechte zu vermeiden.

Ich glaube, der Tag ist gekommen, um öffentlich Bilanz zu machen.

In der Praxis hat man auch die Arbeit der Hausfrau und Mutter stets als eine »Berufsarbeit« betrachtet, denn man hat der Hausfrau und Mutter stets im Haus einen Unterhalt gewährt.

Hingegen hat man unterlassen, explicite anzuerkennen, dass dieser »Unterhalt« von der Frau erarbeitet und verdient war, dass er ihr »zukam«, sie ein Anrecht darauf hatte, diese Summen ihren Erwerb, ihr Geld, etwas das sie de jure reklamieren konnte, darstellten.

Man hat das unbestimmt vermuten lassen. Weil aber die Leistung nicht ausdrücklich anerkannt, der Wert der Arbeit nicht direkt in Geld veranschlagt, auch nicht in Zahlen ausgedrückt wurde, deshalb ist die Frage des Entgelts, der Gegenleistung an die Frau auch nicht deutlich gestellt worden.

Der Mann schien der Frau als eine Gnade zu gewähren, was sie als ein Recht beanspruchen durfte, und er vermied derart jede Streitigkeit über die Äquivalenz dessen, was er von der Frau empfing und dessen, was er ihr dafür gab.

Bis heutigen Tages hat die Frau keinen rechten Begriff von dem wirtschaftlichen Wert ihrer Tätigkeit als Hausfrau und Mutter, hat sie die wirtschaftliche und rechtliche, die politische und soziale Wertung ihrer häuslichen Arbeit bisher auch kaum diskutiert.

Es ist so ungewohnt, die Tätigkeit der Hausfrau und Mutter als einen »Beruf« zu betrachten, dass die Berufsstatistiken der ganzen Welt die Hausfrauen und Mütter nicht unter die »Berufstätige Bevölkerung« zählen.

Für die Statistiker aller Länder gehören die Frauen, die ihr Leben im Dienst der Familie aufbrauchen, nicht zum Heere der Arbeiter.

Die Mütter zählen nicht zur Kategorie der »nationalen Produzenten«.

Die Hausfrauen werden angeblich vom Gatten »erhalten«, sie verdienen ihr Brot nicht durch eine Berufstätigkeit.

Ich sehe hierin ein grosses Vorurteil gegen die Frauen, eine Einseitigkeit der Auffassung, die sie schwer geschädigt hat. [...]

Auch die bürgerlichen Gesetzbücher aller Länder, die doch ausführliche und gewissenhafte Werke sind, erkennen nirgends ausdrücklich die wirtschaftlichen Rechte der Hausfrau und Mutter, noch ihren Beitrag zur Bestreitung der Haushaltslasten an.

Der Gedanke, dass die Frau im Hause ihren Unterhalt durch ihre häusliche Tätigkeit verdient, dass ein Teil des Männerlohnes oder Männerverdienstes ihr von Rechtswegen gebührt und ihr zur Verfügung stehen sollte, dieser Gedanke ist in den Köpfen der Gesetzgeber noch nicht aufgetaucht. Und Prediger Salomonis irrt sich, wenn er meint, es sei schon alles einmal dagewesen.

Die Auffassung, die ich hier befürworte, ist so wenig landläufig, dass selbst die Hauptinteressenten, die Frauen, obgleich sie oft unter der Geringschätzung, mit der man ihrer Lebensarbeit begegnet, leiden, sich über die Natur der Ungerechtigkeit doch nicht klar sind. Sie fühlen, dass da etwas schief und nicht in Ordnung ist, wissen aber nicht, wie es ändern.

Manche verletzt sogar der Gedanke einer genauen wirtschaftlichen Schätzung ihrer häuslich mütterlichen Tätigkeit.

Sie handeln, sagen sie, aus Liebe und Hingebung und denken nicht daran, sich dafür »bezahlen« zu lassen.

Ich habe nicht das Herz, sie zu tadeln, aber ich habe die Pflicht, die Wahrheit zu sagen.

Und die Wahrheit lautet:

In unsrer schrankenlos egoistischen Welt schlägt solche Selbstlosigkeit zum Nachteil derer aus, die sie üben.

Wer in dieser Welt der Ungerechtigkeit grosse, unentbehrliche Dienste erweist, ohne deren Wert zu kennen, ohne die entsprechende Gegenleistung in Geld, ohne das schickliche Äquivalent an Rechten zu verlangen, wird notwendigerweise ausgebeutet!

So ist es der Frau im Hause ergangen. –

Es gibt zwei Arten der Entlohnung für Arbeit:

die pekuniäre Entlohnung durch Geld,
die soziale Entlohnung durch Rechte, Achtung etc.

[...]

Ich habe vorher ausgeführt, dass die häusliche Frauenarbeit die conditio sine qua non der ausserhäuslichen Berufsarbeit des Mannes ist.

Von den Summen, die der Mann draussen erhält, schuldet er also einen Teil der Frau.

Der Mann wird für zwei bezahlt, weil sein Arbeitgeber, sei es der Staat oder ein Privater, die berufliche Leistung des Mannes nur dann erhalten kann, wenn er den Mann in Stand setzt, sich bei der ihm unentbehrlichen Hausarbeit durch eine Frau vertreten zu lassen.

Man hat daraus geschlossen, dass der Mann für zwei arbeitet, während er doch nur für zwei einstreicht; dass er die Frau im Hause unterhält, während sie das ganz allein durch ihrer Hände Arbeit besorgt; dass sie wirtschaftlich von ihm abhängt, während sie ihre pekuniäre Unabhängigkeit verlangen darf.

Der Modus der indirekt bezahlten Frauenarbeit hat bisher gestattet, diese ganz elementare Tatsache zu übersehen. Man hat sie durch Jahrhunderte ignorieren, jedoch nicht aus der Welt schaffen können.

Man überlege: dem Manne soll seine ausserhäusliche Berufstätigkeit nicht nur wirtschaftliche Unabhängigkeit, sondern auch rechtliche Vorherrschaft und politische Freiheit geben, die Frau hingegen soll für ihre häusliche Berufstätigkeit durch wirtschaftliche Abhängigkeit, rechtliche Unterordnung und politische Rechtlosigkeit belohnt werden?

Das hiesse doch Pflichten und Rechte gar zu ungleich, gar zu ungerecht verteilen. [...]

Der Widerstand der sich gegen eine »Entlohnung« der

häuslichen Frauenarbeit geltend macht, ist z. B. eine Folge der geringen Schätzung, der häusliche Frauenarbeit gemeinhin begegnet.

Wir leben in einer »Männerwelt«, vom Mann in erster Linie für sich, nach seinem Bilde, für sein Behagen geschaffen. In dieser Welt hat der Mann sich als Massstab aller Dinge und Wesen betrachtet, auch als Massstab der Frau.

Wer seines Gleichen sein wollte, musste ihm gleich sein, tun, was er tat, um seine Achtung zu erwerben.

Für ihn lag die Gleichwertigkeit einzig in der Gleichartigkeit, nur Similität galt ihm als Parität.

In der Frauenarbeit sah er nicht eine eigenartige Leistung für sich, sondern, verglichen mit der seinen, eine Inferiorität.

Er definierte sie unbewusst durch Negation: »es war keine Männerarbeit«.

Statt anzuerkennen, was die Frau konnte, hat er sich beeilt festzustellen, was sie nicht tat.

Bis heutigen Tages ist auf diesem Gebiet der Gedanke nicht durchgedrungen, dass Gleichwertigkeit auch bei Verschiedenartigkeit bestehen kann.

Dieser fundamentale Irrtum hat die Wertung der Frauenarbeit sehr beeinträchtigt.

Aus dieser Quelle stammt die Geringschätzung der häuslichen Frauentätigkeit.

Der Mann übte diese Tätigkeit nicht aus und hat daraus geschlossen, dass sie untergeordnet sei. [...]

In manchen Kreisen empört das Missverhältnis zwischen den schweren Pflichten der Frau und den mageren Rechten, die man ihr als Entgelt zugesteht, die Frauen. Sie wollen sich um jeden Preis befreien und haben daher folgende Theorie aufgestellt:

Es ist ihre ungerechtfertigte, wirtschaftliche Abhängigkeit, die die Unterordnung der Ehefrau auch auf allen anderen Gebieten nach sich zieht.

Wenn die Frau vom Manne pekuniär unabhängig ist, wird ihr Anspruch auf Gleichberechtigung anerkannt werden.

Daher soll jede verheiratete Frau einen Beruf ausüben, der ihr gestattet, direkt Geld zu verdienen. Sie sei zu gleicher Zeit Hausfrau und ausserhäuslicher Berufsarbeiter. –

Ich verweile einen Augenblick bei dieser neuen Richtung, die besonders in Deutschland zu Tage tritt, denn ich halte sie für irrtümlich und daher bedenklich.

Um ihre wirtschaftliche Unabhängigkeit, ihre Gleichheit vor dem Gesetz, ihre politischen Rechte zu verlangen, braucht die Hausfrau und Mutter sich zu ihrer bisherigen Arbeit weder neue Lasten aufzuladen, noch gleichzeitig zwei Berufe auszuüben.

Das hiesse ihr, im Gegenteil, grosses Unrecht tun und sie auf einen Irrweg locken.

Alle jene Rechte kann sie im Namen ihrer bisherigen Leistungen beanspruchen, im Namen ihrer bisherigen Arbeit als Hausfrau und Mutter darf sie die Stimme erheben.

Hier liegen ihre Verdienste. Sie sind uralte, und es bedarf keiner neuen.

Hat man die Leistungen der Frau bisher unterschätzt, so müssen heute nicht die Dienste, sondern ihre Schätzung muss vergrössert werden.

Die Frauenrechtlerinnen, die der Ehefrau zwei Berufe aufladen wollen, schlagen also eine falsche Richtung ein.

Sie sollen ruhig die Hausfrau und Mutter am häuslichen Herde lassen, wohl aber dafür sorgen, dass ihre Leistungen dort vom Manne als Gesetzgeber und Gatten höher eingeschätzt werden.

Dann werden wir einer natürlichen Entwicklung beiwohnen, deren Phasen durch die allmäligen Siege der Frauen auf wirtschaftlichem, rechtlichem und politischem Gebiet markiert werden. [...]

D: Käthe Schirmacher: Die Frauenarbeit im Hause, ihre ökonomische, rechtliche und sociale Wertung. Leipzig: Dietrich, 1905. S. 3–23. [Auszug.]

L: Alice Schwarzer: Frauenarbeit – Frauenbefreiung. Praxis-Beispiele und Analysen. Frankfurt a. M. 1973.
– (Hrsg.): Lohn: Liebe. Zum Wert der Hausarbeit. Frankfurt a. M. 1973.
Anke Walzer: Käthe Schirmacher. Eine deutsche Frauenrechtlerin auf dem Wege vom Liberalismus zum konservativen Nationalismus. Pfaffenweiler 1991.

## 10

## Geschlechterideologie und Frauenarbeit im Nationalsozialismus: Aus einem Bericht der Internationalen Gewerkschaftsbewegung (1937)

Während des Ersten Weltkrieges hatten Frauen nicht nur in der Industrie ›Männerarbeitsplätze‹ eingenommen, sondern waren auch in anderen Erwerbszweigen in neue, qualifizierte Arbeitsbereiche vorgedrungen, womit nicht nur die klassische Teilung in Männer- und Frauenberufe, sondern auch zugrundeliegende Rollenklischees tendenziell außer Kraft gesetzt worden waren. Diesen kriegsbedingten Veränderungen war bereits in der Weimarer Republik mit staatlichen Eingriffen, Demobilmachungsverordnungen zur Zurückdrängung der Frauenarbeit, dem verfassungswidrigen ›Beamtinnenzölibat‹ oder der im Zuge der Weltwirtschaftskrise ab 1929 forcierten ›Doppelverdienerkampagne‹, begegnet worden.

Mit dem Machtantritt der Nationalsozialisten 1933 wurde nicht nur die weitere Verminderung der weiblichen Erwerbstätigkeit, sondern insbesondere die Retablierung und Neuordnung der sowohl gesamtgesellschaftlich als auch auf Betriebsebene ins Wanken geratenen geschlechtsspezifischen Arbeitsteilung zum zentralen Punkt staatlicher Politik. Auf der Basis der von den Nationalsozialisten propagierten naturgegebenen Polarität der Geschlechter und der ›Andersartigkeit‹ des weiblichen, zur Mutterschaft bestimmten

Geschlechts wurde die Verdrängung der Frauen aus hochqualifizierten und halbwegs gut bezahlten Berufen und ihre Zurückführung zu ›wesensgemäßen‹ Tätigkeiten angestrebt: zu unbezahlter Haus- und Erziehungsarbeit, zu schlecht bezahlter landwirtschaftlicher und hauswirtschaftlicher Tätigkeit sowie minderqualifizierter und entsprechend entlohnter Fabrikarbeit, wobei letztere weniger dem Primat wesensgemäßen Einsatzes, als dem industriellen Bedarf an billigen Arbeitskräften folgte. Ziel war nicht die vollständige Eliminierung der Frauenarbeit, sondern deren Dequalifizierung.

Der folgende Bericht beschreibt die in den ersten drei Jahren nach dem Machtantritt ergriffenen Gesetzesmaßnahmen zur Regulierung und Dequalifizierung der Frauenarbeit sowie deren Auswirkungen bis 1937. Wie hier deutlich wird, war der Erfolg der staatlichen Arbeitsmarktpolitik aufgrund wirtschaftlicher Notwendigkeiten bereits in der Vorkriegszeit insgesamt eher mäßig und zeigte sich vor allem im Bereich höherqualifizierter, freier und akademischer Berufe und im öffentlichen Dienst. Im Zuge der forcierten Rüstungspolitik ab 1936 wurde aufgrund des gesteigerten Arbeitskräftebedarfs die außerhäusliche Arbeit von Frauen zunehmend unverzichtbar. Spätestens seit Kriegsbeginn erfolgte die verstärkte Reintegration der Frauen in den Arbeitsprozeß und insbesondere ihre Beschäftigung in der Rüstungsindustrie (S. 88); im weiteren Verlauf des Krieges schließlich wurden Frauen auch zum Kriegseinsatz herangezogen (S. 89).

## Deutschland

### I. Einschränkende Bestimmungen.

Die allgemeinen Ansichten des Nationalsozialismus über die Frauenarbeit und die Stellung der Frau im allgemeinen [...] sind so allgemein bekannt, daß sie hier nicht im einzelnen aufgeführt zu werden brauchen. Die Arbeitsgebiete der Frauen sind im einzelnen festgelegt in den von der Reichsanstalt für Arbeitsvermittlung und Arbeitslosenversicherung niedergelegten Richtlinien für Berufsberatung. Es wird darin gesagt, daß es für die Wirtschaft notwendig und für die Frauen selber nützlich sei, vor der Verheiratung

Lohnarbeit zu verrichten, daß jedoch die Frauen hauptsächlich in Gewerben beschäftigt werden sollten, in denen ähnliche Arbeiten wie im Haushalt in Frage kommen. In ländlichen Gegenden können Frauen veranlaßt werden, auf dem Gebiete des Schulungswesens und in den sozialen Dienstzweigen Beschäftigung zu finden. Eine ausgewählte Anzahl von Frauen werden immer noch zu den Universitäten zugelassen, es wird jedoch als ihre erste Pflicht betrachtet, auf dem der Frau eigenen Gebiet für die Förderung der nationalen Kultur zu wirken. Um die Arbeit unverheirateter und verwitweter Frauen kommt man natürlich nicht herum; die Zahl dieser Frauen, die auch heute noch infolge des Krieges hoch ist, nimmt jedoch ab, sodaß die den Frauen speziell zugewiesenen Arbeitsgebiete genügen sollten, um in Zukunft diese Arbeitskräfte zu absorbieren.

In Wirklichkeit läuft die angeführte Tendenz darauf hinaus, daß die Frauen überall dort noch arbeiten können, wo ihre Arbeit und billige Arbeitskräfte benötigt werden, daß sie jedoch nicht mehr Gelegenheit haben, auf allen Arbeitsgebieten mit den männlichen Arbeitern zu konkurrieren oder in freien Berufen Beschäftigung zu finden. Nachdem der Nationalsozialismus den Wirkungskreis der Frauen umschrieben hat, hat er mit der ihm eigenen brutalen Energie dafür gesorgt, daß dieser Wirkungskreis nicht überschritten wird.

### a) Ehestandsdarlehen.

Eine der ersten Maßnahmen zwecks Zurückziehung der Frauen aus der Lohnarbeit ist die von der deutschen Regierung durch das Gesetz vom 1. Juni 1933 eingeführte Gewährung von Ehestandsdarlehen. Die Darlehen erreichen die Höhe von Rm. 1000.–, die in Form von Gutscheinen zum Ankauf von Einrichtungsgegenständen Frauen zur Verfügung gestellt werden, die unter Aufgabe ihres Berufs eine Ehe schließen, und zwar unter der Bedingung, daß die Frau keine Lohnarbeit mehr annimmt, solange das Einkommen des Mannes nicht unter 125 Mk. pro Monat sinkt. Die Darlehen werden zinslos gewährt und sind rückzahlbar in monatlichen Teilzahlungen von 1 %. Bei der Geburt eines Kindes vermindert sich der zurückzuzahlende Darlehensbetrag um 25 %. Diese Darlehen sollen finanziert werden durch eine spezielle Steuer auf unverheiratete Personen, deren Ertrag auf 220 Millionen Reichsmark pro Jahr geschätzt wird.

Obwohl der durch Darlehen gewährte Durchschnittsbetrag laut einem Artikel der »Sozialen Praxis« vom 12. April 1934 von 730 Rm. im August und September 1933, auf 560 Rm. im Februar 1934 gefallen ist und die Höchstsumme von 1000 auf 800 Rm. herabgesetzt wurde, überstieg die Zahl der Darlehensgesuche die Schätzungen dermaßen (194.485 zwischen August 1933 und Mitte Februar 1934 – während mit 200.000 Gesuchen für das ganze Finanzjahr gerechnet wurde –), daß die Ergebnisse der Steuer nicht ausreichten, allen Gesuchen stattzugeben. Um dem Hauptzweck des Gesetzes näher zu kommen, wurde deshalb am 28. März 1934 ein Gesetz erlassen, in dem verheirateten Frauen, die ein Darlehen erhalten haben, die Wiederaufnahme irgendwelcher Beschäftigung verboten wird, solange der Ehegatte den Bestimmungen der Arbeitslosenversicherung zufolge nicht unterstützungsbedürftig betrachtet wird und solange das Darlehen nicht voll zurückbezahlt wurde.

Durch neue Anweisungen des Finanzministers an die lokalen Behörden ist das übliche Maximum der Anleihen am 7. März 1934 auf 500 Rm. herabgesetzt worden.

### b) Propaganda für hauswirtschaftliche Beschäftigung und das hauswirtschaftliche Jahr.

Große Anstrengungen sind gemacht worden, um die Zahl der im Haushalt gegen Lohn beschäftigten Frauen zu vermehren und die Frauen auf diese Weise dem Arbeitsmarkt zu entziehen. Dies wurde angestrebt, indem man versuchte, die Arbeit anziehender zu gestalten und durch Gewährung von Konzessionen an die Arbeitgeber zur vermehrten Einstellung von Hausgehilfinnen anzuregen. Auch wurde verschiedentlich in diesem Sinne ein Druck ausgeübt.

Einer der ersten Schritte zur Erleichterung der Einstellung von Hausbediensteten war das Gesetz vom 12. Mai 1933, durch das die Hausgehilfinnen aus der Arbeitslosenversicherung ausgeschlossen und die Beitragssätze für die Invalidenversicherung ermäßigt wurden. (Inzwischen sind die Hausangestellten wieder in die Versicherung aufgenommen worden.) Die Herabsetzung der Beiträge war natürlich eher ein Geschenk an die Arbeitgeber als an die Angestellten, da der Arbeitgeber der Verbindlichkeiten gegenüber der Arbeitslosenversicherung enthoben wird, während die Hausgehilfin praktisch in die Unmöglichkeit versetzt wird, aus freien Stücken ihre Stelle aufzugeben.

Dem besagten Gesetz folgte am 1. Juni 1933 ein weiteres, in dem es u. a. heißt, daß Hausgehilfinnen bei der Einkommensteuerveranlagung der Arbeitgeber die Stellung von minderjährigen Kindern einnehmen. [...]

Gleichzeitig werden Schritte unternommen, um die Hausarbeit im allgemeinen zu popularisieren. Weiblichen Angestellten in öffentlichen Diensten in Preußen, die eine Haushaltungsschule zu besuchen wünschen, wird für diesen Zweck ein Jahr unbezahlter Urlaub gewährt. Versuche werden gemacht, schon in einem früheren Stadium Interesse für die Hausarbeit zu wecken: ein Ende 1935 vom preußischen Unterrichtsminister ergangener Erlaß bestimmt, daß ab Ostern 1937 Mädchen nicht in die Oberstufe höherer Lehranstalten aufgenommen werden können, die nicht eine Prüfung in den einfachsten Hausarbeiten bestanden haben.

Ein ausgesprochenes Druckmittel wurde angewandt durch die Einführung des »hauswirtschaftlichen Jahres« im Jahre 1934. Durch diese Verordnung wird es Hausfrauen ermöglicht, während eines Jahres Mädchen aufzunehmen, die ihnen bei der Hausarbeit und Kinderpflege an die Hand gehen. Löhne gelangen nicht zur Auszahlung; die Hausfrau kommt nur für die Krankenversicherungsbeiträge auf, und nach einer Probezeit von 6 Monaten sind das Mädchen und der Arbeitgeber durch eine Art Lehrvertrag gebunden. Am Ende des hauswirtschaftlichen Jahres legt das Mädchen eine Prüfung ab und die Reichsanstalt für Arbeitsvermittlung und Arbeitslosenversicherung nimmt es auf sich, das Mädchen als Hausgehilfin oder in irgend einem anderen Frauenberuf unterzubringen.

Im Jahre 1935 meldete jedoch das »Berliner Tageblatt«, daß die getroffenen Anordnungen nicht immer die gewünschten Resultate zeitigten, da die in Familien untergebrachten Mädchen nicht immer die fachliche Schulung und moralische Erziehung erhalten, die sie erwarten. Wenn man bedenkt, daß die Gelegenheiten zu rücksichtloser Ausbeutung fast unbegrenzt sind, ist diese Feststellung nicht überraschend.

### c) Freiwilliger Arbeitsdienst für Mädchen und Landjahr.

Obwohl der Arbeitsdienst in Deutschland für Männer und Frauen eingeführt wurde, wurde er für Frauen nicht für obligatorisch erklärt. Gesetzlich ist er auch heute noch nicht obligatorisch – mit Ausnahme der Mädchen, die die Universität besuchen wollen. Hingegen ist der freiwillige Arbeitsdienst erweitert worden, und von Zeit zu Zeit werden Hinweise für die zwangsweise Rekrutierung veröffentlicht.

In einem am 27. Januar 1934 veröffentlichten offiziellen Zirkular wird gesagt, daß mit dem Frauenarbeitsdienst hauptsächlich der Zweck verfolgt werde, »die weibliche Jugend für die Aufgaben als künftige Hausfrau und Mutter zu erziehen, und gleichzeitig den Zielen der Bevölkerungs- und Wirtschaftspolitik zu dienen, welche die weiblichen Arbeitskräfte von den gewerblichen und kaufmännischen Berufen in den Haushalt und die Landwirtschaft überzuführen suchen«.

»Zum Eintritt in den freiwilligen Arbeitsdienst sind Mädchen arischer Abstammung im Alter von 17 bis zu 25 Jahren, vorwiegend aber solche im Alter von 19 bis 22 Jahren zuzulassen, die in Anbetracht der Entwicklung des weiblichen Arbeitsmarktes ihre Stelle verloren oder aufgegeben oder die innerhalb von zwei Jahren nach ihrer Schulentlassung keine Lehr- oder Arbeitsstelle gefunden haben. Abiturientinnen und Studentinnen sind gleichfalls zuzulassen, doch darf ihre Zahl 20 v. H. der Belegschaft des Arbeitsdienstheimes nicht übersteigen. Die Arbeitsdienstwilligen müssen sich für mindestens 13 Wochen verpflichten ...« Abiturientinnen müssen 6 Monate Arbeitsdienst leisten.

In dem Zirkular werden drei verschiedene Formen des Arbeitsdienstes aufgeführt: Arbeitsdienstheime für Hauswirtschaft und soziale Arbeit in der Nähe von Städten, wo Mädchen aus der Stadt auf allen Gebieten des Haushalts ausgebildet werden sollen, ländliche Arbeitsdienstheime zur Ausbildung von Mädchen in landwirtschaftlichen Arbeiten und endlich Arbeitsdienstheime für Siedlungshilfe.

Im Jahre 1934 haben ungefähr 18.000 Mädchen Arbeitsdienst geleistet. Es gab Ende 1934 insgesamt 355 Arbeitsdienstheime.

Durch das Gesetz vom 26. Juni 1935 wurde der bis dahin freiwillige Arbeitsdienst für obligatorisch erklärt. Die eigentliche Durchführung für Mädchen wurde jedoch späterer Regelung überlassen. In einem Artikel der »Sozialen Praxis« vom 5. September 1935 wird auf die Schwierigkeiten der Überführung des freiwilligen in den obligatorischen Frauenarbeitsdienst hingewiesen, d. h. auf die damit verbundenen großen Kosten und die geringe Zahl junger Mädchen in den vorgesehenen Altersgrenzen, die eine Folge der größeren Nachfrage nach weiblichen Arbeitskräften auf dem Arbeitsmarkt ist. In dem gleichen Artikel wird gesagt, daß die meisten Mädchen nach Absolvierung des Arbeitsdienstes in ihren früheren Beruf zurückzukehren wünschen. Da jedoch der Zweck des Arbeitsdienstes darin besteht, weibliche Arbeitskräfte in den Haushalt oder aufs Land zurückzuführen, wurden die Arbeitsnachweise beauftragt, ein Gesetz durchzuführen, das die Wiedereinstellung der Frauen in ihrem früheren Beruf verbietet, solange sie nicht 6 Monate nach Verlassen des Arbeitsdienstlagers auf dem Lande oder in einem Haushalt gearbeitet haben.

Ein am 1. Oktober 1935 erlassenes Dekret zur Durchführung und Ergänzung des Gesetzes über den Arbeitsdienst bestimmt u. a., daß keine Frau bezw. kein Mädchen vor dem 1. Oktober 1937 zum obligatorischen Arbeitsdienst einberufen werde. In einem vom Reichskanzler am 26. September 1936 erlassenen Dekret wird erneut gesagt, daß der Arbeitsdienst für Frauen im Hinblick auf die Einführung des obligatorischen Dienstes systematisch ausgebaut werden soll. [...]

### d) Spezielle Einschränkungen für Frauen in freien Berufen und in den öffentlichen Diensten.

Angesichts der allgemeinen faschistischen Tendenz für die Behandlung der Frauen, die nicht so sehr darauf gerichtet ist, sie von Erwerbsarbeit als vielmehr von höheren Stellen fernzuhalten, ist es selbstverständlich, daß die Einschränkungen in den freien Berufen und öffentlichen Diensten besonders scharf sind.

Auf diesen Gebieten haben die Frauen in Deutschland nach dem Kriege zahlreiche Vorteile errungen. Die Frauen hatten das Stimmrecht, saßen im Reichstag und bekleideten wichtige Posten in den öffentlichen Dienstzweigen und freien Berufen. Die Leitung von Mädchenschulen, die vor dem Krieg meistens von Männern ausgeübt wurde, wurde immer mehr Frauen übergeben. Diese Umstellung, die einer fortschreitenden Zivilisation angemessen ist, wurde durch den Faschismus, der der Ansicht ist, daß die Frauen von öffentlichen Diensten ferngehalten oder in untergeordneten

Stellen belassen werden sollten, vollständig rückgängig gemacht.

Durch das bereits erwähnte Gesetz vom 30. Juni 1933 wird bestimmt, daß Frauen unter 35 Jahren keine feste Anstellung im Reichsdienst erhalten können. Die Bestimmung der Weimarer Verfassung durch die jegliche unterschiedliche Behandlung der Frauen im Staatsdienst in Gehaltsfragen aufgehoben wurde, ist rückgängig gemacht worden.

Einem Rundschreiben des Innenministers vom November 1933 zufolge sind eine große Zahl weiblicher Beamter, Lehrer und Angestellten der verschiedenen Länder und Gemeinden nach dem Umsturz entlassen worden.

Ein Erlaß vom 4. Oktober 1934 bestimmt, daß jugendliche Arbeiter beider Geschlechter unter 25 Jahren allmählich durch männliche Arbeiter über 40 Jahre ersetzt werden sollen. Durch Erlasse vom 10. und 28. August 1934 wird männlichen Arbeitern über 40 Jahre bei der Arbeitseinstellung der Vorzug gegeben. Diese Bestimmungen gelten für Arbeiter und Angestellte der öffentlichen Dienste, die nicht im Beamtenverhältnis stehen.

Nachdem in den Jahren 1919–1933 die Zahl der als Leiterinnen von Mädchenschulen beschäftigten Frauen ständig zugenommen hatte, ist im Lehrberuf in den letzten Jahren ein starker Rückgang der weiblichen Arbeitskräfte festzustellen. Durch ein vom preußischen Unterrichtsminister im April 1934 erlassenes Dekret wird bestimmt, daß freie Lehrstellen an öffentlichen Mädchenschulen von kriegsverletzten männlichen Lehrern besetzt werden sollen. Es wurde festgelegt, daß das Verhältnis zwischen weiblichen und männlichen Lehrkräften in höheren Mädchenschulen zwei zu drei sein soll. Früher bestand die Regel, daß mindestens die Hälfte der Lehrstellen, für die akademische Bildung nötig ist, weiblichen Lehrkräften zugewiesen werden soll. Praktisch war das Verhältnis sogar fünf zu drei.

In Bayern wurde ein Dekret herausgegeben, durch das 13 der 17 katholischen Lehrerinnenseminare aufgelöst und die Zulassung neuer Schüler für 1935 und 1936 verboten wurde.

Außerdem wurde es Mädchen, die Ostern 1936 die Schule verlassen, verboten, den Lehrberuf zu ergreifen. Dieses Verbot wurde zunächst für ein Jahr ausgesprochen.

Durch Dekret vom 10. Januar 1936 wurde es Frauen untersagt, den Beruf eines Richters oder Staatsanwalts zu ergreifen. Um besondere Härten zu vermeiden, ist jedoch beabsichtigt, Gerichtsassessorinnen bei besonderer Eignung in den oberen Dienst bei Gerichten und Strafvollzugsbehörden zu übernehmen. Dieser »obere Dienst« bedeutet nicht die auf akademischer Ausbildung beruhende höhere Laufbahn, sondern eine nicht auf akademischer Bildung beruhende, also untergeordnete Stufe.

Es sind nicht nur zahllose Einschränkungen für die in den öffentlichen Diensten und freien Berufen beschäftigten Frauen eingeführt worden, sondern die Ergreifung freier Berufe ist stark gehemmt worden durch die Beschränkung der Frauen in der höheren Ausbildung. Diese Tendenz stimmt durchaus mit Hitlers Ansicht überein, daß bei der Erziehung der Frauen das Hauptaugenmerk auf die körperliche Ausbildung gelenkt werden soll, ferner auf die moralische und erst zuletzt auf die geistige Erziehung, mit anderen Worten, daß das höchste Ziel weiblicher Erziehung die Vorbereitung zur Mutterschaft sein soll.

Durch ein Gesetz vom 25. April 1933 wurde die Zahl der Studenten für das Jahr 1934 auf 15.000 beschränkt. Auf weibliche Studenten sollen dabei nur 10 % entfallen. (Überdies müssen sie, wie bereits erwähnt, 6 Monate Arbeitsdienst geleistet haben.) Die Zahl der Studentinnen weist im Jahre 1933/34 einen deutlichen Rückgang auf im Vergleich zu 1922/23. Dieser Rückgang beträgt in der medizinischen Fakultät 22 %, im zahnärztlichen Beruf 25 %, im Apothekerberuf 15 %, in der juristischen und philosophischen Fakultät (Erziehung inbegriffen) 47,9 %, Nationalökonomie 35 %, in der Betriebslehre 40,8 %, in der Physik 52,5 %, in der Chemie 53 % und in der Geographie 58 %.

e) Einschränkungen für verheiratete Frauen und auf dem Gebiete des Doppelverdienens.

Da verheiratete Frauen fast überall von den Gegnern der Frauenarbeit besonders hart getroffen werden, ist es nicht verwunderlich, daß die verheirateten Frauen unter der Politik der Nazis speziell zu leiden haben. In völliger Mißachtung der unbestreitbaren und – wie man meinen sollte – durchaus einwandfreien Tatsache, daß die Mehrheit der verheirateten Frauen aus bloßer wirtschaftlicher Not in Lohnarbeit steht, hat die Naziregierung die verschiedensten Druckmittel angewandt, um die Frauen ihrer Beschäftigung zu berauben. Die übliche Methode der Verunglimpfung der Arbeit der verheirateten Frauen ist die Kritik gegen den Doppelverdienst, d. h. gegen die Tatsache, daß Mann und Frau in Erwerbsarbeit stehen. Angesichts der Wirtschaftskrise wandten sich schon vor der Machtergreifung Hitlers verschiedene Kreise dagegen, daß verheiratete Frauen den Männern die Arbeit wegnehmen, besonders in jenen Fällen, wo der Ehegatte nicht auf den Mitverdienst der Frau angewiesen ist. Eine der ersten Maßnahmen der Naziregierung war das Gesetz vom 30. Juni 1933, das die Entlassung verheirateter Beamtinnen im Reichs-, Landes- und Gemeindedienst sowie öffentlichen Körperschaften für den Fall vorschrieb, wo für den Unterhalt dieser Frauen durch das Einkommen der Familie gesorgt ist. Die Reichsbahngesellschaft, die Reichsbank, die öffentlichrechtlichen Religionsgesellschaften und Verbände wurden ebenfalls ermächtigt, die Bestimmungen des Gesetzes auf ihre Angestellten anzuwenden.

Die diesbezüglichen Verordnungen wurden durch das Gesetz für den Staatsdienst vom 27. Januar 1937 bekräftigt, in dem u. a. festgelegt wird, daß weibliche Beamten bei ihrer Verheiratung entlassen werden können, wenn ihr Lebensunterhalt durch die Heirat sichergestellt erscheint.

Dem Gesetz vom Juni 1933 folgten zahlreiche Maßnahmen, durch die verheiratete Frauen aus der Erwerbsarbeit ausgeschaltet wurden. Wir geben nachstehend einige Beispiele.

Die Unterrichtsbehörde in Hamburg entließ über 100 festangestellte verheiratete Lehrerinnen und kündigte 68 verheirateten Lehrerinnen, die nicht zum festangestellten Lehrpersonal der Schulen gehörten. Weibliche Angestellte der Gemeindebehörden in Erfurt wurden aufgefordert, ihre Stellen freizumachen, damit ihre unbeschäftigten Verlobten Arbeit erhalten können und somit die Heirat möglich wird. Private Unternehmen wurden aufgefordert, diesem Beispiel Folge zu leisten. Der Treuhänder von Bremen machte Mitteilung von einem Übereinkommen in einer Tabakfabrik, durch das verheiratete Frauen durch ihre unbeschäftigten Männer ersetzt werden sollten. [...]

### f) Andere Maßnahmen.

Abgesehen von den behördlichen Maßnahmen gegen die Erwerbsarbeit der Frau, sind zahlreiche unoffizielle und ungeregelte Versuche zu verzeichnen, die in der gleichen Richtung gehen.

Die Leitung der Reemtsma Zigarettenfabrik in Altona hat sich z. B. verpflichtet, jeder unverheirateten Frau, die ein Jahr im Betriebe tätig ist und ihre Beschäftigung vor Ende 1933 durch Verheiratung aufgibt, 600 Mark auszuzahlen und sie durch erwerbslose Männer zu ersetzen. Ähnliche Anordnungen wurden in einer Zigarrenfabrik in Bremen getroffen.

Das von den Behörden mit ihrer Kampagne gegen den Doppelverdienst gegebene Beispiel wurde von Unternehmerorganisationen mit Begeisterung nachgeahmt. Die deutsche Bergwerkszeitung berichtete vor einiger Zeit, daß die Abschaffung des Doppelverdienstes eine der von den Unternehmern zur Bekämpfung der Arbeitslosigkeit vorgeschlagenen Maßnahmen sei. Die Hamburger Industrie- und Handelskammer richtete ein Rundschreiben an ihre Mitglieder, in dem u. a. die Entlassung von Doppelverdienern und die Ersetzung von Frauen durch Männer angeregt wird. Textilfabriken in Sachsen beschlossen, weibliche Arbeitskräfte so viel als möglich vor dem 31. März oder dem 30. Juni 1934 zu entlassen. Laut einem Brief des Manchester Guardian vom 7. Februar 1934 werden in der Seidenindustrie junge Männer unterrichtet, um den Platz von Frauen einzunehmen. Sogar in der Textilindustrie, in der stets mehr Frauen als Männer beschäftigt waren, ist somit eine Kampagne gegen die Frauenarbeit unternommen worden. [...]

## II. Auswirkungen.

### a) Allgemeines.

Im allgemeinen kann man sagen, daß, wenn das Naziregime wirklich das Ziel verfolgte, die Frauen in den Haushalt zurückzuführen, auf diesem Gebiete tatsächlich Erfolge erzielt wurden. Es ist ein Rückgang der Frauenarbeit festzustellen – wahrscheinlich war dieser Rückgang sehr bemerkenswert in den freien Berufen und höher bezahlten Stellen im allgemeinen –; wenn jedoch die Erwerbsarbeit als Ganzes genommen wird, war dieser Rückgang sehr gering und stand in keinem Verhältnis zu den gemachten Anstrengungen sowie der gemachten Propaganda.

Was die Ehestandsdarlehen betrifft, so sind in der Zeit vom August 1933 bis Januar 1937 700.000 solcher Anleihen in der Höhe von durchschnittlich 600 Mark gewährt worden. Bei der Bekanntgabe dieser Zahlen teilte der Staatssekretär des Finanzministeriums, Reinhardt, mit, daß auf diese Weise ungefähr 500.000 Heiraten ermöglicht wurden, die sonst nicht in Frage gekommen wären. Es wird ferner geschätzt, daß aus den 500.000 Ehen 500.000 Kinder hervorgingen, was bedeutet, daß in den Ehen mit Ehestandsdarlehen zweimal so viel Kinder geboren wurden wie in Ehen ohne finanzielle Beihilfe. Welches auch der Einfluß der Ehestandsdarlehen auf den Beschäftigungsgrad der Frauen sein mag, auf alle Fälle war das Resultat dieser Bestrebungen in erster Linie eine Vermehrung der »wehrbaren« Bevölkerung, d. h. eine Vermehrung des zur Verfügung stehenden Menschenmaterials.

Was die Hausangestellten betrifft, so ist es interessant festzustellen, daß die Zahl der weiblichen Hausangestellten laut »Neuer Vorwärts« (v. 31. I. 1937) von 1.438.000 auf 1.249.000 zurückgegangen ist.

Die Art und Weise, wie die Richtlinien der Regierung befolgt wurden, wird sehr deutlich durch einen Fall illustriert, in dem ein Arbeiter wegen Rohstoffmangels entlassen wurde. Als er sich für seine Wiedereinstellung einsetzte, veranlaßte das Gericht die betreffende Firma, den Arbeiter wiedereinzustellen oder eine Entschädigung zu zahlen. In der Begründung des Urteils wurde gesagt, daß, wenn auch Entlassungen nötig gewesen sein mögen, die Knappheit der Rohstoffe zunächst zur Entlassung einer Arbeiterin hätte führen müssen, da die Regierung auf dem Standpunkt stehe, daß die Frauen allmählich aus solchen Betrieben ausgeschaltet und in den Haushalt zurückgeführt werden sollen, um ihre eigentliche Berufung als Hausfrauen und Mütter zu erfüllen. Die Firma legte Berufung ein, wobei sie geltend machte, daß die Entlassung für die Frauen ebenso hart gewesen wäre, die im allgemeinen ihre Familien zu ernähren haben; schließlich schenkte sie aber klaren Wein ein, indem sie beifügte, daß die niedrigen Löhne der Frauen für die Firma pro Jahr eine Ersparnis von Tausenden von Mark bedeutete. Die Berufung wurde verworfen und das Urteil, demzufolge Frauen zuerst entlassen werden sollen, bestätigt.

Was die Kampagne im allgemeinen betrifft, so war man sich bald darüber klar, daß es technisch unmöglich ist, plötzlich alle Arbeiterinnen aus der Erwerbstätigkeit auszuschalten. Es war für die Nazis ein harter Schlag, daß in Erwerbsarbeit stehende Frauen oft sehr geschickte Arbeitskräfte und auf gewissen Gebieten den Männer sogar überlegen sind. Der Treuhänder für Ostpreußen erließ sogar im September 1933 eine Warnung gegen übereilte und kurzsichtige Beschlüsse. Der Reichsinnenminister erhielt bis zum 13. Oktober 1933 zahlreiche Klagen wegen der allzu strikten Durchführung der Maßnahmen gegen die Beschäftigung von Beamtinnen und Lehrerinnen. Der Minister ging sogar so weit, in einem Rundschreiben festzustellen, daß Arbeitsunterbrechungen durch die Ersetzung von weiblichen durch männliche Stenographen eingetreten seien. Er bestimmte deshalb, daß diese Stellen auf den Anwartschaftslisten nicht zu jenen gezählt werden sollen, die den Männern vorbehalten bleiben sollen.

Auch im Bericht der deutschen Fabrikinspektion wird mitgeteilt, daß die Versuche der Ersetzung von Frauen durch Männer in verschiedenen Industrien fehlgeschlagen sind. Zündholzfabriken waren gezwungen, die im Jahre 1933 entlassenen weiblichen Arbeitskräfte wiedereinzustellen, da die an ihre Stelle getretenen Männer die Arbeit nicht so gut leisteten. Auch Kabelwerke haben festgestellt, daß Männer nicht die gleiche Fingerfertigkeit haben wie Frauen. [. . .]

## IV. Arbeitsbedingungen.

Da sich dieser Artikel hauptsächlich mit den wirtschaftlichen Folgen des Faschismus für die Frauenarbeit beschäftigt, kommt es nicht in Frage, hier auf nicht wirtschaftliche Erwägungen einzugehen. Dessenungeachtet scheint es angebracht, einiges über die anderen Wohltaten des Faschismus für die deutschen Frauen zu sagen.

Wenn es darauf ankommt, aus Arbeitern Höchstleistungen herauszupressen, sind alle hochtönenden Phrasen über den Schutz der Rasse vergessen und werden die Frauen unter schandbaren Bedingungen beschäftigt. Was z. B. die keramische Industrie betrifft, in der es durch die freien Gewerkschaften gelungen war, die Beschäftigung von Frauen an Brennöfen zu verbieten, muß nun vom Arbeitsminister zugegeben werden, daß Frauen an Brennöfen mit ungeeigneten schweren Arbeiten beschäftigt werden, »insbesondere zum Eintragen von bis zu 25 und 30 Kilo schweren gefüllten Kapseln in die Brennöfen«. Er weigert sich jedoch, das von der Fabrikinspektion verlangte Verbot zu erlassen, weil »es nicht durchführbar und auch nicht erforderlich« sei. Es wird lediglich von der Fabrikleitung verlangt, das Tragen schwerer Lasten »nach Möglichkeit« durch Männer ausführen zu lassen.

Aus der Fischkonservenindustrie wird gemeldet, daß »durch die unvorhergesehene Anhäufung von Fischwaren ein Zustand eintrat, in welchem im Hinblick auf die Versorgungslage des Volkes tariflich festgesetzte Bestimmungen nicht mehr eingehalten werden konnten. Die achtstündige Arbeitszeit mußte fast ausnahmslos überschritten und fast durchschnittlich die Sonntagsarbeit zur Aushilfe herangezogen werden. Arbeitszeiten bis zu 16 Stunden waren keine Seltenheit. Der Gesundheitszustand der Beschäftigten, die sich zu 90 % aus weiblichen Hilfskräften zusammensetzen, bedeutete eine Gefahr für sie selbst und auch für den Nachwuchs. Wenn die weiblichen Gefolgsschaftsmitglieder 16 Stunden und darüber in feuchten und kalten Räumen ohne genügende Schutzkleidung zum Teil schwerste Arbeit verrichten mußten, so mag man daraus erkennen, wie leichtfertig mit der Gesundheit der deutschen Frau gewirtschaftet wurde.«

Es gibt überdies in verschiedenen Industrien einen offensichtlichen Mangel an gelernten Arbeitern, was auf die große Zahl der in der Rüstungsindustrie beschäftigten Arbeitskräfte zurückzuführen ist. Gewisse Industrien wurden deshalb veranlaßt, männliche Arbeitskräfte durch weibliche zu ersetzen, so insbesondere in der Ziegelei- und keramischen Industrie. Desgleichen wird eine Kampagne zur Überführung weiblicher Arbeitskräfte in die Landwirtschaft gemeldet.

Aus diesen wenigen Beispielen geht demnach hervor, daß, wenn Frauenarbeit benötigt wird, alle Erwägungen darüber, ob die Arbeit für die Frauen geeignet ist, oder ob nicht Rücksicht genommen werden soll auf die Aufgabe der Frau zur Erhaltung der Rasse, über Bord geworfen werden. [...]

## V. Schlußfolgerungen.

Nach dem Vorangegangenen ist es nicht überraschend, festzustellen, daß die Todesfälle unter den Mitgliedern der Krankenversicherung von 2,05 % im Jahre 1932 auf 2,70 % im Jahre 1935 gestiegen sind. Es ist auch bezeichnend, daß sich die Zahl der Krankheitsfälle von Berufskrankheiten in den vier Jahren der Naziherrschaft nahezu verdoppelt hat, d. h. von 7133 im Jahre 1933 auf 13.944 im Jahre 1936 gestiegen ist. Auch die Zahl der Betriebsunfälle hat zugenommen, und zwar um 25 % im Jahre 1933, während die Zahl der Beschäftigten nur um 10 % zugenommen hat, so daß das offizielle Argument in bezug auf die Zunahme der Erkrankungen und Unfälle widerlegt ist. Während die soziale Fürsorge in den meisten zivilisierten Ländern Fortschritte gemacht hat, ist sie im Land, wo die Kanonen vor der Butter kommen, rücksichtslos abgebaut worden. Die Sterblichkeitsziffer unter den Versicherten und ihren Familien ist stärker gestiegen als bei der ganzen Bevölkerung. Die Arbeiter müssen wie üblich die großen Lasten auf sich nehmen, und unter den Arbeitern sind es die Frauen, die am härtesten getroffen werden. Nach allem Gerede über die Rückführung der Frau in den Haushalt und über ihre Bestimmung als Mutter stellen wir fest, daß nicht weniger als 31 % aller in Beschäftigung stehenden Personen in Deutschland Frauen sind und dieser Prozentsatz höher ist als in Frankreich, Großbritannien und USA.

Die lebhafte Kampagne gegen die Beschäftigung der Frau hat sie nicht in den Haushalt und zu größerer Sicherheit geführt, sondern hat lediglich zur Folge, daß sie aus den besser bezahlten Stellungen in die schlecht bezahlten Berufe abgeschoben wurden. Die Arbeit in diesen Berufen, in denen die Löhne schlecht und die Arbeitszeiten lang sind, ist der Gesundheit der Frauen sehr abträglich. Ungünstige Ausnahmebestimmungen gegen die Arbeit der Frau haben die Frauenarbeit billiger gemacht und die Nachfrage nach Frauen in allen Industrien erhöht. Dadurch sind auch die Löhne der Arbeiter gedrückt worden. Die Folge ist, daß die

Frauenarbeit in der Rüstungsindustrie

Frauen im Kriegseinsatz. Luftwaffenhelferinnen übernehmen die gefährlichen Aufgaben in den Flak-Scheinwerferbatterien

Männer nicht genügend verdienen, um eine Familie erhalten zu können, und Frauen somit zur Arbeit gezwungen werden. So schließt sich der Kreis faschistischer Politik. [...]

D: Frauenarbeit in faschistischen Ländern. Deutschland, Italien, Österreich. In: Die Internationale Gewerkschaftsbewegung 17 (Paris 1937) Nr. 8–10. S. 63–73, 78–80. [Auszug.]

L: Stefan Bajohr: Die Hälfte der Fabrik. Geschichte der Frauenarbeit in Deutschland 1914 bis 1945. Marburg 1979.
Gisela Bock: Frauen und ihre Arbeit im Nationalsozialismus. In: Frauen in der Geschichte I: Frauenrechte und die gesellschaftliche Arbeit der Frauen im Wandel. Fachwissenschaftliche und fachdidaktische Studien zur Geschichte der Frauen. Hrsg. von Annette Kuhn und Gerhard Schneider. Düsseldorf 1979. S. 113–149.
Annemarie Tröger: Die Frau im wesensgemäßen Einsatz. In: Mutterkreuz und Arbeitsbuch. Zur Geschichte der Frauen in der Weimarer Republik und im Nationalsozialismus. [Hrsg. von der] Frauengruppe Faschismusforschung. Frankfurt a. M. 1981. S. 246–272.
Dörte Winkler: Frauenarbeit im »Dritten Reich«. Hamburg 1977.

A: [S. 88] Norbert Westenrieder: »Deutsche Frauen und Mädchen!« Vom Alltagsleben 1933–1945. Düsseldorf: Droste Verlag, 1990. S. 92.

A: [S. 89] Norbert Westenrieder: »Deutsche Frauen und Mädchen!« Vom Alltagsleben 1933–45. Düsseldorf: Droste Verlag, 1990. S. 120. – Mit Genehmigung des Bundesarchivs, Koblenz (Bild 101/674/7798/4).

11

# Frauenarbeit in der Bundesrepublik Deutschland in den 70er Jahren: Margrit Gerste über ein Bonner Hearing (1979)

Kennzeichnend für die Entwicklung der Frauenarbeit nach dem Krieg war die erneute Festschreibung der geschlechtsspezifischen Arbeitsteilung und der ihr zugrundeliegenden Geschlechterrollen. Frauen auf ›Männerarbeitsplätzen‹ waren nicht nur während des Krieges, sondern auch in der ›Frauengesellschaft‹ der Nachkriegszeit eine Alltagserscheinung gewesen, da viele Männer im Krieg gefallen waren und eine große Zahl sich noch in Kriegsgefangenschaft befand. Diese Veränderungen bedeuteten jedoch nur eine vorübergehende Auflösung der Geschlechterrollen, nicht aber den dauerhaften Bruch mit ihnen, da Frauenarbeit im öffentlichen Leitbild nur als vorübergehende Notmaßnahme galt. Ab 1948 erfolgte der Wiederaufbau des geschlechtsspezifischen Arbeitsmarktes durch die erneute Verdrängung der Frauen nicht nur von den im Krieg eingenommenen ›Männerarbeitsplätzen‹, sondern auch aus qualifizierten Tätigkeiten in Schule und Verwaltung.

Während in der DDR in den 50er und 60er Jahren die berufstätige Frau das Leitbild bestimmte, wurde in der Restaurationsphase der Bundesrepublik Deutschland mit der Heim- und Herdideologie der 50er Jahre das weibliche Aufgabenfeld Familie und Kindererziehung erneut ideologisch, mit der Festschreibung der ›Hausfrauenehe‹ im BGB auch gesetzlich, zementiert.

Der Bericht über ein Hearing der vom Bundestag eingesetzten Enquête-Kommission ›Frau und Gesellschaft‹ aus dem Jahre 1979 dokumentiert die bis in die 80er Jahre ungebrochene Kontinuität geschlechtsspezifischer Arbeitsmarktpolitik, die sich insbesondere in der bis 1980 andauernden Abwesenheit jeglicher Gesetze zur Gleichstellung von Frauen im arbeitsrechtlichen Bereich zeigt. Deutlich wird auch die nach wie vor bestehende Orientierung an der exklusiven Zuständigkeit des weiblichen Geschlechts für Haushalt und Familie. Bei der Erörterung möglicher Chancengleichheit von Frauen im Berufsleben bleibt die entscheidende Frage, wie die gesellschaftlich notwendige Haushalts- und Erziehungsarbeit mit der zunehmenden Berufstätigkeit von Frauen zu organisieren sei, ausgeklammert. Eine mögliche Zuständigkeit auch des männlichen Geschlechts für diesen Bereich, geschweige denn die von Teilen der neuen Frauenbewegung geforderte partnerschaftliche Umgestaltung der herrschenden gesamtgesellschaftlichen Arbeitsteilung, wird nicht thematisiert.

## Die Frau – das rechtlose Wesen

### Ein Hearing in Bonn: Gesetze gegen die Diskriminierung

Es war ein öffentliches Hearing, zu dem die Enquête-Kommission Frau und Gesellschaft, eingesetzt vom Deutschen Bundestag, Experten und Journalisten in der vergangenen Woche drei Tage lang eingeladen hatte. Viele kluge Frauen und eine Handvoll nicht dummer Männer hatten sich im CDU/CSU-Fraktionssaal des Bonner Bundeshauses versammelt. Familienministerin Antje Huber ließ sich mal kurz blicken, auch die FDP-Abgeordnete Ingrid Matthäus. Ansonsten übten Politiker Enthaltsamkeit – abgesehen von den fünf, die mit fünf Sachverständigen die Kommission bildeten. Ein paar Journalisten, meist weiblichen Geschlechts, waren von ihren Redaktionen geschickt worden, doch die zeigten sich offensichtlich desinteressiert am Thema: In vielen Blättern war außer kleinen Meldungen nichts zu finden. Eine Tagesschau-Sequenz noch – die Öffentlichkeit blieb »ausgeschlossen«. Eine der wenigen Tageszeitungen, die sich zum Wochenende mit der Emanzipation beschäftigte, war – die *International Herald Tribune*: Ein amerikanischer Reporter stellte fest, wie zurückgeblieben hier doch die Europäer gegenüber den Amerikanern sind.

Die Beobachtung ließe sich leicht zuspitzen, denn weit abgeschlagen liegt in Sachen Frauenemanzipation die bundesdeutsche Gesellschaft.

Dies jedenfalls bewies die Anhörung ausländischer Sachverständiger gleich am ersten Tag. Ob die Vereinigten Staaten oder Schweden, ob Frankreich, England oder gar das kleine Österreich – sie alle haben die Rechte der Frau viel weiter entwickelt als wir, und sie haben Verordnungen und Institutionen zu ihrer Durchsetzung geschaffen, gegen die unsere neueste Errungenschaft, die Frauenbeauftragte im Bonner Familienministerium, leicht als pure Kosmetik zu erkennen ist.

Das Spektakulärste, was die Bundesrepublik vorzuweisen hat, sind dagegen zwei Verfahren, die die EG-Kommission gegen sie eingeleitet hat: einmal wegen Nichtvollziehung der EG-Richtlinien zur Lohngleichheit und zum anderen, weil die gesetzliche Regelung des gleichberechtigten Zugangs zu Ausbildung, Beruf und Aufstieg bei uns immer noch fehlt. »Wir haben uns zu lange auf Artikel 3 unseres Grundgesetzes, der die gleiche Behandlung von Männern und Frauen fordert, ausgeruht und einen falschen Stolz entwickelt«, bemängelte Dieter Martiny, Jurist am Max-Planck-Institut für internationales Privatrecht, »für Klagen im Einzelfall fehlt eine präzise Rechtsgrundlage.« So gibt es eine Reihe von Vorschriften, die zwar anscheinend neutral sind, in der Praxis aber Frauen diskriminieren – zum Beispiel Altersgrenzen für bestimmte Berufe (nicht älter als 30 Jahre), die Frauen, welche erst einmal ihre Kinder großziehen wollen, den Zugang versperren. Oder es gibt bei uns Arbeitsschutzgesetze, die es beispielsweise einer gelernten Handwerkerin verbieten, im Neubau einen Teppich zu verlegen – nur putzen darf sie ihn dann ein Leben lang in ihrer Doppelrolle als Hausfrau.

Von ganz offener Diskriminierung wußte Eva Rühmkorf, Frauenbeauftragte in Hamburg, ein Lied zu singen: Eine Frau, die sich um den Posten eines Außenhandelskaufmanns bewarb, wurde abgewiesen – die Firma stellt nur Männer ein. Ein Mädchen möchte Tierpflegerin bei Hagenbeck werden. Auch sie bekommt zu hören: »Wir bilden nur Männer aus.«

Aufgabe der Enquête-Kommission soll es denn auch sein, »Vorschläge für Gesetzesänderungen vorzulegen, um die volle rechtliche Gleichberechtigung zu verwirklichen; Vorschläge dafür zu unterbreiten, wie neben der rechtlichen die soziale Chancengleichheit verwirklicht werden kann, um die Frau instand zu setzen, eine freie Entscheidung über ihre Aufgaben in der Gesellschaft treffen zu können«.

Die Frage allerdings dürfte falsch gestellt sein. Wenn das Ziel, von dem während des Hearings viel die Rede war, ernst gemeint sein soll, wenn wirklich die Freiheit, unter verschiedenen Lebensmodellen auszuwählen, gemeint ist (Hausfrau/Mutter und/oder Beruf, Hausmann/Vater und/oder Beruf), dann müßte es doch wohl heißen: wie Frau und Mann ermöglicht werden könne, eine freie Entscheidung über ihre gesellschaftlichen Aufgaben zu treffen. Denn beispielsweise nur möglichst viele Frauen zur Berufstätigkeit zu animieren, bringt nichts außer der vielbeklagten Doppelbelastung für sie. »Es geht darum, alternative Lebensmodelle für Frauen wie für Männer zu fördern«, meinte Roland Eckert, Psychologie-Professor an der Universität Trier. »Ein Abbau der Rollenfixierung aber ist nur in dem Maße möglich, wie auch Männern die Chance zur Kinderbetreuung gegeben wird.«

Und wenn Männer ebenso wie Frauen diese Chance wahrnehmen, würden mit Sicherheit die zwei K's, der Bereich Kinder und Küche, aufgewertet werden, mehr als durch alle hohlklingenden Loblieder konservativer Politiker auf die Mutter und Hausfrau, mehr als ein schmales Familiengeld. (Das Phänomen ist bekannt: Solange Sekretäre Männer waren, haftete diesem Beruf ein Hauch von Exklusivität an – seit Mediziner in der Sowjetunion zu 80 Prozent Frauen sind, genießen sie weniger soziales Prestige.)

Die Rollenfixierung, die die Privatsphäre in männliche und weibliche Aufgaben teilt, gilt es also zu lockern. Das allein allerdings würde noch nicht die erwünschte Wahlfreiheit herbeizaubern. Denn solange auch der Arbeitsmarkt fein säuberlich gesplittet ist in »typisch« männliche und »typisch« weibliche Berufe mit entsprechend geringerer Ausbildung und Bezahlung für die Frauen, fällt die Entscheidung, wer denn nun die Brötchen verdient und Karriere macht und wer die Kinder hütet, ganz zwangsläufig wie gehabt aus. Ebenso wird das Problem der Lohnungleichheit bestehen bleiben.

Eva Rühmkorf hat sich die Stellenanzeigen in Zeitungen angesehen und festgestellt: »Für höher qualifizierte und höher dotierte Positionen werden immer noch fast ausschließlich Männer gesucht, für wenig qualifizierte, schlecht bezahlte Jobs ohne Aufstiegschancen Frauen.« Auch diese Zahl macht stutzig: 71 Prozent der Mädchen, aber nur 29 Prozent der Jungen mit höherer Schulbildung sind arbeitslos.

Über die Ziele, so schien es, waren sich alle Beteiligten des Bonner Hearings weitgehend einig, zumindest in sozialliberalen Kreisen – die allerdings mit einigem Recht eine gewisse »Sprachzerstörung« im Hinblick auf das Wort »Wahlfreiheit« witterten: »Die Konservativen haben nun auch diesen Begriff entdeckt, allerdings mit anderen Inhalten gefüllt.« Wahlfreiheit, so hatte es den Anschein, heißt bei ihnen die Wahlfreiheit, Hausfrau zu sein.

Wie aber lassen sich so weitreichende Veränderungen in einer Gesellschaft einleiten, die eher konservativer wird? Im Bundestag sitzen so wenig Frauen wie kaum zuvor; die ARD beispielsweise hatte im vergangenen Jahr nur noch drei Prozent weibliche Mitarbeiter in leitenden Positionen – 1970 waren es immerhin fünf Prozent; von allen Arbeitern in der Industrie sind rund 20 Prozent Frauen. Unter ihnen befinden sich nur 5,5 Prozent Facharbeiterinnen. Diese Daten sind seit 20 Jahren unverändert!

Diskutiert wurden in Bonn vor allem drei Maßnahmen, die Chancengleichheit fördern sollen:

– die Quotierung. Ein bestimmter Anteil an Arbeitsplätzen wird Frauen vorbehalten – oder auch Männern, beispielsweise im traditionell weiblichen Lehrerberuf. Schweden und Amerika praktizieren eine Quotierung in Form von Zielvorgaben an die Betriebe; auch Frankreich erwägt die Quotierung bei der Kandidatenaufstellung zu den Gemeindewahlen;

– die Verabschiedung von Anti-Diskriminierungsgesetzen und

– die Schaffung einer Bundesbehörde mit weitreichenden Kompetenzen, um die Einhaltung solcher Gesetze zu überwachen und bei Verstößen einzugreifen.

Keiner der Befürworter der Quotierung verlangt, daß Frauen ohne Rücksicht auf Qualifikation zu bevorzugen seien. Dies wäre nicht nur verfassungswidrig, sondern schlicht unsinnig. Aber auch eine Regelung, nach der bei gleicher Befähigung in jedem Fall der weibliche Bewerber vorzuziehen ist, solange ein bestimmter Anteil von Frauen in einem Betrieb, einem Berufszweig und auf den verschiedenen hierarchischen Ebenen nicht erreicht ist – auch eine solche Regelung wird zwar nicht von allen Juristen für verfassungswidrig erklärt, aber doch für fragwürdig und auch kaum durchführbar. Ist es wirklich im Sinne des Erfinders, wenn Frauen sich in einem »Naturschutzpark« entfalten dürfen? fragt der Jurist und engagierte Frauenrechtler Dieter Martiny. Und würden nicht Schwierigkeiten entstehen, »gegen die die Durchführung des Numerus clausus an den Hochschulen geradezu ein Kinderspiel ist«?

Doch Feministinnen wie die Autorin Marieluise Janssen-Jureit haben viel konkretere, ja einleuchtendere Vorstellungen von der Waffe Quotierung. Sie fordert die Quotierung von Ausbildungsplätzen dort, wo der Staat subventioniert. Nach amerikanischem Vorbild müßten dann auch Betriebe Zielvorstellungen entwickeln, Beschäftigungsstatistiken vorlegen und einen Aktionsplan entwickeln, wie sie der Forderung nach Gleichbehandlung nachkommen wollen.

Voraussetzung wäre allerdings, daß Mädchen überhaupt etwas anderes als Friseuse, Verkäuferin oder Krankenschwester werden wollen. Bisher konzentrieren sich ihre Berufsvorstellungen immer noch auf ganze fünf – eben »typisch« weibliche – Ausbildungen. Daß sie aber mit Erfolg ermuntert werden können, auch bisher typische Männerberufe wie Betriebsschlosser oder Chemiefacharbeiter zu erlernen, zeigen fünf erfolgreiche Modellversuche der Bundesregierung. Allerdings haben sie es schwer, nach ihrer Ausbildung auch einen Job zu finden, weil eben viele Betriebe sich weigern, Frauen auf traditionelle Männer-Positionen zu setzen. Um – unter anderem – dies zu verhindern, müssen nach Meinung vieler von der Enquête-Kommission geladener Sachverständiger Antidiskriminierungsgesetze verabschiedet und per Gesetz eine Bundesbehörde eingerichtet werden, die sowohl auf Eigeninitiative wie auch auf Antrag eines Beschwerdeführers Gesetzesverstöße in Betrieben untersuchen kann, auf Abhilfe dringt und gegebenenfalls Klagen unterstützt.

Alles Vorschläge, die heute noch utopisch anmuten, und deren Wirksamkeit obendrein fraglich ist. Doch daß sie in Bonn zum erstenmal überhaupt so ausführlich diskutiert wurden und über die Kommission Eingang ins Parlament finden werden, ist vielleicht schon ein Hoffnungsschimmer.

Bessere Chancen für eine Emanzipationspolitik sieht Marieluise Janssen-Jureit allerdings in der Tatsache, daß offenbar viele junge Frauen sich gezwungen sehen, auf Kinder zu verzichten, um beruflich voranzukommen. Da dies weder von Regierung noch Opposition gewünscht wird – »Deutschland braucht wieder Kinder« –, könnten sich unsere Politiker vielleicht animiert sehen, den Wünschen und Forderungen vieler Frauen nach Gleichberechtigung jetzt doch etwas schneller nachzukommen.

D: Margrit Gerste: Die Frau – das rechtlose Wesen. Ein Hearing in Bonn: Gesetze gegen die Diskriminierung. In: Die Zeit. Nr. 38. 14. September 1979. S. 61. – Mit Genehmigung von Margrit Gerste und der *Zeit*, Hamburg.

L: Annette Kuhn (Hrsg.): Frauen in der deutschen Nachkriegszeit. Bd. 1: Doris Schubert [Bearb.]: Frauenarbeit 1945–1949. Quellen und Materialien. Düsseldorf 1984.
Friederike Maier: Zwischen Arbeitsmarkt und Familie – Frauenarbeit in den alten Bundesländern. In: Frauen in Deutschland 1945–1992. Hrsg. von Gisela Helwig und Hildegard Maria Nickel. Bonn 1993. S. 257–280.
Hildegard Maria Nickel: »Mitgestalterinnen des Sozialismus« – Frauenarbeit in der DDR. In: Ebd. S. 233–256.

# II

# Ehe, Familie, Sexualität

12

# Geschlechterverhältnis in einer frühneuzeitlichen Ehe: Nachruf Konrad Pellikans auf seine verstorbene Ehefrau Anna Fries (1544)

Der Wandel der Geschlechterbeziehungen seit dem 15. Jahrhundert ging einher mit einem neuen Verständnis der Ehe. Mit der Auflösung der Feudalordnung und der Herausbildung eines städtischen Bürgertums (Handwerker, Kaufleute) wurden Ehe, Familie und das ›ganze Haus‹ die wichtigste soziale Einheit. In der Regel war das Ehepaar zugleich sich ergänzendes ›Arbeitspaar‹ (vgl. Komm. zu Text 1). Im Bürgertum kristallisierte sich allerdings allmählich eine geschlechtsspezifische Aufgabenteilung heraus: Während der Mann für die Sicherung des Einkommens sorgte, sollte die Frau für die Sorge des Haushalts zuständig sein. Verstärkt wurde diese Vorstellung durch die Aufwertung von Ehe und Mutterschaft – als Gegenstück zur Ablehnung von Zölibat und klösterlichen Lebensformen – in der reformatorischen Theologie. Ein Bild von dem idealen Geschlechterverhältnis in einer Gelehrtenehe vermittelt die Autobiographie Konrad Pellikans (1478–1556). Pellikan war ursprünglich Priester und Mitglied des franziskanischen Minoritenordens gewesen und hatte sich Anfang der 1520er Jahre der Reformation zugewandt. Seit 1526 wirkte er als Theologieprofessor bei Huldrych Zwingli in Zürich. Im gleichen Jahr heiratete er Anna Fries, nach deren Tod (1536) 1537 Elisabeth Kalb. Aus seiner 1544 für seinen Sohn abgefaßten Autobiographie stammt der folgende Nachruf auf Anna Fries als vorbildliche Gattin und Mutter.

[...] Du aber, mein lieber Sohn Samuel, sollst dich nicht beklagen dürfen, daß ich bei meinen Aufzeichnungen deine liebe, treffliche Mutter, vergessen hätte, die du verloren hast, als du noch nicht neun Jahre alt und von Hause abwesend warst. O, sie hatte viele gute Eigenschaften, denen nachzueifern dir ziemlich ist! In Armut und Arbeit war sie aufgewachsen und deshalb barmherzig gegen die Armen, bescheiden, zugänglich, liebenswürdig, friedsam, verschwiegen, freundlich mit den Nachbarn, nicht im mindesten geschwätzig, treu und hilfebereit für Bedürftige, keusch und ohne alle Hoffart des Herzens und der Sitten und dabei eine so treffliche Hausfrau, daß ich mich niemals um die häuslichen Dinge zu kümmern brauchte. Gern hätte sie wohl sparsamer gewirtschaftet, aber weil uns so viele Gäste und Tischgänger zuströmten, trachtete sie nur darnach, diese anständig zu versorgen und ohne Klage gehen zu sehen, was ihr auch jederzeit gelungen ist. So war sie denn mehr darauf bedacht, das Ganze treu zusammenzuhalten, als reich zu werden. Niemals hatte sie Mißhelligkeiten mit einem Tischgenossen, und jede Art von Beargwöhnung war von vornherein ausgeschlossen. Allen Nachbarn war sie lieb und wert: sie freuten sich ihres Umgangs und genossen ihre Gefälligkeit. Und obgleich sie bei körperlicher Rüstigkeit zu ihren besten Jahren ein Grauen vor dem Tod hatte, überwand sie sich doch, an Sterbebetten zu gehen, um, wenn möglich, gerne sterben zu lernen. Und dahin brachte sie es auch; denn als sie 1536 auf das Krankenlager geworfen wurde, bat sie, es möge doch niemand für ihres Lebens Verlängerung beten. Und was soll ich von ihr und meinen Studien sagen? Zehn Jahre war sie mein Weib, und ich wage nicht zu behaupten, daß sie mich während dieser ganzen Zeit auch nur eine Stunde in meinen gelehrten Arbeiten, die doch recht zahlreich waren, gestört hat! Recht wie eine geschäftige Martha schaltete sie um mich und versorgte mich gewissenhaftest mit allem Notwendigen. Hochmut war ihr von jeher zuwider; denn sie gedachte ihrer bescheidenen Herkunft und der Armut der Ihrigen, aber ohne deshalb zu erröten; vielmehr fand sie immer die gute Seite daran heraus und blieb Gott von Herzen dankbar. Gerne stärkte sie sich an einem guten Glase Wein, aber nie überschritt sie dabei die Grenzen des Schicklichen, daß sie etwa redselig geworden wäre oder eine Verkehrtheit begangen hätte. Ueberhaupt habe ich dergleichen niemals bei ihr wahrgenommen. Ihre Kinder liebte sie zärtlich, vertuschte oder übersah dabei aber nichts, was Züchtigung verdiente. Als sie merkte, daß sie körperlich hinfällig werde, äußerte sie weinend ihre Betrübnis und klagte, sie fürchte nur die Plage langer Krankheit und mir beschwerlich zu fallen. Wie sie dann wahrnahm, daß die Krankheit sich steigerte, wollte sie nichts von Vertröstung auf längeres Leben hören in so gebrechlichem Körper. Durch Gottes besondere Gnade wurde sie denn auch plötzlich hingerafft an einem Tage, da niemand ihr bevorstehendes Ende fürchtete, weil sie ganz munter schier eine halbe Stunde lang mit den Nachbarleuten geplaudert hatte. Ich bin bei ihrem Abscheiden zugegen gewesen; es war, als ob sie einschlummere, ohne Schmerzen zu fühlen. Mit dem letzten Blick ihres Auges nahm sie Abschied von mir und entschlief in dem Herrn. Als sie zu Grabe geleitet wurde, folgten Nachbarinnen und Bekannte mit heißen Thränen, so daß man sagte, seit Jahren sei dergleichen nicht gesehen, noch eine Frau in solchem Maße beweint und betrauert worden. [...]

D: Die Hauschronik Konrad Pellikans von Rufach. Ein Lebensbild aus der Reformationszeit. Dt. von Theodor Vulpinus. Straßburg: Heitz, 1892. S. 73 f. [Auszug.]

L: Rüdiger Schnell (Hrsg.): Geschlechterbeziehungen und Textfunktionen. Studien zu Eheschriften der Frühen Neuzeit. Tübingen 1998.
Anette Völker-Rasor: Bilderpaare – Paarbilder. Die Ehe in Autobiographien des 16. Jahrhunderts. Freiburg i. Br. 1993.

## 13
## Emblem *Matrimonii Typus* (1552)

Die androgyne Gestalt des Hermaphroditen symbolisiert das Spannungsverhältnis der Ehe. Mann und Frau werden, in einer Gestalt vereint und durch den Knoten der Liebe verbunden, vor dem Baum des Lebens dargestellt. Moses (links) vertritt Gesetz und Moral, ein Satyr (rechts) Willkür und Streit. Tauben, Krähe und Pelikan in der Baumkrone stehen für Liebe, Treue, Zusammenhalt und Aufopferung, der Pflügende im Hintergrund für die gemeinsame Verrichtung der Arbeit und den Gewinn durch Fleiß. Bild und Text sind ein Beispiel für das neu erwachte Interesse an Liebe und Ehe, Eros und Moral, das sich in der zeitgenössischen bildenden Kunst und Literatur widerspiegelt. Embleme – Sinnbilder mit einem erläuternden Epigramm zu moralischen und religiösen Themen – waren besonders im 16. und 17. Jahrhundert eine beliebte Kunstform.

### Modell der Ehe

In einem Leib vereine der Hermaphrodit zwei Gestalten; ein Gesicht sei weiblich, eines männlich. Küsse mögen dann, wenn der Mund gleichsam verdoppelt ist, hin und her getauscht werden – sie sind die wechselseitige Vergeltung in zärtlicher Liebe. In dieser Hinsicht mag der Weise die beiden ein Fleisch nennen, in jener der Satyr lachend feststellen, sie seien zwei, wenn sie streiten. Weil der gehörnte Hebräer [Moses] gebot, zwei sollten ein Fleisch sein, stellt dieser Körper einen Zwitter dar, und weil kein Streit die Liebenden trennen soll, darum ist der Satyr da, um die Toren zu schelten. Zur Tröstung bei widrigen Schicksalen, die gemeinsam getragen werden sollen, seien die Arme kreuzweis verbunden, so daß die Linke den Ring über der rechten Brust, die Rechte das Herz auf der linken Seite halte – jener bezeichnet die gelobte Treue, dieses die lebendige Liebe, so daß von hier die Liebe, von dort die Treue zusammenkommen. Dann hänge ein umschlingender Strick – es ist die freiwillige Fessel – vom Haupt bis auf die Füße verschlungen hinab – so jedoch, daß er, indem er sich zum Knoten schlingt, die Schamteile verhüllt und das Kennzei-

chen des Geschlechtes eben kein Kennzeichen sein läßt: denn es ist die Verknotung von Mann und Frau: bei der Vereinigung verbinden sie ihre Glieder und bedecken gegenseitig ihre Scham. Ein leichtes Säckchen, auf ein Joch gelegt, ziere das Haupt – einmal weil das Joch sanft, zum anderen weil die Last leicht ist. Ferner stehe dabei ein Baum mit fruchttragender Krone, in dessen Gezweig sehr viele Vögel sitzen sollen: Tauben, Schnabel in Schnabel senkend, und der Turteltäuberich, der an einer einzigen Turteltaube Genüge findet, und die Holztaube, die sich für ihre Brut ihres Gefieders beraubt hat, und die Krähe, die immer in einträchtiger Schar umherzieht, und ebenso der Pelikan, der sich die Brust durchbohrt und so den Jungen mit seinem eigenen Blute das Leben erneut schenkt. Der Baum, der auf seinem Stamm Frucht trägt auf fruchtbaren Feldern, ist die Ehe, die mit schönen Sprößlingen für Nachkommenschaft sorgt. Die willfährige Liebesbereitschaft zeigt die Taube mit vereinten Schnäbeln, die Turteltaube hat die Bedeutung schamhafter Treue, auf fromme Liebe zu den Kindern weist das zerzauste Gefieder der Holztaube, die Krähe bezeichnet einträchtige Freundschaft, der Pelikan, der das eigene Herz aufreißt, steht für die Fürsorge der Eltern, in der sie sich für ihre Kinder, die sie zeugten, töten. Endlich wird auf dem Felde, im Hintergrund, noch etwas sichtbar: ein Gespannführer, der mit zwei schreitenden Rindern pflügt. Er weise auf die gemeinsame Verrichtung einer Arbeit und die vereinte Sorge um die Mehrung des Besitzes. Das ist das Sinnbild wahrer Ehe, Zeichen der rechten ehelichen Gemeinschaft.

D: Ein Hermaphrodit als Modell der Ehe. Emblem des Bartolemaeus Anulus (1500?–1556), Lyon 1552. In: Emblemata. Handbuch zur Sinnbildkunst des 16. und 17. Jahrhunderts. Hrsg. von Arthur Henkel und Albrecht Schöne. Im Auftrag der Göttinger Akademie der Wissenschaften. Stuttgart: Metzler, 1967. Sp. 1631 f. [Lat. mit dt. Übers.]

L: Andrea Raehs: Zur Ikonographie des Hermaphroditen. Begriff und Problem von Hermaphroditismus und Androgynie in der Kunst. Frankfurt a. M. [u. a.] 1990.
Maria E. Müller (Hrsg.): Eheglück und Liebesjoch. Bilder von Liebe, Ehe und Familie in der Literatur des 15. und 16. Jahrhunderts. Weinheim/Basel 1988.

## 14

## Flugblatt *Spiegel einer Christlichen vnd friedsamen Haußhaltung* (1615)

Der Kupferstich ist Teil eines 1615 in Köln bei Johann Bussemacher gedruckten Flugblattes, das ein harmonisches Ehe- und Familienleben beschreibt. Ehefrau und vier Kinder blicken zum Hausvater auf, der sich seinerseits in lockerer, aber achtunggebietender Haltung seiner Familie zuwendet. Das Bild ist eingebettet in einen längeren gereimten Text, der als Dialog des Ehepaares konzipiert ist. Der Mann hält seiner »Hausfrawen« als »ein Spiegel« vor, welche Tugenden und Pflichten von ihr in Unterordnung unter ihren Mann erwartet werden, die Frau entgegnet ihrem »Haußwirdt« spiegelbildlich darauf und fordert von ihrem Mann Liebe, Achtung und Vernunft. Der jeweilige Standpunkt wird mit dem Verweis auf zahlreiche Bibelzitate verstärkt. Der Kölner Druck gehört zu den geistlichen Flugblättern, die zur Erbauung und Belehrung eines katholi-

schen Publikums bestimmt waren. Der gleiche Text mit einem etwas anderen Kupferstich (Hausvater und -mutter mit sechs Kindern in einem mit Hausaltar und Alkoven ausgestatteten Wohnraum) erschien jedoch 1651 auch als evangelisches Flugblatt in Nürnberg – ein Hinweis darauf, daß die Vorstellung von einer idealen Ehe in den verschiedenen Konfessionen keine wesentlichen Unterschiede aufwies.

A: Bernadette Schöller: Kölner Druckgraphik der Gegenreformation. Ein Beitrag zur Geschichte religiöser Bildpropaganda zur Zeit der Glaubenskämpfe mit einem Katalog der Einblattdrucke des Verlags Johann Bussemacher. Köln: Kölnisches Stadtmuseum, 1992. S. 167. – Original in der Staatlichen Galerie Moritzburg, Halle; Graphische Sammlung.

L: Wolfgang Harms (Hrsg.): Deutsche illustrierte Flugblätter des 16. und 17. Jahrhunderts. Tl. 1. Tübingen 1985. Nr. 27. [Beschreibung des evangelischen Flugblattes von 1651.]
Cornelia Kemp: Erbauung und Belehrung im geistlichen Flugblatt. In: Literatur und Volk im 17. Jahrhundert. Probleme populärer Kultur in Deutschland. Hrsg. von Wolfgang Brückner [u. a.]. Tl. 2. Wiesbaden 1985. S. 627–647.

## 15

## Rechte und Pflichten einer Hebamme im 17. und 18. Jahrhundert

Das ›Amt‹ der Hebammen (auch »Hebemutter« oder »Bademutter«) gehört zu den ältesten weiblichen Berufen überhaupt. Hebammen unterstanden wegen ihrer Befugnis, im Notfall die Taufe zu spenden, der kirchlichen Aufsicht und als städtische Amtsinhaberinnen besonders der Kontrolle durch den Rat. Ihre Aufgaben und Pflichten sowie – seit dem 17. Jahrhundert – ihre Ausbildung wurden durch Hebammenordnungen geregelt. Die Hamburger »Bademütter-Ordnung« von 1654 zeigt die allmähliche Professionalisierung des Hebammenberufs. Es handelt sich hier um die erste ausführliche Hebammenordnung für Hamburg. Bis dahin waren die Pflichten der Hebammen durch ein Kapitel der Kirchenordnung von 1529 geregelt. Voraussetzung für die Anerkennung als Hebamme waren nun nicht mehr nur ein gottesfürchtiger Lebenswandel und ein guter Ruf, sondern eine vierjährige Lehrzeit, die mit einer Prüfung und einem schriftlichen Zeugnis abgeschlossen wurde.

Der Auszug aus der Ordnung für das Herzogtum Holstein von 1765 verdeutlicht die Pflicht der Hebammen, heimliche Schwangerschaften und nichteheliche Geburten anzuzeigen: Während der Geburtsschmerzen sollte die Gebärende dazu gebracht werden, den Vater des Kindes zu nennen, damit dieser bestraft bzw. zur Unterhaltszahlung verpflichtet werden konnte. Die Hebammen wurden damit zum verlängerten Arm der Obrigkeit.

## Bademütter-Ordnung von 1654

1 Es sollen alle und jede Bade-Mütter sich eines Gottesfürchtigen, ehrlichen, züchtigen und nüchternen Lebens und Wandels befleißigen.

2 Nachdem auch eine Zeither die Zahl der Bade-Mütter sich sehr vermehret hat, als sollen hinführo keine mehr eingeschrieben werden, es sey denn, daß eine ihres Mittels gestorben.

3 Sollen der beeydigten Wehe-Mütter Töchter, wann sie eines aufrichtigen, ehrlichen Lebens und Wandels, und hiezu wol qualificiret befunden, vor andern dazu gezogen werden.

4 Sollen keine beschlaffene oder berüchtigte Personen, und wenn sie ihres Lebens und Wandels kein gut Zeugniß haben, hiezu gelassen werden.

5 Welche nun das Bade-Mutter-Amt anzutreten, und sich in die Lehr zu geben gedencket, soll sich vorher bei den Physicis, und E. E. Raths bestallter Wehe-Mutter anmelden, und von ihnen in ein Buch eingeschrieben, dafern sie aber zum wenigsten nicht lesen kann, abgewiesen werden.

6 Damit aber ihre Lehr-Jahre wol zugebracht werden, welche denn auf vier Jahre angesetzet seyn, sollen diejenige, so eingeschrieben, sich alle Quartal bey den Physicis, und E. E. Raths Bade-Mutter angeben, derer Person Nahmen, wo, wann, und welchen sie in Kindes-Nöthen geholfen, ob die Frucht natürlich oder unnatürlich, lebendig oder todt von ihnen kommen sey, andeuten, gehörigen Bericht thun, und sich darüber unterrichten und weisen lassen.

7 Wann eine Bade-Mutter ihre vier Lehr-Jahre zum Ende gebracht, soll sie sich von den Physicis und E. E. Raths Bade-Mutter vorher wieder examiniren lassen, von denen ein schriftlich Attestatum erhalten, und dasselbe dem ältesten Herrn Gerichts-Verwalter zustellen, darauf sie beeidiget, und also völlig für eine Bade-Mutter eingeschrieben und angenommen werden kann.

8 Da auch eine Frau in Kindes-Nöthen eine andere Bade-Mutter zu der vorhin angenommenen forderte, diese sich aber wiedersetztlich bezeigte, und auf Begehren keine andere zulassen wollte, die kreissende Frau aber an ihrer Gesundheit Schaden nähme, soll derselben, so es beweißlich gethan, sie ihres Amtes entsetzet werden.

9 Wann auch ihrer zwo oder mehr Bade-Mütter bey einer in Kindes-Nöthen arbeitenden Frauen gefordert, sollen sie sich fried- und freundlich verhalten, und bloß auf der Patientin Bestes sehen, damit selbige nicht verwahrloset werde. Da sie aber streiten, und mit einander zancken, und darüber geklaget würde, sollen dieselbe in zehn Reichsthaler Strafe verfallen seyn.

10 Soll niemand der Bade-Mütter sich unterstehen, eine andere neue Bade-Mutter zu informiren, es sey denn, daß sie selbst etwann sechzehn Jahre damit umgegangen sey, bey Strafe Ein Hundert Marck Lübisch.

11 Es sollen auch sonst die Bade-Mütter ihrem geleisteten Eyde in allen Puncten nachkommen, und, demselben

zur folge, die Hur- und Spiel-Kinder dem ältesten Herrn Gerichts-Verwalter selbsten unsäumig anmelden, und da eine betreten würde, daß sie ihrem Eide zugegen gehandelt hätte, dieselbe soll nicht allein in Ein HundertMarck Lübisch Strafe dem Gerichte verfallen seyn, sondern auch dazu ihres Bade-Mutter-Amts sich dadurch verlustig gemachet haben.

12 Da sich auch, über Verhoffen, begeben würde, daß einige gebährende Weibes-Personen, oder die herannahende Gebuhrt, durch der Bade-Mutter Unfleiß, Nachlässigkeit, Versäumiß, oder Unerfahrenheit, an dero Gesundheit verletzet würden, soll dieselbe Bade-Mutter nicht allein, gestallten Sachen nach, ihres Amtes entsetzet werden, sondern auch wider dieselbe ergehen, was recht ist.

13 Weil auch in der Kirchen bey den Kind-Tauffen, wegen des Obenanstehens, allerhand Unordnungen vorgehen, als werden die Bade-Mütter ermahnet, daß sie sich schiedlich hierin sollen bezeigen, und deswegen keinen Zanck anrichten; bey willkührlicher Strafe.

D: Christoph Axmann: Zur Entwicklung des Hebammenwesens der Stadt Hamburg im 19. Jahrhundert. Unter Berücksichtigung der für die Hebammen gültigen Ordnungen (1529–1900). Diss. [Masch.] Hamburg 1982. S. 181–183.

L: Sibylla Flügge: Hebammen und heilkundige Frauen. Recht und Rechtswirklichkeit im 15. und 16. Jahrhundert. Frankfurt a. M. 1998.

## Hebammen-Ordnung für das Herzogthum Holstein Königlichen Antheils, die Herrschaft Pinneberg, Stadt Altona und Grafschaft Ranzau vom 18. Februar 1765, 4. Abt., § 13

Die ausser der Ehe gebährende Personen soll die Hebamme, unter den Geburts-Schmerzen (doch ohne sie durch Vorenthaltung der Hülfe zum Geständnisse zu zwingen) auf ihr Gewissen, mit nöthiger Schärffung desselben, befragen: Von wem und an welchem Orte sie geschwächet worden, auch wo der Thäter sich aufhalte? Und ist solches Befragen, auch wenn die Hebamme erst nach der Entbindung käme, von ihr nicht zu unterlassen. Worauf sie denn beydes die Niederkunft selbst, und die Aussage der Kindbetterin, der Obrigkeit oder dem Bedienten, der das Brüchregister hält, wie auch dem Prediger des Ortes, sofort anzuzeigen hat. Bey Verschweigung eines solchen Schwängerungsfalles, oder bey geflissentlicher verzögerter Anzeige desselben, wird sie (wenn keine, nach dem vorigen §pho einer schärferen Ahndung würdige Umstände hinzutreten[1]) das erste mal mit zehntägigem Gefängnisse auf Wasser und Brod, das zweytemal mit dreywöchigem Gefängnisse und das drittemal mit dem Verluste ihrer Bedienung bestrafet.

D: Hebammen-Ordnung für das Herzogthum Holstein Königlichen Antheils, die Herrschaft Pinneberg, Stadt Altona und Grafschaft Ranzau vom 18. Februar 1765. 4. Abt. § 13. Staatsarchiv Hamburg, Urkunden und Rechtssatzungen der Stadt Altona (424-1), IIb8. [Auszug.]

L: Eva Labouvie: Andere Umstände. Eine Kulturgeschichte der Geburt. Köln 1998.

1 Gemeint ist die Mithilfe bei der Verheimlichung einer Schwangerschaft bzw. bei der Tötung eines neugeborenen Kindes.

## 16
## Tolerierung und Bestrafung außerehelicher Sexualität: Aus einer Verordnung für die Herzogtümer Schleswig und Holstein etc. (1798)

Die Aufwertung der Ehe in der Frühen Neuzeit ging einher mit der Kriminalisierung außerehelicher Sexualität. Allein die Ehe bildete den legitimen Rahmen für die Zeugung von Kindern; durch obrigkeitliche Maßnahmen sollte jegliche Form von nichtehelicher Sexualität unterbunden werden. »Unzucht« wurde nicht nur mit Geld- und Gefängnisstrafen, sondern auch mit öffentlich beschimpfenden Strafritualen (Prangerstehen, Hurenkarren) geahndet. Hinzu kamen Kirchenstrafen wie der Ausschluß lediger Mütter vom Abendmahl. Um die Wende vom 18. zum 19. Jahrhundert ist zum einen ein überproportionaler Anstieg der Zahlen unehelicher Kinder feststellbar, zum anderen – im Gefolge der Aufklärung und der merkantilistischen Bevölkerungspolitik – die Tendenz einer milderen Strafverfolgung von Unzuchtdelikten. Insbesondere sollten unvermögende ledige Mütter weniger hart bestraft werden. Ein Beispiel dafür ist die Verordnung des dänischen Königs Christian VII. vom 27. April 1798. Illegitime Schwangerschaften wurden demnach grundsätzlich mit Gefängnisstrafe belegt, die jedoch durch Geldstrafen (»Brüche«) ersetzt werden konnten. Die Strafen waren nach Geschlecht und sozialem Status gestaffelt und entfielen ganz bei einer nachträglichen Eheschließung. Außerdem wurde die kirchliche Diskriminierung lediger Mütter und Väter durch die Kirchenbuße, die bereits 1767 in Holstein durch eine Gefängnisstrafe ersetzt worden war, abgeschafft.

Verordnung, wegen Bestrafung des Ehebruchs und der Unzucht, für die Herzogthümer Schleswig und Holstein etc.

Wir Christian der Siebente etc. Thun hiemit folgendes kund: Die Wahrnehmung, daß die in Unsern Herzogthümern Schleswig und Holstein, der Herrschaft Pinneberg, Graffschaft Ranzau und Stadt Altona bisher ergangenen Vorschriften, wegen Bestrafung des Ehebruchs und des Lasters der Unzucht, in verschiedener Hinsicht einer zweckmäßigern Bestimmung bedürfen, veranlaßt Uns, mit Aufhebung derselben, für gedachte Herzogthümer und Lande nachstehende allgemeine Verordnung zu erlassen:

Vom Ehebruche.

1. Der zwischen einer verheyratheten und einer ledigen Person begangene einfache Ehebruch soll, wenn Wir nicht auf die Fürbitte des unschuldigen Ehegatten in einzelnen Fällen Gnade für Recht ergehen lassen, an der verheyratheten Person, ohne Unterschied des Geschlechts, und an der ledigen Mannsperson,

das erstemal mit Gefängniß bey Wasser und Brod auf vier Wochen bestraft werden;

das zweytemal aber mit halbjähriger Haft und Arbeit im Zuchthause, und

das drittemal mit einer fünfjährigen Zuchthausstrafe.

2. Nur die beyden erstenmale kann, statt der gedachten Leibesstrafe, auch auf eine Geldbuße erkannt werden, die das erstemal, für jeden im Gefängnisse zuzubringenden Tag, bey Vermögenden zwey Reichsthaler, bey Mindervermögenden aber Einen Reichsthaler, und das zweytemal die Summe von 150 Rthlr. betragen soll.

3. Die Strafe des zwiefachen, zwischen verheyratheten Personen begangenen Ehebruchs ist für jede:

das erstemal ein achtwöchiges Gefängniß bey Wasser und Brod,

das zweitemal eine jährige, und das drittemal eine zehnjährige Zuchthausstrafe.

4. Jedoch kann das erstemal auch eine Geldstrafe Statt finden, die den zehnten Theil des gesammten Vermögens des Schuldigen ausmachen, indessen die Summe von Ein-

tausend Reichsthalern nicht übersteigen, aber auch nicht unter zwey Rthlr., oder bey Mindervermögenden nicht unter einem Rthlr., für jeden im Gefängnisse zuzubringenden Tag, bestimmt werden soll. Das Vermögen des Schuldigen wird bey dieser Brüchansetzung von dem Richter, nach den ihm davon beywohnenden Kenntnissen, und sonst muthmaßlich, angeschlagen, und wenn jener sich dadurch beschweret zu seyn glaubet; so stehet ihm frey, durch gewissenhafte Kundmachung seines Vermögens, eine Herabsetzung der Brüche zu bewirken.

Von der Unzucht unter ledigen Personen.

5. Obschon der unzüchtige Beyschlaf unter unverheyratheten Leuten, aus Schonung gegen diejenigen, die darüber unverschuldet leiden möchten, künftig, bey sonst unberüchtigten Personen, kein Gegenstand der officiellen Nachforschung oder anzunehmender Denunciationen seyn soll; so ist doch dieses Vergehen, wenn es durch die darauf erfolgte Schwängerung an den Tag kömmt, oder sonst rechtlich erwiesen ist, an jeder der schuldigen Personen:

das erstemal mit zehntägigem Gefängnisse bey Wasser und Brod zu bestrafen.

Das zweytemal ist diese Strafe zu verdoppeln, und

das drittemal auf eine halbjährige Zuchthausstrafe zu erkennen.

Und nach eben diesen Regeln wird eine ledige Weibsperson bestraft, wenn sie mit einem Ehemann Unzucht getrieben hat.

6. Die beyden erstenmale kann, für jeden im Gefängnisse zuzubringenden Tag, eine Geldstrafe, die bey vermögenden Mannspersonen, zwey Rthlr., bey mindervermögenden Einen Rthlr. und bey Frauenspersonen, ohne Unterschied des Vermögens, Einen Rthlr. betragen soll, in Absicht aller derjenigen zur Anwendung kommen, die nicht zur Klasse des für Kost und Lohn dienenden Gesindes und der diesem,

nach obrigkeitlichem Befinden, gleich zu achtenden Bauernkinder, die sich bey ihren Eltern als Knechte und Mägde aufhalten, wie auch der Gesellen und Lehrburschen gehören. In Ansehung dieser gilt die Regel: daß die Mannsperson, für jeden Tag der Befreyung vom Gefängnisse, einen halben Rthlr., und die Weibsperson sechszehn Schillinge, also jene in allem Fünf und diese Drey eindrittel Rthlr., zu erlegen habe.

7. Jeder Schwängerer der für sich selbst, statt des Gefängnisses, Brüche erleget, ist auch für die Geschwächte, doch nur bey ihrem ersten Fehltritt dieser Art, wenn sie kein Vermögen hat, die Brüche zu entrichten und sie dadurch von Ausstehung der Gefängnißstrafe zu befreyen schuldig. Jedoch gilt diese Vorschrift weder in dem umgekehrten Falle, noch findet dieselbe bey einem begangenen Ehebruch und auf Weibspersonen, deren Schwängerer verheyrathet ist, einige Anwendung.

8. Wenn der Schwängerer und die Geschwächte einander ehelichen, soll ihnen, zur Begünstigung rechtmäßiger Ehen und aus Schonung gegen die an dem Vergehen der Eltern unschuldigen Kinder, die mit einander verwirkte Strafe der Unzucht, sie sey schon erkannt oder nicht, erlassen seyn. In jenem Falle wird dem zufolge der Brüchposten, auf beygebrachte Bescheinigung der vollzogenen Ehe, in den Brüchregistern sofort zum Abgang gebracht; in diesem gar nicht weiter gerüget.

9. Die hier gegebenen Vorschriften gehen jedoch nicht auf diejenigen Frevler, welche junge Leute, bevor sie ihr mannbares Alter erreicht haben oder confirmirt sind, zur Unzucht verleiten, noch insonderheit auf Lehrer, welche die ihrer Unterweisung anvertrauten Personen zu diesem Laster verführen. Vielmehr sind dergleichen Verbrecher mit einer den Umständen angemessenen Zuchthaus- oder Karrenstrafe zu belegen, die bey Lehrern, Vormündern und Erziehern der Regel nach lebenswierig seyn soll.

Allgemeine Vorschriften.

10. Die Strafe des zweytenmals setzet voraus, daß das Vergehen an dem Verbrecher schon, vor der Begehung des neuen, wirklich bestrafet sey. Bis dahin ist die Bestrafung mehrerer, mit verschiedenen Personen verübter Vergehungen gleicher Art, jede für sich genommen, nur einfach. Mit der Strafe des drittenmals hat es eine ähnliche Bewandniß.

11. In allen Fällen, da nach gegenwärtiger Verordnung, anstatt der vorgeschriebenen Gefängnißstrafe, eine Geldbuße Platz findet, ist alternative auf beyde zu erkennen, und die Summe der Brüche genau zu bestimmen; wobey es von einer gewissenhaften Erwägung aller Umstände und dem billigen Ermessen der Obrigkeiten abhängt, ob jemand zu den Vermögenden oder Mindervermögenden gehöre.

Die Vollstreckung der Erkenntnisse geschiehet innerhalb zwölf Wochen, nach Abgebung derselben, so, daß binnen dieser Frist die Brüche erleget seyn, oder die Gefängnißstrafe ihren Anfang nehmen muß.

Von dieser Regel darf die Obrigkeit jedoch alsdann, nach ihrem Befinden, Ausnahmen machen, wenn der Gesundheitszustand des Schuldigen, und insonderheit bey Weibspersonen, das Säugen ihrer Kinder oder die Abwartung ihres Ammendienstes, eine Aussetzung der Gefängnißstrafe erforderte; wie sie denn auch ermächtiget ist, dem Schwängerer und der Geschwächten, die aus erheblichen und glaubwürdigen Ursachen um eine billige Frist zur Vollziehung ihrer verabredeten Ehe bitten, dieselbe, unter Suspendirung der Gefängnißstrafe, zuzustehen; nur daß sie allen unter einem solchen Vorwande leicht möglichen Mißbräuchen so viel thunlich zu begegnen suche.

12. Von den vorbestimmten Gefängnißstrafen werden die zehn- und zwanzigtägigen in Terminen von fünf Tagen, und die nach Wochenzahl vorgeschriebenen, in Terminen von einer Woche, ausgestanden. Die Zwischenzeiten sind,

der Regel nach, und wenn nicht der Gesundheitszustand des Straffälligen, oder andere erhebliche Umstände, eine dem obrigkeitlichen Gutfinden überlassene Verlängerung derselben bewirken, den Terminen gleich.

13. Wenn ein Vergehen vorgedachter Art mit Gelde abgebüßet wird; so fallen alle auf die Gefängnißstrafe sich beziehende Gebühren gänzlich weg.

Kömmt aber die Gefängnißstrafe zur Anwendung; so ist in Rücksicht auf dieselbe niemand als der Gerichtsdiener, Pförtner und Gefangenwärter Gebühren zu fordern berechtiget, und werden diese, wenn der Absitzende unvermögend ist, so wie die Verpflegungsgelder, von der Commüne bezahlet. Ueberhaupt aber muß das Ausstehen der Strafe in mehreren Terminen keinen Grund abgeben, die Gebühren zu vervielfältigen, und folglich wird dabey das Antritts- oder sogenannte Einspringelgeld, wo es üblich ist, nur einmal erleget.

Aufhebung der Strafe des anticipirten Beyschlafs und des Surrogats der Kirchenbuße.

14. Ohne der Achtung, die einer edlern Anständigkeit gebühret, etwas zu vergeben, soll der Fehler des anticipirten Beyschlafs den Eheleuten, die darin aus menschlicher Schwachheit verfallen sind, übersehen werden, und künftig weder die bisher erforderliche Anzeige, noch einige Rüge und Ahndung, zur Folge haben. Es soll demnach, in Fällen dieser Art, auch an die Kirche des Orts nichts weiter entrichtet, noch in der Absicht zwischen Vermögenden und Unvermögenden ein Unterschied beobachtet werden, vielmehr die eheliche Verbindung des Schwängerers und der Geschwächten alle dergleichen Forderungen hinfällig machen.

15. So heben Wir auch die der abgeschaften Kirchenbuße bisher surrogirt gewesene Gefängnißstrafe und was davon

abhängt, nebst den derentwegen in einzelnen Fällen erlegten Befreyungsgebühren, hiemit auf, und stehet folglich der Zulassung der, nach den bisherigen Regeln, in die Kirchenbuße verfallenen Personen zum Gebrauch des Abendmahls von dieser Seite kein Hinderniß im Wege.

Die Gebühren, welche die Prediger und Kirchenbedienten von solchen Personen herkömmlich zu genießen haben, mögen zwar von denen, welche jetzt im Amte stehen, noch gefordert und erhoben werden, fallen aber bey ihren Nachfolgern und allen die ein neues Amt erhalten, gänzlich weg.

D: Chronologische Sammlung der im Jahre 1798 ergangenen Verordnungen und Verfügungen für die Herzogthümer Schleswig und Holstein, die Herrschaft Pinneberg, Grafschaft Ranzau und Stadt Altona. Kiel: Verlag der Königlichen Schulbuchhandlung, 1799. S. 54–59.

L: Stefan Breit: »Leichtfertigkeit« und ländliche Gesellschaft. Voreheliche Sexualität in der frühen Neuzeit. München 1991.
Ulrike Gleixner: »Das Mensch« und »der Kerl«. Die Konstruktion von Geschlecht in Unzuchtsverfahren der Frühen Neuzeit (1700–1760). Frankfurt a. M. / New York 1994.
Michael Mitterauer: Ledige Mütter. Zur Geschichte illegitimer Geburten in Europa. München 1983.

17

# Kindsmord als soziales Problem und Thema aufgeklärter Debatten im späten 18. Jahrhundert: Ein Beitrag aus Ludwig Schlözers Zeitschrift *Briefwechsel meist historischen und politischen Inhalts* (1781)

Tötungen Neugeborener machten in der Frühen Neuzeit rund die Hälfte aller registrierten Tötungsdelikte aus. Kindsmord galt als besonders schweres Verbrechen, das mit Todesstrafe geahndet wurde. Die hohe Zahl der Kindstötungen, mehr aber noch die Forderung der Aufklärer nach einer Humanisierung des Strafrechts, das bevölkerungspolitische Interesse des merkantilistischen Staates (Peuplierungspolitik) und der Wandel der Moralvorstellungen im späten 18. Jahrhundert führten zu einer intensiven Diskussion über die Motive der Kindsmörderinnen, die diesen zugrundeliegenden gesellschaftlichen Ursachen und entsprechende Möglichkeiten zur vorbeugenden Verhütung von Kindstötung. 1780 setzte der Mannheimer Regierungsrat Adrian von Lamezan einen Preis aus für die beste Antwort auf die Frage »Welches sind die besten ausführbaren Mittel, dem Kindsmord abzuhelfen, ohne die Unzucht zu begünstigen?« und fand damit große Resonanz. Etwa 400 Schriften wurden eingereicht, das Thema wurde in der Öffentlichkeit heftig debattiert. Die wesentlichen Aspekte dieses Diskurses werden in dem folgenden anonymen Beitrag »Über den Kinder-Mord« in der von August Ludwig Schlözer herausgegebenen Zeitschrift *Briefwechsel meist historischen und politischen Inhalts* (Bd. 9, 1781) genannt: Als wichtigste Motive der Kindsmörderinnen, bei denen es sich meist um ledige Frauen aus den unteren Schichten handelte, galten Angst vor Schande und materielle Not (»NahrungsSorgen«). Der Verfasser plädiert dafür, die bisherigen Strafen beizubehalten. Gleichzeitig sollte jedoch eine Reformpolitik zur Verhütung von Kindstötungen diesen Folgeerscheinungen einer ungewollten Schwangerschaft entgegenwirken. Durch Erleichterung von Eheschließungen sowie durch finanzielle Unterstützung der betroffenen Frauen sollte ihre gesellschaftliche Ausgrenzung vermieden und damit der Grund für die Kindstötung hinfällig werden.

## Ueber den KinderMord.

Aus der Grafschaft Ravensberg, den 8 Mai 1781.

Da ein Menschenfreund auf die Frage: welches sind die beßten ausfürbaren Mittel, dem KinderMorde, Einhalt zu tun? Vorschläge verlangt (Schlözers *Briefwechsel* Heft XI, S. 263): so wage ichs[1], dazu mein Scherflein beizutragen, weil ich täglich mit den gemeinsten Leuten zu schaffen habe, also auch hierinn ihre DenkungsArt aus langjäriger Erfarung abgemerkt zu haben glaube.

Ich neme an, daß der KinderMord sich nur besonders bei unehlichen Kindern äußere, obschon auch, wiewol seltene Exempel, bei ehelichen Kindern aufzuweisen seyn möchten. Ich bleibe also bei ersterer Art Verbrechen stehen, und glaube, daß solches zwei HauptVeranlassungen habe: I. der vermeintlichen Schande zu entgehen, und II. die NarungsSorgen zu verhüten.

I. Die vermeintliche Schande kan durch keine Landesherrliche Schutz- und EhrenBriefe gedeckt werden, weil dieser Punct bei dem gemeinen Volke zu den GlaubensSachen gehöret. Und eben so wenig helfen Moralen und Predigten dawider. Ich dächte, man verordnete, daß ohne Unterscheid alle Stupratores die Geschwächten heiraten, oder bei gar zu ungleichem Stande notdürftig dotiren, und die Geburt allmentiren müßten. Durch die de regula durchaus zu vollziehende Ehelichung oder Heirat, zur Zeit, wenn Stuprata wirklich schwanger, und der Vater wirklich bekannt werden, würde also die Schande der Geschwächten sowol, als der Geburt, völlig gehoben werden; weil der anticipatus concubitus für eine erlaubte alte deutsche Gewonheit aufgenommen wird, wodurch der Bräutigam die

1 Der Hr. Verf. hat sich nicht zu nennen beliebt: so viel aber weiß ich, daß solcher ein königl. Preußischer Beamter in Westfalen, folglich ein praktischer Mann ist. Von praktischen Männern allein aber, nicht von bloßen sogenannten Herrn Philosophen, sind ausfürbare Vorschläge über obbemeldte menschenfreundliche Frage zu erwarten. S.

Gewißheit erhält, daß seine künftige Frau zur Zeugung tüchtig sei.

Bei ganz ungleichen Heiraten müßte der Stuprator, wenn er des Vermögens, zu einer ansenlichen Dotation und Alimentation angehalten, und das AlimentenGeld in die Hände des Gerichts, zur unentgeldlichen Verwendung des Gebornen, dergestalt gebracht werden, daß das Kind davon bis zur Confirmation erzogen, geköstiget, gekleidet, und zur Schule gehalten werden könnte. – Wäre aber bei so ungleichen Ständen der Stuprator des Vermögens nicht, wenigstens hinlängliche Alimenta bis zur Confirmation bar in die Gerichte zu legen: so müßte, auf jedesmaliges Verlangen der Stupratae, der Stuprator zu Vollziehung der Ehe angehalten, und Masregeln genommen werden, daß er der priesterlichen solennen Copulation nicht entgehen könne. Dann wäre also die Stuprata eine wirkliche Frau, und das künftige Kind eine aus ächtem Ehebette, per subsequens matrimonium, erzeugte Geburt. Die Schande wäre also gehoben, und in den meisten Fällen auch

II. die NarungsSorge. Der Hurerei würde aber auch hiedurch in so ferne vorgebaut, daß jeder Beischlaf sofort als ein giltiges EheVersprechen betrachtet würde, ohne daß der armen Geschwächten der Mangel eines schriftlichen Contracts, oder defectus consensus Stupratoris aut parentum aut tutorum &c. &c., entgegen gesetzt werden könnte. Denn wollen die vornemen Verwandten des armen Stupratoris nicht gerne eines Besenbinders Tochter zur FrauSchwester haben: so werden sie schon Rat schaffen, diese sonst notwendige Sippschaft durch Subscription hoch genug abzukaufen; und dann kann die Obrigkeit immer für die Geburt sorgen, wenn solche der Mutter in der Folge nicht anzuvertrauen wäre.

Gleichwie nun bereits hiedurch zum Teil die NarungsSorge mit gehoben wird: also wäre dieserwegen, in dem Falle der Stuprator geringen Vermögens, oder auch wenn wegen seines ungleichen Standes, da seine dürftige Verwandte nicht zutreten koͤnnten, oder wenn diese gleich reich, doch nicht zutreten wollten, durchaus die Heirat vor sich gehen muͤßte, ein Fonds auszumitteln, woraus wenigstens zulaͤngliche Alimenta, wo nicht auch ein maͤßiges BrautSchatzGut, fuͤr das Kind erfolgen koͤnnten. Dieser Fonds waͤre dadurch am leichtesten zu erhalten, daß von jeder rechtmaͤßigen Ehe (gleich schon ehemalen im Preußischen Behuf der ForstCasse bei allen LandUntertanen geschehen) von jedem Wehrfester und Possessionirten bis zur kleinsten Gattung, bei der Copulation 16 Ggl., und von jedem Inlieger oder Heuerling 8 Ggl., von allen staͤdtischen Kaufleuten, und allen uͤber 500 rtl salarirten Bedienten ohne Unterscheid 3–5 rtl, von uͤbrigen geringern Staͤdtischen Einwonern und minder salarirten aber etwa 8 bis 16 Ggl., erlegt werden muͤßten. Man kan keine Beispiele rechtlich beibringen, daß durch jene ehemalige kleine Abgabe von 8 und 16 Ggl. bei LandUntertanen jemalen eine Ehe verzoͤgert, geschweige hintertrieben worden. Und wie ansenlich koͤnnte nicht dieser Fonds werden, wenn solcher getreulich und als ein heiliges Depositum administrirt wuͤrde? Aus den CopulationsListen waͤre bald das jaͤrliche Quantum zu uͤberschlagen; und aus den TaufListen der ungefere Bedarf zu bestimmen.

Man behalte immer die bisherigen Todes-, Zuchthaus-, und andre Straffen, welche wegen des KinderMords ergangen, uͤberdem bei. Allein alle diese, und alle Wachsamkeit der Eltern, Verwandten, und Hausherrschaft der Geschwaͤchten, sind vergebens, wenn nicht zugleich die Ursachen taͤtig gehoben werden, welche den KinderMord veranlassen. Ich glaube gerne, daß noch viele andre Ursachen angegeben werden koͤnnten: solches sind aber gewiß nur Neben- oder accidentelle Ursachen, die mit der Schwaͤchung an sich in keiner Verbindung stehen; und wachsame rechtschaffene Obrigkeiten haben sodann genugsame Mittel in Haͤnden sonst, schaͤdlichen Farlaͤßigkeiten vorzubeugen. Bishero erhaͤlt eine Stuprata von geringem

Stande nichts fuͤr die Schwaͤchung: und ins WochenBett wird ihr nur 1 Scheffel Roggen, 1 Scheffel Malz, 1 Fuder Holz, 6 ℔ Butter, geliefert: und fuͤr das Kind vom 1ten bis *inclus.* 6ten Jare jaͤrlich 3½ rtl, und vom 7ten bis 11ten Jare jaͤrlich 1 rtl 18 Ggl.: und steht es demnaͤchst der Mutter frei, dem Stupratori das Kind zuzubringen. Oft hat die Geschwaͤchte kein Bett, keine Kleidung fuͤr das Kind, keine Huͤlfe oder Aufwartung, und sie muß gemeiniglich durch gerichtliche Huͤlfe diese Bagatellen von dem frei herumgehenden Vater erst erzwingen. Wie ist es moͤglich, daß wir, bei so desperater Verfassung, einer auf doppelte Art angegriffenen Person, die Mordhaͤnde binden koͤnnen, da sie in vermeintliche Schande, und zugleich in Not und Mangel, bei geschwaͤchten LeibesKraͤften geraten, und sie Grund zu haben glaubt, mer auf ihre eigene, als ihres Kindes Conservation, Sorge zu hegen?

Vielleicht geben diese meine in uͤberhaͤufter Arbeit hingeworfene gutgemeinten Gedanken einigen Leitfaden zur gruͤndlichen Beantwortung.

D: Über den KinderMord. In: Briefwechsel meist historischen und politischen Inhalts. Hrsg. von August Ludwig Schlözer. Tl. 9. Göttingen: Vandenhoeck, 1781. H. 49. S. 52–55.

L: Richard van Dülmen: Frauen vor Gericht. Kindsmord in der Frühen Neuzeit. Frankfurt a. M. 1991.
Kerstin Michalik: Kindsmord. Sozial- und Rechtsgeschichte der Kindstötung im 18. und beginnenden 19. Jahrhundert am Beispiel Preußen. Pfaffenweiler 1997.

## 18

# Bürgerliche Geschlechterideologie: Der Artikel »Frauen« in der *Allgemeinen deutschen Real-Encyklopädie* (1865)

Seit dem letzten Drittel des 18. Jahrhunderts waren Aussagen über das Verhältnis der Geschlechter durch das neuartige Bemühen um die Herausarbeitung und Abgrenzung kontrastierender Geschlechtsmerkmale bestimmt. Während die in der älteren Hausväterliteratur und in den Predigten überlieferten Aussagen über Mann und Frau sich auf den Stand, auf soziale Positionen und die entsprechenden Tugenden, Rechte und Pflichten bezogen hatten, wurde im Zuge des Entwurfs von ›Geschlechtscharakteren‹ das Geschlecht nunmehr als eine Kombination von Biologie und Bestimmung aus der Natur abgeleitet und zugleich als Wesensmerkmal in das Innere des Menschen verlegt. Hintergrund dieser Bemühungen war die Suche nach einer neuen Rechtfertigung für die durch gesellschaftliche Wandlungsprozesse im Übergang von der ständischen zur bürgerlichen Gesellschaft ins Wanken geratenen patriarchalischen Herrschaftsverhältnisse in Ehe, Familie und Gesellschaft.

In der ersten Hälfte des 19. Jahrhunderts wurden die ›Geschlechtscharaktere‹ durch Medizin, Anthropologie und Psychologie dann ›wissenschaftlich‹ fundiert und dienten einerseits zur Begründung des Ausschlusses der Frauen von Wissenschaft, Politik und bürgerlicher Rechtsgleichheit. Andererseits wurde die Differenzierung der Geschlechterrollen als Basis der bürgerlichen Ehe- und Familienideologie dazu verwandt, die geschlechtsspezifische Arbeitsteilung in Gesellschaft und Familie als zentrales gesellschaftliches Organisationselement zu legitimieren.

Der vorliegende Lexikonartikel dokumentiert Inhalt und Begründung der in der bürgerlichen Gesellschaft um die Mitte des 19. Jahrhunderts zur Selbstverständlichkeit gewordenen Geschlechterrollenideologie sowie deren gesellschaftliche Funktion.

Mit den hier als Kontrastprogramm entfalteten, sittlich, psychologisch und letztlich physiologisch begründeten Eigenschaften und Fähigkeiten von Mann und Frau werden die ›naturgegebenen‹, wenngleich durch entsprechende Betätigungsfelder zu vervollkommnende Gattungsmerkmale festgelegt. Diese prädestinieren den Mann für den öffentlichen, die Frau für den häuslichen Bereich. Während die natürliche Bestimmung des Mannes in der gesellschaftlichen Produktion, in Kunst, Politik, Wissenschaft und im öffentlichen Leben ihre Erfüllung findet, geht das weibliche Wesen ganz in der privaten Reproduktion und der Häuslichkeit auf. Die Polarisierung von Mann und Frau, Heim und Welt ist dabei wesenhaft so konzipiert, daß nur in der Ergänzung und im komplementären Zusammenwirken die Summe aller menschlichen Fähigkeiten realisiert werden kann.

Frauen, worunter der edlere Sprachgebrauch das ganze weibliche Geschlecht befaßt, sind unter den Nationen und auf den Culturstufen, auf welchen das Geschlechtsverhältniß und die daraus entstehenden Beziehungen zwischen Mann und Weib eine höhere ästhetische und sittliche Richtung genommen haben, die Repräsentanten der Sitte, der Liebe, der Scham, des unmittelbaren Gefühls, wie die Männer die Repräsentanten des Gesetzes, der Pflicht, der Ehre und des Gedankens; jene vertreten vorzugsweise das Familienleben, diese vorzugsweise das öffentliche und Geschäftsleben. Diesem Inhalt entspricht die Form; das Weib strebt nach Zierlichkeit, Anständigkeit und Schönheit, der Mann nach Fülle, Kraft und praktischer Zweckmäßigkeit. Wie die Religion dem Weibe, so ist die Philosophie dem Manne entsprechend. Jenes empfindet, dieser erkennt das Richtige; der Mann ist stark im Handeln, Mittheilen und Befruchten, das Weib im Dulden, Empfangen und Gebären; Stärke verlangt überall der Mann, Anmuth das Weib. Für das consequente logische Denken des Mannes hat das Weib sein instinctartiges und ahnungsvolles Auffassen zum Ersatz. Der Mann war stets in der Staats- und Religionsschöpfung, in der Philosophie, in Kunst und Wissenschaft productiv, neugestaltend und maßgebend; das Weib nahm an seinen Entwickelungen aufnehmend und mitempfindend theil. Nicht als ob es irgendwelche Bildungssphäre gäbe, die der Frau als solcher verschlossen wäre. Dieses so wenig, als es eine zwiefache Moral, ein zwiefaches Wahres, Richtiges oder Schönes geben kann. Erreichbar ist daher in den ideellen Lebensgebieten für jeden schlechthin jedes, nur mit Ueberwindung größerer oder minderer Schwierigkeiten von der einen oder andern Seite. Jeder aber soll sich im großen moralischen Werke der Menschheit den Platz wählen, welcher mit der geringsten Verschwendung der Kräfte und Mittel ausfüllbar ist, und wo er auf die leichteste Art den größten Nutzen stiftet. Niemand soll gern sich Lebenszwecke vorsetzen, zu deren Erreichung er mit übergroßen Hindernissen zu kämpfen hat, während er die Wirksamkeit, zu deren leichter Vollführung ihm die Natur die Mittel mit liebevoller Fürsorge reichlich in die Hand gab, verschmäht. So namentlich in diesem Fall. Die Natur hat dem weiblichen Geschlechte Gaben verliehen, die sie dem Manne versagt hat; sie hat dem Weibe Schmerzen, aber zum Ersatze auch Freuden zugetheilt, die der Mann nicht kennt; die Sorgen und Schmerzen einer Mutter werden von ihren Freuden unfehlbar mehr als blos aufgewogen. Es gibt eine Menge von Kleinigkeiten, an denen der Mann kalt, ja verächtlich vorübergeht, und die doch dem Weibe höchst wichtig und eine Quelle der angenehmsten Eindrücke und Empfindungen sind; aber für gewisse Sorgen und Schmerzen des Mannes wird das Weib selten das richtige Verständniß haben. Diese Verschiedenheiten sind bestimmt, um in dem Entwickelungsgange der Menschheit zu einem Gesammtresultate zusammenzuwirken. Die Hauptfunctionen des Mannes beziehen sich auf den öffentlichen Verkehr, den Staat, die Production in Kunst und Wissenschaft, die des Weibes auf die Familie und das gesellige Leben. Je reiner und sittlicher das Familienwesen, desto reiner der Kern einer Nation, desto edler und reiner ihre Geschichte. Viele der größten und tüchtigsten Männer, die sich im Staatsleben oder in Wissenschaft und Kunst auszeichneten, verdanken das beste ihres geistigen Theils, die moralische Grundlage ihres Daseins, den Einflüssen ihrer Mütter.

Alle die körperlichen und geistigen Eigenthümlichkeiten, durch welche das Weib sich vom Manne unterscheidet, stehen im innigsten Zusammenhange mit der Bestimmung desselben, Mutter zu werden. Insbesondere hat der Arzt die Aufgabe, den weiblichen Organismus stets mit Rücksicht auf die sexuale Seite seines Lebens aufzufassen, weil das gesunde Bestehen des weiblichen Körpers ungleich mehr von einem regelrechten Ablauf seiner sexuellen Functionen abhängig ist, als dies beim Manne der Fall. Der weibliche Körper unterscheidet sich vom männlichen im allgemeinen durch eine geringere Größe, schwächere Entwickelung der Knochen, der Muskeln und des Athmungsapparats, kurz, das ganze motorische System zeigt eine schwächere Ausbildung. Dagegen kommt ihm eine größere Plasticität zu; die Fettbildung ist leichter und reichlicher und bedingt gegenüber den mehr eckigen Formen des Mannes eine größere Fülle und Rundung der Glieder. Während beim Manne das Schultergerüst und der Brustkasten auffallend entwickelt ist, hat der weibliche Körper seine größte Breite in der Beckengegend. Das Nahrungsbedürfniß des Weibes ist geringer, sein Stoffwechsel nicht so energisch; es ist weniger zu großen Kraftleistungen befähigt, aber ausdauernder bei mäßiger Anstrengung. Die Krankheiten des Weibes sind im allgemeinen minder stürmisch als beim Manne, auch unterliegt der letztere einem chronischen Siechthum viel rascher als das Weib. Acute Entzündungskrankheiten sind seltener beim weiblichen Geschlechte, chronische Krankheiten häufiger. Krämpfe, Lähmungen und andere Affectionen des Nervensystems, welche beim Manne fast immer das Zeichen gefährlicher innerer Störungen sind, haben beim Weibe sehr häufig nicht viel auf sich und heben sich oft unerwartet rasch wieder. Die sexuellen Theile werden beim Weibe ungleich öfter der Ausgangspunkt schwerer und langer Leiden als beim Manne.

Ein Blick auf die Geschichte des weiblichen Geschlechts ergibt, daß die Lage und Stellung desselben von der Bildung des männlichen abhängt und eins der wichtigsten Symptome des Nationalcharakters und der Culturstufe eines Volks ist. Bei den meisten rohen Völkern des asiat. Nordens, Amerikas, Afrikas ist das Weib wenig mehr als Sklavin und Lastthier; es steht in der äußersten Abhängigkeit und Erniedrigung und wird nur als Instrument für die Bedürfnisse des Mannes betrachtet und behandelt. In solchen Verhältnissen der niedrigsten Stufe, wo auf die Treue des Weibes in der Regel nicht gerechnet ist, der Vater daher mehr oder weniger ungewiß bleibt, pflegen die Kinder der Mutter zu gehören und die Mutter zu beerben, indessen die Erbschaft der Väter auf Geschwister und Schwesterkinder übergeht. Die Geltung dieses mütterlichen Erbrechts bei fast allen wilden Völkern beurkundet den dort herrschenden niedrigsten Grad des Familienlebens und der Stellung der Frau in demselben. Auch in der Polygamie der südasiat. Völker wird die Treue des Weibes noch nicht als eine von innen her gesicherte angesehen, daher mit äußern Mitteln erzwungen und so eine würdige Stellung der F. vereitelt, deren Bedingungen überhaupt nicht anders als durch die strenge monogamische Ehe herzustellen sind.

Unter den Culturvölkern der Alten Welt, den Griechen und Römern, war die Stellung der Frau schon eine viel bedeutsamere und würdigere. Obgleich die griechischen F. noch in ihren Gynäceen fast abgesperrt und lediglich mit häuslichen Arbeiten beschäftigt unter ihren Sklavinnen lebten, so genoß doch die liebende Mutter und Schwester, die sich aufopfernde Gattin bei den Griechen eine hohe Verehrung. Geschichtschreiber feierten edle Thaten der F.; Dichter wie Homer, Sophokles und Euripides stellten reine Ideale echter Weiblichkeit auf in einer Penelope, Iphigenia, Antigone, Elektra, Alcestis; auch die bildende Kunst drückte in ihren Juno-, Diana-, Minerva- und Musengestalten ein inniges Gefühl aus für weibliche Würde und Größe. Aber auch die Römerinnen, dem Gesammtcharakter ihres Volks entsprechend mehr ernst, gemessen und sittlichstreng als geistreich und poetischregsam, übten sowol in der Familie auf ihre Kinder wie überhaupt auf das ganze Staatsleben einen durch die ganze Geschichte Roms durchgehenden und sehr kenntlichen moralischen Einfluß aus. Es genügt, an die Jungfrauen der Vesta, welche das symbolische Feuer der Keuschheit hüteten, und an die Würde einer röm. Matrone zu erinnern, ein Ehrentitel, welcher, alle weibliche Tugend, Würde und Ehrbarkeit umfassend, sich bis auf uns vererbt hat. Obgleich die römischen F., mehr durch die strenge Sitte als durch äußern Zwang bewogen, sehr eingezogen lebten, war es ihnen doch durch das Gesetz vergönnt, bei Schauspielen und Gastmahlen gegenwärtig zu sein. Mit dem Verfall der alten Zucht und Sitte verlor indessen in Griechenland und Rom auch das Weib seine Würde, und die Zersetzung des Familienlebens ging Hand in Hand mit dem Zerfalle des politischen. In Athen war ein Symptom davon das immer allgemeiner sich verbreitende Hetärenwesen. Buhlerinnen, wie Lais, Phryne, Leontium, Hipparchia, Lamia, stehen an der Pforte, welche zum Untergange der einfachen Sitten des alten Griechenland führte. Auch die strengen Spartanerinnen ergaben sich der Ueppigkeit, und die Lykurgischen Gesetze selbst, nur für eine einfache und unschuldige Zeit berechnet, beförderten zu der Zeit der Ausartung die Zügellosigkeit und den Ehebruch. Auch in den Untergangszeiten Roms spielt das Weib eine ebenso traurige als hervortretende Rolle, indem unter den Römerinnen Wollust, Herrschsucht und Intriguensucht, die sie sich an allen Verschwörungen zu betheiligen verführte, wahnsinnähnlich überhand nahmen. Man denke an Julia, des Augustus Tochter, an Heliogabal's Mutter, an Messalina, Faustina u.s.w. Dieser Verderbniß arbeitete im Schose der röm. Welt das Christenthum mit seiner einfach-edeln Moral entgegen, worauf sodann das kräftige Volk der Germanen, befruchtet mit den bildenden Ideen des Christenthums, dem Staats- und Familienleben eine neue Gestalt gab.

Es ist bekannt, mit welcher Achtung, die fast an Verehrung grenzte, das Weib bei den Germanen behandelt wurde, und so führte dieser Germanismus, wozu sich der Einfluß der chevaleresken span. Mauren gesellte, zur Blüte des Ritterthums im Mittelalter. In gewisser Hinsicht kann man diese Zeit die Blütezeit der F. nennen. Sänger und Ritter, und häufig waren letztere selbst Sänger, huldigten der Macht weiblicher Schönheit. Für die F. dichtete man, für die F. zog man in den Kampf und zum Turniren. Schon früh wählten sich edle Jünglinge eine Gebieterin ihres Herzens und verharrten lange in dieser lieblichen Dienstbarkeit. Auch die Poesie der Provenzalen, welche sich in Italien, Spanien, im südl. Deutschland und durch die Normannen in England verbreitete, trug das Ihrige dazu bei, diese religiöse Verehrung der F., die mit dem Mariendienst verschmolz, anzupreisen. Es trat durch diese neue Art von schwärmerischer Empfindung ein poetisches Lebensideal in die Welt ein, in welchem das Höchste aus den verschiedenen Zweigen der antiken Geistesbildung sowol occidentalischer als orient. Völker verschmolz, in welchem der Platoniker seinen philos. Liebesenthusiasmus, der nordische Recke sein Urbild der Treue bis in den Tod, der christl. Ascet sein Emporgehobensein über Welt und Grab, der arab. Dichter die tiefen Herzenstöne seiner Poesie der Rose und Nachtigall wiedererkennen durfte. (S. Minne.) Es trat ein Urbild der Schönheit und des Glücks in die Welt ein, welches nicht einem einzelnen Volke oder einer einzelnen Bildungsstufe, sondern der Menschheit und ihrer Gesammtentwicklung angehört, daher seine Vollendung auch nicht im Anfange seines Auftretens erlebte, sondern in steigender Entwickelung von der Zukunft erwartet. Seine Wahrheit besteht in der lebendigen Anerkennung, daß der Begriff des vollkommenen Menschen nicht darstellbar ist durch ideale Vollendung einer einzelnen Person (der männlichen), sondern allein durch die Wechselwirkung zweier geistiger Urcharaktere, in die sich der Begriff des Menschen gliedert, des Mannes und der Frau, daß also Menschheit niemals im Singularis, immer allein im Dualis darstellbar und anschaubar ist. Weil aber dieser höhere Lebensstandpunkt im Ritterthum des Mittelalters erst ein frisch eroberter war, so drang er nirgends tief ins Leben ein, sondern erschien zunächst nur wie ein reizendes, phantastisch decorirtes Schauspiel, worin die tiefsinnige und religiöse Schwärmerei den klaren Gedanken überwog, während im alltäglichen Leben immer noch die häufigen Spuren von brutaler Verachtung des weiblichen Geschlechts, Verhöhnung seiner Rechte, seiner Scham und Ehre mit unterliefen. Die Folge davon war, daß bei den roman. Völkern der Minnedienst seine anfängliche Tiefe immer mehr verlor, bis er zuletzt in die oberflächliche franz. Galanterie, gemischt aus schäferlich-arkadischen und chevaleresken Elementen, steif und frivol, ceremoniös und kokett zu gleicher Zeit, völlig ausartete. Es bildeten sich bestimmte Regeln für das Schickliche; man lernte nach dem Anstande lieben; geistreiche F. hatten den Vorsitz in literarischen Cirkeln; die franz. Hofetikette und das für Frankreich so verderbliche Maitressenwesen traten mit dieser Galanterie in Verbindung, und auch an mehrern kleinern Höfen Deutschlands wurde mit Frivolität und üppiger Vergnügungssucht diese galante Form des Umgangs zwischen beiden Geschlechtern nachgeahmt. Doch widerstanden die beiden bedeutendsten Höfe Deutschlands, der preußische unter Friedrich Wilhelm I., und der österreichische unter Maria Theresia. Zugleich war es in Deutschland, wo das Ideal der ritterlichen Minne seine Wiederherstellung erlebte durch eine völlige Zurückversetzung in die Tiefe seines philos. und religiösen Ursprungs. Vertreter dieses echten Ritterthums waren die deutschen Dichter, Klopstock an der Spitze. Als Bild zur Veranschaulichung ihres Menschheitsideals diente die deutsche Frau, deren Grundwesen mehr gemüthlich und häuslich-schlicht als witzig und geistreich ist, bei welcher daher im Gegensatze zur roman. Galanterie die Liebe und der Umgangston weit eher nach der entgegengesetzten Seite des Ernstes und der Empfindsamkeit, der innigen Sympathie und süßen Schwermuth herüberneigte, weshalb man die Klopstock'sche Periode unserer Literatur als die sentimentale zu bezeichnen liebt. Gerade diese Auswüchse und Unenthaltsamkeiten, welche von Lessing, Wieland, Goethe und Schiller vermieden und auf ihr richtiges Maß zurückgebracht wurden, charakterisiren aber am genauesten die Tiefe des german. Frauenideals, weil in ihnen gerade das überschwenglich zu Tage trat, was dort mangelte, nämlich an der Stelle der geistvollen Spiele des Witzes die Sprache des vollen Herzens, an der Stelle der zierlichen Heuchelei der Ausdruck einer vom Strome der innigsten Gefühle überwältigten Rührung. Dieser Vertiefung des Ideals ist seitdem aber auch, wie es zur lebendigen geistigen Bewegung gehört, die reactionäre Gegenströmung einer sog. Emancipation der F. entgegengetreten, getragen von dem Grundirrthume, daß das Ideal der Menschheit die vollendete Einzelperson (der Mann) sei, die Frau ihre Ebenbürtigkeit daher nicht schon in sich selbst besitze, sondern erst durch eine möglichst große Annäherung an die eigenthümlichen Vorzüge des männlichen Geschlechts zu erstreben habe. Von diesem Grundirrthum aus erhob sich schon im vorigen Jahrhundert die Frage, ob nicht die ganze sociale Stellung der F. durch eine andere Erziehung und durch eine größere Theilnahme derselben an öffentlichen Angelegenheiten wesentlich verbessert werden könne. Kräftig sprach dafür eine Engländerin, Mary Wollstonecraft, in der Schrift »Rettung der Rechte des Weibes« (deutsch von Salzmann, 2 Bde., Schnepfenthal 1793); einen gleichen Zweck verfolgte auch ihr späterer Gemahl Will. Godwin in seinem »Inquiry concerning political justice« (Lond. 1792) sowie der witzige Th. G. von Hippel in den Schriften »Ueber die Ehe« und »Ueber die bürgerliche Verbesserung der Weiber«. Im 19. Jahrh. fand dieses Streben nach Emancipation der F. besonders in den Saint-Simonisten und durch Schriftstellerinnen wie Madame Dudevant (George Sand) seine Vertreter. Vgl. Meiners, »Geschichte des weiblichen Geschlechts« (4 Thle., Hannov. 1799–1800); Laboulaye, »Recherches sur la condition civile et politique des femmes depuis les Romains jusqu'à nos jours« (Par. 1843); Weinhold, »Die deutschen F. im Mittelalter« (Wien 1851); Jung, »F. und Männer« (Königsb. 1847); Klemm, »Die F.« (5 Bde., Dresd. 1858).

D: [Art.] Frauen. In: Allgemeine deutsche Real-Encyklopädie für die gebildeten Stände. Conversations-Lexikon. 11., umgearb., verb. und verm. Aufl. in 15 Bänden. Bd. 6. Leipzig: Brockhaus, 1865. S. 553–556.

L: Barbara Duden: Das schöne Eigentum. Zur Herausbildung des bürgerlichen Frauenbildes an der Wende vom 18. zum 19. Jahrhundert. In: Kursbuch 47: Frauen (1977) S. 125–140.
Karin Hausen: Die Polarisierung der »Geschlechtscharaktere«. Eine Spiegelung der Dissoziation von Erwerbs- und Familienleben. In: Sozialgeschichte der Familie in der Neuzeit Europas. Neue Forschungen. Hrsg. von Werner Conze. Stuttgart 1976. S. 363–393.
Claudia Honegger: Die Ordnung der Geschlechter. Die Wissenschaft vom Menschen und das Weib 1750–1850. Frankfurt a. M. / New York 1991.

## 19

## Bürgerliches Ehe- und Familienrecht von 1900: Aus dem Bürgerlichen Gesetzbuch für das Deutsche Reich

Die bürgerliche Ideologie von der Bestimmung des Weibes oder dem Wesen der Frau wurde am Ende des 19. Jahrhunderts zur bestimmenden Grundlage des 1896 verabschiedeten ersten deutschen Bürgerlichen Gesetzbuches (BGB), das trotz heftiger Proteste aus der Frauenbewegung 1900 in Kraft trat. Das BGB machte frauenfreundliche Ansätze, die hundert Jahre zuvor im Allgemeinen Preußischen Landrecht der Gleichberechtigung der Frauen im bürgerlichen Recht eine Chance geboten hätten (vgl. Nr. 44), zunichte. Mit dem Ehe- und Familienrecht wurde ein Sonderrecht für (Ehe-) Frauen geschaffen, das in Widerspruch zu den allgemeinen Prinzipien bürgerlichen Rechts dem Ehemann wieder die traditionelle, durch jahrhundertealte Rechtstradition geformte Rolle eines Ehevormundes zusprach, wodurch bis in die 50er und teilweise späten 70er Jahre des 20. Jahrhunderts in der Bundesrepublik Deutschland die Anerkennung der Frau als gleichwertige Rechtsperson verhindert wurde.

Der Ehemann erhielt nicht nur das Entscheidungsrecht in allen das gemeinschaftliche Leben betreffenden Angelegenheiten (§ 1354, rechtsgültig bis 1953), er hatte auch das Recht, ein Arbeitsverhältnis der Frau ohne Einhaltung der gesetzlichen Kündigungsfrist zu beenden (§ 1358). Die gesellschaftliche geschlechtsspezifische Arbeitsteilung wurde auch mit der gesetzlich verankerten eheinternen Rollenverteilung abgesichert, indem die Frau zur Hausarbeit (§ 1356) und entsprechend der Mann zum Unterhalt seiner Ehefrau verpflichtet wurde (§ 1360). Während der Ehemann einerseits seiner Frau die Erwerbstätigkeit verbieten konnte, wenn sie ihren Haushaltspflichten nicht voll nachkam, wurden Ehefrauen andererseits dazu verpflichtet, zum Familieneinkommen beizutragen, wenn dies die wirtschaftliche Lage der Familie erforderte. Die Regelung der innerehelichen Arbeitsteilung ebenso wie das männliche Namensrecht (§ 1355) wurden erst mit der Familienrechtsreform vom 1. Juli 1977 abgeschafft. Die Rechtlosigkeit der Ehefrauen fand ihren Ausdruck ferner im bis 1957 gültigen ehelichen Güterrecht, das – insofern nicht eine anderweitige Regelung bei der Eheschließung erfolgt war – ausschließlich dem Ehemann das Verwaltungs- und Nutzungsrecht am Vermögen der Ehefrau vorbehielt (§ 1363) und ihr nur Selbsterworbenes als Eigentum zusprach (§ 1367); letzteres ein Zugeständnis, das jedoch durch das Kündigungsrecht des Ehemannes faktisch bedeutungslos blieb.

Auch im Verhältnis zu den Kindern schrieb das bürgerliche Recht die Machtlosigkeit der Frauen trotz der ihr angeblich wesenseigenen Befähigung und Verpflichtung zur Mutterschaft fest, denn die Frau hatte zwar eine Sorgepflicht für das Kind, die elterliche Gewalt und gesetzliche Vertretung blieb jedoch dem Vater vorbehalten, der zudem in allen Fragen der Sorge und Erziehung ein letztes Entscheidungsrecht besaß (§§ 1626 ff. und speziell § 1634, der erst 1959 für verfassungswidrig erklärt wurde). Das BGB verankerte nicht nur die Unmündigkeit der Ehefrau und Mutter, es verschlechterte auch die rechtliche Stellung der nichtehelichen Kinder gegenüber dem Preußischen Landrecht erheblich, indem diese nunmehr mit ihrem Erzeuger nicht mehr als verwandt galten (§ 1589) und allein in die Familie der Mutter eintraten.

Fünfter Titel.

## Wirkungen der Ehe im Allgemeinen.

§ 1353. Die Ehegatten sind einander zur ehelichen Lebensgemeinschaft verpflichtet.

Stellt sich das Verlangen eines Ehegatten nach Herstellung der Gemeinschaft als Mißbrauch seines Rechtes dar, so ist der andere Ehegatte nicht verpflichtet, dem Verlangen Folge zu leisten. Das Gleiche gilt, wenn der andere Ehegatte berechtigt ist, auf Scheidung zu klagen.

§ 1354. Dem Manne steht die Entscheidung in allen das gemeinschaftliche eheliche Leben betreffenden Angelegenheiten zu; er bestimmt insbesondere Wohnort und Wohnung.

Die Frau ist nicht verpflichtet, der Entscheidung des Mannes Folge zu leisten, wenn sich die Entscheidung als Mißbrauch seines Rechtes darstellt.

§ 1355. Die Frau erhält den Familiennamen des Mannes.

§ 1356. Die Frau ist, unbeschadet der Vorschriften des § 1354, berechtigt und verpflichtet, das gemeinschaftliche Hauswesen zu leiten.

Zu Arbeiten im Hauswesen und im Geschäfte des Mannes ist die Frau verpflichtet, soweit eine solche Thätigkeit, nach den Verhältnissen, in denen die Ehegatten leben üblich ist.

§ 1357. Die Frau ist berechtigt, innerhalb ihres häuslichen Wirkungskreises die Geschäfte des Mannes für ihn zu besorgen und ihn zu vertreten. Rechtsgeschäfte, die sie innerhalb dieses Wirkungskreises vornimmt, gelten als im Namen des Mannes vorgenommen, wenn nicht aus den Umständen sich ein Anderes ergiebt.

Der Mann kann das Recht der Frau beschränken oder ausschließen. Stellt sich die Beschränkung oder die Ausschließung als Mißbrauch des Rechtes des Mannes dar, so kann sie auf Antrag der Frau durch das Vormundschaftsgericht aufgehoben werden. Dritten gegenüber ist die Beschränkung oder die Ausschließung nur nach Maßgabe des § 1435 wirksam.

§ 1358. Hat sich die Frau einem Dritten gegenüber zu einer von ihr in Person zu bewirkenden Leistung verpflichtet, so kann der Mann das Rechtsverhältniß ohne Einhaltung einer Kündigungsfrist kündigen, wenn er auf seinen Antrag von dem Vormundschaftsgerichte dazu ermächtigt worden ist. Das Vormundschaftsgericht hat die Ermächtigung zu ertheilen, wenn sich ergiebt, daß die Thätigkeit der Frau die ehelichen Interessen beeinträchtigt.

Das Kündigungsrecht ist ausgeschlossen, wenn der Mann der Verpflichtung zugestimmt hat oder seine Zustimmung auf Antrag der Frau durch das Vormundschaftsgericht ersetzt worden ist. Das Vormundschaftsgericht kann die Zustimmung ersetzen, wenn der Mann durch Krankheit oder durch Abwesenheit an der Abgabe einer Erklärung verhindert und mit dem Aufschube Gefahr verbunden ist oder wenn sich die Verweigerung der Zustimmung als Mißbrauch seines Rechtes darstellt. Solange die häusliche Gemeinschaft aufgehoben ist, steht das Kündigungsrecht dem Manne nicht zu.

Die Zustimmung sowie die Kündigung kann nicht durch einen Vertreter des Mannes erfolgen; ist der Mann in der Geschäftsfähigkeit beschränkt, so bedarf er nicht der Zustimmung seines gesetzlichen Vertreters.

§ 1359. Die Ehegatten haben bei der Erfüllung der sich aus dem ehelichen Verhältniß ergebenden Verpflichtungen einander nur für diejenige Sorgfalt einzustehen, welche sie in eigenen Angelegenheiten anzuwenden pflegen.

§ 1360. Der Mann hat der Frau nach Maßgabe seiner Lebensstellung, seines Vermögens und seiner Erwerbsfähigkeit Unterhalt zu gewähren.

Die Frau hat dem Manne, wenn er außer Stande ist, sich selbst zu unterhalten, den seiner Lebensstellung entsprechenden Unterhalt nach Maßgabe ihres Vermögens und ihrer Erwerbsfähigkeit zu gewähren.

Der Unterhalt ist in der durch die eheliche Lebensgemeinschaft gebotenen Weise zu gewähren. Die für die Unterhaltspflicht bei Verwandten geltenden Vorschriften der §§ 1605, 1613 bis 1615 finden entsprechende Anwendung.

[...]

## Sechster Titel.

## Eheliches Güterrecht.

### I. Gesetzliches Güterrecht.

#### 1. Allgemeine Vorschriften.

§ 1363. Das Vermögen der Frau wird durch die Eheschließung der Verwaltung und Nutznießung des Mannes unterworfen (eingebrachtes Gut).

Zum eingebrachten Gute gehört auch das Vermögen, das die Frau während der Ehe erwirbt.

§ 1364. Die Verwaltung und Nutznießung des Mannes tritt nicht ein, wenn er die Ehe mit einer in der Geschäftsfähigkeit beschränkten Frau ohne Einwilligung ihres gesetzlichen Vertreters eingeht.

§ 1365. Die Verwaltung und Nutznießung des Mannes erstreckt sich nicht auf das Vorbehaltsgut der Frau.

§ 1366. Vorbehaltsgut sind die ausschließlich zum persönlichen Gebrauche der Frau bestimmten Sachen, insbesondere Kleider, Schmucksachen und Arbeitsgeräthe.

§ 1367. Vorbehaltsgut ist, was die Frau durch ihre Arbeit oder durch den selbstständigen Betrieb eines Erwerbsgeschäfts erwirbt.

§ 1368. Vorbehaltsgut ist, was durch Ehevertrag für Vorbehaltsgut erklärt ist.

§ 1369. Vorbehaltsgut ist, was die Frau durch Erbfolge, durch Vermächtniß oder als Pflichttheil erwirbt (Erwerb von Todeswegen) oder was ihr unter Lebenden von einem Dritten unentgeltlich zugewendet wird, wenn der Erblasser durch letztwillige Verfügung, der Dritte bei der Zuwendung bestimmt hat, daß der Erwerb Vorbehaltsgut sein soll.
[...]

## Zweiter Abschnitt.

## Verwandtschaft.

### Erster Titel.

### Allgemeine Vorschriften.

§ 1589. Personen, deren eine von der anderen abstammt, sind in gerader Linie verwandt. Personen, die nicht in gerader Linie verwandt sind, aber von derselben dritten Person abstammen, sind in der Seitenlinie verwandt. Der Grad der Verwandtschaft bestimmt sich nach der Zahl der sie vermittelnden Geburten.

Ein uneheliches Kind und dessen Vater gelten nicht als verwandt. [...]

## II. Elterliche Gewalt.

§ 1626. Das Kind steht, solange es minderjährig ist, unter elterlicher Gewalt.

### 1. Elterliche Gewalt des Vaters.

§ 1627. Der Vater hat kraft der elterlichen Gewalt das Recht und die Pflicht, für die Person und das Vermögen des Kindes zu sorgen. [...]

§ 1630. Die Sorge für die Person und das Vermögen umfaßt die Vertretung des Kindes.

Die Vertretung steht dem Vater insoweit nicht zu, als nach § 1795 ein Vormund von der Vertretung des Mündels ausgeschlossen ist. Das Vormundschaftsgericht kann dem Vater nach § 1796 die Vertretung entziehen.

§ 1631. Die Sorge für die Person des Kindes umfaßt das Recht und die Pflicht, das Kind zu erziehen, zu beaufsichtigen und seinen Aufenthalt zu bestimmen.

Der Vater kann kraft des Erziehungsrechts angemessene Zuchtmittel gegen das Kind anwenden. Auf seinen Antrag hat das Vormundschaftsgericht ihn durch Anwendung geeigneter Zuchtmittel zu unterstützen. [...]

§ 1632. Die Sorge für die Person des Kindes umfaßt das Recht, die Herausgabe des Kindes von Jedem zu verlangen, der es dem Vater widerrechtlich vorenthält. [...]

§ 1634. Neben dem Vater hat während der Dauer der Ehe die Mutter das Recht und die Pflicht, für die Person des Kindes zu sorgen; zur Vertretung des Kindes ist sie nicht berechtigt, unbeschadet der Vorschrift des § 1685 Absatz 1. Bei einer Meinungsverschiedenheit zwischen den Eltern geht die Meinung des Vaters vor. [...]

Sechster Titel.

## Rechtliche Stellung der unehelichen Kinder.

§ 1705. Das uneheliche Kind hat im Verhältnisse zu der Mutter und zu den Verwandten der Mutter die rechtliche Stellung eines ehelichen Kindes.

§ 1706. Das uneheliche Kind erhält den Familiennamen der Mutter.

Führt die Mutter in Folge ihrer Verheirathung einen anderen Namen, so erhält das Kind den Familiennamen, den die Mutter vor der Verheirathung geführt hat. Der Ehemann der Mutter kann durch Erklärung gegenüber der zuständigen Behörde dem Kinde mit Einwilligung des Kindes und der Mutter seinen Namen ertheilen; die Erklärung des Ehemannes sowie die Einwilligungserklärungen des Kindes und der Mutter sind in öffentlich beglaubigter Form abzugeben.

§ 1707. Der Mutter steht nicht die elterliche Gewalt über das uneheliche Kind zu. Sie hat das Recht und die Pflicht, für die Person des Kindes zu sorgen; zur Vertretung des Kindes ist sie nicht berechtigt. Der Vormund des Kindes hat, soweit der Mutter die Sorge zusteht, die rechtliche Stellung eines Beistandes. [...]

D: Bürgerliches Gesetzbuch für das Deutsche Reich. Mit dem Einführungs-Gesetz. Berlin: Weichert, [o. J.]. IV. Buch: Familienrecht. §§ 1353–1360, 1363–1369, 1626–1707. [Auszug.]

L: Stephan Buchholz: Das Bürgerliche Gesetzbuch und die Frauen. In: Frauen in der Geschichte des Rechts. Von der Frühen Neuzeit bis zur Gegenwart. Hrsg. von Ute Gerhard. München 1997. S. 670–682.

Marianne Weber: Ehefrau und Mutter in der Rechtsentwicklung. Tübingen 1907.

20

## Die »neue Frau« der 20er Jahre

Die Weimarer Republik brachte nicht nur die staatsbürgerliche Gleichstellung der Frauen und das Frauenwahlrecht, auch die Ausweitung der Berufstätigkeit von Frauen und die allgemeine Liberalisierung der Gesellschaft trugen zu einem neuen Frauenbild bei.

Die ›neue Frau‹ der 20er Jahre trat berufstätig, erotisch, attraktiv, sportlich und emanzipiert auf. Prototyp der ›neuen Frau‹ im Berufsleben war die Angestellte, die im Laden, vorzugsweise aber im Büro arbeitete und sich in ihrer Freizeit in das flotte Sport- oder Charlestongirl verwandelte. Im kulturellen Leben dominierte die

»Um Himmelswillen, Lotte, was ist denn mit dir passiert?« – »Na stell' dir vor: ich geh' heut' zum Friseur, setz' mich hin – da fängt der Dussel an, mich zu rasieren!«

androgyne, leicht verruchte und extravagante ›Garçonne‹ das Bild, die wie viele junge Frauen dieser Zeit die Zöpfe der Großmütter mit dem Bubikopf vertauschte und auch die neue Hosenmode nicht verschmähte.

Die hier abgedruckte Witzelei zeugt von der Verunsicherung und Ablehnung, welche die ›neue Frau‹ in konservativen Kreisen der Männerwelt, die eine ›Vermännlichung‹ der Frauen auch durch deren zunehmende Erwerbstätigkeit befürchteten, hervorrief.

A: Hanna Vollmer-Heitmann: »Wir sind von Kopf bis Fuß auf Liebe eingestellt«. Die zwanziger Jahre. Hamburg: Kabel, 1993. S. 45. – © 1993 Ernst Kabel Verlag GmbH, Hamburg.

L: Anna Rheinsberg (Hrsg.): Bubikopf. Aufbruch in den Zwanzigern. Texte von Frauen. Darmstadt 1989.
Kristine von Soden / Maruta Schmidt (Hrsg.): Neue Frauen. Die zwanziger Jahre. Berlin 1988.
Hanna Vollmer-Heitmann: »Wir sind von Kopf bis Fuß auf Liebe eingestellt«. Die zwanziger Jahre. Hamburg 1993.

## 21

## Der Kampf um sexuelle Selbstbestimmung in der Weimarer Republik (1924)

Die Abschaffung des § 218, der für Abtreibung eine Gefängnisstrafe bis zu fünf Jahren vorsah, war schon zu Beginn des Jahrhunderts ein zentrales Anliegen des 1905 von Helene Stöcker gegründeten ›Bundes für Mutterschutz und Sexualreform‹ gewesen, hatte jedoch bei der Mehrheit der bürgerlichen Frauenbewegung keine Unterstützung gefunden. Im Zuge von Wirtschaftskrise und Massenarbeitslosigkeit in der Weimarer Republik war der Kampf gegen den § 218 kein rein feministisches Anliegen mehr, sondern wurde zum Bestandteil der sozialen Frage, und es entwickelte sich eine Massenbewegung, die auch von SPD und KPD parlamentarisch unterstützt wurde.

Das Plakat der Berliner Künstlerin Käthe Kollwitz (1867–1945), die aufgrund ihres sozialen Engagements als »Künstlerin des Proletariats und der Revolution« galt, verbildlicht in typischer Kargheit die große Not vor allem von ärmeren Frauen, für die die Geburt eines (weiteren) ungewollten Kindes eine Zuspitzung ihres materiellen und physischen Elends bedeutete. Es weist auch hin auf den Klassencharakter des § 218, da mangelnde Aufklärung und der erschwerte Zugang zu Verhütungsmitteln vor allem die Arbeiterinnen betraf, die auch das Gros der wegen Abtreibung Verurteilten stellten. Das Elend der in die Illegalität gezwungenen Frauen war groß, denn nach zeitgenössischen Schätzungen starben jährlich 30 000–40 000 Frauen an den Folgen des Eingriffs und eine noch größere Zahl trug irreversible Gesundheitsschäden davon.

Die Weimarer Bewegung für das Recht der Frauen auf sexuelle Selbstbestimmung konnte sich nicht durchsetzen, und im Zuge der neuen Frauenbewegung in den 70er Jahren wurde der § 218 erneut zum Gegenstand einer Massenaktion (vgl. Nr. 26).

A: Käthe Kollwitz: Nieder mit dem Abtreibungsparagraphen. Plakat im Auftrag der KPD. Lithographie, 1924. In: Käthe Kollwitz (Ausstellung). 3. 6. – 12. 8. 1973, Frankfurter Kunstverein, 29. 9. – 28. 10. 1973, Württembergischer Kunstverein, Stuttgart, 22. 1. – 28. 2. 1974, Neue Gesellschaft für Bildende Kunst, Berlin(-West). Red. von Georg Bussmann. Frankfurt a. M.: Frankfurter Kunstverein, 1973. Nr. 13 – © 1999 VG Bild-Kunst, Bonn.

L: Petra Finck / Marliese Eckhof: Euer Körper gehört uns! Ärzte, Bevölkerungspolitik und Sexualmoral bis 1933. Hamburg 1987. Kristine von Soden: Verwünschungen und Prophezeiungen. Die Befürworter des Paragraphen 218 in der Weimarer Republik. In: Wir sind keine Mörderinnen! Streitschrift gegen eine Einschüchterungskampagne. Hrsg. von Susanne von Paczensky. Reinbek bei Hamburg 1980. S. 38–48.

## 22

## Nationalsozialistische Mütterideologie: Guida Diehl über die deutsche Frau (1933)

Die Ideologie der naturgewollten Polarität von Mann und Frau als Begründung für die geschlechtsspezifische Aufgaben- und Arbeitsverteilung in Staat und Gesellschaft bestimmte auch die Frauen- und Familienpolitik der Nationalsozialisten. Neu im nationalsozialistischen Deutschland war jedoch der aggressive, Frauen auf ihre biologischen Funktionen reduzierende Antifeminismus und der Versuch, die Instrumentalisierung weiblicher Sexualität und Gebärfähigkeit für die rassistischen und kriegerischen Ziele des faschistischen Systems mit staatlichen Instrumenten durchzusetzen.

Neben Eingriffen in den Arbeitsmarkt, materiellen und ideologischen Bemühungen zur Förderung von Eheschließungen und zur Steigerung rassisch und sozial erwünschter Geburten durch gesetzliche Mittel wie Ehestandsdarlehen und Kindergeld wurde der Zwang zur Mutterschaft ab 1933 auch durch den erschwerten Zugang zu Verhütungsmitteln, durch Meldepflicht für Fehlgeburten und die Verschärfung des Abtreibungsgesetzes staatlich organisiert.

Da das Ziel, Frauen dazu zu bewegen, in finanzieller und sexueller Abhängigkeit vom Ehemann zahlreiche rassenreine Kinder zu gebären, allein durch finanzielle Anreize und Zwangsmaßnahmen nicht zu erreichen war, versuchten die Nationalsozialisten durch die Schaffung eines Mutterkultes, die Frauen für ihre Interessen zu gewinnen. Neben einer Politik der Zwangssterilisationen bei Jüdinnen und anderen rassistisch ausgegrenzten sowie bei behinderten Frauen wurden Mutterschaft und Aufopferung der Frau zum unabdingbaren Beitrag für das Wohl von Volk und Vaterland verklärt.

Die Propaganda und Schulung von Frauen im Sinne dieser Mütterideologie war eine der wichtigsten Aufgaben der 1931 gegründeten, sich als Eliteorganisation verstehenden NS-Frauenschaft, die 1934 zu einem Unterglied der NSDAP wurde und 1936 bereits 2 Millionen Mitglieder zählte.

Der folgende Auszug aus der 1932 erstmals veröffentlichten programmatischen Schrift von Guida Diehl, einer der Führerinnen der frühen NS-Frauenschaft, ist vor allem im Hinblick auf die strategische Inszenierung und Vermittlung der nationalsozialistischen Frauen- und Familienpolitik aufschlußreich.

Für das einleitend erklärte Ziel, die Frauen für den Mitkampf um »Freiheit, Ehre und Vaterland« zu gewinnen, wird nicht auf die Vermittlung von Wissen, auf das »Wort«, sondern bezeichnenderweise auf die Erweckung von »Instinkten«, d. h. von pseudo-religiösen Gefühlen, und von einer mystisch verklärten Begeisterung gesetzt. So sei es angeblich die besondere und einzigartige Nähe des weiblichen Geschlechts zum Urgrund des Lebendigen, zu Gott und zur Natur, welche die »Neuerweckung der Mutterkraft« gebiete und die Frau erst als Mutter zur Frau im eigentlichen Sinne und zum »Vollmenschen« im Volksganzen mache.

## 11. Die Neuerweckung der Mutterkraft

Was heißt denn nun eigentlich Mutter sein im Vollsinn? Was bedeutet Neuerweckung der Mutterkraft? Die Mutter zeugt ebenso wie der Vater das neue Leben. Zwei halbe Zellen, aus jedem der beiden elterlichen Körper entsendet, vereinigen sich in ganz gleichem Maße und gleicher Stärke von beiden Seiten. Es ist nicht wahr, daß der Mann den Lebenskeim gibt, die Mutter ihn lediglich empfängt, umhüllt und ernährt. Beide sind gleichmäßig am schöpferischen Herausgeben des Lebenskeimes, an der Zeugung, beteiligt, nur daß die Mutter das neue Wesen nun ernährt, umhüllt und gebiert. Das ist nun das Wundervolle der werdenden Mutter, daß sie nicht nur das schöpferische Walten Gottes in sich fühlt, sondern auch selbst daran mitschafft durch das Hineinsenken aller ihrer höchsten und besten Seelenkräfte, das Hineinlieben und Hineinsegnen in das Ungeborene. Und ganz ebenso hat sie später am werdenden Leben, am Menschen nach Leib, Seele und Geist *schöpferisch* zu wirken. Ihr ist das Kindlein vom ersten Atemzug an anvertraut, und sie muß nun alle dort vorhandenen Lebenskeime herausholen, nähren und segnen. Da wird sie *schöpferisch im Kleinen* auf ganz anderem Gebiet als der Mann draußen. Was ist nun wichtiger: an der menschlichen Persönlichkeit nach Leib, Seele und Geist schaffend tätig sein und dort im Kleinen schöpferisch in Wort und Tat mütterlichen Erfindungsgeist, mütterliche Gestaltungskraft aus sich herauszustellen – oder aber im großen gemeinsamen Leben des Volkes schöpferisch vorzustoßen in Dramen, Kunstwerken, wissenschaftlichen Forschungen, technischen Fortschritten, Staatenbildung usw.? Beides ist doch ganz gleich viel wert – obwohl das Mannesschaffen mehr Ehren einbringt, öffentlich gerühmt wird, und der Name durch Geschlechter sich fortpflanzt. Das Mutterschaffen trägt eben immer den Stempel des Lebensgesetzes an sich: wer sein Leben *verliert*, wird's finden. Es bleibt hineingesenkt in Herz und Wesen des Kindes, sodaß der Sohn noch als Greis davon rühmt und ihm mit Tränen dankt. Aber der Name dieser Schöpferinnen im Kleinen wird nicht im einzelnen gerühmt und geehrt, er bleibt vielmehr ein Gesamtbegriff: Mutter und zwar leibliche und geistige Mutter! Denn wie viel Pflegemütter, Schwestern, Freundinnen haben ganz ähnlich schöpferisch gewirkt und bleiben unauslöschlich in den Herzen derer eingeschrieben, die von ihnen empfingen und aus ihrer Mutterkraft Leben nahmen!

Wenn die leibliche Mutter ein junges Leben in ihren Schoß und dann später in ihren Arm gelegt bekommt, so überkommt sie im Naturdrang eine glückliche Selbstvergessenheit. Sie will nichts anderes als diesem jungen neuen Leben dienen. Auf sie selbst kommt es nicht mehr an. Es ist ihr Wonne und Glück, sich auszulieben in dies Kindlein hinein. Dieser Beruf verlangt ein Aufgeben ihrer eigenen Bequemlichkeit, ja ihres persönlichen Eigenlebens um des Kindleins willen. Ist sie eine rechte Mutter, so verliert sie sich selbst in ihrer Familienaufgabe. Aber wunderbar: gerade dadurch wird sie im tiefsten Sinn Frau und Mensch. Je selbstverständlicher sie sich aufgibt, desto mehr. Im Verlieren ihres Lebens findet sie sich, ihre wahre Würde, ihren eigensten Menschen. So ist die Frau als Mutter berufen, der ganzen Menschheit das eine Große vorzuleben: »Wer sein Leben verliert, der wird's finden.« Dies Naturgesetz der geistigen Welt bewahrheitet sich in ihr. Der Mann hat auch auf seinem Gebiet, dem des öffentlichen Lebens, die Aufgabe der Selbsthingabe und Selbstaufopferung. Er wird nur dadurch wahrhaft Mann, daß er sich einer großen Sache hingibt. Und doch ist dies Aufgeben seiner selbst viel undeutlicher, viel übertragener, während es bei der Mutter unmittelbar gelebt wird und unmittelbare Wirkung hat. Sie wird Mutter und damit Vollmensch auf dem Weg der Selbstverleugnung, nicht auf dem der Selbstbehauptung.

Diese naturgesetzliche Mutteraufgabe ist aber das Bestimmende für das gesamte Frauenleben. Von dort aus müßte die Ausbildung und die Betätigung der Frau im Volksganzen gesehen und bestimmt werden. Es liegt also etwas Hegendes, Lebenförderndes, Umströmendes, Tragendes in der Frauennatur, das zu ihrem eigenen und zu des Volkes Bestem herausentwickelt werden muß. Ihr ganzes Wesen ist an der Entwicklung des Menschenlebens viel stärker beteiligt als der Mann. Auch später noch! Der Mensch in seiner körperlichen, seelischen, geistigen Entwicklung ist ihr anvertraut. Ihr Mutterberuf verbindet sie deshalb mit den Urgründen alles Lebendigen. Diese Urgründe aber sind: Gott, Natur, Familie, Volk, Vaterland. Ein Mann, der von diesen Urgründen abgeschnitten wäre, könnte immer noch im Wirken und Schaffen allerlei Brauchbares für die Umwelt verrichten. Seine Wirkung liegt, wie das oft gesagt worden ist, zumeist in seiner Leistung. Die Frau kann ohne jene Urgründe überhaupt nicht mehr zu ihrer wahren Frauenkraft kommen, denn diese ist Mutterkraft und muß sich aus dem Lebendigen speisen. Bei der Frau kommt es deshalb vor allen Dingen auf ihr Wesen und Sein an. Und ihre Leistung ist nur insofern für das Volksganze unersetzlich, als das Wesen und Sein einer Mutterkraft (die in der Jugend immer zuerst Schwesternkraft ist) darin liegt. Eine Frau ohne jene Urgründe ist deshalb nichts.

Gott. Der Frau ist das Bewußtsein Gott besonders stark eingeboren. Es ist nicht von ungefähr, daß in allen Religionen die Frauen die Bedürftigsten sind, die es am wenigsten ohne die Gottheit aushalten können. Man sagt oft fälschlich, sie leben stärker im Gefühl, und die Religion habe es besonders mit dem Gefühl zu tun. Das ist falsch. Die Frauen leben stärker im Unmittelbaren und haben eine Empfangsstation in sich für jenes hinter den Dingen liegende Geheimnis: den lebendigen Gott. Würden sie dies verschütten, so wären sie um sich selbst gebracht. Die Frau muß der Männerwelt gegenüber die Gottverbundenheit als unerläßlich wissen. Sie muß es ganz besonders klar herausstellen, daß ein Mensch ohne Gott überhaupt kein Mensch ist, daß Gott nicht etwa in die Kirchen und Religionen hineingehört, sondern mitten ins Menschenleben, wie das Christus neu offenbart hat. Sie glaubt Gott nicht nur – sie weiß Ihn!

Natur. Die Stimme des Lebendigen spricht besonders stark zu ihr, sie fühlt sich mit allem Lebendigen verwandt und nimmt an ihm teil. Das ist ihr eingeboren. Die Frau fühlt sich als einen Teil der treibenden, schaffenden Naturkraft. Das bemerkt man besonders bei Frauen, die sich Mutter fühlen. Das ist aber in wunderbarer Weise jeder Frau, die gesund fühlt, eingewoben.

Deshalb gehört zur Frauenerziehung und -ausbildung und zum Frauenberuf vor allen Dingen die tiefe Verbundenheit mit der Natur. Nur von dort her kann sie gesunden. Wo sie diese verliert, wird sie gekünstelt und verschraubt. Jeder Mensch braucht die Verwobenheit mit Himmel und Sonne, Blut und Boden. Die Frau aber als Mutter ist in besonderer Weise in das All eingebettet. Ohne diesen Zusammenhang ist sie nichts.

Familie. Aus Gott und Natur wird die Familie. Hier wird der Naturtrieb zur Menschenwürde erhoben. Hier bietet die Einehe der Frau die Ebenbürtigkeit mit dem Mann; ein Zustand, der in der Polygamie niemals erreicht wird. Hier wird aus einem gesunden Liebesbund ebenbürtiger Menschen dem neuen Geschlecht der Naturboden geschaffen, auf dem es gesund erwachsen kann. Hier kann ihre Mutterkraft sich erst ganz entfalten. Deshalb müssen alle Bestrebungen zur Erneuerung der Frau von der Familie ausgehen und zur Familie hinführen. Deshalb müssen auch die Unverheirateten, Berufstätigen familienbildend wirken.

Volk. Die nächste Naturverbundenheit der Frau ist ihr Volk. Durch ihren Körper hindurch ist der Zusammenhang der Geschlechter von uralter Zeit her gegangen. Sie ist als Mutter des Lebendigen nicht nur Familienmutter, sondern auch Mutter des Volkes. Deshalb ist es auch eine besonders schwere Entartung, wenn die Frauenwelt in solchen Notzeiten wie der jetzigen die tiefe Volksverbundenheit zum Teil nicht spürt, sich in übelster Treulosigkeit gegen ihr eigenstes Wesen leichthin über die Schwere der Zeit hinwegsetzt und ihre Größe nicht begreift. Die seelenlosen Weibfiguren, welche oft unsere Straßen füllen, sind ihrem eigenen Volkstum aufs tiefste entfremdet. Sie haben den Stempel der american girls, also eines Feindes, der ihnen im Krieg den Todesstoß gab, frivol angenommen. Deshalb ist aber auch der Aufbruch der noch ahnenden, nicht ganz abgefallenen Frauenseele für die Freiheitsbewegung eine Selbstverständlichkeit. Deshalb ist ihr Zuströmen in hoher Begeisterung ganz natürlich.

Vaterland. Die Frau muß als Mutter für das kommende Geschlecht ein starkes und freies Vaterland wollen. Sie ist in ihrer Naturverbundenheit auch mit dem Land und der Heimat besonders stark verwoben, aus der sie entstammt, und weiß sich dafür verantwortlich. Ihr ist das Schillerwort selbstverständlich: »Hier sind die starken Wurzeln deiner Kraft!«, denn es zeigt die naturgeschichtliche Verbundenheit, die von Gott geheiligt ist. Eine rechte Mutter muß die Freiheit und Sicherheit ihres Vaterlandes dringend verlangen. Das Vaterland ist ihr zugleich Kinderland. Sie weiß sich für das kommende Geschlecht verantwortlich. Dem Mann ist es gegeben, in eigentümlicher Selbstverständlichkeit für sein Vaterland zu sterben, wenn es not tut. Die Mutterverbundenheit der Frau mit dem Heimatboden und Land und mit der Seeleneigenart dieses Ganzen muß sie instand setzen, dafür zu opfern und zu leben, dafür Kinder nicht nur zum Leben zu bringen, sondern auch zu bilden und zu begeistern, sich mütterlich ebenso stark dafür zu opfern, wie sie bei der Geburt ihr Leben für das kommende Geschlecht einsetzt und im Notfall opfert.

Neuerweckung der Mutterkraft bedeutet also ein Anrühren der innersten Saiten jeder Frauenseele, ein Sie-erklingen-lassen und ein Einfügen dieses Tones in die große Harmonie der Töne alles Lebendigen bis hin zu dem gewaltigen brausenden, tiefsten Grundton alles Seins: dem lebendigen Gott.

Will man nun in zielbewußtem Schaffen diese Mutterkraft neu erwecken, so geschieht das nicht bloß durch das Wort, sondern auch durch allgemeine Verbreitung der Mütterschulung, die uns so sehr fehlt. Denn die jungen Mädchen brauchen für ihren Frauen- und Mutterberuf nicht nur eine Weckung ihrer tiefsten Seele, sondern auch eine ganz besondere Ausbildung. Es ist doch wunderlich: für den Beruf der Lehrerin und Studienrätin braucht man viele Jahre Ausbildung und mancherlei Prüfungen, aber von dem allerwichtigsten Beruf der Ehe und Mutterschaft ist nur zufällig und nur unvollkommen die Rede. Das muß ganz anders werden. Wir brauchen ganz allgemein Mütterschulen (in der Art der jährlich im Neulandhaus abgehaltenen), in welchen der Beruf der Gattin in Ehe, Verwaltung und Führung des Hauses, der Beruf der Mutter in Vererbungslehre, Geburt, Säuglingspflege, Seelenkunde und Kindererziehung, häuslicher Gesundheits- und Krankenpflege, Heimgestaltung behandelt wird. Ohne diese wichtigen Kenntnisse der Pflege und Erziehung des Säuglings und des Kindes, ohne das Wissen darüber, was eigentlich Ehe und Muttersein heißt, und ohne wirkliche Ertüchtigung für die Haushaltführung sollte keine Frau mehr in die Ehe treten, sollte aber auch niemand Lehrerin und Erzieherin sein. Solche Schulung ist seelenbildend, sie weckt in ganz merkwürdig starker Weise das Mutterbewußtsein, den Mutterwillen, die Mutterverantwortung und die Mutterkraft. Da versteht man erst, was Frau sein heißt. Da geht eine Ahnung von dem schönen großen schweren Bereich des Menschentums auf, der uns Frauen anvertraut ist. Da erwacht die Frauenseele zu ihrer Bestimmung als leibliche oder geistige Mutter.

Da wir nun solche Mütterschulen nicht so schnell einrichten können, so muß unsere ganze Arbeit in den nationalsozialistischen Frauenschaften darauf abzielen, solche Instinkte wieder zu wecken und solche Schulung wenigstens in beschränktem Maße weiterzugeben. Nur wenn es uns gelingt, die Mutterkraft wieder lebendig zu machen, kann auch das große Pestalozzische Wort erfüllt werden, von dem noch später gesprochen wird: »Ich will die Erziehung des Menschen in die Hand der Mütter legen.« [...]

### 13. Die Mittelpunktstellung des Muttergeschlechts

Die Mütter des Volkes sind seine wichtigste körperliche, seelische und geistige Kraft. Denn der Mutterschoß ist der Quell der Volkskraft. Deshalb ist er auch heilig zu halten, wie das alle gesunden Urvölker wußten. Gewiß liegt viel aufgespeicherte Volkskraft in den Urlebensstoffen, die der Manneskörper zubereitet. Aber der Mutterschoß muß viel mehr für das neue Leben leisten. Er gibt nicht nur die gleiche halbe Zelle konzentriertester Kraftfülle für das neue Leben her, sondern ernährt während der ganzen ersten Werdezeit das keimende Leben aus seiner eigenen Kraft. Und auch wenn das Kindlein geboren ist, bedeutet die leibliche und seelisch-geistige Mutternahrung das Allerwichtigste für sein Leben und ist durch nichts zu ersetzen. Daher ist die Gesundheit der Mütter zugleich die Gesundheit des Volkes. Ihre körperliche und seelische Krankhaftigkeit und Entkräftung aber sind, ebenso wie der Mißbrauch und die Versuchung des Mutterschoßes, eine furchtbare Schwächung und eine Ursache der Degeneration des Volkes. Die Mütter sind daher die Reserven des Volkes, ihre Gesundung und Gesunderhaltung das Wichtigste, was es geben kann. Das beste rassische Erbgut hilft uns nichts, wenn der mütterliche Körper es nicht mehr gesund zum Leben bringen kann. Die Erhaltung und Stärkung der Mutterkraft, des

Mutterkörpers, der Mutterseele sind daher das Allererste, was für das Volkswohl zu geschehen hat.

Nun weiß aber jeder Kundige, daß bereits vor dem Krieg die Mütter des Volkes geschwächt waren. Die Landflucht, dadurch die Ueberbürdung des Landvolkes und der Landfrauen, in den Städten die außerhäusliche Erwerbstätigkeit der Mütter, häufig im lärmenden, lustlosen Fabrikbetrieb – dazu die gesamte ungesunde Ernährungsweise, die Wohnungs- und Alkoholnot haben sehr schwere Schädigungen des weiblichen Körpers mit sich gebracht, sodaß die Degeneration allgemein war. Wer im Volk schon früher in helfender Arbeit stand, wußte längst, daß die Mehrzahl der Mütter im mittleren Alter ungesund, kraftlos, geschwächt waren! Das ist durch den Krieg mit seiner Ueberbürdung und Unterernährung, durch die Schandzeit mit ihrer schweren Not immer schlimmer geworden. Alle Nöte dieser letzten grauenvollen 14 Jahre legten sich am schwersten auf die Mütter. Vor allem die stets wachsende wirtschaftliche Not! Dann aber auch die seelische Not: die schlechte Kindererziehung, die sexuelle Verwilderung, die öffentliche Zuchtlosigkeit. Die Mütter hatten es auszuleiden, ganz im Kleinen im Alltag, in körperlicher und seelischer Ueberbürdung ohnegleichen.

So kann man sagen: Die Volkskraft hat furchtbar abgenommen, denn die Mütter sind trotz Mutterschutz, vorgeburtlicher Unterstützung, Schonzeit nach der Geburt, Stillprämien immer schwächer, überbürdeter geworden. Dazu kam die seelische Zersetzung. So wurden wir ein Volk ohne Jugend und kamen in einen katastrophalen Geburtenrückgang hinein.

Es gibt keine größere Gefahr! Was helfen alle Vorstöße zum Guten, wenn die körperlichen und seelisch-geistigen Mutterkräfte nicht wiedergewonnen werden?

Kräftigung der Mütter ist Aufbau der Familie, ist Erstarkung der Wehrkraft, ist Zukunft des Volkes. Daher muß ein neues tiefes Begreifen der Mittelpunktstellung des

Muttergeschlechts im Volksganzen herausgearbeitet werden.

Körper und Seele des jungen Mädchens bedürfen einer nachdrücklichen Stärkung, Ertüchtigung, Weihung für diesen Volksberuf.

Das gesamte Gebiet des geschlechtlichen Lebens bedarf einer nachdrücklichen Reinigung und Heiligung als Quellgebiet der Volkskraft. Ehe und Familiengründung bedürfen eiligster Unterstützung.

Die Mütterschulbildung muß die Kenntnisse und Fähigkeiten für diesen wichtigsten Beruf bringen und die Neuerweckung der Mutterkraft bewirken. Die jetzigen so vielfach geschwächten, überlasteten Mütter müssen durch Familienberatung und Müttererholung gestärkt und ertüchtigt werden.

Den Müttern muß das Recht erwirkt werden, ihren Mutterberuf ausfüllen zu dürfen, Erwerbstätigkeit der Mütter muß verboten sein, dafür müssen größere Frauen- und Kinderzulagen gegeben werden. Dagegen muß dann auch Kontrolle über die Haushalt- und Mutter-Berufstätigkeit durch die Familienberaterinnen ausgeübt werden.

Auf Grund solcher Neuerungen muß der bisherige Mutterschutz umgewandelt und ausgebaut werden.

Die berufstätige unverheiratete Frau muß mütterlichen Berufen zugeführt und zur Mutter im Volksganzen werden. Auch geistige Mütter haben Mutterpflichten und Mutterrechte.

Das Muttergeschlecht muß gehört werden! Es muß gesunden, dann aber als ebenbürtig im Aufbau des neuen Deutschland allenthalben anerkannt und zugezogen werden.

Der »Muttergeist« muß Einfluß gewinnen. Frauen-Erkenntnis und Denkvermögen muß gleich hoch geachtet werden wie das männliche und zur Beratung herangezogen werden.

Ein Volk, das so sein Muttergeschlecht hochhält, schützt, stärkt und als ebenbürtig erachtet, achtet sich selbst! Dafür müssen wir Frauen unseren deutschen Kampf kämpfen!
[...]

D: Guida Diehl: Die deutsche Frau und der Nationalsozialismus. 2., etwas umgearb. Aufl. Eisenach: Neulandverlag, 1933. S. 96–103. [Auszug.]

L: Susanna Dammer: Kinder, Küche, Kriegsarbeit – Die Schulung der Frauen durch die NS-Frauenschaft. In: Mutterkreuz und Arbeitsbuch. Zur Geschichte der Frauen in der Weimarer Republik und im Nationalsozialismus. [Hrsg. von der] Frauengruppe Faschismusforschung. München 1981. S. 215–245.
Gabriele Huster: Dem Führer ein Kind schenken – Mutterkult im Nationalsozialismus. In: Frauen unterm Hakenkreuz. Eine Dokumentation. Hrsg. von Maruta Schmidt und Gabi Dietz. München 1985. S. 58–77.

## 23

## Mutterkreuzverleihung am Muttertag (1939)

Das ›Mutterkreuz‹ gehörte zu den Propagandamaßnahmen, mit denen das Ziel der Nationalsozialisten, jede rassisch und sozial erwünschte Frau zur Geburt von mindestens vier Kindern zu bewegen, verbreitet werden sollte. Analog zum Ehrenkreuz des wehrerprobten Frontsoldaten sollte die deutsche kinderreiche Mutter einen Ehrenplatz in der Volksgemeinschaft erhalten für ihren Einsatz von Leib und Leben zugunsten des Volkes. Am ›Muttertag‹ im Mai 1939 wurden auf einer Massenveranstaltung in Berlin, bei der der Führer höchstpersönlich zugegen war, erstmals kinderreiche Mütter als Dank für ihre Dienste am Vaterland und für den »wiedererwachten Willen zum Kind« ausgezeichnet. Weitere Veranstaltungen zur Ehrung »deutscher Mütter« erfolgten am Erntedankfest und zu Weihnachten 1939, am Muttertag und am Weihnachtsfest

1940 und wurden dann an den Muttertagen der folgenden Jahre fortgesetzt. 1942 wurden allein in Berlin 5370 Auszeichnungen verliehen; im folgenden Jahr stieg die Zahl auf 6411.

Das ›Ehrenkreuz der deutschen Mutter‹, das die Inschrift »Das Kind adelt die Mutter« trug, zeichnete verschiedene Grade der Gebärleistung aus: Bronze für vier, Silber ab sechs und Gold für mehr als acht Kinder, wobei die weitere Steigerung der Kinderzahl durch eine ›Höherstellung‹ bedacht wurde.

Negatives Pendant zur Ehrung jener Frauen, die ihrem Mann und dem Führer viele Kinder gebaren, war das im Jahr zuvor eingeführte neue Scheidungsrecht, das Unfruchtbarkeit als Scheidungsgrund anerkannte und es ermöglichte, kinderlosen Frauen die materielle Lebensgrundlage zu entziehen.

A: Frauen unterm Hakenkreuz. Eine Dokumentation. Hrsg. von Maruta Schmidt und Gabi Dietz. München: Deutscher Taschenbuch Verlag, 1985. S. 68.

## 24

## Erschießung einer lettischen Mutter mit Kind (1942)

Die nationalsozialistischen Appelle an die deutschen Frauen, mehr Kinder zu gebären, richteten sich keineswegs an die gesamte Bevölkerung, denn die Frauen- und Familienpolitik war nicht nur extrem antifeministisch, sondern auch sozial diskriminierend und rassistisch-selektiv. Neben vielen Frauen, die Kinder haben sollten, gab es viele andere, denen das Recht abgesprochen wurde, Kinder zu haben. Bis 1937 sind nahezu 300 000 Zwangssterilisationen belegt, von denen Männer und Frauen betroffen waren, die aus eugenischen oder auch sozialen Gründen keine Nachkommen haben sollten. Der Ausschluß vom Familienglück betraf nicht nur als krank oder asozial eingestufte Frauen, sondern auch alle jüdischen und andere als nicht-arisch eingestuften Frauen, die von den Nationalsozialisten zusammen mit ihren Kindern in Konzentrationslager ver-

schleppt und vernichtet oder von deutschen Soldaten, wie auf dem Foto festgehalten, erschossen wurden.

A: Ota Kraus / Erich Kulka: Massenmord und Profit. Die faschistische Ausrottungspolitik und ihre ökonomischen Hintergründe. Berlin: Dietz, 1963. S. 352.

## 25

## Der Kampf um die Herrschaft im Haus – Gleichstellung der Frau auf dem Gebiet des bürgerlichen Ehe- und Familienrechts: Eine Bundestagsdebatte aus dem Jahr 1954

Die rechtliche Gleichstellung der Frauen im 1949 verabschiedeten Grundgesetz, das Männer und Frauen für gleichberechtigt erklärte (Art. 3, Abs. 2) und jede Form der Geschlechterdiskriminierung explizit verbot (Art. 3, Abs. 3), war im Parlamentarischen Rat heftig umstritten gewesen und hatte nur dank des öffentlichkeitswirksamen Einsatzes von Elisabeth Selbert (SPD) gegen den Widerstand der CDU/CSU durchgesetzt werden können.

Als letzte Bastion der Konservativen erwies sich das Ehe- und Familienrecht, dessen lange hinausgezögerte Reform von der Kontinuität traditioneller Ordnungsvorstellungen im Geschlechterverhältnis zeugt. Nachdem die Ende März 1953 gesetzte Frist zur Anpassung der ehe- und familienrechtlichen Gesetzesnormen des BGB an den Gleichberechtigungsgrundsatz vom Gesetzgeber nicht eingehalten worden war, legte die Bundesregierung einen Entwurf über die Gleichberechtigung von Mann und Frau auf dem Gebiet des Familienrechts vor, der am Grundsatz einer hierarchischen Struktur von Ehe und Familie, abgesichert durch den alten ›Stichentscheid‹ des Ehemannes in allen ehelichen und die Kinder betreffenden Angelegenheiten (§§ 1354 und 1628 BGB), festhielt.

Der Auszug aus der Bundestagsdebatte vom 12. Februar 1954 zum Gleichberechtigungsgesetz dokumentiert die massiven Widerstände, die es gegen die Gleichstellung von Frauen in Ehe und Familie von seiten konservativer Kräfte und nicht zuletzt der Kirche gab. Unter Berufung auf göttliche Normen, die natürliche Verschiedenheit der Geschlechter und die sich daraus ergebenden funktionellen (arbeitsteiligen) Unterschiede wurde die patriarchalische Entmündigung von Frauen in Ehe und Familie auch noch in den 50er Jahren des 20. Jahrhunderts begründet.

Nachdem das Gleichberechtigungsgesetz vom 18. Juni 1957 nur die gröbsten verfassungswidrigen Bestimmungen beseitigte, bedurfte es noch mehrerer Grundsatzentscheidungen des Bundesverfassungsgerichts, bis mit der Ehe- und Familienrechtsreform von 1976 die unterschiedlichen Rechtspositionen von Mann und Frau in der Ehe grundlegend beseitigt und die bis dahin gesetzlich verankerte familiäre Funktionsteilung (Erwerbsarbeit und Hausarbeit) der Entscheidung der Ehegatten überlassen wurde. Erst am Ende des 20. Jahrhunderts ist die Gleichberechtigung der Geschlechter im Familienrecht fast durchgängig verwirklicht; die letzte entsprechende Maßnahme – die Abschaffung des männlichen Vorrangs im ehelichen Namensrecht – erfolgte 1993.

## Auszüge aus der Bundestagsdebatte um das Gleichberechtigungsgesetz am 12. Februar 1954

Neumayer, Bundesminister der Justiz: Herr Präsident! Meine sehr verehrten Damen und Herren! Der Bundestag hat sich mit dem Entwurf eines Gesetzes über die Gleichberechtigung von Mann und Frau auf dem Gebiete des Familienrechts von nunmehr fast 15 Monaten, und zwar am 27. November 1952, zum ersten Mal befaßt. Der Entwurf wurde damals dem Ausschuß für Rechtswesen und Verfassungsrecht überwiesen, konnte aber bis zum Ablauf der Legislaturperiode nicht mehr zu Ende beraten werden.

Inzwischen ist der 1. April 1953 verstrichen und damit der Grundsatz der Gleichberechtigung der Geschlechter unmittelbar geltendes Recht geworden. Das Bundesverfassungsgericht hat diese von manchen Seiten angezweifelte Auffassung in seiner Entscheidung vom 18. Dezember 1953 bestätigt. Damit ist jedes deutsche Gericht vor die Notwendigkeit gestellt, zu entscheiden, welche Auswirkungen der Grundsatz der Gleichberechtigung auf den einzelnen von ihm zu behandelnden Fall hat. Daß dabei verschiedene Auffassungen zutage getreten sind, wird niemanden wundernehmen. Aber ich muß doch an dieser Stelle der deutschen Richterschaft meine Genugtuung und meine Anerkennung darüber zum Ausdruck bringen, daß sie der Größe und der Bedeutung der ihr gestellten Aufgabe sich voll bewußt gewesen ist und daß sie es auch verstanden hat, diese Aufgabe zu lösen.

(Beifall) [...]

Der Standpunkt der Bundesregierung in bezug auf die Auslegung des Grundsatzes der Gleichberechtigung geht kurz zusammengefaßt dahin, daß die Rücksicht auf die funktionellen Unterschiede, die durch die Verschiedenheit der Geschlechter bedingt sind, mit dem Gleichberechtigungsgrundsatz durchaus vereinbar ist. Die Bundesregierung kann es auch nicht für richtig halten, wenn unter Hinweis auf den Grundsatz der Gleichberechtigung eine Regelung gefordert wird, die zur Gefährdung unserer Familien führen müßte. Sie hält es vielmehr für ihre Pflicht, Ihnen eine Regelung vorzuschlagen, durch die Ehe und Familie nach Möglichkeit gestärkt werden. Nur damit erfüllt sie die ihr durch Art. 6 des Grundgesetzes aufgegebene Verpflichtung, Ehe und Familie unter den besonderen Schutz des Staates zu stellen.

Die wesentlichen Grundzüge des Entwurfs lassen sich dahin zusammenfassen: möglichster Schutz für Ehe und Familie, möglichst Vermeidung irgendwelcher Einwirkung von draußen und daher auch der Versuch, Rechtsstreitigkeiten – Austragung ehelicher Differenzen vor Gericht – möglichst zu vermeiden, und weiter: eine Stärkung der finanziellen Position der Frau.

Die Kernfrage, die der Grundsatz der Gleichberechtigung aufwirft, möchte ich hier ganz kurz ansprechen. Die Antwort der Bundesregierung auf diese Fragen finden Sie in der

Begründung zu den §§ 1354 und 1628. Die Ehegatten sind zur ehelichen Lebensgemeinschaft verpflichtet. Aus dieser Verpflichtung zur ehelichen Lebensgemeinschaft ergibt sich die weitere Pflicht für die Ehegatten, alle Angelegenheiten, die das gemeinschaftliche Eheleben betreffen oder die sich auf die gemeinschaftlichen Kinder beziehen, im gegenseitigen Einvernehmen zu regeln. Können sich die Ehegatten nicht einigen, so muß im Interesse der Familie die Entscheidung der einzelnen Angelegenheiten dem Ehegatten übertragen werden, der nach der natürlichen Ordnung von Ehe und Familie, wie sie das Leben selbst entwickelt hat, diese Entscheidung treffen muß. Das ist der Mann.

Ich bin mir wohl bewußt, daß diese Regelung zu Widersprüchen herausfordern wird. Ich bin mir auch darüber nicht im unklaren, daß in einer gesunden, normalen Ehe eine derartige Regelung gar nicht notwendig ist. In einer solchen Ehe geben sich die Ehegatten ihre eigenen Gesetze. Es viel viele Ehen – und es sind bestimmt nicht die schlechtesten –, in denen das letzte Wort in derartigen Dingen die Frau spricht.

(Heiterkeit und Beifall)

– daran besteht kein Zweifel, meine Damen und Herren – und es wäre auch völlig verkehrt, wenn durch eine gesetzliche Regelung versucht würde, ein derartiges, auf der Übung beruhendes Familienrecht zu ändern. In diese gesunden Ehen kann der Staat nicht eingreifen. Sie geben sich, wie ich schon sagte, ihre Gesetze selber.

(Zustimmung.)

Ich halte es auch für selbstverständlich, daß der kluge Mann in allen derartigen besonders wichtigen Fragen die Frau zu Rate zieht. Und wenn er weise ist, wird er diesen Rat in den meisten Fällen auch befolgen.

Die in den §§ 1354 und 1628 getroffene Regelung betrifft aber die Grenzfälle. Die Bundesregierung hat sich für verpflichtet gehalten, gerade diese Grenzfälle, in denen nicht die gewöhnlichen, selbst gegebenen Ehegesetze gelten, zu regeln. Insbesondere im Interesse der Aufrechterhaltung der Ehe wird eine Regelung der Grenzfälle nicht zu umgehen sein. Ich freue mich, daß sich der Bundesrat dieser Auffassung angeschlossen hat.

Es ist behauptet worden, aus dem Urteil des Bundesverfassungsgerichts vom 18. Dezember 1953 könne herausgelesen werden, die hier vorgesehene Regelung widerspreche dem Art. 3 des Grundgesetzes. Das ist aber nicht richtig. Das Bundesministerium der Justiz hat dieses Urteil sehr eingehend gerade auf diesen Grundsatz hin geprüft und hat nichts feststellen können, was auch nur einen Anhaltspunkt dafür geben könnte, daß das Bundesverfassungsgericht eine derartige Feststellung treffen wollte oder getroffen hat. Das Bundesverfassungsgericht hat zu der grundsätzlichen Frage des Entscheidungsrechts des Mannes und Vaters nicht Stellung genommen. Es hatte auch in dem von ihm zu behandelnden Falle hierzu keinen Anlaß.

Auf Einzelheiten des Entwurfs möchte ich hier nicht eingehen. Wohl aber darf ich einige bedeutsame Änderungen erwähnen, die der neue Entwurf gegenüber dem ersten Entwurf der Bundesregierung enthält und die teilweise auf Anregungen zurückgehen, die die Bundesregierung im Ausschuß für Rechtswesen und Verfassungsrecht und durch die Ausführungen des Bundesrates gewonnen hat. Ich meine z. B. die Frage des Unterhalts getrennt lebender Ehegatten. Der neue Entwurf bringt in § 1361 klar zum Ausdruck, daß die Frau keine Nachteile dadurch erleiden darf, daß der Mann die Trennung allein oder in erheblich überwiegendem Maße verschuldet hat. Die Frau, die sich in der Ehe darauf beschränken durfte, den Haushalt zu führen und die Kinder zu erziehen, und die sich auch auf diese Aufgaben beschränkt hat, kann von dem schuldigen Mann grundsätzlich nicht darauf verwiesen werden, sie müsse nach der Trennung der Ehegatten ihren Unterhalt durch eigene Berufsarbeit verdienen. Die Frau kann in diesem Falle in der gleichen Weise Unterhalt verlangen, wie wenn die eheliche

Gemeinschaft, die der Mann zerstört hat, noch bestünde. Der neue Entwurf bringt dies so eindeutig zum Ausdruck, daß Zweifel an dieser Auffassung nicht mehr bestehen können.

Erwähnen darf ich auch noch eine Bestimmung des Entwurfs, die Sie in § 1356 Abs. 1 Satz 1 finden. Dort heißt es: »Die Frau führt den Haushalt in eigener Verantwortung.« Der frühere Entwurf der Bundesregierung enthielt diese Bestimmung nicht. Sie ist vielleicht auch entbehrlich, weil sich Recht und Pflicht der Frau insoweit aus § 1353 ergeben. Aber die Bundesregierung hat es doch für sehr zweckmäßig gehalten, im Gesetzestext auf dieses besonders wichtige Recht und auf diese wesentliche Pflicht der Frau ausdrücklich hinzuweisen. Sie wollte aber mit dieser Vorschrift gleichzeitig zum Ausdruck bringen, daß die Frau diese Aufgabe in eigener Verantwortung, und zwar ausschließlich in eigener Verantwortung erfüllt. Hier gibt es kein Weisungsrecht und auch kein Letztentscheidungsrecht des Mannes.

[...]

Dr. Weber (Koblenz) (CDU/CSU): Ich habe lediglich eine Stimme gefunden, die die Frage erörtert hat, ob der Art. 3 Abs. 2 des Grundgesetzes geändert werden solle. Zu meinem Erstaunen hat der Vertreter des Landes Niedersachsen im Bundesrat folgendes ausgeführt:

Die niedersächsische Landesregierung hält das Problem der Gleichberechtigung von Mann und Frau für außerordentlich schwerwiegend und bedeutsam. Sie hat sich deshalb auch diesmal wieder mit großem Ernst mit diesem Problem beschäftigt.

(Hört! Hört! bei der SPD. – Lachen und weitere Zurufe von der SPD.)

Sie ist dabei zu der Auffassung gelangt, – – jetzt kommt das, wobei Sie vielleicht »Hört! Hört!« sagen – daß diese Frage nur nach einer Änderung des Art. 3 Abs. 2 befriedigend gelöst werden könne.

(Hört! Hört! bei der CDU/CSU. – Lachen und Zurufe von der SPD.)

Von unserer Seite aus – das möchte ich nachdrücklich betonen – ist niemals beabsichtigt gewesen, eine Änderung der Bestimmung des Art. 3 Abs. 2 des Grundgesetzes vorzunehmen, sondern wir bejahen diese Bestimmung nach wie vor. Wir sind, wie ich schon eben betont habe, mit der Bundesregierung darin einig, daß dieses Problem möglichst bald gelöst werden soll. Inzwischen hat sich die Rechtsprechung schon sehr eingehend mit den hier auftretenden Fragen befassen müssen und befaßt. Es ist, wie nicht zu leugnen ist, manche Klärung erfolgt, insbesondere auch durch das Urteil des Bundesverfassungsgerichts vom 18. Dezember 1953. Dieses Urteil hat – und das war auch stets die Meinung in diesem Hause – bestätigt, daß die Gleichberechtigung als solche am 1. April 1953 in Kraft getreten ist. Das Bundesverfassungsgericht hat zwar in diesem Urteil nicht zu dem Problem der Gleichberechtigung Stellung genommen und auch nicht nehmen wollen, sondern es hatte sich lediglich mit der Frage zu befassen, welcher Rechtszustand seit dem 1. April 1953 bestehe. Dabei hat es aber immerhin einige Hinweise gegeben, die nicht unbedeutend sind. Ich darf folgende Sätze zitieren:

»Es bedarf kaum eines Hinweises, daß im Bereich des Familienrechts im Hinblick auf die objektiven biologischen und funktionalen (arbeitsteiligen) Unterschiede nach der Natur des jeweiligen Lebensverhältnisses auch eine besondere rechtliche Regelung erlaubt oder sogar notwendig ist (z. B. alle Bestimmungen zum Schutze der Frau als Mutter, Differenzierungen der Art der Leistung für die Familiengemeinschaft). Das wird auch von keiner Seite ernstlich verkannt und liegt gerade einem großen Teil der zur Verwirklichung der Gleichberechtigung aufgestellten Forderungen als selbstverständliche Voraussetzung zugrunde. Bei richtiger Zusammenschau von Art. 3 Abs. 2 und Art. 61 GG ist also nicht die Gefährdung der einen Bestimmung durch die andere zu befürchten, vielmehr anzunehmen, daß sie der Absicht des Grundgesetzgebers entsprechend dazu dienen werden, einander zu erfüllen.« [...]

Ich habe am 27. November 1952 bereits betont, daß man den Art. 3 Abs. 2 nicht für sich allein betrachten dürfe, sondern ihn im Zusammenhang des Grundgesetzes, insbesondere im Zusammenhang mit Art. 6 Abs. 1 des Grundgesetzes: »Ehe und Familie stehen unter dem besonderen Schutz des Staates« sehen müsse. Das wird auch bereits in dem Urteil des Bundesverfassungsgerichts vom 18. Dezember anerkannt. Inzwischen hat gerade zu diesem Punkte die Rechtsprechung weitere Klärungen gebracht. Im Bundesrat ist bereits darauf verwiesen worden, daß der für die Familiensachen zuständige 5. Zivilsenat des Bundesgerichtshofs in einem Urteil vom 14. Juli 1953 in Richtlinien ausgesprochen hat, die ich für so bedeutungsvoll halte, daß ich sie hier noch einmal wiederholen möchte:

Gewiß ergibt die grundsätzliche rechtliche Gleichstellung der Geschlechter, wie sie Art. 3 Abs. 2 GG anordnet, in ihrer Anwendung auf das geltende Recht eine Fülle von Zweifelsfragen. Bei ihrer Entscheidung werden die Gerichte sich davon leiten lassen müssen, daß nicht jede Rechtsungleichheit durch Art. 3 Abs. 2 des Grundgesetzes ausgeschlossen wird, daß insbesondere nicht aus doktrinären Gedankengängen heraus eine formale Gleichstellung von Mann und Frau auch da herbeigeführt werden darf, wo der in Art. 6 Abs. 1 GG besonders anerkannte Schutz der Ehe und Familie oder die in Art. 6 Abs. 2 ebenda hervorgehobenen Interessen der Kinder einer völligen Gleichstellung beider Geschlechter in der Ehe Schranken setzen.

Diese Auffassung haben wir stets vertreten; wir werden sie bei der Beratung dieses Gesetzentwurfs beibehalten: Keine Gefährdung von Ehe und Familie; alles tun, um Ehe und Familie zu schützen und zu fördern; alles vermeiden, was Ehe und Familie gefährden und ihre Bande lockern kann.

Ich begrüße es, daß die Bundesregierung eine Anregung berücksichtigt hat, die sowohl in der ersten Lesung des früheren Gesetzentwurfs als auch in den Ausschußberatungen gegeben worden ist, indem sie die Funktionsverschiedenheit in § 1356 des Entwurfs ausdrücklich anerkannt hat. Das ist ein Gesichtspunkt, den auch das Bundesverfassungsgericht in seinem Urteil erwähnt. Die Bundesregierung ist damit einer Anregung gefolgt, die ich in der ersten Lesung des ersten Entwurfs gegeben hatte. Es heißt:

Die Frau führt den Haushalt in eigener Verantwortung. Sie ist berechtigt, erwerbstätig zu sein, soweit dies mit ihren Pflichten in Ehe und Familie vereinbar ist.

Wir begrüßen es, daß die Stellung der Frau in Ehe und Familie in dieser Weise herausgestellt wird.

In der öffentlichen Diskussion haben vor allen Dingen die Bestimmungen der §§ 1354 und 1628 eine Rolle gespielt. Das ging so weit, daß man fast der Meinung hätte sein können, das Problem der Gleichberechtigung erschöpfe sich sozusagen in diesen Bestimmungen. Sonst sind die Dinge in der öffentlichen Diskussion eigentlich sehr wenig behandelt und gefördert worden, was ich auch schon in der ersten Lesung sagen mußte. Die Bundesregierung hat an ihrem Standpunkt festgehalten. Auch der Bundesrat hat diesmal die Stellungnahme der Bundesregierung gutgeheißen, die den Stichentscheid des Mannes in dem Falle festlegt, daß sich die Ehegatten, die zunächst verpflichtet sind, eine Einigung zu suchen und sich aufeinander abzustimmen, wie es in jeder guten Ehe geschehen sollte, nicht einigen können. Es gibt eben Dinge, die nicht unentschieden bleiben können, z. B. die Frage des Wohnsitzes. Wir sind glücklich, hier betonen zu können, daß wir in dieser Hinsicht in Übereinstimmung mit der Auffassung beider Kirchen sind. Ich darf darauf hinweisen, daß in einer den Mitgliedern des ersten

Bundestages zugegangenen Zuschrift des Vorsitzenden der Fuldaer Bischofskonferenz vom 30. Januar 1953 folgender Satz enthalten ist:

Sollte jedoch in einem Land die soziale und wirtschaftliche Lage der verheirateten Frau wegen der gewandelten Kulturverhältnisse eine Abänderung benötigen, so ist es Aufgabe der Staatsgewalt, die bürgerlichen Rechte der Gattin den Bedürfnissen und Forderungen der Jetztzeit anzupassen unter Berücksichtigung der Eigenart der weiblichen Natur, der Sittlichkeit und Ehrbarkeit und des Gemeinwohls der Familie; nur muß die wesentliche Ordnung der Hausgemeinschaft unangetastet bleiben, da sie durch eine höhere als menschliche, nämlich göttliche Autorität und Weisheit festgesetzt ist und darum keiner Änderung durch Staatsgesetze oder durch das Gutdünken der einzelnen unterliegen kann. Der Rat der Evangelischen Kirche hat sich in ganz ähnlicher Weise geäußert und in seinem Schreiben, das er am 22. März 1952 an den damaligen Herrn Bundesjustizminister gerichtet hat, darauf hingewiesen, daß hier Bezirke vorliegen, die der menschlichen Disposition zum Teil entzogen sind, weil es sich hier um eine vorgegebene Ordnung handelt. Es heißt dort wörtlich:

Ehe und Familie sind so die ursprünglichsten menschlichen Gemeinschaften und von dem Geheimnis des Ursprungs umgeben, das für den Christen auf Jesus Christus hinweist, das aber auch vom Nichtchristen geachtet werden muß, wenn der Zerstörung des Lebens gewehrt werden soll. Auch die staatliche Gesetzgebung verfügt nicht über dieses Wesensgefüge, sondern setzt es voraus.

Ich bin jedenfalls der Meinung, daß diese Bestimmungen bleiben müssen, daß also der Stichentscheid im Gesetz festgelegt werden muß, weil es sowohl in Ehe als auch in Familie Dinge gibt, die nicht unentschieden bleiben können, wenn nicht die Familie Schaden leiden soll. Daß keine Instanzen von außerhalb in die Familie eingreifen dürfen, das ist, glaube ich, unsere allgemeine Auffassung. [...]

Dr. Dehler (FDP): Herr Präsident! Meine Damen und Herren! es ist für mich eine Art familienrechtliche Verpflichtung, eine Vaterspflicht, wenn ich Ihnen meinen Sprößling, meinen Entwurf eines Familienrechtsgesetzes vorstelle und Ihrer Huld empfehle, wenngleich es ein Kind der Vernunft und nicht ein Kind der Liebe ist.

(Heiterkeit.)

Es ist ein nasciturus und hat trotzdem schon einen Leidensweg hinter sich: im Kabinett, im Bundesrat, im Bundestag. Herr Kollege Weber meint, man habe im ersten Bundestag nicht entscheiden können, die Zeit sei zu knapp gewesen. Nun, wenn die Dinge so gelaufen wären, wie ich es für richtig gehalten habe und wie ich es erwarten konnte, hätte man entscheiden können. Auch der Bundestag hätte noch entscheiden können; denn der Entwurf war, glaube ich, ausgereift; er war gut. Der strittigen Fragen waren wenige. Man hätte diese strittigen Fragen entscheiden müssen. Aber man ist der Entscheidung ausgewichen.

(Sehr richtig! bei der SPD.)

Wir wollen uns doch nichts vormachen. Die Dinge sind doch in aller Öffentlichkeit dargelegt worden: ein Kampf um die Auslegung des Art. 3 Abs. 2 des Grundgesetzes, des Grundsatzes, daß Männer und Frauen gleichberechtigt sind.

Es ist nicht ohne geschichtliche Ironie, wenn mein Freund Neumayer heute seinen Entwurf zur Ausführung dieses Grundsatzes vorlegt und wenn ich als Bundesjustizminister des ersten Kabinetts damit befaßt war. Denn wir, die Freien Demokraten, waren im Parlamentarischen Rat – nun, ich will einmal sagen – keine fanatisierten Anhänger dieses Grundsatzes; das will ich doch bekennen. [...]

Selbstverständlich untersteht dieser Gleichberechtigungsgrundsatz dem Gleichheitsgrundsatz, dem Grundsatz der Gleichheit vor dem Gesetze, also dem Grundsatz, daß der Gesetzgeber Gleiches gleich und Verschiedenes nach seiner Eigenart, also Ungleiches ungleich behandeln muß. Es widerspricht also in keiner Weise dem Grundsatz der Gleichberechtigung von Mann und Frau, daß der Gesetzgeber die natürliche Verschiedenheit der Geschlechter und die sich daraus ergebenden funktionellen Unterschiede berücksichtigt. Das ist selbstverständlich, es ist ein Ausfluß des Gleichheitsgrundsatzes. Der Gesetzgeber hat sogar die Pflicht, diesen Unterschied zu berücksichtigen. Aber, meine Damen und Herren, es ist keinesfalls möglich, den Gleichberechtigungsgrundsatz dadurch auszuhöhlen, daß man etwa sagt: Selbstverständlich muß man die Frau als ebenbürtige, als gleichwertige Gefährtin anerkennen, aber deswegen braucht man sie nicht im Recht gleichzustellen. Wer so verfährt, der will den Gleichberechtigungsgrundsatz contra legem auslegen.

Gerade nach dem, was mein verehrter Herr Kollege Weber gesagt hat, ist es notwendig, festzustellen, daß es nicht denkbar ist, den Gleichberechtigungsgrundsatz vom Standpunkt der religiösen und der kirchlichen Auffassung über das Wesen der Ehe zu ändern. Der Staat, der Gesetzgeber, kann sich nicht die Aufgabe stellen und kann auch nicht verpflichtet werden, die Ehe als göttliche Schöpfungsordnung zu sichern.

(Zuruf von der CDU: Und wenn das Volk das verlangt?)

Es obliegt ihm lediglich, die Ehe und die Familie als gesellschaftliche Ordnung zu gewährleisten. Es wäre eine Überforderung des Gesetzgebers, ich meine, es wäre auch eine unerträgliche Ausweitung der Macht des Staates, wenn die sakramentale Bindung der Ehe durch weltliches Gesetz sanktioniert werden sollte.

(Abg. Frau Dr. Weber [Aachen]: Das will niemand! – Abg. Dr. Greve: Fragen Sie mal Herrn Wuermeling!)

Es wäre auch eine Entwertung der religiösen und kirchlichen Ordnung, wenn sie des Zwanges des staatlichen Gesetzgebers bedürfte.

(Beifall.)

Ich sage das betont, meine Damen und Herren, und ich meine: mit dieser Feststellung sind die Erwägungen, die obligatorische zivile Trauung zu beseitigen oder die Ehescheidung dem kirchlichen Gesetze zu unterstellen und dadurch auszuschließen oder zu beschränken, unvereinbar. Diese Erwägung gilt auch für die Frage, ob der Gleichberechtigungsgrundsatz an der göttlichen Ordnung, an dem ius divinum naturale, an dem göttlichen Naturrecht, scheitere, da er für einen Christen nur insoweit verbindlich sein könne, als er mit der christlichen Ordnung vereinbar sei. Mein Standpunkt: Der Gesetzgeber beeinträchtigt die christliche, die göttliche Ordnung nicht, er berührt sie nicht; er regelt nur die weltliche Ordnung im Recht.

(Sehr richtig! Sehr gut! bei der SPD.)

Der Satz der Gleichberechtigung von Mann und Frau verträgt überhaupt keine außerrechtliche Auslegung. Er ist logisch klar. Es handelt sich ausschließlich um die rechtliche Auslegung dieses Satzes. Deswegen stimme ich auch dem Antrag des Herrn Kollegen Weber zu, diese Vorlage nur dem Rechtsausschuß, nicht etwa einem Sonderausschuß zu überweisen.

(Abg. Dr. Greve: »Wuermeling«-Ausschuß!)

Es geht nur um Rechtsfragen.

Der Satz wird nach meiner Meinung auch nicht durch den Art. 6 Abs. 1 des Grundgesetzes eingeschränkt, durch die dort festgelegte Schutzgarantie für Ehe und Familie. Es ist also nicht möglich, von diesem Grundsatz aus, sozusagen durch die Hintertür, etwa die patriarchalische Hierarchie für die Ehe wiedereinzuführen. Die beiden Grundrechte, die Gleichberechtigung und der Schutz der Ehe und Familie, sind dazu bestimmt, zusammen der Ehe und der Familie zu dienen und sie zu fördern. Da liegt die Grenze: die Verwirklichung der Gleichberechtigung darf nicht zum Schaden der Familie führen.

Ich kann es mir ersparen, auf Einzelheiten einzugehen. Was mein Freund Neumayer vorgetragen hat, deckt sich weitgehend mit meinen Anschauungen. Mein Entwurf hat in seiner Bearbeitung noch in vielen Punkten eine Verfeinerung, eine Verbesserung erfahren. Ich will nur die strittigen Punkte hervorheben.

Es ist die Frage, ob dem Mann noch ein Vorrang in der Ehe zugebilligt werden kann, ob ein Entscheidungsrecht des Mannes mit dem Grundsatz der Gleichberechtigung vereinbar ist. Ich beantrage, § 1354 des Bürgerlichen Gesetzbuches ersatzlos zu streichen. Ich halte ihn nicht für vereinbar mit dem Gleichheitsgrundsatz. Ich halte es für ausgeschlossen, zu sagen, aus der funktionellen Verschiedenheit der Geschlechter müsse man dazu kommen, den Vorrang des Mannes wieder festzulegen. Die Wunschvorstellungen sind hier völlig gleichgültig. Hier bindet das Grundgesetz, das eben die Gleichberechtigung fordert.

(Abg. Dr. Weber [Koblenz]: Der Bundesgerichtshof?)

– Ändert in diesem Punkte gar nichts! Auch das, was Sie zitiert haben, läßt sich nicht dahin deuten. Wir sind der Gesetzgeber! Eine Entscheidung des Bundesgerichtshofs kann für uns wertvolles Material sein,

(Abg. Dr. Weber [Koblenz]: Er legt aus!)

aber nicht mehr! wir sprechen hier ex cathedra. Auch hier haben wir nicht nur das Recht, sondern die Verpflichtung, die Dinge zu benennen, wie sie sind.

(Beifall.)

Meine Damen und Herren, wenn man wieder zur Vorstellung des Patriarchats zurückkehrt – das tut man im § 1354 des Entwurfs –,

(Widerspruch und Zurufe von der Mitte)

– das ist doch eine Fiktion! Es ist ja nicht wahr, daß im Leben das Patriarchat gilt. Jeder von uns ist bestimmt durch die Erfahrungen seiner Jugend, durch das Bild, das seine Mutter gab. Die Ehe meiner Eltern – von seiner eigenen Ehe spricht man ja besser nicht –

(Heiterkeit)

war das Musterbeispiel eines Matriarchats. Nun habe ich das Glück gehabt, eine besonders kluge, temperamentgeladene und willensstarke Mutter zu haben.

(Erneute Heiterkeit und Beifall.)

Sie war eine kleine Königin in ihrem Bereich. Es war in einer kleinen Stadt, wir hatten Landwirtschaft, Brauerei, Gastwirtschaft und Metzgerei. Da mußte geherrscht werden,

(fortgesetzte Heiterkeit)

und alle Entscheidungen hat doch meine kluge Mutter getroffen, doch selbstverständlich.

(Lebhafter Beifall.)

Natürlich war sie so gescheit, am frühen Morgen zu sagen: Ich habe heute nacht mit dem Vater gesprochen,

(große Heiterkeit)

und er hat gesagt: – –! Ich habe einmal – als Lösung des Problems des § 1354 – das kühne Wort gesprochen: »In einer guten Ehe herrscht die kluge Frau. Wenn die Frau dumm ist, ist es eh' ein Unglück!«

(Anhaltende Heiterkeit.)

Ich glaube, man kann ernstlich gar nicht darüber debattieren, daß § 1354 nicht haltbar ist und fallen muß.

Das Problem des § 1628, die Frage der Ausübung der elterlichen Gewalt, ist schwieriger. Ich habe in meinem Entwurf die Fassung beibehalten, die vorsieht, daß der Vater im Interesse der Kinder letztlich entscheiden kann. Aber das Problem, meine Damen und Herren, ist gar nicht einfach; es ist aus tatsächlichen Gründen nicht einfach und auch aus rechtlichen Gründen schwierig. Denn tatsächlich ist es doch so, daß die Mutter biologisch dem Kinde nähersteht und daß die Erziehung des Kindes das ureigenste Gebiet der Mutter ist, und rechtlich ist es eben auch kompliziert. Man kann der Meinung sein, daß im Verhältnis der Ehegatten zueinander nicht unbedingt eine Entscheidungskompetenz im Streitfall geschaffen werden muß, daß es also nicht richtig ist, daß Fragen zwischen den Ehegatten gelöst werden müssen. Wenn sie sie nicht lösen, dann ist es ihr Schicksal. Auf jeden Fall löst sie nicht der Gesetzgeber, sondern sie werden gelöst aus der Stärke und der Kraft der Persönlichkeiten der Ehegatten. Es wäre falsch zu meinen, daß der Staat die Aufgabe habe, in diese letzte menschliche Gemeinschaft hineinzugreifen; er kann doch nur verderben und stören.

Anders bei dem Verhältnis der Eltern zu den Kindern! Hier muß eine Entscheidungskompetenz geschaffen werden. Zunächst der Gedanke: nun, wenn einer entscheiden soll, dann der Vater! Aber gerade die Aussprache mit meiner sehr verehrten Kollegin Dr. Lüders, die den Dingen ja eine Lebensarbeit gewidmet hat, hat mich schwankend gemacht; es ist durchaus zu erwägen, ob man nicht eine Entscheidungszuständigkeit außerhalb der Familie im Fall nicht zu überbrückender Gegensätze zwischen den Eltern schaffen muß. Ich halte es für tragbar, eine Regelung in der Form zu schaffen, daß beide Eltern die Möglichkeit haben, das Vormundschaftsgericht anzurufen, aber nicht für eine sachliche Entscheidung, sondern damit das Vormundschaftsgericht bestimmt, welcher Elternteil in einem bestimmten Fall die Entscheidungsmacht haben soll.

(Widerspruch und Zurufe von der CDU.)

Dabei müßte der Vormundschaftsrichter sich vor Augen halten, der Wille welchen Elternteils wohl dem Wohle des Kindes am besten entspricht. Bitte, ich will keine schlüssige Beantwortung dieser Frage geben, sondern Ihnen nur das Problem, das ein echtes menschlich-familiäres und ein echtes Rechtsproblem ist, aufzeigen.

Im übrigen will ich mich in die Einzelheiten des Familienrechtsgesetzes nicht verlieren. Das wird Sache der Auseinandersetzungen in den Ausschüssen sein. [...]

Frau Nadig (SPD): Das Bundesverfassungsgericht hat durch seinen Rechtsspruch eine Reihe von Fragen klargestellt. In eingehender Begründung ist dargelegt, daß alles dem Art. 3 GG entgegenstehende bürgerliche Recht auf dem Gebiet von Ehe und Familie mit dem 1. April 1953 außer Kraft gesetzt ist. Damit ist aber auch eine Wiederaufhebung des gleichen Rechts zwischen Mann und Frau unmöglich gemacht. In erinnere an die Kontrolle des Bundesverfassungsgerichts über die Gesetzgebung. Der Art. 3 GG ist ein Teil der einklagbaren Grundrechte. Wenn in Zukunft der Gesetzgeber den Spruch des Bundesverfassungsgerichts nicht beachtet, kann jede Frau, sie sich in ihrem Grundrecht benachteiligt fühlt, sich der Verfassungsbeschwerde bedienen. Glauben Sie, meine Herren und Damen, daß das hohe Haus einen solchen Verstoß gegen die Rechtsstaatlichkeit, wie ihn der jetzige Regierungsentwurf darstellt, auf sich nehmen könnte?

(Abg. Dr. Menzel: Sehr richtig!)

Damit würden wir das in unseren jungen Staat gesetzte Vertrauen aufs stärkste untergraben. Es würde dazu führen, daß in diesem Hause wohl von der Rechtsstaatlichkeit gesprochen, aber nicht nach ihren Grundsätzen gehandelt wird.

(Beifall bei der SPD.)

Aus diesem Grunde ist der uns vorgelegte Gesetzentwurf, der so stark von dem gleichen Recht zwischen Mann und Frau abweicht, nicht tragbar, und darin unterscheiden wir uns, Herr Bundesjustizminister, von Ihrer Auffassung, die Sie vorhin darlegten.

Da ist zunächst das so umstrittene ehemännliche Entscheidungsrecht, das schon in den alten Entwürfen der Regierung aufgeführt war. Es mag ja nicht ganz leicht für den Ehemann sein, auf das, was er seit Jahrhunderten als sein verbrieftes Recht ansah, zu verzichten. Aber ist draußen im Laufe der letzten 50 Jahre nicht längst eine Anpassung an gleiche Rechte erfolgt?

(Abg. Dr. Menzel: Sehr richtig!)

Übersehen wir nicht, daß das ungleiche Recht zwischen Mann und Frau in vielen Fällen die Ursache der Ehekonflikte gewesen ist! Es ist ein sehr großer Unterschied, ob die Überlegenheit des Ehemannes auf seinen geistigen und charakterlichen Fähigkeiten beruht oder ob ihm die Entscheidungskraft durch das Gesetz übertragen ist. Der Überlegene wird fast immer stillschweigend anerkannt. Ich bin der Überzeugung, daß das gesetzlich verankerte mindere Recht der Ehefrau sich nur zerstörend auf die Ehe auswirken wird. Die Frau wird in die Rolle der Zerstörerin auch viel zu leicht gedrängt, weil sie immer wieder auf den Klageweg verwiesen wird. In § 1354 des Regierungsentwurfs wird in gewundener und widerspruchsvoller Weise an dem Entscheidungsrecht des Mannes in Ehe und Familie festgehalten.

(Zurufe von der Mitte: Gott sei Dank!)

Die jetzige Fassung geht noch weiter als die im ersten Regierungsentwurf, der immerhin noch die Einschränkung enthielt, daß jeder Ehegatte auf den wirklichen oder mutmaßlichen Willen des anderen Rücksicht zu nehmen habe. Die jetzige Formulierung besagt, daß die Ehegatten alle Angelegenheiten, die das gemeinschaftliche Eheleben betreffen, im gegenseitigen Einvernehmen zu regeln haben, daß aber der Mann entscheidet, wenn beide sich bei Meinungsverschiedenheiten nicht einigen können. Es ist zwar gesagt, daß er auf die Auffassung der Frau Rücksicht zu nehmen habe, und wenn seine Entscheidung dem Wohle der Familie nicht entspricht, so soll sie für die Frau nicht bindend sein. Sehr interessant! Widerspricht seine Entscheidung dem Wohle der Familie – nicht: dem Wohle der Frau! –, dann ist die Entscheidung des Mannes für die Frau nicht verbindlich. Es ist jedoch durchaus denkbar, daß der Mann Entscheidungen trifft, die die Frau oft tief verletzen, die aber mit dem Wohle der Familie nicht oder kaum zusammenhängen.

(Zuruf von der CDU/CSU: Die Frau gehört doch zur Familie!)

Die Frau hat nicht die Möglichkeit, sich gegen solche Entscheidungen zu wehren. Außerdem kann die Frau die Feststellung, daß die Entscheidung des Mannes dem Wohle der Familie widerspricht, nur über einen langwierigen Klageweg erwirken. Der § 1354 im jetzigen Regierungsentwurf wird in den kranken Ehen zweifellos dazu führen, der Frau in ungerechter Weise den Willen des Mannes aufzuzwingen. Diese Regelung hat mit dem gleichen Recht zwischen Mann und Frau nichts zu tun und widerspricht dem Grundgesetz.

Der FDP-Entwurf hat den so umstrittenen § 1354 gestrichen, eine Auffassung, der man eventuell zustimmen kann.

In dem von der sozialdemokratischen Fraktion vorgelegten Entwurf heißt es:

Die Entscheidung in allen das eheliche Leben betreffenden Angelegenheiten wird von den Ehegatten gemeinsam getroffen.

Wir glauben, daß an dieser Stelle die Gemeinschaft, die die Ehe darstellt, besonders betont werden sollte, und – damit gehe ich mit Ihnen einig, Herr Kollege Weber – auch wir sind der Meinung, daß das Eingehen der Ehe beiden Ehegatten Verpflichtungen auf Anpassung auferlegt.

(Zuruf von der CDU/CSU: Ihre Formulierung ist viel zu allgemein!)

Beide Ehegatten haben sich eben in die Gemeinschaft einzuordnen.

Die gleichen Verstöße gegen das Grundgesetz und das Urteil des Bundesverfassungsgerichts enthält die jetzige Regelung der elterlichen Gewalt im Regierungsentwurf. Aber auch im Entwurf der FDP ist der Stichentscheid des Vaters enthalten. Praktisch ist hier dieselbe Regelung, wie sie im ersten Regierungsentwurf verankert war, wieder aufgenommen. Das ist um so verwunderlicher, als diese Regelung in der Öffentlichkeit sehr stark diskutiert und abgelehnt worden ist. Der § 1627 spricht von der elterlichen Gewalt. Aus den folgenden §§ 1628 und 1629 ergibt sich aber eindeutig, daß es sich nur um eine väterliche Gewalt handelt. Bei Meinungsverschiedenheiten entscheidet der Vater. Er hat die letzte Entscheidung über Erziehungs- und Berufsfragen der Kinder zu treffen. Dazu kommt noch, daß das Recht der

Vertretung des Kindes ausschließlich dem Vater übertragen ist. Wie lebensfremd ist diese Regelung!

(Sehr richtig! bei der SPD. – Lachen in der Mitte.)

In der Praxis wird in unzähligen Fällen die Vertretung durch die Mutter vorgenommen.

(Erneutes Lachen in der Mitte.)

Das, was sie täglich tut, will der Gesetzgeber ihr vorenthalten; nur weil wir vor Jahrhunderten im Patriarchat lebten

(Zuruf von der Mitte: Fragen Sie mal die Frauen!)

und damals der Mann der souverän allein entscheidende Teil war, glaubt er auch heute noch seinen Herrschaftsanspruch geltend machen zu müssen.

(Na! na! und Lachen in der Mitte.)

Daß sich inzwischen grundlegende Wandlungen vollzogen haben, will man nicht wahrhaben. Die heutige Frau und Mutter steht selbständig und verantwortungsvoll im Staats- und Wirtschaftsleben. War es nicht diese Frauengeneration, die durch ihre körperliche und geistige Leistung mit dazu beitrug, unseren staatlichen Zusammenbruch zu überwinden? Jahrelang haben die Frauen die elterliche Gewalt und elterlichen Pflichten allein ausüben müssen.

(Zuruf von der SPD: Das ist auch heute vielfach noch so!)

Daß der Gesetzgeber jetzt der Mutter die Rechte über ihre Kinder vorenthalten will, ist nicht nur kurzsichtig, sondern auch nicht zu verantworten.

(Zuruf von der CDU/CSU: Fragen Sie mal die Mütter!)

Die Frauenwelt wehrt sich gegen die hier vorgesehene Regelung

(Zuruf von der CDU/CSU: Welche Frauenwelt?)

– ein sehr erheblicher Teil! –,

(Beifall bei der SPD)

das Entscheidungsrecht und die elterliche Gewalt weiterhin dem Manne zu übertragen. Ich habe eine Fülle von Zuschriften und Eingaben von Frauenverbänden und Einzelpersonen erhalten,

(Zuruf von der Mitte: Wir auch!)

die sich alle für gleiches Recht zwischen Mann und Frau aussprechen. Glaubt das Hohe Haus, den Willen dieser Wählerinnen mißachten zu können?

(Zuruf von der CDU/CSU: Das christliche Volk denkt anders!)

Die Rechtsprechung hat sei dem 1. April 1953 den Grundsatz vertreten, daß beide Elternteile die elterliche Gewalt gemeinsam ausüben. Der SPD-Entwurf hat diese Regelung aufgenommen und schlägt für § 1627 folgende Fassung vor:

Beide Elternteile haben gemeinschaftlich kraft der elterlichen Gewalt das Recht und die Pflicht, für die Person und das Vermögen des Kindes zu sorgen.

Sie haben beide das Recht der Vertretung des Kindes. Bei Meinungsverschiedenheiten soll auf Antrag eines Elternteils das Vormundschaftsgericht entscheiden können.

(Zuruf von der CDU/CSU: Da haben wir es ja!)

Wir glauben, daß durch die Möglichkeit, das Vormundschaftsgericht anzurufen, allen echten Belangen Rechnung getragen ist. Wesentlich ist bei dieser Regelung, daß vom gleichen Recht zwischen Mann und Frau ausgegangen wird. Ich halte den Vorschlag, des Herrn Kollegen Dehler durchaus für tragbar, daß man hinzusetzt: Das Vormundschaftsgericht soll nur die Meinung eines Elternteils, die dem Wohle des Kindes am besten entspricht, für Recht setzen können.

Die Regelung des Regierungsentwurfs bedeutet, daß die Rechtsentwicklung, die sich seit dem 1. April 1953 auf dem Gebiet der elterlichen Gewalt vollzogen hat, rückgängig gemacht wird, – ein glatter Verstoß gegen das Grundgesetz. Die Diskussion um das Entscheidungsrecht des Mannes und Vaters wird immer wieder auf das Geleise des Ideologischen und Weltanschaulichen geschoben. Darum geht es aber nicht; das führt auch immer wieder zu Verwirrung auf diesem Gebiet. Es handelt sich nach der Entscheidung des Bundesverfassungsgerichts in erster Linie um ein Rechtsproblem. In seinem Urteil hat das Bundesverfassungsgericht eindeutig festgelegt, daß der Gleichberechtigungsartikel im Grundgesetz nicht nur ein politisches Programm, sondern auch eine echte Rechtsnorm darstellt.

Bei den Pflichten hat es der Regierungsentwurf viel besser verstanden, nach dem Gesichtspunkt der Gleichberechtigung die Frau heranzuziehen. Der § 1360 legt die Unterhaltspflicht beider Ehegatten gegenüber der Familie fest, besagt aber, daß die Frau mit der Führung des Haushalts ihre Unterhaltspflicht im allgemeinen erfüllt und eine Erwerbstätigkeit nur dann aufzunehmen hat, wenn die Arbeitskraft des Mannes und das Einkommen aus dem Vermögen beider Gatten für den Unterhalt nicht ausreicht. Wir sind der Meinung, daß hier eine Ergänzung im Sinne des Bundesratsvorschlags durch den Zusatz notwendig ist: »soweit der Frau eine Erwerbstätigkeit zuzumuten ist«. So wird die Frau vor einer unnötigen, doppelten Belastung bewahrt. Die Arbeit der Hausfrau ist der Erwerbstätigkeit des Mannes gleichgestellt und als Berufsarbeit anerkannt. Es heißt ausdrücklich, daß die Frau den Haushalt in eigener Verantwortung führt. Das ist ein Fortschritt, den die Frauen ganz zweifellos begrüßen werden. [...]

D: Auszüge aus der Bundestagsdebatte um das Gleichberechtigungsgesetz am 12. Februar 1954. In: Frauenalltag und Frauenbewegung im 20. Jahrhundert. Materialsammlung zu der Abteilung 20. Jahrhundert im Historischen Museum Frankfurt. Bd. 4. Zs.-gest. und komm. von Annette Kuhn und Doris Schubert. Frankfurt a. M.: Stadt Frankfurt, Dezernat für Kultur und Freizeit, 1980. S. 130–137.

L: Barbara Boettger: Das Recht auf Gleichheit und Differenz: Elisabeth Selbert und der Kampf der Frauen um Art. 3.2 Grundgesetz. München 1990.
Marianne Feuersenger: Die garantierte Gleichberechtigung. Ein umstrittener Sieg der Frauen. Freiburg i. Br. 1980.

Dieter Schwab: Gleichberechtigung und Familienrecht im 20. Jahrhundert. In: Frauen in der Geschichte des Rechts. Von der Frühen Neuzeit bis zur Gegenwart. Hrsg. von Ute Gerhard. München 1997. S. 790–827.

## 26

## Alice Schwarzer: »Wir haben abgetrieben« – Der § 218 und die Neue Frauenbewegung (1971)

Ende der 60er Jahre formierte sich in einigen europäischen Ländern und den USA eine Bewegung zur Reform des Abtreibungsparagraphen 218, die in den 70er Jahren auch auf die Bundesrepublik Deutschland übergriff. Alice Schwarzer, Journalistin, Autorin und Herausgeberin der später (1977) gegründeten und bis heute bestehenden feministischen Zeitschrift *EMMA*, initiierte im Juni 1971 nach dem Vorbild französischer Frauen eine bundesweite Kampagne gegen den § 218, als deren Auftakt 374 Frauen öffentlich bekannten, abgetrieben zu haben. Die hier dokumentierte, im *Stern* veröffentlichte ›Selbstbezichtigungsaktion‹ verfolgte das Ziel, durch das massenhafte Selbstbekenntnis eine Prozeßlawine zu produzieren, deren Ausmaß nur zur Streichung des Abtreibungsverbotes führen konnte.

Die Aktion löste bundesweit eine Welle von Solidaritätskundgebungen und Protestaktionen aus. Bereits nach wenigen Wochen hatten sich tausende Frauen der Bewegung gegen den § 218 angeschlossen, und einen Monat später wurde dem Justizminister eine Liste mit fast 90 000 Unterschriften und rund 3000 weiteren Selbstbezichtigungen überreicht. Die Kampagne aus dem Jahre 1971 wurde zur Initialzündung der bis dahin nur vereinzelt für die Gleichberechtigung der Frau agierenden studentischen und außeruniversitären Frauengruppen. Nachdem im selben Jahr der erste Delegiertenkongreß aller am Kampf gegen den § 218 interessierten Gruppen in Düsseldorf stattgefunden hatte, markierte der im März 1972 veranstaltete Bundesfrauenkongreß in Frankfurt am Main den Beginn der neuen deutschen Frauenbewegung. Nach zahlreichen Aktivitäten in den folgenden Jahren, zu denen nicht nur Demonstrationen, Anzeigenkampagnen, Straßentheater und kollektive Kirchenaustritte zählten, sondern auch die Einrichtung von Beratungszentren, die u. a. Hilfe und Begleitung für Abtreibungen im In- und Ausland organisierten, beschloß der Bundestag 1974 mit sozialliberaler Mehrheit die Liberalisierung des Abtreibungsgesetzes. Die sogenannte Fristenregelung, nach der die Abtreibung bis zur 12. Schwangerschaftswoche straflos blieb und die bereits seit 1972 in der DDR geltendes Recht war, wurde aber bereits 1975 vom Bundesverfassungsgericht nach einer Verfassungsklage der CDU/CSU für grundgesetzwidrig erklärt.

Das 1976 anstelle der Fristenlösung eingeführte Indikationsmodell, das einen Abbruch auch in einer sozialen Notlage erlaubte, die grundsätzliche Strafbarkeit der Abtreibung außer in den vom Gesetzgeber definierten Fällen jedoch bestätigte, wurde erst im Zuge der Wiedervereinigung 1992 durch eine Fristenlösung mit Pflichtberatung ersetzt. Nach der aktuellen, 1995 zuletzt modifizierten Fristenlösung haben sich abtreibungswillige Frauen nicht nur einer Beratung zu unterziehen. Da der Schwangerschaftsabbruch zwar nicht mehr als eine strafbare, aber nach wie vor als eine ›rechtswidrige‹ Handlung gilt, ist die Krankenkassenfinanzierung ausgeschlossen.

Um einem runden Couchtisch in Frankfurt-Eschersheim, Fritz-Reuter-Straße 5, saßen am 3. Mai dieses Jahres sieben Damen, knabberten Käsegebäck und formulierten einen Text, der der Bundesregierung noch zu schaffen machen wird.

Die Frankfurter Damenrunde setzte sich aus Mitgliedern der »Frauenaktion 70« zusammen, die seit vergangenem Jahr Sturm läuft gegen den Paragraphen 218, der Schwangerschaftsunterbrechung unter Strafe stellt. Rund 50 Frankfurterinnen gehören der »Frauenaktion 70« an, Lehrerinnen, Studentinnen, Journalistinnen und vor allem Hausfrauen. Ihr Motto: »Mein Bauch gehört mir.« Jede Frau, so fordern sie, müsse das Recht haben, eine ungewollte Schwangerschaft mit ärztlicher Hilfe zu unterbrechen.

Um ihrer Forderung Nachdruck zu verleihen, griffen die am Abend des 3. Mai zusammensitzenden Frauen eine revolutionäre Idee aus Frankreich auf: Alle Frauen sollten aufgerufen werden, öffentlich zu bekennen: »Ich habe abgetrieben!« Damit käme auf die deutsche Justiz eine Prozeßlawine zu, vor der Richter und Gesetzgeber kapitulieren müßten. Endziel: Streichung des »Abtreibungs-Paragraphen«.

Die Kalkulation der sieben Frauen war wohlbegründet. Auf eine Million jährlich wird die Zahl der Abtreibungen in der Bundesrepublik geschätzt. Erst nach fünf Jahren ist Selbstabtreibung, die mit Freiheitsstrafe bis zu fünf Jahren bedroht ist, verjährt. »Hätten heute alle Frauen, die in der Bundesrepublik abgetrieben haben, den Mut zur Selbstanzeige«, so errechnete die kaufmännische Angestellte Ingrid Hübner, »würde auf die bundesdeutsche Justiz eine Flut von fünf Millionen Prozessen zurollen.«

In klaren Sätzen formulierten die Frankfurter Frauen den [...] Appell, in dem es unter anderem heißt: »Ich habe abgetrieben. Ich bin gegen den Paragraphen 218 und für Wunschkinder. Wir fordern das Recht auf die von den Krankenkassen getragene Schwangerschaftsunterbrechung!« Indessen – als das Papier nach zwei Stunden Redigierarbeit auf dem Couchtisch lag, fand sich niemand der Initiatorinnen bereit, die Selbstbezichtigung, abgetrieben zu haben, auch zu unterschreiben.

Kleinlaut gab Renate Scheunemann Lebenserfahrung zum besten: »Deutsche Frauen, die sich selbst bezichtigen? Niemals! Die machen das nie mit, die gehen höchstens artig im Ministerium fragen, ob man das Gesetz nicht ändern will.«

Eine zweite Teilnehmerin räsonnierte: »Bei der Position meines Mannes kann ich mir eine Unterschrift gar nicht erlauben. Er ist im Staatsdienst.«

Die Frauen beschließen, die Sache noch einmal zu überschlafen, im übrigen aber auch mit Freundinnen in anderen Städten über den Appell zu sprechen. Die ersten, die den provozierenden Satz »Ich habe abgetrieben« dann auch wirklich mit vollem Namen unterschrieben, sind Münchnerinnen:

– »Weil ich selbst abgetrieben habe. Und weil ich erlebt habe, wie dieser Paragraph die Frauen zur Unmündigkeit erniedrigt« (Annemarie Krauß, 31 Jahre alt, Lehrerin).

– »Ich finde es nicht in Ordnung, daß man es so heimlich tun muß und für so viel Geld. Ich mußte damals einen Kredit für meine Abtreibung aufnehmen« (Ingrid Schmidmaier, 30 Jahre alt, Hausfrau, zwei Kinder, verheiratet).

– »Dieser Paragraph hätte mir beinahe mein ganzes Leben kaputtgemacht. Ich mußte bei meinem ersten Kind heiraten – und die Ehe ist dann schiefgelaufen« (Julia Riedel, 40 Jahre alt, drei Kinder).

– »Ich habe zehn Jahre lang Angst gehabt, überhaupt mit einem Mann zu schlafen. Angst vor den grauenhaften Folgen, die ich bei Freundinnen miterlebt habe« (Alexandra von Rosenberg, 31, Lehrerin).

– »Eine Frau, die Mutter wird, wird in dieser Gesellschaft zur Sklavin. Ich habe das selbst miterlebt. Denn der Staat zwingt einen zwar, das Kind zu kriegen, aber danach kümmert er sich den Teufel drum. Krippenplätze gibt es überhaupt nicht. Und im Kindergarten muß man sich jahrelang vorher anmelden« (Edda Albrecht-Wagner, 27 Jahre alt, ein Kind).

### ›Unser Appell muß zur Massenbewegung werden‹

An der Universität München wird der Aufruf von Studentinnen vervielfältigt. In einem Begleitschreiben heißt es: »Unser Appell kann nur sinnvoll sein, wenn er nicht auf wenige Unterschriften beschränkt bleibt. Er muß zur Massenbewegung werden! Im ganzen Land sollten sich Frauen solidarisieren und Unterschriften sammeln.«

Es wird zu einer Massenaktion.

Auf dem Flughafen München-Riem unterschreibt die Schauspielerin Vera Tschechowa. Es folgt ihre Kollegin

Helga Anders. Auch die Schauspielerin Hanne Wieder gibt ihre Unterschrift und erinnert sich dabei mit Grausen, wie es ihr als junges Mädchen bei einer illegalen Abtreibung erging: »Diese Angst, die ich ausgestanden habe. Morgens auf dem Tisch und abends auf der Bühne. Und niemand durfte was merken.«

Aus Hamburg kommt ein Appell mit der Unterschrift Romy Schneiders. Auch sie hat abgetrieben. Ihr knapper Kommentar am Telefon: »Es wird höchste Zeit, daß wir Frauen uns gegen diesen Paragraphen wehren.«

Uschi Glas in München unterschreibt nicht. Warum, erklärt sie zwischen zwei Einstellungen im Filmstudio: »Ich unterschreibe alles gegen diesen Scheiß-Paragraphen. Nur, daß ich abgetrieben hab', das unterschreib' ich nicht. Ich hab's nun mal nicht getan. Und da bin ich abergläubisch.«

Auch Anneliese Fleyenschmidt, eine der bekanntesten bayerischen Fernsehsprecherinnen, bedauert, nicht unterschreiben zu können, weil »ich nicht abgetrieben habe, sondern mir im Gegenteil immer vergebens ein Kind gewünscht habe«. Frau Fleyenschmidt: »Aber ich kämpfe mit den Frauen gegen den Paragraphen 218 – er ist unmenschlich.«

An der Elbe, in Köln, in Düsseldorf, in Berlin spucken Kopiergeräte immer neue Formulare für die »Aktion 218« aus. Die 77jährige Hamburgerin Adele Heldmann ist die älteste, die einen Appell unterschreibt. Am Rand notiert sie: »Bei der Abtreibung beinahe gestorben.« In Frankfurt schreibt ein Teenager mit blauem Kugelschreiber auf den Appell seiner Mutter: »Ich würde auch eine ungewünschte Schwangerschaft unterbrechen lassen – Isabel Zollna, 14 Jahre.«

Innerhalb von drei Wochen haben 374 Frauen durch ihre Unterschrift öffentlich bekannt: »Ich habe abgetrieben.« Ihnen allen droht nun der Paragraph 218, der 1871 ins deutsche Strafrecht aufgenommen wurde, mit Freiheitsstrafen bis zu fünf Jahren.

12 000 Katholiken warnten Justizminister Jahn

Solange dieser Paragraph besteht, ist er umstritten. Schon in den zwanziger Jahren gingen Arbeiterfrauen und ihre Männer gegen ihn auf die Straße. Doch der Paragraph, der selbst nach einer Vergewaltigung eine Schwangerschaftsunterbrechung verbietet, überdauerte die Weimarer Zeit, das NS-Reich, die CDU-Herrschaft in Westdeutschland.

Der Abtreibungsparagraph wird heute vor allem von der katholischen Kirche gestützt, die Schwangerschaftsunterbrechungen jahrhundertelang stillschweigend tolerierte. Nach mittelalterlichem Kirchenglauben bekam ein männlicher Fötus erst am 40. Tag nach der Zeugung eine Seele, der weibliche gar erst am 80. Tag. Erst seit 1869, als Papst Pius IX. Schwangerschaftsunterbrechungen verdammte, gilt für den Klerus wie in frühchristlicher Zeit Abtreibung vom ersten Tag der Schwangerschaft an als Mord.

Als sich im Herbst 1969 in Bonn die sozial-liberale Koalition etablierte, schien sich eine Liberalisierung des Abtreibungsgesetzes anzubahnen. Der Parlamentarisch-Politische Pressedienst der SPD deutete am 13. Juli 1970 an: »Möglicherweise wird man bis zum dritten Schwangerschaftsmonat die Abtreibung in Kliniken bei voller Kostenübernahme durch die Krankenkasse erlauben, vorausgesetzt, daß sie ärztlicherseits befürwortet wird.«

Prompt ereiferte sich das katholische »Passauer Bistumsblatt«: »Minister Jahn will Mord legalisieren.« Und auch von 12 000 Lesern des katholischen Boulevardblattes »neue bildpost« wurde der Minister auf vorgedruckten Coupons gemahnt, »weder jetzt noch später eine Lockerung des Paragraphen 218 anzustreben«.

Die Kampagne scheint in Bonn nicht ohne Wirkung geblieben zu sein. Jahns Ministerium läßt auf hektografierten Rundschreiben neuerdings erklären, es sei »keineswegs geplant, die Schwangerschaftsunterbrechung bis zum 3. Monat freizugeben«.

Dabei ist der umstrittene Paragraph selbst Juristen nicht mehr heilig. Der Juristinnen-Bund wies darauf hin, der Paragraph entspräche »nicht mehr dem Rechtsbewußtsein weiter Kreise der Bevölkerung«. Und obwohl Abtreibung von der Staatsanwaltschaft ohne besonderen Antrag zu verfolgen ist, verspüren die Justizbehörden nur wenig Lust, gegen abtreibende Frauen vorzugehen. Von einer Million Abtreibungen kamen 1969 nur 276 vor den Richter.

Das droht nun anders zu werden. Den Staatsanwaltschaften wird nichts anderes übrigbleiben, als gegen alle Frauen, die sich öffentlich der Abtreibung beschuldigen, zu ermitteln. 374 waren es bei Redaktionsschluß dieses Heftes. Es sieht so aus, als wären es bald Tausende.

Der Regierung in Bonn bliebe dann nur eines, um einen vorzeitigen Verschleiß deutscher Staatsanwälte zu verhindern: Streichung des Paragraphen 218.

D: Alice Schwarzer: »Wir haben abgetrieben«. In: Der Stern. Nr. 24. 6. Juni 1971. S. 17–24. – Mit Genehmigung von Alice Schwarzer.

L: Frauen gegen den § 218 – Bundesweite Koordination (Hrsg.): Vorsicht »Lebensschützer«! Die Macht der organisierten Abtreibungsgegner. Hamburg 1991.
Alice Schwarzer: Frauen gegen den § 218. Frankfurt a. M. 1971.

27

# Sexualität als Angelpunkt der Frauenfrage: Alice Schwarzer über Sexualität als Herrschaftsinstrument (1975)

Eines der zentralen Merkmale der neuen Frauenbewegung der 70er Jahre war die neue Sensibilisierung für die ›private‹ patriarchalische Unterdrückung von Frauen über das Medium der Sexualität als Herrschaftsinstrument. Ausgehend von der Erkenntnis, daß einerseits private, subjektive Unterdrückungserfahrungen Ausdruck objektiver gesellschaftlicher Verhältnisse sind und andererseits die Wirksamkeit patriarchalischer Herrschaft auch und vor allem in der privaten, männlichen Verfügungsgewalt über den Körper und die Sexualität von Frauen begründet liegt, richtete sich der Kampf der Frauenbewegung nicht nur gegen das Abtreibungsverbot. Ins Zentrum der Kritik rückte die Fremdbestimmung und Deformation weiblicher Sexualität und der Kampf gegen sexuelle Interaktionsmuster, die von männlichen Bedürfnissen vorgeformt sind und auf einer kulturell geprägten Ideologie von Weiblichkeit und Männlichkeit beruhen.

In ihrem 1973 erstmals erschienenen Buch *Der »kleine Unterschied« und seine großen Folgen* analysiert Alice Schwarzer auf der Basis zahlreicher dokumentierter Gespräche mit Frauen aus ganz unterschiedlichen Lebenszusammenhängen die Rolle, welche die herrschenden sexuellen Normen im Leben von Frauen spielen, und inwiefern diese dazu beitragen, Männern das emotionale, soziale und ökonomische Monopol über Frauen zu sichern. Ihre zentrale These, daß »die Sexualität der Angelpunkt der Frauenfrage« ist, weil hier das Fundament männlicher Macht und weiblicher Ohnmacht liegt, wird im folgenden Textauszug zusammenfassend und systematisch dargelegt.

Schwarzers Darstellung und Analyse der alltäglichen Realität in den sexuellen Beziehungen zwischen Mann und Frau löste bei ihrem Erscheinen eine beispiellose Diffamierungskampagne in den Medien aus. Dies konnte den Erfolg des Buches jedoch nicht schmälern, da die Enttabuisierung des privaten sexuellen Bereichs und die gesellschaftliche Einbindung der scheinbar so individuellen sexuellen Probleme in der Partnerschaft für viele Frauen nicht nur eine große Erleichterung bedeutete, sondern auch Mut zur Veränderung gab. *»Der kleine Unterschied«* wurde zu einem Bestseller, der zu den Klassikern des modernen Feminismus zählt und 1994 bereits in der 13. Auflage erschien.

## Die Funktion der Sexualität bei der Unterdrückung der Frauen

Fast immer, wenn ich in den letzten Jahren versucht habe, mit Männern über Emanzipation zu reden – egal, ob mit Freunden oder Kollegen, ob mit Rechten oder Linken –, fast immer landeten diese Gespräche beim »kleinen Unterschied«. Das sei ja alles schön und gut mit der Emanzipation, und es läge auch noch manches im argen (so die, die sich für fortschrittlich halten), aber den kleinen Unterschied – den wollten wir doch hoffentlich nicht auch noch abschaffen?

Oh, nein! Nie würden wir uns erkühnen! Selbstverständlich nicht! Bei der eternellen petite difference soll es natürlich bleiben ... oder? Und je progressiver die Kreise sind, in denen er debattiert wird, der Unterschied, um so kleiner wird er – nur die Folgen, die bleiben gleich groß.

Es wird darum Zeit, daß wir uns endlich einmal fragen, worin er eigentlicht besteht, dieser gern zitierte kleine Unterschied. Und, ob er tatsächlich rechtfertigt, daß aus Menschen nicht schlicht Menschen, sondern Männer und Frauen gemacht werden.

Lange muß man in dieser potenzwütigen Männergesellschaft nach besagtem Unterschied nicht suchen:

Tatsächlich nicht sehr groß. Im schlaffen Zustand, so versichern die Experten, acht bis neun Zentimeter, im erigierten sechs bis acht Zentimeter mehr.

Und in diesem Zipfel liegt das Mannestum? Liegt die magische Kraft, Frauen Lust zu machen und die Welt zu beherrschen? Die Zipfelträger zumindest scheinen davon überzeugt zu sein ... Ich meine, er ist nicht mehr als ein Vorwand. Nicht dieser biologische Unterschied, aber seine ideologischen Folgen müßten restlos abgeschafft werden! Denn Biologie ist nicht Schicksal, sondern wird erst dazu gemacht. Männlichkeit und Weiblichkeit sind nicht Natur, sondern Kultur. Sie sind die in jeder Generation neu erzwungene Identifikation mit Herrschaft und Unterwerfung. Nicht Penis und Uterus machen uns zu Männern und Frauen, sondern Macht und Ohnmacht.

Die Ideologie vom Unterschied und den zwei Hälften, die sich angeblich so gut ergänzen, hat uns verstümmelt und eine Kluft zwischen uns geschaffen, die heute kaum überwindbar scheint. Frauen und Männer fühlen unterschiedlich, denken unterschiedlich, bewegen sich unterschiedlich, arbeiten unterschiedlich, leben unterschiedlich. Wie das auf unsere Stirn gebrannte Stigma der »Weiblichkeit« und »Männlichkeit« uns festlegt und einengt, weiß jede, weiß jeder von sich selbst nur zu gut. Nichts, weder Rasse noch Klasse, bestimmt so sehr ein Menschenleben wie das Geschlecht. Und dabei sind Frauen und Männer Opfer ihrer Rollen – aber Frauen sind noch die Opfer der Opfer.

Angst, Abhängigkeit, Mißtrauen und Ohnmacht der Frauen sind groß. Nicht einzelne versuchen, einer Mehrheit von »zufriedenen« Frauen den Männerhaß einzureden, sondern diese einzelnen gestehen ihn nur ein. Sie wollen nicht länger darüber hinweglügen. Je näher wir hinschauen, um so tiefer wird die Kluft zwischen den Geschlechtern. Nur wer es wagt, diese Kluft auszuloten, wird sie eines fernen Tages vielleicht auch überwinden. Nur wer Existierendes eingesteht, wird es auch verändern können. Langfristig haben dabei beide Geschlechter zu gewinnen, kurzfristig aber haben Frauen vor allem ihre Ketten und Männer ihre Privilegien zu verlieren.

Alle, die von Gleichheit reden, obwohl Ungleichheit die Geschlechterbeziehungen bestimmt, machen sich täglich neu schuldig. Sie sind nicht an einer Veränderung, nicht an der Vermenschlichung von Männern und Frauen interessiert, sondern an der Beibehaltung der herrschenden Zustände, denn sie profitieren davon. Die Ausbeutung der Frauen hat sich in den letzten Jahrzehnten nicht gelindert, sondern verschärft. Frauen arbeiten mehr denn je zuvor. Nur die Formen dieser Ausbeutung sind manchmal subtiler, schwerer faßbar geworden. Das, was offiziell unter Emanzipation verstanden wird, bedeutet für Frauen oft nicht mehr, als daß aus Sklavinnen freie Sklavinnen wurden.

## Die Lüge von der sexuellen Befreiung

Bei diesen Protokollen und auch bei all den anderen zahlreichen Gesprächen in den letzten Jahren habe ich den Eindruck gewonnen, daß zwei Drittel aller Frauen und mehr akut oder zeitweise »frigide« sind. Besser: frigide gemacht worden sind. (Was es mit der sogenannten »Frigidität« auf sich hat und warum ich sie in so vorsichtige Anführungsstriche setze, darauf komme ich noch zu sprechen.) Die Schätzungen der Sexualwissenschaft sind trotz Tabuisierung des Themas und sicherlich großer Dunkelziffer nicht weit davon entfernt. Experten vermuten, daß jede dritte oder zweite Frau akut frigide ist und fast alle Frauen massive Schwierigkeiten in der Sexualität haben.

Mit solchen Zahlen vor Augen wird erst richtig klar, wie makaber die Sexwelle für Frauen ist. Für sie hat sich weder an ihrer Abhängigkeit von Männern noch an der Unwissenheit über den weiblichen Körper grundlegend etwas geändert. Für sie hat sich nur eines geändert: Frauen müssen die nicht vorhandene Lust nun auch noch vorspielen. Früher konnten Frauen sich aus Prüderie oder

Angst vor unerwünschter Schwangerschaft wenigstens weigern, wenn sie keine Lust hatten, heute haben sie dank Aufklärung und Pille zur Verfügung zu stehen. Nach ihren Bedürfnissen fragt niemand. Auch sie selbst nicht. Sie verschweigen sie schamhaft, verbergen ihre sexuelle Verstümmelung und Ohnmacht, als hätten sie Angst, damit zu den Aussätzigen einer sexbesessenen Gesellschaft zu werden.

Nur manchmal durchbricht ein Blick, ein Satz, eine Zahl den Terror der öffentlichen Lüge. So veröffentlichte Prof. Bell 1974 in den USA eine Untersuchung bei 2373 Frauen und resümierte: Die Frauen sind so frigide wie zu Zeiten des Kinsey-Reports, also vor 20 Jahren. Nur behaupten sie heute, im Unterschied zu früher, »in überwältigender Mehrheit«, das sexuelle Zusammensein »nicht mehr als Pflicht zu empfinden, sondern Spaß daran zu haben«. – Tragische Kapitulation vor dem Zwang der scheinbaren Normalität. Sie täuschen damit nicht nur die anderen, sondern vor allem sich selbst. Was Frauen zu einer solchen Selbstverleugnung treibt und warum ihnen oft nichts anderes übrigbleibt, zeigen die Protokolle.

Früher, als Frauen Sexualität überhaupt abgesprochen wurde, hatten wir dennoch eine Identität, wenn auch eine negative. Heute wird uns diese negative Identität genommen, aber dafür keine Möglichkeit gegeben, Sexualität in Freiheit und Bewußtsein zu leben. Die neue Norm ist nicht die unsere, sondern die der Männer, Resultat: wir sind total verunsichert und glauben uns allein mit unseren Problemen. Wir geraten noch mehr in die Abhängigkeit von Männern, die uns nicht mehr immer nur gegen unseren Willen, sondern oft auch mit unserer hilflosen Zustimmung benutzen. Ein paar Beispiele:

Vom Hamburger Institut für Sexualforschung berichten Prof. Schorch und Gunter Schmidt, daß zunehmend Männer ihre Frauen in die Sexualberatung schicken, damit sie »richtig funktionieren«. Immer wieder sind in den letzten

Jahren Frauen in die Sprechstunde gekommen mit Erklärungen wie: Mein Mann hat mich aufgefordert, etwas zu unternehmen, damit ich einen Orgasmus bekomme. Er verlangt von mir, daß ich richtig reagiere.«

Und auf Vorstadtbällen ist es schon lange üblich, daß Jungen Mädchen vor dem Tanz fragen: »Hast du heute schon geschluckt?« – die Pille nämlich. Hat sie noch nicht geschluckt, wird gar nicht erst mit ihr getanzt – sie ist ja doch nicht zu gebrauchen . . . So erklärt es sich, daß eine 15jährige Schülerin, die noch keine sexuelle Beziehung hatte, vor zwei Jahren einem Journalisten auf die Frage, warum sie die Pille nehme, antwortete: »Damit ich vielleicht auch einmal einen Jungen kennenlerne, mit dem ich ein wenig länger zusammen sein kann.« »Wie lange?« »Na, vielleicht ein paar Wochen, das wäre schön.«

Das heißt: Frauen erkaufen sich menschliche Nähe, Hautkontakt, Zärtlichkeit und soziale Anerkennung durchs Bett. Eigene sexuelle Bedürfnisse werden gar nicht erst bewußt, sie sind zu unterdrückt und deformiert.

Die Beziehungen zwischen Mann und Frau sind heute so eindeutig Machtbeziehungen (selbst da, wo Männer an ihrer Rolle zweifeln oder zerbrechen), daß auch die weibliche Sexualität nur wieder Ausdruck weiblicher Ohnmacht sein kann. Daran liegt es, daß auch wünschenswerte Freiheiten wie Verhütung oder legaler Schwangerschaftsabbruch Frauen manchmal noch unfreier machen können: sie schlagen als Bumerang auf die Frauen zurück. Darum muß jede Liberalisierung gerade auch in der Sexualität Hand in Hand gehen mit Bewußtseinsprozessen, die es den Frauen möglich machen, dies für sich selbst zu nutzen, anstatt sich zusätzlich nutzen zu lassen.

Bei allen Frauen immer dasselbe ...

Um die Systematik in den Abläufen der Frauenleben noch einmal deutlich zu machen, resümiere ich die wesentlichen Etappen, die sich – unabhängig von Alter, Klassenherkunft und Bewußtseinsstand – in allen Protokollen (und zahlreichen Untersuchungen) immer wieder abzeichnen:

– Verwirrung in der Kindheit durch den Zwang zur weiblichen Rolle (»In der Schule saßen Mädchen und Jungen auf einmal getrennt.« – »Ich habe sehr viel geflötet und dachte gleichzeitig schuldbewußt: das tut ein Mädchen nicht.« – »Ich spürte, daß ein anderes Verhalten von mir erwartet wurde.«) Und auch Auflehnung dagegen (»Jungenspiele waren spannender«).

– Sich-Schicken in der beginnenden Teenagerzeit und von da an ein transvestitisches Spiel der Frauenrolle. Zu diesem Zeitpunkt ist die anerzogene Unterschiedlichkeit zwischen Frauen und Männern bereits unüberwindbar tief. Sie kann nur noch mit dem aufgesetzten Mythos von der »romantischen Liebe« und durch totale gegenseitige Funktionalisierung überspielt werden. (Mädchen knutschen mit Jungen, weil »es alle tun«, weil es »das Ansehen hebt«. Sie empfinden sie aber gleichzeitig als »fremd«, als »Wesen aus einer anderen Welt«, mit denen sie nichts gemein haben.)

– Jungmädchen-Solidarität mit dem eigenen Geschlecht. Nach außen wird krampfhaft Weibchen gespielt, nach innen aber hat der Bruch noch nicht stattgefunden. Noch sind Mädchen Freundinnen und nicht Rivalinnen. Sie haben innige emotionale Beziehungen zueinander und nicht selten auch sexuelle. Jede fünfte Frau hat oder hatte (laut Kinsey und Giese) homosexuelle Kontakte, jede dritte eingestandene homosexuelle Wünsche. Auch unter den Protokollen sind einige. Aber ich mußte alle – bis auf die Lesbierin – explizit danach fragen. Von selbst hätte keine darüber geredet.

Später beugt sich die Mehrheit der Frauen dann den ihnen aufgezwungenen Normen. Sie werden ausschließlich heterosexuell und unfähig, die gelebten Frauenbeziehungen selbst einzuordnen. Sie tun sie im nachhinein ab als etwas, was »nichts mit Liebe zu tun hat« (Renate A.) oder als »vorpubertär« (Rita L.) – zwei schichtenspezifische Arten, ein und dasselbe zu sagen. Nämlich, daß reife Liebe nur zwischen Frau und Mann möglich und daß alles andere unreif, minderwertig sei. So haben sie es allerdings in dem Augenblick, in dem sie es lebten, nicht empfunden. Diese Wertung hat ihnen die Gesellschaft erst später beigebracht.

– Einsamkeit und Unsicherheit in der Zwischenstufe vom Mädchen zur Frau. Ausnahmslos alle fühlen sich häßlich und dumm und sind zutiefst davon überzeugt, daß nur ein Mann aus diesem häßlichen Entlein einen Schwan machen könnte. Sie selbst sind nichts, existieren nur in Relation zu ihm. Sie haben keine selbständige Lebensperspektive und sind in eventuelle Ausbildungen eigentlich mehr zufällig hineingeraten (weil die Freundin dasselbe machte, weil eine Romanheldin den Beruf hatte ...). Sie warten auf einen netten Mann, hoffen auf ein nettes Haus und nette Kinder. Und sie glauben – auch wenn sie um sich herum nur schlechte Ehen sehen – an die Ausnahme, an das Wunder. Sie müssen das, denn sie haben keine Alternative. – Verschwinden der ehemaligen Freundinnen, die absorbiert werden von ihren Männerbeziehungen.

– Erster Beischlaf als Pflichtübung im Ritual des Frauwerdens. Keine tut es aus Lust, alle tun es aus Angst. »Weil es ja mal sein mußte« oder »Weil er unbedingt wollte«. Für alle ist es ein traumatisches Erlebnis. Allen tut es weh.

Dazu ein paar statistische Zahlen: Der jugoslawische Psychologe Dr. Bodan Tekavic untersuchte die Deflorationsmotive junger Mädchen und fand heraus: 71% tun es, um ihren Freund nicht zu verlieren; 6% tun es aus Angst, als altmodisch zu gelten; 16% aus Neugier. Die Männer, befragt, warum ihrer Meinung nach die Frauen beim erstenmal mit ihnen schlafen, vermuteten zu 76%: aus Lust.

Auffallend ist bei den Protokollen, daß die beiden einzigen Frauen, die den ersten Koitus relativ unbeschadet überstehen (Karen und Verena), auch die einzigen sind, die selbst aktiv waren und nicht passiv wie alle anderen. Sie beugten sich zwar dem Zwang der Norm, nicht aber der Situation: Sie selbst hatten entschieden, wann und mit wem und warum sie es taten. Dadurch waren sie subjetiv weniger unterlegen.

– Viele empfinden ihre sexuellen Kontakte mit dem Ehemann oder Freund als Prostitution. (Renate A.: »Ich weiß ja, daß jede Frau 'ne Hure ist für ihren Mann.« Alexandra K.: »Im Grunde ist das, was ich mache, ein Sichzurverfügungstellen für die Onanie des Mannes.«)

– Alle Frauen fühlen sich benutzt, reagieren häufig mit Frigidität. Ausschlaggebend ist vor allem ihre generelle Abhängigkeit in der Beziehung und die Ignoranz ihrer seelischen und körperlichen Bedürfnisse. Entweder haben die Umstände sie wirklich unfähig gemacht, sexuell zu empfinden, oder aber sie werden eben einfach als »frigide« abgestempelt (d. h. sie sind unfähig, den sogenannten vaginalen Orgasmus zu bekommen) –, was sie bei anderen Sexualpraktiken in den meisten Fällen nicht wären. Sie schlafen trotzdem mit den Männern und spielen oft einen Orgasmus vor. Entweder, weil sie sich dazu gezwungen fühlen, oder aber, weil sie sich mit Sexualität Liebe erkaufen wollen.

– Geheiratet wird fast immer in Situationen, in denen die Frauen einsam sind und mutlos. Mit der Ehe versuchen sie, sich ein wenig Sicherheit und Bestätigung zu erkaufen. Sie ist die Flucht vor einer Außenwelt, die Frauen fremd und verwehrt ist, in eine Innenwelt, die die versprochene Erfüllung nicht halten kann.

– Der Terror der angeblichen Norm ist die massivste Verunsicherung, die Frauen erfahren: Wenn sie nicht täglich mit ihrem Mann schlafen wollen, wenn sie keinen Orgasmus haben, wenn sie von Hausarbeit und Kindererziehung nicht ausgefüllt sind – immer heißt es: Du bist nicht normal. Am schlimmsten ist es in der Sexualität, wo Frauen die vorbehaltenen Normen kaum überprüfen können. Sie müssen hinnehmen, was Männer und Medien erzählen. Da ihre Identität primär über ihre Funktion als Sexualwesen läuft, ist in ihren Augen und denen der anderen ein »Versagen« in der Sexualität gleich einem Versagen überhaupt (Anke L. in ihrer Phase der Frigidität: »Ich fühlte mich als Mensch zweiter Klasse. Ich dachte, du kannst durch alle Examen fallen, überall versagen, aber das mußt du jetzt bringen!«)

– Zu diesem Zeitpunkt sind die Frauen, die einst oft muntere starke kleine Mädchen waren, längst zu »relativen Wesen« (Simone de Beauvoir) reduziert worden. Sie begreifen sich nur noch in bezug auf den Mann, investieren in seine Existenz und seine Karriere und bleiben dabei hoffnungslos auf der Strecke. Die Abhängigkeit und Ausbeutung, der sie ausgeliefert sind, treiben sie in Krankheit (so wie z. B. im Falle der Irmgard S. das Hausfrauensyndrom) und Wahnsinn (so wie im Falle der Rita L. die Schizophrenie).

– Auch nicht verheiratete Frauen im Beruf entgehen nicht der Zerrissenheit der weiblichen Rolle. Sie hetzen zwischen zwei Schauplätzen und büßen den relativen Erfolg in männerbeherrschten Berufen oft durch die Fortsetzung der privaten weiblichen Unterwerfung, gerade auch in der Sexualität.

– Ausnahmslos alle Frauen erleben ihren ersten Orgasmus – sofern sie ihn überhaupt jemals erleben – in einer Situation, in der sich die objektive Dominanz des Mannes durch ihre subjektive Stärke und seine subjektive Schwäche gemildert hat. Diese Männer werden als »sanft«, »unsicher« und »nicht fordernd« beschrieben. Das heißt, alle Männer, mit denen Frauen eine befriedigende Sexualität erleben, sind im positiven Sinne »unmännlich«. Je männlicher und potenter ein Mann sich gebärdet, um so geringer ist die Wahrscheinlichkeit, daß die Frau mit ihm eine befriedigende Sexualität erleben kann. Das ganze Potenzgehabe der Männer entbehrt also jeglicher Grundlage, zumindest für heterosexuelle Beziehungen. Wir müssen uns fragen, wem es gilt – Frauen offensichtlich nicht.

Ein ganz wesentlicher Faktor bei befriedigender Sexualität ist die Ergänzung des Koitus durch weitere Sexualpraktiken (oralgenitale oder manuelle Zärtlichkeiten). Keine der Frauen, die explizit über ihre Sexualpraktiken sprechen, erlebt einen sogenannten »vaginalen Orgasmus« (das heißt, ausschließlich durch das Eindringen eines Penis in die Scheide).

– Die wenigen Frauen, die ein Gespräch mit ihrem Partner über ihre Sexualität beginnen, können das nie aufgrund seiner gewonnenen Einsichten tun, sondern immer nur aufgrund realer Machtverschiebungen zu ihren Gunsten: Erfolg im Beruf oder Gespräche mit Frauen, die bestätigen und ermutigen ... (Sonja S.: »Gut war auch, daß ich gemerkt habe, daß man durchs Reden nur sehr wenig begreift und verändert. Ganz vieles läuft nur, wenn du praktisch Druck ausübst, wenn du es einfach nicht mehr machst. Dadurch war er auch gezwungen, über sich selbst nachzudenken.«)

– Nur Frauen, die sich in aktiven Emanzipationsprozessen befinden, schaffen es überhaupt, mit ihren Freunden und Männern halbwegs über ihre Sexualität zu reden. Ganz sicher liegt das vor allem daran, daß diese Frauen bei aller anhaltenden Betroffenheit doch relativ die wenigste Angst haben, durch ihre Forderungen Männer zu verprellen und zu verlieren. Sie sind durch zunehmende Eigenidentität nicht mehr so existentiell auf die Beziehung zu einem Mann angewiesen. Auch haben diese Frauen immer Freundinnen, mit denen sie über ihre Probleme reden können, und die sie stärken.

– Tiefgreifendste Lähmung sind die permanenten Minderwertigkeitskomplexe und Schuldgefühle. Frauen halten sich für schuld an allem: Schuld an der eigenen »Frigidität«, schuld an seinen Potenzstörungen, schuld an den verhaltensgestörten Kindern, schuld an der ganzen Misere. Sie glauben, daß alle anderen es schaffen, daß nur sie keinen Orgasmus haben, nur sie keine gute Mutter sind, nur sie keine glückliche Hausfrau, nur sie keine emanzipierte Berufstätige.

– Fast alle Frauen haben Angst vor dem eigenen Mann und Mißtrauen (Renate A. über eine voreheliche Abtreibung: »Nee, dem sag' ich das nie – der würde das ja doch nur wieder gegen mich benutzen.« Gitta L.: »Ich war oft ängstlich, ob mein Mann nicht eines Tages falsch reagieren könnte. Da er sehr unbeherrscht war, habe ich die Kinder nicht gern mit ihm allein gelassen. Obwohl er mich nie geschlagen hat, hatte ich doch solche Gedanken.«)

Neben den handfesten Zwängen, denen all diese Frauen ausgegliefert sind, ist doch auch ihre psychische Abhängigkeit vom Mann frappierend. Es hat einer Gehirnwäsche von Jahrtausenden bedurft, um uns den Glauben an unsere eigene Minderwertigkeit, den Glauben an das »stärkere Geschlecht« und diese tiefen Zweifel in uns selbst einzupflanzen. Daß Frauen sich aber trotzalledem in ihr »Schicksal« nie schicken, zeigen auch die Protokolle. Sie sind Zeugnis ihres Aufbäumens gegen lebenslange Versklavung.

D: Alice Schwarzer: Die Funktion der Sexualität bei der Unterdrückung der Frauen (1975). In: A. Sch.: Der kleine Unterschied und seine großen Folgen. Frauen über sich – Beginn einer Befreiung. Erw. und aktualis. Ausg. Frankfurt a. M.: Fischer Taschenbuch Verlag, 1977. (Fischer Taschenbücher. 1804.)

S. 179–186. – © 1975, 1977 S. Fischer Verlag GmbH, Frankfurt am Main.

L: Marianne Hochgeschurz: Zwischen Anpassung und Widerstand. Die neue (west-)deutsche Frauenbewegung. In: Geschichte der deutschen Frauenbewegung. 5., neu bearb. und vollst. veränd. Aufl. Hrsg. von Florence Hervé. Köln 1995. S. 155–184.
Herrad Schenk: Die feministische Herausforderung. 150 Jahre Frauenbewegung in Deutschland. München 1980.
Alice Schwarzer (Hrsg.): EMMA-Sonderband 3: Sexualität (1983).

# III

# Schule und Bildung

28

## Hans Holbein d. J. und Ambrosius Holbein: Aushängeschild eines Schulmeisters (1516)

In den spätmittelalterlichen Städten hatte sich ein gewerbliches Schulwesen entwickelt, das auf die Bedürfnisse der Kaufleute und Handwerker zugeschnitten war. Gegen ein bestimmtes Entgelt konnte jedermann (und jedefrau!) Lesen, Schreiben und Rechnen lernen – Kenntnisse, die im spätmittelalterlichen Handwerk und Gewerbe auch für die mitarbeitenden Ehefrauen und Töchter unabdingbar waren. Bei der folgenden Abbildung handelt es sich um ein beidseitig bemaltes Werbeschild, angefertigt von den Brüdern Hans und Ambrosius Holbein vermutlich für Oswald Myconius (1488–1552), den späteren Reformator und engen Mitarbeiter Huldrych Zwinglis, der seit 1510 in Basel studierte und mit dem Erteilen von Unterricht seinen Lebensunterhalt bestritt. Der Text nennt die Bedingungen des Unterrichts: Angesprochen sind Männer und Frauen; vermittelt werden Lese- und Schreibkenntnisse in Deutsch, die für das Geschäftsleben wichtig sind, z. B. um einen Schuldbrief zu verfassen; der Erfolg wird garantiert: nur wer etwas gelernt hat, braucht zu zahlen; Kursbeginn ist vierteljährlich jeweils »nach dem heiligen Fasten«, d. h. nach den Quatembertagen, also Mittwoch bis Sonnabend nach »Invocavit« (6. Sonntag vor Ostern), Pfingsten und den Festen Kreuzerhöhung (14. September) und Lucie (13. Dezember). Ausdrücklich werden Frauen, Jungfrauen und Mädchen als Kundinnen angesprochen. Die Abbildungen S. 206 zeigen Szenen aus dem Schulalltag: Im ersten Bild werden links ein Junge durch einen Schulmeister, rechts ein Mädchen durch eine Schulmeisterin unterrichtet, im zweiten Bild liest der Schulmeister mit zwei Erwachsenen ein Schriftstück. Diese rein an praktischen, »weltlichen« Kenntnissen orientierten städtischen Schulen wurden seit der Reformation durch die kirchlichen, nach Geschlechtern getrennten Elementarschulen verdrängt.

A: Studien zum städtischen Bildungswesen des späten Mittelalters und der frühen Neuzeit. Bericht über Kolloquien der Kommission zur Erforschung der Kultur des Spätmittelalters, 1978 bis 1981. Hrsg. von Bernd Moeller [u. a.]. Göttingen: Vandenhoeck

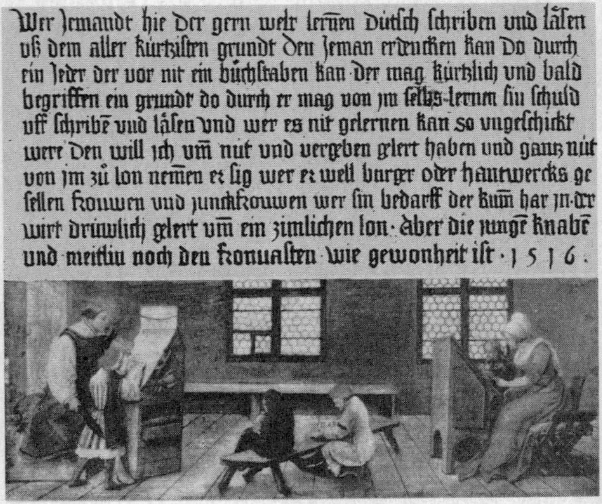
Wer Jemandt hie der gern welt lernen Dütsch schriben und läsen
uß dem aller kürtzisten grundt den Jeman erdencken kan Do durch
ein Jeder der vor nit ein büchstaben kan Der mag kürtzlich und bald
begriffen ein grundt do durch er mag von im selbs lernen sin schuld
uff schribē und läsen und wer es nit gelernen kan so ungeschickt
were Den will ich um̄ nüt und vergeben gelert haben und ganz nüt
von im zů lon nemen er sig wer er well burger oder hantwercks ge
sellen frouwen und junckfrouwen wer sin bedarff der kum̄ har in der
wirt drüwlich gelert um̄ ein zimlichen lon · aber die jungē knabē
und meitlin noch den fronvasten wie gewonheit ist · 1516 ·

& Ruprecht, 1983. Abb. 2a/b. [Nach S. 304.] – Original in der Öffentlichen Kunstsammlung Basel.

L: Andrea Kammeier-Nebel: Frauenbildung im Kaufmannsmilieu spätmittelalterlicher Städte. In: Geschichte der Mädchen- und Frauenbildung. Hrsg. von Elke Kleinau und Claudia Opitz. Bd. 1. Frankfurt a. M. / New York 1996. S. 78–90, 480–482.
Bernd Moeller [u. a.] (Hrsg.): Studien zum städtischen Bildungswesen des späten Mittelalters und der frühen Neuzeit. Göttingen 1983.

## 29

## Lehrplan einer lutherischen Mädchenschule (1593)

Mit der Reformation wurde eine neue Bildungsbewegung angestoßen. Martin Luther hatte 1524 in seiner Schrift *An die Radherrn aller Stedte deutsches Lands, das sie Christliche schulen auffrichtenn vnd halten sollen* (vgl. Nr. 30) von der weltlichen Obrigkeit die Einrichtung von Schulen gefordert, in denen Jungen und Mädchen gleichermaßen zu guten Christen wie zu guten Bürgern herangebildet werden sollten. Die reformatorischen Kirchenordnungen enthielten denn auch in der Regel einen Passus, der die Einrichtung von Elementarschulen, sogenannten Deutschen Schulen, für Jungen und Mädchen verlangten. Im Unterschied zu den spätmittelalterlichen Stadtschulen stand hier die religiöse Grundbildung im Vordergrund. Die weltlichen Fächer – Lesen, Schreiben, Rechnen – wurden meist nur beiläufig erwähnt. Neu war auch, daß nicht mehr Mädchen und Jungen gemeinsam unterrichtet wurden, sondern daß man auf eine Trennung der Geschlechter drang. Im Unterschied zu Jungen hatten Mädchen in der Regel weniger Unterricht, eine weiterführende Schule im Anschluß an die Elementarschule – wie Lateinschule oder Gymnasium für Jungen – war für sie nicht vorgesehen.

In der Göttinger Kirchenordnung, die mit einem Vorwort von Martin Luther 1531 in Wittenberg gedruckt worden war, verpflichteten sich der Rat und die ganze Stadt, nicht nur für die Lateinschule, sondern auch für Deutsche Schulen für Jungen und Mädchen zu sorgen. Die Einrichtung einer solchen Mädchenschule im ehemaligen Franziskanerinnenkloster (»Barfüßerkloster«) ist jedoch erst 1593 nachweisbar. Leiter der Schule waren der Organist der Göttinger Johanniskirche Johann Nagel und seine Ehefrau Barbara Weber.

Verfasser der im folgenden abgedruckten Schulordnung waren Theodosius Fabricius, Erster Pfarrer der Johanniskirche, Professor der Theologie und »großer Verehrer Luthers und seiner Schriften« (K. H. Bielefeld), und das »Geistliche Ministerium«, die Versammlung der Pfarrer der Göttinger Stadtkirchen, die über sämtliche geistliche Angelegenheiten der Stadt Entscheidungsvollmacht hatte.

### Entwerfung der megdlein[schule] wie dießelbe im Barfüß[er]closter angerichtet worden

Dieweil ein erbar wolweißer rhat und die ehrlichen gilden vermög ihrer alten kirchenordnung von dem seeligen und treuren manne Gottes D. Martin Luthern selbst approbiret und confirmiret, eine cristliche megdleinschule in daß Barfüßercloster gelegt und den organisten zu St. Johannis Johannem Nageln sampt seiner hausfrauen zu diesem werk ordenlich beruefen und durch die verordnete herrn scholarchas die erbarn und vornemen herrn Johan Ruman und herrn Christoff Seylern den 14. tag Junii dießes dreiundneunzigsten jars einführen und bestetigen laßen, mir M. Theodosio Fabricio aber, pfarrern zu St. Johannis, durch ermelte herrn scholarchas die inspection bevolhen und aufgetragen, alß hab ich neben einem erwurdigen ministerio zu befurderung solches christlichen und Gott wolgefelligen werckhs nachfolgende delineation begriffen, darmit hierdurch vermittelst göttlicher hülfe der schulen ein anfang gemacht und der grundt gelegt werden möge, doch die verbesserung jederzeit vorbehalten.

Worauf das ganze schulwerckh stehe und beruhe

Das ganze werck ist dahin gerichtet, daz die megdlein zu Gottes forcht und zucht angehalten und gewehnet werden. Zu Gottes forcht gehöret, das sie lernen ihren cathechismum, schöne psalmen, sprüch und sonsten feine cristliche und gottseelige geseng und gepetlein, dieselben selbst lesen und aufsagen können. Zur zucht gehöret, das sie lernen Gottes wort lieb haben, ir eltern in ehren halten, sich hüeten vor ungehorsamb, unzüchtigen reden und geberden, für diebstal und l[ügen und an]gereizet werden, von d[em leydigen] müssiggang zur arbeit, lesen, schreiben, neen, wircken, da[mit sie] etwas furhaben und anderer [leicht]fertigkeit darbei vergeßen. Von welchem intent dann gar weißlich und cristlich die göttingische kirchenordnung also redet § von der megdleinschule am plat CIIII

*und nach dem es auch cristlich und hoch von nöthen ist, das ein teütsche jungkfrauenschule bei unß aufgerichtet und darzu eine erbare redliche frau verordnet werde, welche die kinder schreiben und lesen lehrne zu Gottes forcht, guten sitten und tugenden mit lehr und ihrem wandel anführe, wollen wir auch eine jungfrauenschule haben, besonderlich weil wir wissen, das die jungfrauencloster vor zeiten solche zuchtschulen gewesen seindt, in welchen viel herlicher jungfrauen und marterinnen als S. Agnes, S. Agatha, S. Catharina und anderer viel also in erkentnüß Gottes und liebe durch die underweisung in göttlichem wort gebracht sindt, das sie auch umb Cristus und der wahrheit willen deß bittern dots furcht, der tyrannen und aller pein grausamkheit uberwunden haben. Dieweil nun vor zeiten von jungkfrauenschulen solche fruchte kommen sindt, wöllen wir unser statt zu guet auch eine anrichten und der zuversicht zu Gott, es solle Gottes lob und ehr auch unser statt und kinder besserung darauß entstehen.*

Bißher die göttingische alte kirchenordnung.

## Vom leben und wandel deß schulmeisters und schuelmeisterin

Eß soll der schulmeister und schuelmeisterin darauf bedacht sein, das sie den kindern vor allen dingen mit gottseeligkeit, erbarkeit, zucht und gueten leben und wandel vorg[ehen, kein böses] exempel oder ergerniß ihnen ge[ben mit] geberden, worten oder werken und solches darumb, dieweil der herr Cristus so treulich und ernstlich dafur warnet Mathei 18: wer da ergert der geringsten einen p., vor eins.

Zum andern, das sie bei den kindern fleiß thun ohn underscheidt und anfahen [ansehen], sie sein reich oder arm, groß oder klein, sie inen mit ernst bevolhen sein lassen.

Zum dritten, das sie auch vernünftig und bescheidenlich als geistliche eltern sich erzeigen, gleich als wen die kinder ir eigen weren, es herzlich und guet mit inen meinen.

## Von den schulstunden

Eß sollen die kinder wie breüchlich winters zeit umb 7 uhr und sommers umb 6 zur schulen komen und drei stunden vor und drei stunden nach mittage mit inen zugepracht werden. Doch das man mit den kleinen megdlein gedult trage, wen sie nicht alzeit früe so balt herfur gebracht werden konnen. Den donnerstag aber und den nachmittag des sonnabents sollen sie uber die son- und festage frey sein.

## Von der ordnung im sizen

Erstlich sollen die kinder underschiedlich gesezt werden, nachdem sie das a b c item buchstabiren und lesen lernen, welches nicht allein zu erhaltung der zucht dienet, sondern auch in der schularbeit desto mehr richtigkeit gibet.

Zum andern konte man ein verzeichnus halten, das man wüste, wer die kinder weren, in welcher pfar ire eltern wohneten, ob sie arme weisen, arm oder unvermögenter leuthe kind oder nicht.

Von der schularbeit

Dieweil in allen gescheften und emptern viel daran gelegen, daz ordnung gehalten werde, würdt der schulmeister mit seiner frauen darob sein, daz beede vor und nach mittage diese vierley stückh mit den kin[dern get]rieben werden, also, daß immer eins uf das ander folge.

Erstlich möchte man beides, vor und nach mittage, den eingang machen mit dem gebet. Die kinder zugleich miteinander auf einmal beten laßen das vater unser, den cristlichen glauben und morgensegen. Nachmittag etwan ihnen ein fein gebetlein etlich tage nacheinander fursprechen, das sie nachsagen müßen, biß sie es lernen.

Zum andern ließ man nach dem gebet die kinder aufsagen ihre lection. Doch also, das die grösten zum ersten anfiengen und den hernach die kleinern mit hülfen überhören, beedes im lesen, buchstabiren und im a b c. Wen nun ein jedes ufgesagt, würde ihme wiederumb etwas furgegeben. Hette auch eins den catechismum ausgelesen, ließ man es lesen im evangeliumbuch, darnach im psalter, im syrach und im neuen testament, damit sie desto fertiger im lesen wurden. Die da lesen könten und wolten schreiben und nehen lernen, denen machte man eine vorschrift oder ließ sie nehen. Nach diesem möchte man sie laßen ein viertel stunde oder lenger außruhen und ihres essens warten.

Zum dritten nehest diesem neme man fur den catechismum und ließ ein stuckh nach dem andern uf einmal sie alle zugleich hersagen, doch fein deutlich und langsam, das die kleinen konten nachkhommen. Man konte auch den kleinen, damit sie die außlegung desto gewisser lerneten, ein gepot nach dem andern mit der außlegung aufgeben, den großen aber feine psalmen und sprüch, zuweilen auch die sontagsevangelia. Doch sollen sie nicht überladen werden. Darumb konte man einen psalm, nachdem er groß were, die ganze wochen herdurch mit inen treiben. Den müsten sie miteinander zugleich recitiren [oder] eines müste ihn den anderen furbeten, die anderen in nachsprechen, nachdem der schuelmeister mercken würd, wie sichs am besten schicket.

Zum vierten, wen solchs geschehen, möchte man zum beschluß mit ihnen singen die gewonliche kirchengeseng, wie sie der zeit nach fallen würden, und darnach sie züchtig heißen zu hauße gehen.

Vom catechismo

Eß soll vermög der göttingischen kirchenordnung kein ander catechismus getrieben werden, deme das deß heiligen manne Gottes D. Luthers, auch keine andere frembde fragstück gebraucht werden, dan die in Göttingen bißhero üblich geweßen, als deß herrn D. Morlini und anderer unverdechtigen lutherischen lehrer, doch alzeit mit bewust und rhat deß ministerii.

Da auch ein jedes stuck den kindern im catechißmo ercleret würdte, müste die erclerung einfeltig sein, daz sie die kinder verstehen köndten und auß dem catechismo genommen, als zum exempel:

Im ersten stückh des catechismi müste man vleißig inen einbilden, daz viert und sechste gebot, daz sie ungehorsam, mutwill, furwiz, unzüchtige geberde und wort fliehen und meiden lerneten.

Im andern stück könnte man sie fein underrichten, wieviel personen der gottheit sein, wer sie erlöset, wer Cristus sei, womit er sie erlöset und wovor er sie erlöset und dergleichen.

Im dritten stuck sie underweißen, was beten sei, wen man anrufen solle, was man bitten solle, wie man beten solle für vater und mutter, guet regiment, guet wetter, friedt, gesundheit, wie sie auch vor und nach dem essen beten und Gott dancken sollen. Item sich früe und spät in der engel schuz bevelhen.

Im vierten stuckh was die tauf seie, wer sie eingesezt, was zur tauf gehöre, was sie würckhet und dergleichen.

Im fünften stuckh was das sacrament deß alteres sey, wer es eingesezt habe, was uns im sacrament gereichet werde mit brot und wein, was solch essen und trinken nuze und worzu es diene und dergleichen.

### Von gesengen

Eß sollen die geistreichen gesenge deß mannes Gottes D. Luthers und anderer gottseeligen lehrer so im gemeinen gesangbuch zu finden, mit vleiß mit den kindern fein deutlich, langsam, vornemblich und ganz gesungen werden, und sollen die megdlein so lesen konnen, die gesenge aufsuchen und allezeit fur sich haben under dem singen.

### Von den gebetlein

Eß sollen auch reine und gottseelige gebetlein mit ihnen getrieben werden, als da sein die teutschen collecten in den gesangbuchern nach der zeit außgeteilet. Item andere kurze gebetlein D. Luthers und deß herrn D. Avenarii. Sonst sollen nicht frembte unbekante gebetlein gepraucht werden.

### Von der zucht in der schulen

Erstlich sollen die kinder gewehnet werden, das sie fein rein und deütlich die syllaben im lesen, beten, singen außreden und ganze volkemene wort machen.

Zum andern sollen sie die wort im catechismo behalten, allerding wie sie im buchstaben stehen und keine andern hinzusezen oder davon nemmen, wie oftmals geschicht. Da nun kinder ihnen etwas angewehnet, soll inen daßelb wiederumb abgewehnet werden.

Zum dritten soll inen nicht verstattet werden, in der schulen schalckheit und gewesch oder gelechter zu treiben.

### Von der zucht in der kirchen

In der kirchen sollen sie under der predigt zuchtig und still sizen und die schuelmeisterin auf sie ein auge haben.

Deß donnerstags soll die schuelmeisterin die megdlein umb 2 uhren in die kirchen S. Johannis zum catechismo komen laßen, das sie ordenlich nacheinander in den stühlen stehen, die schulmeisterin aber an einen ort trete, das sie sie allein im gesicht haben möge.

Von der strafe

Dieweil ohne strafe die kinderzucht nicht kan erhalten werden, soll erstlich der schuelmeister und schuelmeisterin mit feinen freündlichen und gelinden worten die kinder vermanen, das sie from, züchtig, gehorsamb und im lernen und beten vleißig sein wöllen.

Zum andern, da solche vermanung nichts helfen wolte, sollen sie etwas scherpfer sie vornemen und mit worten etlich mal strafen, ihnen mit der ruthen drauen und sehen, ob sie sich beßern wolten. Item, das man es ihren eltern anzeigen wolte und dergleichen.

Zum dritten, da gar keine besserung, sollen sie nach der lehr deß weißen königs Salomons mit der ruthen, doch bescheidenlich, züchtigen, damit sie sich fürchten lernen und ein andermahl mit worten sich ziehen laßen. Eß soll aber auch nach gelegenheit etwas den kleinen und plöden, forchtsamen kindern übersehen werden, damit sie der schulen nicht entgegen und zuwieder werden.

Von anderen schulen

Welche in dieße eines erbarn rhats schule gehen, sollen darinne pleiben und nicht darauß ihres gefallens wieder in andere laufen, da sie vermeinen, beßer luft und weniger zwang zu haben. Dagegen aber sollen diejenigen, so anderswo gewehnet sein, in dieße schuel nicht gezwungen oder genötigt werden. Eß sollen auch die kinder einander nicht verhezen oder verachten.

Von dem schuz und der inspection

Eß werden ungezweifelt ein erbar rhat und die ehrlichen gilden uber die schulen halten, dem schulmeister günstige beforderung beweißen, auch durch die herrn scholarchas die günstige verschaffung thun, das der tief brunnen auf dem hofe mit einem stacket und thur, umb der kinder willen allerhand besorglichen schaden zuverhüeten, verwahret werde. Und bin ich für mein persohn erpötig, alle vierzehen tage einmal in die schule zu khommen und mit zuzusehen, das wie oben beschrieben, alles möge nach dem besten verrichtet werden. Dazu den Gott Vater, Sohn und Heiliger Geiste gnad und seegen geben und dieße jezige schule zu seines namens ehr und der jezigen jugent, auch den nachkommen zu heil und wolfart erhalten und nimmermehr in fal·komen laßen wölle.

In gesamptem ministerio den 18. Junii verlesen und geschlossen, anno p. 1593

und einem erbarn rhat und den ehrlichen gilden zu verlesen und zu confirmieren durch die herrn scholarchas folgendes tags übergeben.

D: Karl Heinz Bielefeld: Eine Ordnung der Mädchenschule in Göttingen vom Jahre 1593. In: Göttinger Jahrbuch 26 (1978) S. 133–140, hier S. 135–140.

L: Anne Conrad: »Jungfraw Schule« und Christenlehre. Lutherische und katholische Elementarbildung für Mädchen. In: Geschichte der Mädchen- und Frauenbildung. Hrsg. von Elke Kleinau und Claudia Opitz. Bd. 1. Frankfurt a. M. / New York 1996. S. 175–188, 494–498.

## 30
## Schule für Jungen und Mädchen

Die nebenstehende Abbildung zeigt eine Schule, in der Jungen durch einen Lehrer und Mädchen durch eine Lehrerin unterrichtet werden. Die Bildüberschrift »Lasst die kynder tzů mir komen vnnd weret yhnen nicht«, ein Zitat Jesu aus dem Matthäusevangelium (Mt. 19,14), soll auf die Begründung des Schulunterrichts durch die Heilige Schrift beziehungweise Jesus selbst verweisen.

A: Martin Luther: An die Radherrn aller stedte deutsches Lands, das sie Christliche schulen auffrichtenn vnd halten sollen. Wittenberg 1524. [Titelblatt.] In: Herd und Himmel. Frauen im evangelischen Württemberg. Katalog zur Ausstellung im Landeskirchlichen Museum Ludwigsburg vom 17. Mai 1997 bis 19. März 1998. Stuttgart: Steinkopf, 1997. S. 32.

## 31
## Naturwissenschaftlerinnen: Gottfried Wilhelm Leibniz über die Astronomin Maria Kirch (1709)

Die Beschäftigung mit Wissenschaft und der Austausch mit Gelehrten war für Frauen im 17. und frühen 18. Jahrhundert nicht ungewöhnlich. Vor allem im Adel, aber auch im Handwerkermilieu finden sich dazu etliche Beispiele. Die Astronomin Maria Kirch, geborene Winkelmann (1670–1720), war bei einem mit ihrem Vater bekannten Astronomen ausgebildet worden und hatte 1692 den Astronomen Gottfried Kirch (1639–1710) geheiratet. Als Kirch 1700 zum Mitglied und Ordentlichen Astronomen der neu gegründeten Königlichen Akademie der Wissenschaften in Berlin berufen wurde, arbeitete sie dort als »inoffizielle, aber allseits geachtete As-

An die Radherrn aller stedte deutsches lands: das sie Christliche schulen auffrichtenn vnd halten sollen.

Martinus Luther. Wittemberg. M. D. X X iiij.

Lasset die kynder tzů mir komen vnnd weret yhnen nicht Mat. 19.

sistentin ihres Mannes« (Schiebinger). 1702 entdeckte sie einen bis dahin unbekannten Kometen. Der Bericht darüber wurde wie fast alle anderen gemeinsam erarbeiteten wissenschaftlichen Schriften unter dem Namen ihres Mannes publiziert; von 1709 bis 1711 veröffentlichte sie allerdings drei astronomische Traktate unter ihrem eigenen Namen. Gemeinsam mit ihrem Mann beteiligte sie sich am Ausbau der astronomischen Einrichtungen der Akademie. Nach seinem Tod bewarb sie sich vergeblich bei der Akademie um dessen Stelle. Trotz ihrer anerkannten Qualifikation und obwohl die Akademie in ihren Gründungsstatuten die Mitgliedschaft von Frauen nicht ausschloß, verweigerte man ihr die Anstellung, um keinen Präzedenzfall zu schaffen. Ihre astronomischen Studien konnte sie in den folgenden Jahren in der Privatsternwarte des Barons von Krosigk fortsetzen; den Lebensunterhalt für sich und ihre Kinder verdiente sie sich mit der Errechnung von Kalendern. 1717 kehrte sie wieder an die Berliner Akademie zurück, dieses Mal als Assistentin ihres ebenfalls als Astronom tätigen Sohnes Christfried (1694–1740). Welches Ansehen Maria Kirch unter den Gelehrten besaß, geht hervor aus einem Schreiben Gottfried Wilhelm Leibniz', dem Leiter der Akademie, an Sophie von der Pfalz (1630–1714), Kurfürstin von Hannover.

Es gibt hier [in Berlin] eine der gelehrtesten Frauen, die als eine Seltenheit gelten kann. Ihre Leistungen liegen nicht auf dem Gebiet der Literatur oder der Rhetorik, sondern in den tiefgründigsten Lehren, d. h. in der Astronomie und allem, was davon abhängt, so daß sie als eine der herausragenden Besonderheiten Berlins gelten kann. Die Königin hat mir erlaubt, sie Ihnen vorzustellen, was ich bald tun werde, wenn es Ihrer Majestät genehm sein wird. Ich glaube nicht, daß diese Frau in der Wissenschaft, in der sie glänzt, leicht ihresgleichen findet. Sie ist wie alle gelehrten Astronomen unserer Zeit für das System des Kopernikus, d. h. für die Auffassung, daß die Sonne sich nicht bewegt, und es macht Freude, ihr zuzuhören, wenn sie dieses System verteidigt, selbst mit der Heiligen Schrift, in deren Lektüre sie ebenfalls sehr bewandert ist. Sie observiert, wie es der beste Observateur machen könnte, und versteht es bestens, den Quadranten und das Teleskop zu handhaben. Die Satelliten des Jupiters, die man nur damit sehen kann, machen mit ihren Verschiedenheiten eines ihrer gewöhnlichen Vergnügungen aus. [...] Sie geht oft nachts in unser Observatorium, und ihr Ruf ist so tadellos, daß niemand etwas daran findet.

D: Die Werke von Leibniz. Hrsg. von Onno Klopp. Reihe 1. Bd. 9. Hannover: Klindworth, 1873. S. 294–296. – Nachdr. Hildesheim / New York: Olms, 1973. – Übers. aus dem Französischen in Anlehnung an Londa Schiebinger von Anne Conrad.

L: Londa Schiebinger: Schöne Geister. Frauen in den Anfängen der modernen Wissenschaft. 2. Aufl. Stuttgart 1993.

## 32

## Lektüreempfehlung für Frauen in der Moralischen Wochenschrift *Discourse der Mahlern* (1723)

Moralische Wochenschriften waren populäre Zeitschriften, die belehrend und unterhaltend die Ideen der Aufklärung einem breiten bürgerlichen Publikum nahezubringen versuchten (vgl. auch Nr. 59). Erziehung und Bildung spielten dabei eine zentrale Rolle, wobei immer wieder auch die Notwendigkeit weiblicher Bildung ausdrücklich thematisiert wurde. Besonders die frühen Moralischen Wochenschriften der 1720er und 1730er Jahre setzten sich dafür ein, daß Jungen und Mädchen die gleichen Bildungschancen erhalten, Mädchen gezielt gefördert und die durch die traditionelle Erziehung gegebenen Bildungsdefizite von Frauen damit aufgehoben werden sollten. Diesem Zweck sollten die in mehreren Wochenschriften (*Der Patriot*, *Die Vernünftigen Tadlerinnen*, *Discourse der Mahlern*) veröffentlichten »Bibliotheken der Damen« oder »Frauenzimmer-Bibliotheken« dienen, Listen von Lektüreempfehlungen, die den Herausgebern für Frauen besonders geeignet erschienen.

Im folgenden Auszug aus der Moralischen Wochenschrift *Die*

*Discourse der Mahlern* wird eine solche Liste durch eine »Anfrage« aus (fingiert) weiblicher Perspektive (die »Mahlerinnen«) eingeleitet. Empfohlen werden dann 35 Titel. Vorwiegend handelt es sich um moralische und literarisch-ästhetische Werke, keine ›Frauen-Literatur‹ im engeren Sinn. Auffällig ist, daß keine religiöse Literatur aufgeführt wird. Zwei Drittel der genannten Werke sind in französischer Sprache. Der französische Kultureinfluß ist in dieser, in der Schweiz erschienenen Wochenschrift noch besonders deutlich zu spüren, andere Wochenschriften, z. B. Gottscheds *Vernünftige Tadlerinnen*, nannten ausdrücklich nur oder wenigstens mehrheitlich deutschsprachige Titel.

In der überarbeiteten zweiten Auflage der *Discourse der Mahlern* (1746, unter dem Titel *Mahler der Sitten*) werden dann andere Akzente gesetzt: Insgesamt werden 65, also fast doppelt so viele Titel genannt, französische Werke erscheinen – wenn möglich – in deutscher Übersetzung, außerdem wird englische Literatur aufgenommen; die meisten Werke stammen von zeitgenössischen Autoren; das Anspruchsniveau ist deutlich niedriger. Dies verweist bereits auf den Wandel des Frauenbildes seit der Mitte des 18. Jahrhunderts: Bildung wird immer weniger als geschlechtsübergreifender Wert verstanden, statt dessen verweist man auf die ›wesensmäßigen‹ Unterschiede zwischen Männern und Frauen und propagiert eine der ›Natur‹ der Frau entsprechende, weniger anspruchsvolle, spezifisch ›weibliche‹ Bildung.

## XV. Discours.

Ihr Herren Mahler!

Euer Geschlecht ist bißher sorgfältig gewesen / uns die Mittel zu entziehen / durch welche wir eine Erfahrenheit der menschlichen Sachen bekommen könnten. Die Mode ist eingeführt / daß man auf den Academien nur in der Lateinischen Sprache lieset; die meisten Bücher sind in eben derselben geschrieben; und man hat unsern Eltern die Maxime beygebracht / die Wissenschafften seyen den Leuten unsers Geschlechts schädlich / sie machen uns ruhmräthig und lächerlich / sie halten uns ab von den nöthigern Geschäfften; denn wir seyen allein gebohren daß wir unsern künfftigen Männern Geld zehlen / wäschen / flicken / bey ihnen schlaffen / und daß wir von der Gestalt einer Jüppe urtheilen. Einiche verfahren so unbillich / daß sie uns in offentlichen Schrifften untüchtig zum Heyrathen erklähren / wenn wir durch Lesung guter Bücher suchen verständig zu werden. Sie sagen / daß das Frauenzimmer so verheyrathet ist / oder sich verheyrathen will / die Bücher in Friede und Ruhe lassen / die aber so ledig bleiben wollen / sich nicht nur auf Wissenschafften / sondern auch auf Künste legen sollen. Wir geben zwar zu / daß ein Gelehrter / wie diß Wort heut zu Tag gebraucht wird / und ein Pedant nahe mit einander verwandt seyen. Aber unser Absehen ist nicht / daß wir aus den Büchern eine weitläufftige Wissenschafft unnützlicher Sachen sammeln; wir wollen daraus angenehme Freundinnen / kluge Ehe-Weiber / und gute Müttern werden. Wir geben ferner zu bedencken / daß ein pedantisches Frauenzimmer zwar lächerlich genug ist / aber doch nicht lächerlicher als ein pedantischer Mann. Diß alles ist von einem unserer Mit-Glieder mit einem grossen Nachdruck ausgeführt worden. Eben euer Geschlecht / ihr Herren / ist die Ursache / daß unsere Unterredungen meistens nur Bagatellen betreffen; Wir werden gezwungen unser Leben mit sclavischen Bemühungen zu verzehren / weil die Männer uns alle Gelegenheit abschneiden / einem Menschen anständigere Geschäffte zu unternehmen. etc.

Die Mahlerinnen.

Wir haben bereits in etlichen Discoursen zu verstehen gegeben / daß wir das schönere Geschlecht so tüchtig befinden / als immer die Männer sind / die wichtigsten Geschäffte zu führen. Damit wir auch dißmahlen der billigen Klage unsrer Gesellschaffterinnen Statt geben / wollen wir das Verzeichniß der Bibliotheck der Damen hinaus fertigen. Dieselbe ist also ausgelesen / daß das Frauen-Volck daraus wol witzig und angenehm / aber nicht gelehrt und pedantisch werden kan. Holbein hat von uns Befehl den Mahlerinnen absönderlich einen langen Catalogum der verbotenen Bücher zu übergeben. Was unsere Discourse betrifft / erklähren wir uns / daß wir sie als eine Gattung einer Conversation ansehen / die wir sonder Aergerniß mit dem Frauenzimmer unsrer Stadt anstellen können / nachdem uns die mündlichen Conversationen mit demselben durch die Unvertraulichkeit / die zwischen beyden Geschlechtern eingeführt ist / schwer gemachet werden.

Bibliotheck der Damen.

Frauenzimmer-Lexicon.

Acerra Philologica, mit Gotthard Heideggers Anmerckungen.

Gotthard Heidegger von den Romanen.

Simler vom Regiment der Schweitzer. Mit Herrn Leuen Anmerckungen.

Die denckwirdigen Reden des Socrates, von Xenophon beschrieben / und von Thomase übersetzet.

Le Thresor de la Sagesse par Charron.

Le Spectateur, ou, le Socrate Moderne. En 6. Volumes.

Les Lettres de Voiture.

Fontenelle de la pluralité du Monde; ist in das Deutsche übersetzet unter dem Titel: von mehr als einer Welt / Gespräche zwischen einem Gelehrten und einem Frauenzimmer.

Die Geschicht des Robinson Crusöe.

Die Argenis des Barclay: von der man zwar Ubersetzungen hat / von Opitz, und von Bohse.

Die Historie der Severamben.

Les Caractéres de ce siécle, par la Bruyére.

Les Caractéres de Theophraste, traduits par le méme.

Reflexions morales du Duc de la Rochefoucault.

Locke de l'Education des Enfans.

Les dialogues des Morts par Fontenelle.
Les dialogues des Morts par Gaudeville.
Les œuvres de Lucien traduits par d'Ablancourt.
Martin Opitzen Wercke.
Canitzen Neben-Stunden unterschiedener Gedichte.
Bessers Schrifften.
Les Avantures de Telemaque par Fenelon; übersetzt von Bohse: Begebenheiten des Telemachus.
Traduction de l'Eneide par Segrais.
La Pharsale de Breboeuf.
Les Eclogues de Fontenelle.
Les œuvres de Moliére.
Le Theatre de Pierre Corneille.
Les œuvres de Racine.
Les comédies de Terence, traduites par Mad. d'Acier.
Les œuvres d'Horaçe, traduits par Tarteron.
Les pöesies de Mad. des Houlieres.
Les œuvres de Boileau Despreaux.
Les fables choisies de la Fontaine.
Les fables nouvelles de la Motte.

D: Die Discourse der Mahlern. [Hrsg. von Johann Jakob Bodmer und Johann Jakob Breitinger.] Zürich: Lindinner, 1721–22. Tl. 4: Die Mahler, Oder: Discourse von den Sitten der Menschen. Zürich: Bodmer, 1723. S. 101–103. – Nachdr. Hildesheim: Olms, 1969.

L: Helga Brandes: Die »Gesellschaft der Maler« und ihr literarischer Beitrag zur Aufklärung. Eine Untersuchung zur Publizistik des 18. Jahrhunderts. Bremen 1974.
Wolfgang Martens: Die Botschaft der Tugend. Die Aufklärung im Spiegel der deutschen Moralischen Wochenschriften. Stuttgart 1968.
– Leserezepte für Frauenzimmer. Die Frauenzimmerbibliotheken der deutschen Moralischen Wochenschriften. In: Archiv für die Geschichte des Buchwesens 15 (1975) Sp. 1143–1200.

# 33
# Theorien zur weiblichen Bildung im späten 18. Jahrhundert: Jean-Jacques Rousseaus Sophie (1762)

Einer der einflußreichsten Theoretiker der Pädagogik in der zweiten Hälfte des 18. Jahrhunderts war Jean-Jacques Rousseau (1712–1778), dessen Werk *Emile oder Über die Erziehung* auch im deutschen Sprachbereich breit rezipiert wurde. Am Beispiel des fiktiven Lebensweges Emiles von der Geburt bis zur Heirat entwickelte Rousseau seine Vorstellung von einer »natürlichen« Erziehung, die sich den individuellen Möglichkeiten und natürlichen Fähigkeiten des Kindes anpaßt und damit gewährleistet, daß es seine Persönlichkeit frei entfalten kann.

Im 5. Kapitel des *Emile* befaßt sich Rousseau mit Sophie, dem weiblichen Gegenüber Emiles, und der »Erziehung der Frau«. Entsprechend der »natürlichen Bestimmung« des Mädchens zur Ehefrau und Mutter soll die Bildung des Mädchens ganz auf den Mann bezogen sein: Erziehungsziel ist die dem Mann in jeglicher Hinsicht liebenswerte Gefährtin. Bestimmung der Frau ist es, dem Mann zu gefallen, ihm nützlich zu sein und dadurch seine Achtung und Liebe zu erwerben. Daß Rousseaus Konzeption trotz ihrer restriktiven Züge von vielen Frauen positiv aufgenommen wurde, mag darin begründet sein, daß Sophie zwar grundsätzlich Emile untergeordnet ist, gleichzeitig aber über informelle, subversive Einflußmöglichkeiten verfügt, die sie als ihre besonderen »natürlichen« Gaben kultivieren soll: Schönheit, List und Koketterie sind die nach Rousseau positiv zu bewertenden ›Waffen einer Frau‹, mit denen sie ihre Interessen gegenüber dem Mann durchzusetzen vermag. Die darin enthaltenen erotischen Komponenten spielten bei den deutschen Nachfolgern Rousseaus keine Rolle mehr. Die Philanthropen (z. B. Johann Heinrich Campe) vertraten pragmatische Bildungstheorien und betonten vor allem Fürsorglichkeit und Tugendhaftigkeit als die wichtigsten Eigenschaften der idealen Hausfrau, Ehefrau und Mutter.

[...] In allem, was nicht mit dem Geschlecht zusammenhängt, ist die Frau Mann: sie hat dieselben Organe, dieselben Bedürfnisse, dieselben Fähigkeiten; die Maschine ist auf gleiche Weise konstruiert, die Einzelteile sind die gleichen, die Funktionen sind die gleichen, das Äußere ist fast das gleiche und, unter welchem Aspekt man sie auch betrachten mag, sie unterscheiden sich nur um ein Mehr oder Weniger voneinander.

In allem, was mit dem Geschlecht zusammenhängt, gibt es bei Frau und Mann ebenso viele Übereinstimmungen wie Unterschiede [...].

Diese Beziehungen ebenso wie die Unterschiedlichkeiten müssen ihren Einfluß auf die Geistesanlagen ausüben, diese Schlußfolgerung ist einleuchtend, entspricht der Erfahrung und beweist die Sinnlosigkeit der Streitereien um den Vorrang oder die Gleichberechtigung der Geschlechter: als ob jedes von beiden, wenn es nach seiner besonderen Bestimmung den von der Natur vorgesehenen Zielen zustrebt, nicht vollkommener wäre, als wenn es sich dem anderen angleiche! [...]

In der Vereinigung der Geschlechter trägt jedes zum gemeinsamen Ziel bei, aber nicht auf die gleiche Weise. Aus dieser Verschiedenheit entsteht der erste benennbare Unterschied in ihren gegenseitigen geistigen Beziehungen. Das eine muß aktiv und stark, das andere passiv und schwach sein – notwendigerweise muß das eine wollen und können, und es genügt, wenn das andere nur schwachen Widerstand zeigt.

Aus diesem festgesetzten Prinzip folgt, daß die Frau eigens dazu geschaffen ist, dem Mann zu gefallen. Soll der Mann ihr seinerseits gefallen, so aus einem weniger unmittelbaren Bedürfnis – sein Vorzug besteht in seiner Kraft, er gefällt einzig darum, weil er stark ist. Ich gebe zu, daß das nicht das Gesetz der Liebe ist, aber es ist das der Natur, das vor ihr bestand.

Da die Frau dazu geschaffen ist, zu gefallen und sich zu unterwerfen, muß sie sich dem Mann liebenswert zeigen und ihn nicht herausfordern, ihre Macht liegt in ihren Reizen, und mit ihnen muß sie ihn zwingen, seine eigene Kraft zu entdecken und zu gebrauchen. Die wirkungsvollste Art, diese Kraft zu erwecken, ist, sie durch Widerstand notwendig werden zu lassen. Dann verbinden sich Eigenliebe und Verlangen, und das eine triumphiert über den Sieg, den das andere ihm einbringt. Daraus entstehen Angriff und Verteidigung, die Kühnheit des einen und die Scheu des anderen Geschlechts, und schließlich die Zurückhaltung und Scham, mit denen die Natur das schwache Geschlecht ausrüstete, um sich das stärkere untertan zu machen. [...]

Die den beiden Geschlechtern gemeinsamen Fähigkeiten sind ungleich an sie verteilt, aber insgesamt genommen gleichen sie einander aus. Als Frau gilt die Frau mehr denn als Mann. Überall da, wo sie ihre Rechte geltend macht, ist sie im Vorteil; überall da, wo sie die unsrigen usurpieren will, bleibt sie uns unterlegen. Dieser allgemeinen Wahrheit kann man nur Ausnahmen gegenüberstellen – die ständige Argumentationsweise seitens der galanten Anwälte des schönen Geschlechts.

In der Frau männliche Eigenart zu kultivieren und ihre eigene Art verkümmern zu lassen heißt offensichtlich zu ihrem Schaden wirken. [...]

Folgt daraus, daß sie in voller Unwissenheit erzogen und einzig auf die Verrichtungen im Haushalt beschränkt werden soll? Soll der Mann eine Dienstmagd aus seiner Gefährtin machen? Soll er sich an ihrer Seite des größten Reizes der Gemeinschaft berauben? Soll er sie hindern, etwas zu fühlen, etwas zu erkennen, um sie besser beherrschen zu können? Soll er einen wirklichen Automaten aus ihr machen? Nein, gewiß nicht; so hat es die Natur nicht vorgesehen, die den Frauen so anziehende und subtile Geistesgaben verleiht; sie will, im Gegenteil, daß sie denken, urteilen, lieben und erkennen, daß sie ihren Geist pflegen wie ihr Aussehen – das sind die Waffen, die sie ihnen als Ersatz für die Kraft gibt, die ihnen fehlt, und um die unsere zu steuern. Sie müssen viel lernen, aber nur das, was zu wissen ihnen gemäß ist. [...]

Von der guten Konstitution der Mutter hängt zunächst die der Kinder ab; die erste Erziehung der Männer hängt von der Fürsorge der Frauen ab; von ihnen hängen auch ihre Sitten, ihre Leidenschaften, ihre Neigungen, ihre Zerstreuungen, selbst ihr Glück ab. So muß sich die ganze Erziehung der Frauen im Hinblick auf die Männer vollziehen. Ihnen gefallen, ihnen nützlich sein, sich von ihnen lieben und achten lassen, sie großziehen, solange sie jung sind, als Männer für sie sorgen, sie beraten, sie trösten, ihnen ein angenehmes und süßes Dasein bereiten: das sind die Pflichten der Frauen zu allen Zeiten, das ist es, was man sie von Kindheit an lehren muß. [...]

Ich glaube, daß man nach diesen Betrachtungen im allgemeinen bestimmen kann, welche Art Bildung dem Geist der Frauen entspricht und worauf man von Jugend an ihre Überlegungen lenken soll.

Ich sagte schon, daß die Pflichten ihres Geschlechts leichter zu erkennen als zu erfüllen sind. Das erste, was sie lernen müssen, ist, sie aus dem Blickwinkel ihrer Vorteile zu lieben; das ist das einzige Mittel, sie ihnen leicht zu machen. Jeder Stand und jedes Alter hat seine Pflichten. Man kennt bald die seinigen, vorausgesetzt, daß man sie liebt. Ehrt euren Stand als Frau, und ihr werdet immer eine ehrbare Frau sein, an welchen Platz der Himmel euch auch stelle. Das Wesentliche ist, das zu sein, was die Natur aus uns machte; man ist immer nur zu sehr, was die Menschen uns sein lassen wollen.

Die Erforschung der abstrakten und spekulativen Wahrheiten, der Prinzipien, der Axiome in der Wissenschaft, alles, was darauf hinaus will, die Vorstellungen zu verallgemeinern, gehört nicht zu den Aufgaben der Frauen, ihre Studien müssen sich alle auf die Praxis beziehen; ihre Sache ist es, die Prinzipien, die der Mann erforscht hat, anzuwenden und die Beobachtungen anzustellen, die den Mann zur Aufstellung der Prinzipien führen. Alle Reflexionen der Frauen über das, was nicht unmittelbar mit ihren Pflichten zusammenhängt, sollen auf das Studium der Männer zielen oder auf angenehme Erkenntnisse, deren Gegenstand nur das Geschmackvolle ist; denn was die Werke des Geistes anbetrifft, so übersteigen sie ihr Fassungsvermögen. Auch besitzen die Frauen zu wenig Geistesschärfe und Ausdauer, um es in den exakten Wissenschaften zu etwas zu bringen; und die naturkundlichen Kenntnisse sind Sache dessen, der von beiden am tätigsten ist, am beweglichsten, der die meisten Dinge sieht; dessen, der mehr Stärke besitzt und sie mehr nützt, um die Verhältnisse der empfindsamen Wesen und die Gesetze der Natur richtig zu beurteilen. Die Frau, die schwach ist und nichts außerhalb ihrer selbst erkennt, schätzt und beurteilt die Triebkräfte, die sie einsetzen kann, um ihrer Schwäche beizukommen, und diese Triebkräfte sind die Leidenschaften des Mannes. Der Mechanismus der Frau ist kraftvoller als der unsere, alle seine Hebel rütteln das Menschenherz auf. Alles, was ihr Geschlecht aus sich nicht vollbringen kann, was ihm aber angenehm oder notwendig ist, muß sie uns durch ihre Kunst wollen lassen; so muß sie den Geist des Mannes gründlich erforschen, nicht den Geist des Mannes in der Abstraktion und im allgemeinen, sondern den Geist der Männer, die sie umgeben, den Geist der Männer, denen sie untergeordnet ist – sei es durch das Gesetz, sei es durch die gesellschaftliche Meinung. Sie muß durch ihre Reden, ihre Blicke und Gebärden die Empfindungen der Männer ergründen. Sie muß ihnen durch ihre Reden, ihre Handlungen, Blicke und Gebärden die Gefühle einzuflößen verstehen, an denen ihr liegt, ohne daß es nicht einmal den Anschein hat, als täte sie es bewußt. Die Männer können besser über das menschliche Herz philosophieren, die Frau aber kann besser im menschlichen Herzen lesen. An ihnen ist es, sozusagen die Erfahrungsmoral zu finden, an uns, sie auf ein System zu reduzieren. Die Frau hat mehr Witz, der Mann mehr Geist; die Frau beobachtet, der Mann denkt: aus diesem Zusammenwirken ergeben sich die klarsten Erkenntnisse und die vollkommenste Wissenschaft, die der menschliche Geist aus sich selbst erwerben kann, mit einem Wort, die sicherste Erkenntnis über uns selbst sowohl als über die anderen, zu der unsre Gattung befähigt ist. Und so kann die Kunst fortwährend dahin streben, das Instrument, das uns die Natur mitgab, zu vervollkommnen. [...]

D: Jean-Jacques Rousseau: Emile oder Über die Erziehung. Hrsg., eingel. und mit Anm. vers. von Martin Rang. Unter Mitarb. des Hrsg. übertr. von Eleonore Sckommodau. Stuttgart: Reclam, 1961 [u. ö.]. (Universal-Bibliothek. 901.) S. 719–777. [Auszug.]

L: Heide von Felden: Die Frauen und Rousseau. Die Rousseau-Rezeption zeitgenössischer Schriftstellerinnen in Deutschland. Frankfurt a. M. / New York 1997.
Johanna Hopfner: Mädchenerziehung und weibliche Bildung um 1800. Im Spiegel populär-pädagogischer Schriften der Zeit. Bad Heilbrunn 1990.

## 34

## Mädchenunterricht zu Beginn des 19. Jahrhunderts: Aus den Erinnerungen von Louise Otto (um 1845)

Bereits im ausgehenden 18. Jahrhundert hatte sich im Zuge der Polarisierung von Geschlechtscharakteren im aufstrebenden Bürgertum eine geschlechtsspezifische Bildungstheorie entwickelt, nach der die Mädchenbildung die Frau auf ihre »wesensgemäße« zukünftige Rolle als Mutter, Hausfrau und Gattin vorbereiten sollte. Als in der neuen bürgerlichen Gesellschaft die Gegensätzlichkeit der Geschlechterrollen zum politischen und pädagogischen Programm erhoben wurde, erfolgte der explizite Ausschluß von Frauen aus höherer Bildung und Wissenschaft. Die im Zuge der preußischen Reformen zu Beginn des Jahrhunderts geschaffenen neuen humanistischen Gymnasien und Universitäten gewährten nur der männlichen Jugend Zutritt. Neben den staatlichen Elementar- und Volksschulen, die im Regelfall von den Kindern ärmerer Familien besucht wurden, gab es eine weiterführende Bildung für Mädchen, d. h. für die Töchter des begüterten Bürgertums, nur im Rahmen privaten häuslichen Unterrichts oder der sogenannten »höheren Töchterschulen«, die zumeist mit der Konfirmation endeten. Diese Mädchenschulen, die durch bürgerliche Privatinitiativen entstanden, waren keine Einrichtungen zur Vermittlung höherer Bildung, sondern zur Vorbereitung der Bürgertöchter auf ihre weibliche Bestimmung und ihre gesellschaftlichen und häuslichen Pflichten. Entsprechend beschränkte sich das Unterrichtsangebot auf Fächer wie Deutsch, französische und englische Konversation, Religion, Musik, Zeichnen und Handarbeiten.

Von der Misere des Mädchenschulwesens in der ersten Hälfte des 19. Jahrhunderts zeugt der autobiographische Bericht von Louise Otto (1819–1895), vierte und jüngste Tochter eines Meißner Justizrates, die zusammen mit ihren Schwestern dank ihres fortschrittlichen Vaters zwar eine eher ungewöhnliche Förderung genoß, nach der Konfirmation jedoch wie allgemein üblich auf autodidaktische Studien angewiesen war. Louise Otto wurde in der Epoche des Vormärz zu einer der ersten Vertreterinnen der Frauenemanzipation und gilt als Gründerin der deutschen Frauenbewegung. Bereits um 1845 klagte sie das Recht der Frauen auf Bildung im Interesse des allgemeinen Fortschritts von Staat und Gesellschaft und des Rechtes der Frauen auf Selbständigkeit ein. Mit dem 1865 u. a. von Louise Otto gegründeten ›Allgemeinen Deutschen Frauenverein‹ wurde die Mädchenbildung dann neben dem Recht auf Arbeit zum zentralen Programmpunkt der entstehenden bürgerlichen Frauenbewegung.

## Mädchenunterricht in früherer Zeit (Selbsterlebtes)

Als ich 6 Jahr alt war, gab es in meiner Vaterstadt Meißen nur eine städtische, sehr untergeordnete Schule für Mädchen, welche nicht besser als jede damalige Dorfschule, nur mit dem einzigen Unterschied, daß sie eben nur für Mädchen bestimmt war. Etwa 50–80 mochten sie besuchen und wurden in 2 Classen von einem einzigen Lehrer unterrichtet, der auch in dem sehr kleinen Schulhaus mit niedern Zimmern und kleinen Fenstern wohnte. Außerdem gab es noch eine Armenschule in einem ganz alten, dumpfen, kleinen, ungesunden Klostergebäude, in welchem Mädchen und Knaben gemeinsam unterrichtet wurden. Die wohlhabenden Familien hielten sich einen »Informator«, wie man es damals nannte, einen Candidat der Theologie, der als Hauslehrer mit zur Familie gerechnet ward, die Kinder auch außerhalb der Schulstunden beaufsichtigte, mit ihnen spazieren ging u. s. w. Seine Stellung war je nach den Persönlichkeiten – der eignen wie der der Familienglieder – bald eine ehrenvolle, angenehme, bald eine gedrückte und ungemüthliche. Wurden die Töchter größer, so ward wohl auch noch eine »Gouvernante« in's Haus genommen – wenn man »fein« sein wollte und konnte eine Französin, welche die Mädchen beaufsichtigte, spazieren führte, mit ihnen französisch »parlirte«, wie der Ausdruck lautete, auch etwas Grammatik und Literatur mit ihnen vornahm und vor allem über ihrem »Anstand« wachte. Auch deren Stellungen waren wie die der Hauslehrer vom Zufall abhängig, nur mit dem Unterschied, daß diese doch immer auf ein geistliches Amt hoffen konnten, indessen den Gouvernanten, wenn sie sich nicht noch verheiratheten – was im Leben wie in Romanen oft mit ihren in derselben Familie lehrenden Genossen geschah – im Alter meist nichts übrig blieb, als sich durch Ertheilung französischen Privatunterrichts zu erhalten. – Manche Familien vertrauten auch ihre Kinder einem

Privatlehrer gemeinsam unter gewissen gegenseitigen Bedingungen an. So hatte ein solcher Candidat der Theologie eine ganz separate Wohnung im Haus meiner Eltern 3 Treppen frei – wir wohnten Parterre und ersten Stock – sie bestand in seinem Schlafzimmer, 2 Nebenräumen und einem großen Schulzimmer, worin er etwa 12–16 Knaben und Mädchen von 8–12 Uhr früh und Nachmittag von 2–4 unterrichtete. Sonntag und Mittwoch, – wo Nachmittag die Schule ausfiel, speiste er mit bei uns. Sonst sorgte er in Allem für sich selbst und das Schulgeld ward für jedes Kind bezahlt. Ehe ich selbst schulpflichtig war, besuchten meine 3 ältesten Schwestern und noch etwa 4–6 Mädchen den Unterricht, die Mehrzahl waren aber immer Knaben – weil eben die Ansicht galt: die Mädchen brauchen ja »kein so hohes Ziel«, wie in dieser Sammelschule geplant war. Dies Ziel für die Knaben war: am Gymnasium die Aufnahmeprüfung zu bestehen – die Mädchen hatten keines! Das Merkwürdige bei der Sache aber war, daß nicht nur Knaben und Mädchen, sondern auch gleichzeitig alle Schulkinder vom 6–14 Jahre zusammen im gleichen Zimmer anwesend waren und von dem einen Lehrer gleichzeitig, wenn nicht unterrichtet, doch beschäftigt wurden. [...] Es sollten uns [Anfängern] die Anfangsgründe des Lesens, Schreibens und Rechnens auf der Schiefertafel beigebracht werden und wir uns darin weiter üben während der Unterrichtsstunden der größeren Classe. Nun waren mir aber diese viel interessanter als Buchstaben und Zahlen. Ich hörte viel lieber zu, wenn da aus der Weltgeschichte, ja auch aus der Mythologie (die mit ein Hauptstoff des Unterrichts war) vorgetragen ward, oder deklamirt ward von Schiller, Klopstock, Gleim, Mahlmann, Tiedge, Matthison u. a. Hatte ich vom ersteren durch Vorsagen meiner Schwestern schon Vieles auswendig gelernt, wie auch Kind's ganzen Text zum »Freischütz« (zu dem ich ein Theater besaß) ehe ich lesen konnte – was sollte ich mich nun so mit Buchstabiren langweilen [...]! Als aber eines Tages mein Vater einmal die Entdeckung machte, daß ich nach Jahresfrist noch immer alle Buchstaben und Zahlen verwechselte und nicht lesen konnte, ward er sehr böse und schalt erst mich, dann den Lehrer – natürlich nicht in meiner Gegenwart, aber ich erfuhr es doch – er sagte ihm, daß ich zwar körperlich sehr schwach – (ich hatte erst mit 4 Jahren laufen lernen) – aber geistig es nicht sei und er verlange, daß ich nun endlich lesen und das »Ein mal Eins« in Monatsfrist könne. Der Machtspruch wirkte, ich ward etwas länger vorgenommen und erreichte bald das erstere – aber mit letzterem hat es immer gehapert. – Von meinen Schwestern war die älteste, Clementine, besonders begabt – sie lernte lateinisch und griechisch mit den Knaben – und als sie abgingen und ihr Examen bestanden, sagte der Lehrer zu ihnen: wäre Clementine dabei gewesen – sie würde es noch besser als ihr bestanden haben. »Schade, daß sie kein Knabe ist!« [...] Clementine lernte nach der Schule weiter, was damals gestattet war: Französisch, Piano, Gesang, Zeichnen und Sticken, Tanz – vorher exerciren, weil das Turnen damals noch nicht eingeführt und bildete sich durch gewählte Lektüre weiter – war aber eben so tüchtig in der Wirthschaft, schrieb fleißig Tagebücher und Briefe mit einer Handschrift, wie in Kupfer gestochen – wäre sie nicht im 21sten Jahr gestorben, sie würde wohl auch Schriftstellerin geworden sein. [...] Ihr dankte ich auch hauptsächlich, daß ich als Kind, schon bevor ich lesen konnte, so viel auswendig wußte, wie denn wir 4 Schwestern es fast täglich als Hauptgenuß betrachteten, im Zimmer oder Garten Schiller zu lesen und aufzuführen. Meine idealistische Richtung stammt schon von daher. Nachdem ich 9 Jahre geworden und meine Schwestern confirmirt waren, hörte die geschilderte Sammelschule auf: es war kein Bedürfniß mehr dafür vorhanden. Ein an der Stadtknabenschule neu angestellter Rector hatte schon 2 Jahre vorher eine 5 klassige Selekta für Knaben und Mädchen gegründet, der nun die Gebildeten gern die ihrigen übergaben. In der ersten Classe wurden die Geschlechter getrennt, bis dahin gemeinsam unterrichtet. Bei meiner Aufnahmeprüfung war die Verlegenheit des Lehrers groß. Im Rechnen, Schreiben und Deutsch war ich kaum für die dritte reif, in allen andern Fächern paßte ich für die zweite. Man nahm mich also in diese auf. Es waren etwa 10 Mädchen – von denen ich schon einige kannte – und bei weitem mehr Knaben darin. Der Unterricht war auch hier von 8–12 Uhr früh [...]. Nachmittags von 2–5 Uhr an 4 Tagen. Ich hatte Mühe, mich in alle neuen Methoden zu finden – in den zuerst erwähnten Disziplinen war und blieb ich zurück – in den andern überraschte ich die Lehrer. An der ganzen Schule waren außer dem Rector noch 5 Candidaten, alte und junge, angestellt und ein Schreiblehrer. Vor den Mitschülern empfand ich Scheu und Furcht, in die Mitschülerinnen mußte ich mich auch erst finden – in dem, was in der Schule, die sie schon seit ihrer Entstehung besucht, verlangt ward, waren sie mir voraus, in andern Dingen erschienen sie mir beschränkt: sie hatten, weder mit Schiller noch Walther Scott, sich noch mit den olympischen Göttern so vertraut gemacht wie ich.

Aber Alles glich sich aus, als ich 1830 in die erste Classe kam, wo wir nur Mädchen waren durchschnittlich 15, nie unter 12, nie über 18. [...] Die Unterrichtsgegenstände waren: Schreiben – nach den sogenannten englischen Vorschriften – Gesang, der Lehrer war selbst im Besitze einer wundervollen Baßstimme und spielte die Violine trefflich, er gab die Stunden sehr anregend, wenn auch streng – wir freuten uns alle darauf, – ebenso auf den von demselben ertheilten Geschichtsunterricht, worin speciell bei den ausgezeichneten Frauen verweilt und mit gleicher Begeisterung bei allen fortschrittlichen Epochen des Völkerlebens. Religion ertheilte ein anderer Candidat theol. ohne jede Spur von Orthodoxie, vielmehr Aufklärung und Begeisterung vereinigend im Geist der reinsten Christenlehre und Liebe und des damals herrschenden Nationalismus – diesem Unterricht habe ich's mein ganzes Leben gedankt, daß mir nie religiöse Zweifel gekommen sind. – Deutsche Sprache und Literatur gab derselbe gleich schwungvoll, für die auswendig zu lernenden Gedichte hatten wir freie Wahl, Gesangbuchlieder wurden nicht speciell aufgegeben, auch für die deutschen Aufsätze unter mehreren Themen die Wahl gelassen, auch da gestattet, sie in Versen abzufassen, wo Befähigung vorhanden und der Stoff sich eignete. Rechnen, Geographie und Naturwissenschaften gab der Rector selbst anschaulich und wo es paßte auch humorvoll. Es war ein schönes Verhältniß zwischen uns und den drei von uns, jeden nach seiner Weise, verehrten Lehrern, von denen uns gelegentlich jeder versicherte: es sei ihm die liebste Aufgabe, in unsrer Mädchenklasse zu unterrichten – so lange wir so aufmerksam und fleißig, worin wir die Knabenklasse überträfen – ja es fielen sogar manchmal die Worte, daß bei uns nicht nur mehr gute Sitte herrschte, was sich ja bei Mädchen verstünde, sondern auch mehr Streben und Lerneifer – wir leisteten dasselbe, wie die Knaben und mehr. Dadurch wurden wir denn nicht wenig angespornt. Einmal hatte der Geschichtslehrer sich von mir und einer Mitschülerin unsere betreffenden Hefte mitgeben lassen, was sonst nicht zu geschehen pflegte. Wir waren alle verpflichtet, in der Stunde nachzuschreiben und in der nächsten wurden zwei von uns – willkürlich, nicht etwa der Reihe nach – aufgerufen das Geschriebene und Ausgearbeitete vorzulesen, sonst wurden diese Hefte nicht weiter controllirt. Wir wußten nun nicht, ob dies Gutes oder Schlimmes zu bedeuten habe und dies ward nicht klarer, als sie uns der Lehrer am andern Tage ohne jede Bemerkung wiedergab. Aber meine Genossin erfuhr von ihrem Bruder, Schüler der ersten Knabenklasse, jener habe dort unsre Hefte als Musterarbeiten vorgelesen und gesagt: es sei für sie beschämend, daß sie so von den Mädchen überflügelt würden. Dies sollte wohl die Knaben anspornen, aber – nach Knabenart wütheten sie nur und beschlossen sich zu rächen und die bevorzugten

Mädchen beim nächsten Schulausgang durchzuprügeln. Zum Glück unterblieb aber der für die Art wie vom männlichen Geschlecht gegen die weibliche Intelligenz gekämpft wird, charakteristische Entschluß – wir kamen mit der Angst davon.

Ostern 1833 ward ich gerade 14 Jahr und sollte da confirmirt werden, was damals in diesem Alter üblich, ich bestürmte aber schon vor Weihnachten meine Eltern, mir lieber nichts zu bescheeren aber dafür die Erlaubniß zu geben, noch 1 Jahr in die Schule gehen zu dürfen. Der Wunsch ward erfüllt, aber auch 1834 fiel mir der Schulabschied noch sehr schwer, – von den Lehrern und noch mehr vom Lernen – denn nun gab es für ein confirmirtes Mädchen nur noch Privatstunden in Französisch, Musik, Zeichnen und Handarbeiten. Diese wurden noch in keiner Schule gelehrt, sondern das Unterrichtgeben darin bildete einen Erwerbszweig meist älterer, alleinstehender Mädchen. [...] Ich habe beide Zweige [der Handarbeit] durchgemacht; das Stricken bei einer ganz einfachen »Mamsell«, das Nähen bei einer aus guter Familie [...].

Während meiner Schulzeit hatte ich diesen Unterricht nur Nachmittags ein paar Stunden besucht, dann ein folgendes Jahr noch nur des Morgens, um den Nachmittag im Garten bei unserm Haus oder auf unserm Weinberg verbringen zu können. Natürlich wurden auch dahin Handarbeiten und Bücher mitgenommen. Lesen ohne zu Stricken galt als Zeitverlust – war die etwaige Haus- und Wirthschaftsarbeit gethan, so mußten die Nadeln fliegen. [...] Wir Schwestern lasen uns abwechselnd dabei vor, waren es auch meist Romane, so waren es doch die besseren und so auch ein Bildungsmittel. Außerdem wurden aber auch die in der Schule erhaltenen Anregungen zu ergänzen gesucht, eben weil man fühlte, daß man nicht genug gelernt, noch gelehrt bekommen, man hielt sich nicht für vollkommen unterrichtet, man lernte autodidaktisch weiter, man vertiefte sich in sich selbst und seine Lieblingsstoffe aus Liebe zum Lernen und zur

Sache. Man hatte auch dazu Zeit, weil man gelernt hatte, sie auszunutzen und der Müßiggang noch nicht guter Ton war.

Doch ich wollte nur von dem Mädchenunterricht zur Zeit meiner Schuljahre sprechen und nicht etwa dessen Mangelhaftigkeit zu einem Blatt werden lassen im Ehrenkranz der guten, alten Zeit. Ich habe ja selbst zu viel darunter gelitten, sogar mit Bewußtsein, schon als Kind. Wie ich schon erwähnte, war ich in dem letzten Schuljahr darüber empört, daß ein Mädchen nicht länger als bis zum 14 Jahr in die Schule gehen dürfe und erzwang für mich als einen Ausnahmezustand ein glückliches Jahr mehr, wo jetzt 2–3 mehr nicht nur gewährt werden, sondern die Regel sind. [...] Da damals der Gedanke an Lehrerinnen – die Französinnen für Privatstunden ausgenommen – noch gar nicht in Frage kam, so konnte ich auch keinen Wunsch darnach aufkommen lassen, aber ich erinnere mich sehr wohl, wie peinlich es mir und den meisten Mitschülerinnen war, über den Bau des Menschen, wie Einiges aus der biblischen Geschichte u. s. w. von einem Mann sprechen zu hören und ihm wohl dann noch darauf bezügliche Fragen beantworten müssen. Ich war immer entrüstet, wenn Knaben sich über uns erhoben und geringschätzig auf uns herabsahen, weil wir Manches nicht lernen durften, was für sie als unerläßlich galt oder wenn sie uns verspotteten, daß wir nach der Confirmation nun nichts weiter zu denken und zu thun brauchten, als uns ganz unsystematisch mit Haus- und Näharbeit zu beschäftigen, spazieren zu gehen und die große Dame zu spielen!

Ich begann bereits damals dagegen zu protestiren, daß es uns als »Vortheil« von ihnen angerechnet ward unsre Fähigkeiten nicht weiter entwickeln zu dürfen, was ich doch als eine Ungerechtigkeit und Uebervortheilung empfand und beklagte.

Aber es war nun einmal so – und ich müßte nicht meinen Schiller auswendig gekannt haben, wenn ich mich nicht »in's Reich der Träume« und zugleich zu ihm gerettet hätte

– ich pflegte für mich die Dichtkunst ohne etwas davon zu verrathen, Bleistift und Papier hatte ich immer in der häuslichen Schürzentasche um die Verse aufzuschreiben, die ich beim Nähen ersann, ward eben dabei zu keinem großen Arbeitsausfall. Zum Lesen fördernder Bücher finden junge Mädchen ja immer stille Stunden, wo weder Noth noch Vergnügungssucht die Zeit belasteten oder vergeudeten. So vertiefte ich mich in mich selbst und schwor im stillen »der Muse nur zu leben« und fragte weiter nach nichts. Aber in heiliger Scheu verbarg ich meine Gedichte.

D: Louise Otto: Mädchenunterricht in früherer Zeit (Selbsterlebtes) [um 1845]. In: Neue Bahnen. Organ des allgemeinen deutschen Frauenvereins. Bd. 23 (1888) Nr. 19. S. 145–149.

L: Karin Ehrich: Die Entwicklung des höheren Mädchenschulwesens im 19. Jahrhundert. In: Geschichte der Mädchen- und Frauenbildung. Hrsg. von Elke Kleinau und Claudia Opitz. Bd. 2: Vom Vormärz bis zur Gegenwart. Frankfurt a. M. / New York 1996. S. 129–148.
Monika Simmel: Erziehung zum Weibe. Mädchenerziehung im 19. Jahrhundert. Frankfurt a. M. / New York 1980.

## 35

## Lehrpläne aus Mädchenschulen um 1850

Während außerhalb Deutschlands, z. B. in den USA, bereits in den 30er Jahren des 19. Jahrhunderts Frauen gemeinsam mit Männern zum Studium an Colleges zugelassen wurden, bewegte sich das höhere Mädchenschulwesen in Deutschland auch noch um die Jahrhundertmitte in traditionellen Bahnen, wie der Lehrplan einer privaten Mädchenschule in Rostock zeigt (Abb. S. 240/241). Neue Akzente setzte hingegen die ›Hamburger Hochschule für das weibliche

# Hamburger Hochschule.

## Lehrplan von Januar bis April 1850.

| Montag | Dienstag | Mittwoch | Donnerstag | Freitag | Sonnabend |
|---|---|---|---|---|---|
| Erziehungslehre | Einleitung in die Philosophie | Erziehungslehre | Einleitung in die Philosophie | Erziehungslehre[1]) | Erklärung der Gedichte Schillers |
| | Übungen im Kindergarten | | — | — | Physik |
| Pause | — | — | — | — | — |
| Englisch | Geographie | Geschichte | Englisch | Geographie | Geschichte |
| Formenlehre | Sprachlehre | Französisch | Formenlehre | Sprachlehre | Französisch |
| Literatur | Zeichnen | Geschichte der Religionen | Literatur | Gesang | |

An zwei Abenden französische Unterhaltung mit Bezug auf Lektüre, an den übrigen deutsche und englische Lektüre und musikalische Unterhaltung.

[1]) Da es gewünscht werden kann, daß die Hochschülerinnen die Vorträge, die Friedrich Fröbel über Erziehungslehre und Kindergärten bis in den April in Hamburg halten wird, besuchen, so wird in dem Lehrplane darauf Rücksicht genommen. Jedoch sind diese Vorträge besonders zu honorieren.

## Lehrplan vom April bis Oktober 1850.

| Montag | Dienstag | Mittwoch | Donnerstag | Freitag | Sonnabend |
|---|---|---|---|---|---|
| Mathematik | Sprachlehre | Mathematik | Sprachlehre | Mathematik | Geschichte der Religionen |
| Erziehungslehre | Einleitung in die Philosophie | Erziehungslehre | Einleitung in die Philosophie | Erziehungslehre | Populäre Astronomie |
| | Pause mit Übungen im Kindergarten | | | — | — |
| Englisch | Chemie | Zeichnen | Englisch | Geographie | Gesang |
| Geschichte | Literatur | Französisch | Geschichte | Literatur | Französisch |
| Physik | Botanik | — | Physik | Botanik | — |

Im Sommer wird auf Spaziergängen und kleinen Ausflügen besonders auf Botanik und Astronomie Rücksicht genommen.

Diese Lehrkurse können von den Schülerinnen auch mit Auswahl benutzt werden.

## Vormittag

| Stunde | | Montag | Dienstag | Mittwoch | Donnerstag | Freitag | Sonnabend |
|---|---|---|---|---|---|---|---|
| 8—9 | I | Englisch G. | | Religion Diak. K. | Französisch G. | Französische Konversation D. (I–II) | Religion Diak. K. |
| | II | Religion Ba. (II–III) | Deutsche Leseübg. G. | Französisch D. | Religion Ba. (II–III) | | Französisch D. |
| | III | | Französisch D. | Deutsche Leseübg. G. | | Deutsche Sprache G. | |
| | IV | Deutsche Leseübung | Religion Diak. K. | | Französisch D. | Religion Diak. K. | Deutsche Sprache G. |
| 9—10 | I | Geschichte Br. (Montag–Dienstag) | | Geographie C. (Mittwoch–Donnerstag) | | Zeichnen Bi. (I–II) | Naturgesch. Prof. K. |
| | II | Geschichte G. (II–III; Montag–Dienstag) | | Geographie Diak. K. (Mittwoch–Donnerstag) | | | Naturgeschichte G. (II–III) |
| | III | | | Geographie G. (Mittwoch–Donnerstag) | | Französisch D. | |
| | IV | Französisch D. (Montag–Dienstag) | | Zeichnen Bi. | Französisch D. | Naturgeschichte G. | Französisch D. |

| | | | | | | | |
|---|---|---|---|---|---|---|---|
| 10—11 | I | Französisch D. | wie Montag W. | Deutsche Sprache W. | Deutsche Korrektur Diak. K. | Englisch W. | wie Freitag |
| | II | Französisch G. | wie Montag D. | Deutsche Sprache G. | wie Mittwoch | Englisch G. | wie Freitag |
| | III | Rechnen | Französisch Th. | Rechnen Be. | Zeichnen Bi. | Französisch D. | Schreiben Be. |
| | IV | Schreiben D. | Schreiben D. | | | Leseübung | |
| 11—12 | I | Rechnen Be. | Deutsche Literatur W. | Deutsche Literatur W. | Rechnen | Zeichnen | Geschichte |
| | II | | Rechnen Be. | Schreiben Be. | Schreiben | | Schreiben |
| | III | Zeichnen Bi. | | | Zeichnen | Englisch | Französisch |
| | IV | Deutsche Sprache G. | Deutsche Sprache G. | Geographie G. | Geschichte | Schreiben | Geschichte |

Geschlecht‹, die 1850 im Rahmen der ersten Anfänge einer organisierten Frauenbewegung und der Gründung politischer Frauenvereine gegründet wurde und als das bedeutendste pädagogische Experiment dieser Zeit gilt.

Ziel der vom Hamburger Frauenbildungsverein unter der Leitung von Emilie Wüstenfeld (1817–1875) und Bertha Traun (1818–1863) eingerichteten und von Professor Karl Fröbel (1807–1894), einem Neffen des Begründers der Fröbelschen Kindergärten, geführten Schule war die Vermittlung einer »höheren, umfassenderen Ausbildung« für Frauen, die eine eigene unabhängige Berufstätigkeit als Lehrerinnen oder Erzieherinnen anstrebten. Der neben der Ausbildung im angegliederten Kindergarten angebotene theoretische Unterricht berücksichtigte neben Philosophie und Mathematik auch die Naturwissenschaften (Abb. S. 239), wobei es sich nur um Einführungen in die einzelnen Wissensgebiete handelte, da die Praxisausbildung im Vordergrund stand. Die Schule, die Schülerinnen ab 15 Jahre aufnahm und aufgrund des obligatorischen Schulgeldes vor allem eine Einrichtung für die Töchter des gehobenen Mittelstandes war, wurde 1852 u. a. aufgrund interner Auseinandersetzungen wieder geschlossen.

A: [S. 239] Käthe Stricker: Deutsche Frauenbildung vom 16. Jahrhundert bis Mitte des 19. Jahrhunderts. Bremen: Herbig, [1929]. S. 91.

A: [S. 240/241] Helene Lange: Die Anfänge der deutschen Frauenbewegung. Berlin: Herbig, [1928]. S. 49.

L: Elke Kleinau: Ein (hochschul-)praktischer Versuch. Die »Hochschule für das weibliche Geschlecht« in Hamburg. In: Geschichte der Mädchen- und Frauenbildung. Hrsg. von Elke Kleinau und Claudia Opitz. Bd. 2: Vom Vormärz bis zur Gegenwart. Frankfurt a. M. / New York 1996. S. 66–82.

# Zulassung zu wissenschaftlichen Berufen: Satzung des ›Deutschen Frauenvereins Reform‹ (1888)

Die Bildungsfrage behielt ihren zentralen Stellenwert in der bürgerlichen Frauenbewegung auch noch im ausgehenden 19. Jahrhundert. Nachdem der 1865 gegründete Allgemeine Deutsche Frauenverein sich zunächst auf die Verbesserung der beruflichen Ausbildung von Frauen konzentriert hatte, rückte seit Ende der 70er Jahre die Forderung nach Zulassung der Frauen zum Universitätsstudium und nach einer Reform der höheren Mädchenschulen, die nach wie vor außerhalb des öffentlichen Schulwesens standen, in den Vordergrund.

Hinsichtlich der Richtung der gegen Ende der 80er Jahre geforderten Reformen gab es in der bürgerlichen Frauenbewegung unterschiedliche Konzepte. Die Vertreterinnen der gemäßigten Mehrheit, Anhängerinnen des vom Geschlechterdualismus ausgehenden Konzeptes der ›geistigen Mutterschaft‹ als kulturellem Auftrag der Frau, wollten an einer spezifischen Mädchenausbildung festhalten. Sie forderten gegen Ende der 80er Jahre neben dem verstärkten Einsatz von Lehrerinnen an den höheren Mädchenschulen und deren staatlicher und wissenschaftlicher Ausbildung (Helene Lange) eine Umgestaltung der bestehenden Lehranstalten durch die Einrichtung eines gymnasialen Zweigs und traten für die Zulassung zunächst nur zu bestimmten Studiengängen – Medizin und höheres Lehramt – ein.

Dagegen kämpfte eine radikale Minderheit für eine grundsätzliche Umgestaltung des Bildungswesens. 1888 wurde von Hedwig Kettler (1851–1937) in Weimar zusammen mit Hedwig Dohm (1833–1919) und sieben weiteren Frauen der ›Deutsche Frauenverein Reform‹ gegründet, der die Beseitigung der geschlechtsspezifischen Frauenbildung zum Ziel hatte. Die hier dokumentierten Satzungen können insofern als radikal gelten, als nicht nur der Zugang von Frauen zu allen Studien und Wissenschaften, sondern konsequent auch die Einrichtung von Mädchengymnasien mit gleichen Lehrplänen wie an Jungenschulen, deren volle rechtliche Gleichstellung sowie die staatliche Berechtigung zur Berufsausübung entsprechend der erworbenen wissenschaftlichen Qualifikation angestrebt wird.

Das Konzept des ›Frauenvereins Reform‹, das nicht von der grundsätzlichen Verschiedenheit, sondern der Gleichheit der Geschlechter ausging, erwies sich nicht als durchsetzungsfähig. Obwohl es dem Verein 1893 gelang, in Karlsruhe das erste deutsche Mädchengymnasium zu errichten, dem bis 1900 auch in anderen Städten Gründungen folgten, wurden die auf eine Umgestaltung des herkömmlichen Mädchenschulwesens abzielenden Reformvorstellungen richtungsweisend. 1889 wurden in Berlin nach dem Konzept Helene Langes erste Realkurse zur Erweiterung der höheren Töchterschule errichtet; 1893 erfolgte der Ausbau zu Gymnasialkursen, die mit dem vollen Pensum des humanistischen Gymnasiums auf das deutsche, an Jungengymnasien abzulegende Abitur vorbereiteten. Auf die Zulassung zum Universitätsstudium mußten die ersten Abiturientinnen von 1896 noch einige Jahre warten, denn Deutschland entschloß sich als letztes Land in Europa – nämlich reichsweit erst 1908 – zu diesem Schritt.

## Satzung des Deutschen Frauenvereins Reform für Eröffnung wissenschaftlicher Berufe für die Frauenwelt

### I. Zweck und Tätigkeit des Vereins.

1. Der am 30. März 1888 in Weimar gegründete ›Frauenverein Reform‹ geht von der Überzeugung aus,

    daß einerseits die Steigerung der Erwerbsfähigkeit des weiblichen Geschlechts eine unaufschiebbare Pflicht unserer Zeit geworden ist,

    und daß es andererseits der weite Umfang des Feldes der gewerblichen, kaufmännischen, künstlerischen und wissenschaftlichen Berufe, deren volle Aufschließung für die Frauenwelt anzustreben ist, als unmöglich erscheinen läßt, alle Teile dieses mächtigen Gebiets mit Nutzen durch einen Verein zu bearbeiten.

Der Frauenverein ›Reform‹ beschränkt seinen Zweck ausschließlich darauf,

für die Erschließung der auf wissenschaftlichen Studien beruhenden Berufe für das weibliche Geschlecht zu wirken:

und zwar vertritt der Verein die Ansicht,

daß die Frau gleich dem Manne zum Studium aller Wissenschaften Zutritt haben soll,

nicht aber auf vereinzelte derselben (wie z. B. die Medizin oder Lehrfach) beschränkt werden darf!

2. Um dieses Ziel zu erreichen, will der Verein vorzüglich für folgende Punkte zu wirken suchen:
   a) Errichtung von Mädchengymnasien mit dem gleichen Lehrplan, wie ihn die auf die Universität vorbereitenden Knabenschulen haben;
   b) Erlangung des Rechtes für diese Gymnasien, über die an denselben abgelegten Prüfungen amtliche Zeugnisse auszustellen, welche wie die Maturitätszeugnisse der Knaben-Gymnasien und -Realanstalten zum Studium an den betreffenden Hochschulen berechtigen;
   c) Zulassung des weiblichen Geschlechts zum Studium auf Universitäten und anderen wissenschaftlichen Hochschulen;
   d) Erlangung der staatlichen Erlaubnis für Frauen, diejenigen auf wissenschaftlichen Studien beruhenden Berufe, deren Ausübung einer behördlichen Genehmigung bedarf, auch wirklich ausüben zu dürfen, soweit das praktisch durchführbar ist und sobald die betreffenden Examensnachweise geliefert sind.

3. Als geeignete Mittel zur Förderung seiner Zwecke erachtet der Verein:
   a) Aufklärung der öffentlichen Meinung durch Wort und Schrift, durch Mitteilungen in der Tagespresse sowie durch Veröffentlichung von Flugblättern usw.;
   b) Petitionen an Landtage und Behörden deutscher Staaten;
   c) Ansammlung eines Fonds zur Förderung der Errichtung eines Mädchengymnasiums.

Der Verein als solcher vertritt keinerlei politischen oder kirchlichen Standpunkt.

II. Mitgliedschaft und Beitrag.

1. Nur erwachsene Personen weiblichen Geschlechts können Mitglieder werden; ...

[...]

Wie aus den Satzungen des Vereins ersichtlich, vertritt derselbe die Ansicht, daß die Frau gleich dem Manne zum Studium aller Wissenschaften zuzulassen sei.

Dagegen bezeichnen die Satzungen des Vereins durchaus nicht alle wissenschaftlichen Berufe als solche, die heute in Deutschland dem weiblichen Geschlechte erschlossen werden müßten.

Vielmehr erstrebt der Verein die Zulassung zur Ausübung nur, soweit das heute auch praktisch durchführbar ist.

Als praktisch durchführbar aber erscheint naturgemäß zunächst das, was bereits tatsächlich in anderen Kulturländern durchgeführt worden ist.

Dagegen wird der mit dem tatsächlichen Stande der Dinge Rechnende und nur das Erreichbare Anstrebende sicherlich nicht heute in Deutschland

die Zulassung der Frauen zum Predigeramte,

zur Laufbahn des Verwaltungsbeamten oder des Richters

anstreben. [...]

Warum aber sollten wir nicht auch für Deutschland erstreben, der Frau jene wissenschaftlichen Berufe zu erschließen, die im Ausland z. T. schon seit Jahren dem weiblichen Geschlechte erschlossen sind, wie z. B. den Beruf

des Arztes,
des Zahnarztes,
des Apothekers,
des Chemikers,
des Journalisten,
des Hochschullehrers,
des Rechtsanwalts?

Solche im Ausland bereits tatsächlich durch Frauen ergriffene Erwerbszweige sind es, um die sich's handelt.

D: Die Deutsche Frauenbewegung. Ihre Anfänge und erste Entwicklung. Quellen 1843–1889. Hrsg. von Margrit Twellmann. Meisenheim am Glan: Hain, 1972. S. 356–358.

L: Elke Kleinau: Bildung und Geschlecht: eine Sozialgeschichte des höheren Mädchenschulwesens in Deutschland vom Vormärz bis zum Dritten Reich. Weinheim 1997.
– Gleichheit oder Differenz? Theorien zur höheren Mädchenbildung. In: Geschichte der Mädchen- und Frauenbildung. Hrsg. von Elke Kleinau und Claudia Opitz. Bd. 2: Vom Vormärz bis zur Gegenwart. Frankfurt a. M. / New York 1996. S. 113–128.

## 37

## Hedwig Dohm über Koedukation und Universitätsstudium der Frauen (1908)

Hedwig Dohm, geb. Schleh (1833–1919), Tochter eines jüdischen Berliner Tuchfabrikanten, wuchs zusammen mit 18 Geschwistern auf und genoß die für höhere Töchter übliche begrenzte Schulbildung. Nach kurzer Ausbildung an einem Lehrerinnenseminar vor ihrer Eheschließung mit Ernst Dohm, Redakteur einer satirischen Zeitschrift, führte sie als Mutter von vier Töchtern und einem Sohn ein großes Haus, in dem die intellektuelle Elite Berlins verkehrte.

Hedwig Dohm, die ihre schriftstellerische Tätigkeit relativ spät, erst nach dem vierzigsten Lebensjahr, aufnahm, gehört zu den ältesten und bedeutendsten Theoretikerinnen des Feminismus. Ihre bereits in den 70er Jahren des 19. Jahrhunderts verfaßten Streitschriften für die Emanzipation der Frau wurden rund 25 Jahre später wegweisend für den radikalen Flügel der bürgerlichen Frauenbewegung. Weit ihrer Zeit voraus war nicht nur ihre Forderung nach dem Frauenstimmrecht (vgl. Nr. 47), sondern auch ihr Einsatz für eine gleiche Mädchen- und Frauenbildung und die unbeschränkte Zulassung der Frauen zum Universitätsstudium (*Die wissenschaftliche Emanzipation der Frau*, 1874), der erst gegen Ende der 80er Jahre im Zuge des unter ihrer Mitwirkung gegründeten ›Frauenvereins Reform‹ (vgl. Nr. 36) eine organisatorische Basis fand. Dohm engagierte sich in den Jahren 1899–1901 auch als Beisitzerin des radikal-feministischen Vereins ›Frauenwohl‹ von Minna Cauer und wurde 1905 Mitarbeiterin der von Helene Stöcker gegründeten Zeitung *Mutterschutz*.

In der hier auszugsweise wiedergegebenen, im Zuge des Kampfes um das Frauenwahlrecht 1908 vom ›Preußischen Landesverein für das Frauenstimmrecht‹ herausgegebenen Schrift setzt sich Dohm insbesondere für Einheitsschulen und Koedukation als Basis für die Gleichberechtigung der Frau ein. Grundlage für ihre Forderung nach Koedukation als wichtiger Etappe auf dem Weg zum Frauenstimmrecht ist die zur damaligen Zeit keineswegs allgemeine Überzeugung, daß Geschlechtsunterschiede keine naturgegebene Größe, sondern das Produkt geschlechtsspezifischer Erziehung sind. In ihrem Plädoyer für eine gleiche Bildung beider Geschlechter setzt sie sich mit den Argumenten der Gegner der Koedukation auseinander, die sie als Produkte der herrschenden Weiblichkeitsideologie erkennt.

Die fundamentale Bedeutung der universitären Ausbildung von Frauen im Hinblick auf das Ziel nicht nur der rechtlichen Gleichstellung, sondern auch der politischen Partizipation wird in Dohms folgenden Ausführungen deutlich, in denen sie auch – wenngleich nur am Rande – auf nach wie vor ungebrochene Vorbehalte der männlichen Professorenschaft gegen weibliche Studierende verweist.

## Erziehung zum Stimmrecht der Frau.

Die Frauenfrage ist vielleicht das größte Problem unserer Zeit. Ein lösbares.

Zu allen Zeiten – bis hinab ins graue Altertum – wagten einzelne Frauen – Minerven aus Jupiters Haupt entsprungen – auszubrechen aus den großen Gefängnissen, die für die Frauenschaft die Welt bedeuteten. Funken blieben es, aus einem tiefinneren brennenden Born der Weltseele. Sie erloschen ohne Flamme geworden zu sein.

Erst seit den letzten 50 Jahren gibt es eine sich stetig entwickelnde Frauenbewegung, eine Bewegung – vorwärts – aufwärts.

Jedes Zeitalter ist mit dem Ballast absterbender Ideen belastet, die sich den neuen Ideen einer neuen Zeit entgegenstemmen, mit ihnen ringen. Kraft eines Weltprinzips – es heißt Evolution – gehen die Ideen als Sieger aus dem Kampf hervor.

Den Siegeszug der Frauenbewegung können wir von Etappe zu Etappe verfolgen.

Unserer Zeitepoche ideales Ziel ist das Frauenstimmrecht. Es ist die vollkommene Gleichberechtigung – politische, soziale und wirtschaftliche – von Mann und Weib.

Vorbereitende Stufen führen zu diesem Tempel der Erfüllung. Die erste Stufe hinan bildet die Erziehung des weiblichen Kindes.

## Die Mädchenschule und ihre Reformierung.

Niemand bleibt vom Geist der Zeit völlig unberührt.

Selbst die konservativsten Elemente des Staates verspüren dieses Geistes einen Hauch. Er ist ihnen auf den Fersen – dieser Geist; kein Entrinnen möglich. Von ihm bedrängt, mußte eine hohe Obrigkeit sich notgedrungen zu einer Reformierung der weiblichen Bildungsanstalten entschließen, die bis in die Neuzeit hinein alles vermieden, was den weiblichen Horizont erweitere, alles bevorzugten, was ihn einzuengen versprach.

Nicht willig, fröhlichen Herzens, vielmehr mißvergnügt, zögernd, karg, voller Halbheiten wurden die Reformen ins Werk gesetzt. Die Koedukation ausgeschlossen. Wir aber fordern für das weibliche Kind dieselben Bildungsmöglichkeiten, die dem männlichen Kinde gewährleistet sind. Und wir wollen die gemeinsame Erziehung der Geschlechter. Durch die Trennung der Knaben und Mädchen in der Schule wird von vornherein die Geschlechtsunterschiedlichkeit scharf betont, wird darauf hingewiesen, das dem Knaben anderes – das heißt mehr gebühre, als dem Mädchen. Und damit der Grund gelegt zu der Geringschätzung des Knaben dem Mädchen gegenüber. Eine Geringschätzung, die konsequenterweise zur Verweigerung des Stimmrechts führen mußte.

Die kleinen Kindermenschen wissen von ihrem Geschlecht nichts. Künstlich zieht man sie von Anfang an zur Unterschiedlichkeit auf, suggeriert ihnen schon durch das Spielzeug die Wesensart, die sie haben sollen. Dem Mädchen die Puppe, dem Knaben die Soldaten.

Je unkultivierter ein Land ist, je radikaler wird die Trennung der Geschlechter gehandhabt. Vor nicht allzulanger Zeit wurde in den Straßen Konstantinopels ein junges Mädchen vom Pöbel zerrissen, das gewagt hatte, in europäischer Kleidung auf offener Straße mit einem männlichen Wesen – es war ihr Bruder – zu sprechen.

Der Leiter der Wickersdorfer Schulgemeinde widmet der Koedukation beredte Worte: »Der Typus der Menschen ist weder Mann noch Weib, sondern der Innbegriff beider. Eine wahre Menschenerziehung darf also nicht einseitig der männlichen oder der weiblichen Natur angepaßt sein. ... Der Pädagoge soll nicht mehr Knaben und Mädchen kennen, sondern junge Menschen. ... Nur das für beide Geschlechter Wertvolle entspricht echtem Menschentum. ...

Gibt es ein spezifisch männliches oder weibliches Ziel, auf das hin dem Leben Richtung gegeben werden soll? ... Schon in der Jugend sollen beide Geschlechter nicht nur dieselbe Sprache sprechen und verstehen lernen, sondern sie auch miteinander sprechen. ... Hier, wo sie einander in gleicher Richtung streben und sich entwickeln sehen, sollen sie den großen Glauben an einander finden, aus dem allein die Achtung vor dem anderen Geschlecht entspringen kann. ... Hier in der Jugend, wo sie noch Menschen im edlen Sinne des Wortes sein dürfen, sollen sie auch einmal die Menschheit realisiert gesehen haben. Dieses große, unersetzliche Erlebnis zu gewähren, ist der eigentliche Sinn der gemeinsamen Erziehung. ...«

Das Mädchen auf ihren künftigen Beruf hin zu unterrichten, bedeutet einen Verzicht auf die Reform der weiblichen Erziehung ... Es wird die alte Identifizierung von Geschlecht und Beruf, die jedenfalls eine Fortentwicklung des weiblichen Typus unmöglich macht, verewigt; es wird dem sozialen und intellektuellen Fortschritt Halt geboten zugunsten eines täglich fragwürdiger werdenden Häuslichkeitsideals.

Der ernsteste Einwurf gegen die Koedukation geht von der biologischen Seite des Weibes aus, von der Ansicht, daß durch die Betonung des Geistigen seine biologische Seite verkümmern müsse.

Neuerdings ist wieder von gelehrten Professoren (gelegentlich der Mädchenschuldebatten) in Schriften und Vorträgen betont worden, daß dem Weibe »durch zu viel Wissen nicht nur die Herzensbildung, auch die Unmittelbarkeit ihres Empfindens und Urteilens verloren gehe«. Einer der Professoren fügte sogar spöttisch hinzu: »Man wolle wohl die Natur des Weibes orthopädisch korrigieren.«

»Je mehr Wissen man den Mädchen aufpfropft, je dünner werden sie.« Im Reichstage fiel diese männerkluge Aeußerung.

So darf ich denn wohl – unstudiert wie ich bin – mit der von Professors Gnaden mir verliehenen unverfälschten Unmittelbarkeit des Denkens und Urteilens die Frage der Mädchenbildung zu lösen versuchen. Sie ist für mich wie das Ei des Columbus. Zwei Worte erledigen sie: Einheitsschule und Koedukation.

Ohne den Gemeinschaftsunterricht würden auf lange Zeit hinaus die Lehrkräfte und die Leiter der Mädchengymnasien hinter denen der Knabengymnasien zurückstehen. Es gilt eben noch für ehrenvoller Knaben zu unterrichten als Mädchen.

Die Konzentration sämtlicher Schulreformbestrebungen auf die einheitlichen Bildungsanstalten – welch ungeheure Ersparnis an Gehirn- und Finanzkräften für die Reformer.

Freilich, unter dem Einfluß des Gemeinschaftsunterrichts ist eine Dezimierung der Rüpel zu befürchten, möglicherweise zum Leidwesen der Väter, die häufig die Rüpeleien ihrer Sprossen als Vorboten starker Männlichkeit begrüßen.

Professor Gneist teilt in einer Broschüre über Koedukation (aus den 70er Jahren) die Resultate mit, wie sie ihm über die Gemeinschaftsschulen und Universitäten von Nordamerika zugegangen sind. Günstigere Resultate sind kaum denkbar. Dieselben geistigen Fähigkeiten, dieselben Leistungen, dieselbe körperliche Gesundheit wurden bei beiden Geschlechtern konstatiert.

Nicht weniger erfreuliche Ergebnisse weist die kürzlich in Finnland eingeführte Koedukation auf.

Die Sorge, daß die höhere Intelligenz der Knaben durch das mindere Geistesgefüge der Mädchen gehemmt werde, ist durch die amerikanischen Resultate als erledigt zu betrachten.

Hinfällig ist auch die Sorge um die bedrohte Sittlichkeit bei der Koedukation. Nirgends in den betreffenden Schulen sind sittliche Schäden zutage getreten. Erfahren die kameradschaftlichen Beziehungen der Mädchen und Knaben ab und zu einen leicht sinnlichen Einschlag – immer noch besser als die gegenstandslosen, erotischen Abirrungen, die ja in der Pubertätszeit unvermeidlich scheinen.

Sicher läuft der jungen Seelen Keuschheit dabei weniger Gefahr als bei den auf Küsse abzielenden Pfänderspielen, die in meiner Jugend üblich waren, als bei den heimlich zugesteckten Briefchen auf dem Heimweg von der Schule, bei den Tanzstunden, die damals – wie sie es wahrscheinlich noch heut sind – der Boden waren für einen verfrühten, widerwärtigen grünen Flirt.

Drollig, mit welcher Weisheit die Väter der Stadt einstmals das Terrain für die Mädchenschule gewählt hatten, der ich meine Unbildung verdanke! Unmittelbar neben dieser Elisabethschule befand sich die Knabenrealschule, und gerade gegenüber das Gymnasium: förmlich eine Aufforderung zu Tänzeleien der erwachenden jungen Sinne.

Zur Ueberwachung respektive Ablenkung der Erotik in Kinderschuhen will ich bei der Koedukation neben dem Direktor eine Frau Direktorin.

Die zarte Körperlichkeit der Mädchen soll den Ansprüchen eines Gymnasiums – besonders im Hinblick auf die Menstruationstage – nicht gewachsen sein.

Bei den vielen Gymnasiastinnen, die ich kenne, habe ich eine Ueberanstrengung nicht wahrgenommen.

Gewiß, für unbegabte, kränkliche oder verträumte Kinder bedeutet stets das Lernen eine Anstrengung, gleichviel ob es Knaben oder Mädchen sind, ob eine Mädchenschule oder ein Gymnasium sie damit belastet.

Und was die kritischen Tage betrifft (bei gesunden Mädchen ist eine Abweichung vom Normalbefinden kaum bemerkbar): wie und wo werden sie denn auf anderen Arbeitsgebieten berücksichtigt? Eine allgemeine Schonung würde ohne eine völlige Umwälzung aller sozialen Verhältnisse gar nicht durchführbar sein, allein schon deshalb nicht, weil die Mädchen sich nicht dazu verstehen würden, die Tage offiziell zu melden.

Ich weiß ein einfaches Mittel, den Gehirnüberbürdungen der Kinder vorzubeugen. Man bemühe sich um gediegene Lehrkräfte. Ein Unterricht strengt um so weniger an, je anregender und interessanter er ist. Nichts ist anstrengender, entnervender, als Langeweile, als die erzwungene Konzentration auf einen Gegenstand, für den unser Interesse nicht geweckt wird.

Zuweilen scheint mir's, als ob der Knabe in den entsprechenden Jahren schonungsbedürftiger wäre als das Mädchen. Die Pubertätszeit setzt oft schon mit dem 13. Jahre ein, und von da an bis ungefähr zu seinem 18. Jahre ist sein seelisches und körperliches Befinden selten normal, vielleicht reizbarer, nervöser als das der Mädchen auf der Schwelle der Jungfrauschaft.

In der Unterrichts-Kommission des Abgeordnetenhauses wurde kürzlich vorgebracht: »Es zeige sich im allgemeinen bei den Mädchen in den Jahren, die für den Besuch der höheren Knabenschule in Betracht kommen, ein solch großer Eifer, daß zu befürchten sei, die Knaben könnten zu übertriebenem Eifer angespornt werden und sich unbehaglich fühlen«. – Ach Gott, ja – sie tun mir ja auch herzlich leid, die armen zarten Jungen, des Lobes der strammen Mädchen, aber freu ich mich recht von Herzen.

Nicht weniger originell ist der Gesichtspunkt eines anderen Professors. »Die Knaben« – sagt er – »fühlen sich durch die sich rascher entwickelnden ehrgeizigen Mädchen in den Schatten gestellt, werden gleichgültig und wenden all ihr ernstliches Streben den körperlichen Kraftspielen zu« (Faule Bengels!).

Wir haben in den höheren Schulen Deutschlands noch keine Koedukation. Schon aber wirkt der gleiche Bildungsgang in den Gymnasien verschwisternd auf die Kinder. Ich habe vielfach Gelegenheit, den Verkehr dieser jungen Leute zu beobachten. Ich bin überrascht und tief erfreut von der Art dieses Verkehrs, bei dem Gemüts- und geistige Interessen ineinander wirken. Kein Uebersehen, keine Geringschätzung mehr der Knaben den Mädchen gegenüber, das »mit den Mädels kann man nichts reden« gibts nicht mehr.

Knaben zwischen dem 14. und 18. Jahr sind fast immer Dichter. Aber nicht den männlichen Schulgefährten – den Mädchen lesen sie die Wickelkinder ihrer Muse vor.

Sie helfen sich wohl auch gegenseitig bei ihren mathematischen und lateinischen Aufgaben, besprechen die Aufsatztemata, leihen sich gegenseitig ernste oder poetische Bücher und streiten feurig über die Auffassung eines Schiller'schen oder Shakespeareschen Helden.

Genug, die Knaben erkennen bei dem gemeinschaftlichen Unterricht die geistige Gleichwertigkeit der Mädchen, bei den Sports die gleiche Geschmeidigkeit und Ausdauer.

Alle anderen Vorschläge und Ideen über die Reformierung der Mädchenschulen verwerfe ich. Vor allem den Reformplan des früheren Kultusministers Studt.

Die Durchführung seines Systems (wohl zur Abschreckung der weiblichen Gymnasialbildung erklügelt), würde die Universitätsreife der Mädchen um 2 Jahre hinter die der Jünglinge zurückschrauben. Eine Beugung der Gerechtigkeit ohne Gleichen.

Der Kulturminister a. D. verlangte, daß »die reformierte Mädchenschule sich darauf beschränke, auf religiös-sittlicher Grundlage – eine allgemeine Grundlage zu geben, die Mädchen zum Leben in Gottes Wort zu erziehen, sie zu befähigen, durch ihren Wandel und durch freudige Beteiligung am gottesdienstlichen Leben der Gemeinde, sowie an christlichen Liebeswerken, die ihnen im Leben zufallende besondere Aufgabe zu lösen«. (Wenn diese Erziehungsregeln nichts mehr als Phrasen sind, lasse ich mich hängen.)

Wollte der Herr Minister a. D. mit seinem Reformplan der Koedukation einen Riegel vorschieben? Höhere Knabenschulen auf der Basis einer Gottseligkeit, die auf freudige Beteiligung am gottesdienstlichen Leben der Gemeinde abzielt, wäre wohl kaum durchführbar.

Als im Abgeordnetenhause über die Erweiterung der Mädchenschulbildung verhandelt wurde, rief ein entrüsteter Herr: »Wir dürfen nicht Puppen erziehen, sonst geht das ganze Gemütsleben unseres Volkes verloren.«

Zu meinem Erstaunen haben sich auch fortschrittlich gesinnte Frauengruppen nur flau und lau (wenn sie nicht gar zustimmten) gegen jenen ministeriellen Erlaß zur Wehr gesetzt. Und doch ist diese Frage für die Frauenwelt (auch insbesondere für die Erziehung zum Stimmrecht) von fundamentaler Bedeutung.

Möglich, daß bei dieser Lauheit eine Opportunitäts-Politik mitwirkte, eine Taktik, die sich der Gewährungssprödigkeit der maßgebenden Behörde anpaßte.

Vielleicht auch beruhte die Bescheidenheit der Frauen auf einem Gefühl der Dankbarkeit. Dankbar für das bereits Erreichte.

Und in der Tat, wenn ich an meine Jugend zurückdenke, stehe ich erstaunt, entzückt vor den Errungenschaften der letzten fünfzig Jahre.

Wehe über das Schulkind meiner Zeit! Noch vor 50 oder 60 Jahren galt das Stillverhalten – äußeres und inneres – des weiblichen Kindes als etwas von der Natur Gewolltes. Als ob so ein armer Wurm seine Verfehlung, nicht als Knabe geboren worden zu sein, absitzen müßte.

In den Freistunden Strümpfe stricken und sie stopfen! Je mehr Touren in einer bestimmten Zeit herumgestrickt wurden, je braver war das Kind (erinnert an Aschenputtels Erbsenlesen). Was für eine große Rolle die Strümpfe damals spielten! Noch war die Strickmaschine nicht Allgemeingut, noch hatte kein Kneipp die Barfüßigkeit – wenn auch nur zeitweise – entsündigt.

Ein Schlittern, etwa auf dem Rinnstein, war ein Bubenstreich. Selbst der Schneeball mußte verstohlen, mit bösem Gewissen, von Mädchenhänden geworfen werden.

Mit unaussprechlicher Bitterkeit denke ich an jene Zeit physischer und geistiger Hemmungen zurück, die jedes begabtere weibliche Geschöpf, das geboren wurde, ein ganzer Mensch zu werden, zu einem automatenhaften Gebilde verkümmerten, zermürbten.

Nur wer dieses Zeitalter als ein Schicksal erlebt hat, weiß von seiner Tragik. [...]

Weibliches Studententum.

Unentbehrlich auch für des Weibes zukünftige Stellung in der Gesellschaft ist ihre Eroberung der Universität.

Willkommen – viel willkommen sei uns die Studentin. Wissen, Erkenntnisse sind die vornehmsten Faktoren in der Erziehung zum Stimmrecht. Die freien Vorträge, wie sie besonders in der freien Studentenschaft üblich sind – die Diskussionen, die rhetorische Begabungen erwecken und entwickeln, sie bilden recht eigentlich eine Vorschule für parlamentarische Tätigkeit.

Aus den Reihen der akademisch gebildeten Frauen werden uns vielleicht die ersten Volksvertreterinnen erstehen.

Die Kameradschaft zwischen Knaben und Mädchen, die ein gleicher Bildungsgang in den Schulen anbahnte, sie ist zwischen Jünglingen und Jungfrauen auf der Universität, in Ateliers und Werkstätten zu lebendiger Wirklichkeit geworden.

Hier wird unter anderm dem weiblichen Geschlecht die Aufgabe zufallen, die noch immer zu rauhen Universitätssitten ein wenig zu glätten, dem niederziehenden Einfluß, der oft genug dem Studententum mit seinen Paukereien, Kneipereien, Korpsgebräuchen (wenn ich auch einige Vorzüge des Korpswesens nicht verkenne, seine Schattenseiten aber überwiegen) seinem Dirnenkultus anhaftet, entgegen zu wirken.

Wie muß das männliche Geschlecht seine Begriffe vom Weibe korrigieren, wenn der Jüngling auf der Universität das Mädchen, das bis dahin für ihn nur eine Mitliebende war, als eine Mitdenkende, Mitstrebende, Mitarbeitende kennen lernt.

Und das studierende junge Mädchen? Man befrage sie um die Eindrücke ihrer Universtitätszeit.

Sie wird einen Hymnus singen, denn in einem Rausch lebt sie, der zugleich idealistisch und sinnlich ist. Idealistisch in der stolzen geläuterten Freude Mitschaffende zu sein an ewigen Werten. Idealistisch, weil der Glaube dieser weiblichen Jugend an die Wissenschaft eine Art Religion ist. Es ist der Glaube an einen Himmel, der intime geistige Entzückungen erschließt.

Eine Sinnenfreude aber ist das Schwelgen in den Gefühlen der jungen Freiheit, des Sichselbstgehörens, der sympathischen Beziehungen zu den Jünglingen.

Es ist, als wollte die Studentin alle Lebensinhalte, die den früheren Frauengenerationen vorenthalten wurden, konzentriert in sich aufnehmen. Ich habe nie beglücktere weibliche Geschöpfe gesehen, als unter den studierenden Jungfrauen.

Und in dem wetteifernden Arbeiten und Streben mit den Studenten, wandeln sich allmählich ihre Gewohnheiten und Sitten, mag immerhin dabei eine gewisse Absichtlichkeit in der Betonung ihrer neuen jungen Würde, die Drolligkeiten nicht ausschließt, mitunterlaufen.

Elegante Kostüme, Toilettenfirlefanz sind gewesen. Einfaches Wollenkleid. Kurzer Rock. Lodenmantel. Unbewimpeltes Stroh- oder Filzhütchen. Keine Handschuhe. Keusche Menüs bis zur vegetarischen Studentenkneipe herunter. Tüchtige Märsche an freien Tagen.

In der Tat – schön ist ihr feuriger Wille zur Erkenntnis, zur Eigenkraft. Und bis jetzt nicht das leiseste Symptom einer Abirrung in wüste Studenterei.

Der Studierenden ist das Studententum ein Tempel, der nur Eingeweihten sich öffnet. Die ganze übrige Welt hat draußen zu bleiben.

Ganz entzückend sind die leidenschaftlichen, wissenschaftlichen Dispute dieser intelligenzsüchtigen Jugend.

Unmenschlich, was sie zusammenphilosophiert, immer gleich hinauf bis zum Ur – Ur-Ich, überhaupt zu irgend einem »Ur«.

Dieser weiblichen Jugend erblüht vielleicht in dem Wissensdurst, der durch keinen Bierdurst gehemmt wird, eine reichere Ernte als ihren männlichen Kommilitonen, es sei denn, daß die weibliche Einwirkung, gleich wie das Oel wildes Gewoge sänftigt, ihnen die Ausschweifung in Bier Erotik verekle.

Noch immer verhält sich die Majorität der Professoren dem weiblichen Studium gegenüber ablehnend.

So der vielgerühmte Geheimrat und Professor Münch. Er gibt »in freier und verkürzter Weise« die ihn »erfreuenden« Gedanken des Amerikaners Sachs wieder: » Eine unerfreuliche Erfahrung ist es, daß von den Studienfächern, denen die weibliche Jugend sich zuzuwenden pflegt, die jungen Männer sich allmählich grundsätzlich zurückziehen«.

O, da gibts Abhilfe. Man garantiere den Frauen die Staatsämter, zu denen ihre Studien sie berechtigen, stelle sie als Richter, Prediger, Professoren, Verwaltungsbeamte an. Und diese emsigen Streberinnen werden sich totsicher über sämtliche vorhandenen Studienfächer verbreiten. Ob die Jünglinge dann auf ewig vor der Studentin, der männerschreckenden Vogelscheuche auf dem Feld der Wissenschaft davonlaufen, die Unversitäten meiden werden?

Die Medizin ist ein Vorzugsstudium der Frauen. Das Aussterben der männlichen Aerzte hat aber in Europa noch nicht platzgegriffen. [...]

D: Hedwig Dohm: Erziehung zum Stimmrecht der Frau [1908]. Hrsg. vom Preußischen Landesverein für Frauenstimmrecht. 3. Aufl. Berlin: Selbstverlag, 1914. S. 3–12 [Auszug.]

L: Marianne Horstkemper: Die Koedukationsdebatte um die Jahrhundertwende. In: Geschichte der Mädchen- und Frauenbildung. Hrsg. von Elke Kleinau und Claudia Opitz. Bd. 2: Vom Vormärz bis zur Gegenwart. Frankfurt a. M. / New York 1996. S. 203–218.

38

## Mädchenerziehung und Mädchenbildung im Nationalsozialismus: Franz Kades Vorstellungen über ›naturnahe‹ weibliche Charakterbildung (1937)

Die nationalsozialistische Mädchenerziehung war an der von Hitler in *Mein Kampf* propagierten Losung, »das Ziel der weiblichen Erziehung hat unverrückbar die kommende Mutter zu sein«, orientiert, und entsprechend konzentrierten sich sowohl administrative Neuerungen als auch pädagogische Bemühungen im Bereich des Mädchenschulwesens auf die Etablierung einer geschlechtsspezifischen und geschlechtsdualistischen Erziehung. Während die im Vordergrund stehende Jungenerziehung in erster Linie der Wehrertüchtigung der männlichen Jugend diente, wurde die Mädchenerziehung reduziert auf die Ausbildung der dem weiblichen Wesen ›naturgegebenen‹ Fähigkeiten: Mädchen sollten so früh wie möglich an ihren ›Naturberuf‹ – die Mutterschaft – herangeführt werden und lernen, daß ›echte Weiblichkeit‹ sich nicht in persönlicher Selbstbestimmung, sondern nur in der aufopferungsvollen Hingabe und im Dienen erfüllte.

Die Neuordnung des Schul- und Bildungswesens ab 1933 wurde konsequent unter den Gedanken weiblicher Eigenart gestellt, indem die Qualität der höheren Schulbildung für Mädchen durch die Integration hauswirtschaftlicher und handarbeitlicher zu Lasten naturwissenschaftlich-mathematischer Fächer reduziert und die Aufnahme in die Oberstufe höherer Lehranstalten, später dann auch die Universität, nur nach Bestehen einer hauswirtschaftlichen Prüfung gewährt wurde. Im Dienste eines erschwerten Zugangs zum Studium stand auch die geschlechtsspezifische Differenzierung der Oberstufe ab 1938, die den naturwissenschaftlichen oder altsprachlichen Zweig dem männlichen Geschlecht vorbehielt und Mädchen nur den Zugang zum sprachlichen oder neu geschaffenen hauswirtschaftlichen Bereich, der keine Berechtigung für ein Studium verlieh, gewährte. Ergänzt wurden diese Maßnahmen durch universitäre Reformen, eine bereits 1933 verfügte Beschränkung der Zahl weiblicher Studierender auf 10 % und den Ausschluß der Frauen von der in den 20er Jahren errungenen Zulassung zu Promotion, Habilitation und den Berufen der Rechtspflege.

Neben dem höheren Schulwesen blieb auch der Elementarunterricht von pädagogischen Bemühungen zur Umsetzung nationalsozialistischer Erziehungsziele nicht verschont. Hiervon zeugt die Schrift Franz Kades, Leiter der Wörsdorfer Grundschule in der Nähe von Frankfurt, dessen 1937 verbreitete Vorschläge zur Beförderung der ›Wende in der Mädchenerziehung‹ nach eigenen Angaben »in viereinhalbjährlicher Durchführung die Feuerprobe der Praxis« bereits bestanden hatten.

Die hier auszugsweise wiedergegebenen, seinen Ausführungen zur praktischen Umsetzung vorangestellten »Grundlegenden Gedanken« gehen von der »seelisch-geistigen Andersartigkeit« und »völkischen Berufung und Verpflichtung« der Frauen aus. Neben einer geschlechtsspezifischen Leibeserziehung fordert Kade eine genuin weibliche Charakterbildung, die im Zeichen von Dienst, Hingabe, Verpflichtung und Selbstaufgabe zu stehen habe. Die Ausbildung intellektueller Fähigkeiten, rationalen, logischen und begrifflichen Denkens, wird aufgrund der Eigenart weiblicher, auf die »Schaukraft« konzentrierter Geisteskräfte verworfen; entsprechend soll die »Mütterlich-hauswirtschaftlich-werkliche Erziehung« vom Rand ins Zentrum des Unterrichts rücken, um die »natürliche Reifung zur Hausfrau und Mutter« durch pädagogische Maßnahmen zu unterstützen.

Der Nationalsozialismus kennt keine Rangordnung, aber auch keine Gleichartigkeit der Geschlechter. Er fordert echtes Mannestum und echtes Frauentum: Mann und Frau, beide haben im Leben und Kampf des Volkes gleichwertige – aber nicht gleichartige – Aufgaben zu erfüllen. Der Nationalsozialismus anerkennt die Ebenbürtigkeit der Geschlechter, aber unter entschiedener Betonung des Wesenseigenen und klarer Abgrenzung der Wirkungsbereiche und Arbeitsfelder von Mann und Frau. Mann und Frau zusammen bauen die deutsche Volksgemeinschaft. Die Polarität der Geschlechter ergibt die Einheit. Beide Geschlechter müssen ruhen in der Sicherheit ihres Wesens und in Treue zum eigenen Sein ihre völkische Aufgabe erfüllen. Weil der

Nationalsozialismus eine männliche Bewegung ist, ehrt und schützt er Frauen- und Muttertum.

Die hinter uns liegende Epoche der Frauenbewegung hat der Frau Rechte erobert, aber diese Rechte wurden unter den schwersten Opfern für die Frau erkauft: sie mußte weitgehend auf ihre Wesensart verzichten, und durch diesen Verzicht wurden die ursprünglichen Kräfte weiblichen Wesens und weiblicher Eigenart von der Gestaltung des völkischen Lebens ausgeschaltet. Die liberalistische Frauenbewegung hat die natürlichen Gesetze der Frau zerbrochen, die Frau aus ihrer Bahn geworfen, zu einer Minderachtung von Frauen- und Muttertum geführt und eine Mutter- und Frauennot heraufbeschworen.

Die vom Liberalismus getragene Frauenbildungsbewegung schuf trotz aller gegenteiligen Forderungen, die nur Forderungen blieben, in der Wirklichkeit ein Mädchenbildungswesen, das, abgesehen von einigen Anhängseln in Form von »technischen« oder »Neben«fächern, ganz nach den Knabenschulen ausgerichtet war. Je höher sich das weibliche Bildungswesen entwickelte, je mehr es ausgebaut wurde, um so stärker wurde das wesensgemäß Weibliche im Bildungs- und Lebensweg des weiblichen Geschlechts zurückgedrängt.

Der Nationalsozialismus hat eine neue Frauenbewegung geboren, deren Ziel es ist, die Frau ihrer Wesensart entsprechend in den völkischen Lebensordnungen einzusetzen. Die nationalsozialistische Frauenbewegung führt die deutsche Frau zu ihrer eigenen Art und Aufgabe und damit zu ihrem Recht und ihrer Würde. Sie läßt lebendig werden, was das Weib zum Weibe macht, und schafft damit die Lebensgrundlage für echtes Frauen- und Muttertum und damit die Voraussetzungen zur Erfüllung der großen Aufgaben, die der Nationalsozialismus der deutschen Frau stellt. Sie überwindet Reaktion und Emanzipation. Sie will weder das »Hausmütterchen«, das lediglich Haus und Familie umsorgt, noch das »Weibchen« als Spielzeug des Mannes, noch die »Frauenrechtlerin«, die ihren Lebens- und Wirkungskreis überschreitet, sie will nicht die Frau der bürgerlichen Welt und Lebensform, sondern das Weib der völkischen Lebenstapferkeit, das als Frau und Mutter die Lebensaufgaben des Volkes sieht und sie in gläubiger Lebenszuversicht einsatz- und opferbereit meistert, das mit ihrem Leibe, ihrer Seele und ihrem Geiste dem Volke dient. [...]

Der Nationalsozialismus hat für das Heranwachsen eines neuen weiblichen Geschlechts den Boden bereitet und die Voraussetzungen geschaffen. Dieses Wachsen und Werden muß behütet, unterstützt, gefördert und überhöht werden durch die Erziehung. Damit ist allen völkischen Erziehungsordnungen eine wichtige Erziehungsaufgabe gesetzt, damit steht die Mädchenerziehung vor einer Wende. Wenn auch der Schwerpunkt der weiblichen Erziehung beim nachwachsenden Geschlecht, beim Mädchen liegt, darf doch darüber die erzieherische Beeinflussung der schon der Schule entwachsenen Generation nicht vernachlässigt werden, sie ist in dieser Umbruchszeit besonders wichtig und dringend.

Vor uns liegt als Aufgabe der Aufbau einer wesensgemäßen weiblichen Erziehung und Bildung, die den Lebenskern der Frau trifft. Der Führer hat eindeutige Richtlinien dafür gegeben. »Analog der Erziehung des Knaben kann der völkische Staat auch die Erziehung des Mädchens von den gleichen Gesichtspunkten aus leiten. Auch dort ist das Hauptgewicht vor allem auf die körperliche Ausbildung zu legen, erst dann auf die Förderung der seelischen, und zuletzt der geistigen Werte. Das Ziel der weiblichen Erziehung hat unverrückbar die kommende Mutter zu sein.« (Mein Kampf.)

Die eigenständige weibliche Erziehung und Bildung muß ausgerichtet sein auf die besondere biologisch-seelische Veranlagung der Frau und ihre besonderen Aufgaben im häuslichen und öffentlichen Leben. Sie muß Frauen und Mütter formen helfen, die leiblich, seelisch und geistig den Aufgaben ihres Lebens- und Wirkungskreises gewachsen sind.

Die Aufgaben, die das Volk im Werden seinen Frauen und Müttern stellt, sind aber hart und schwer, weder ein Hausmütterchen noch ein Püppchen kann sie meistern.

Die planmäßige weibliche Erziehung muß sich an den natürlichen Wachstums- und Reifungsprozeß anschließen, ihn ergänzen und überhöhen. Sie muß der Wesensentfaltung dienen und darüber hinaus die Aufgeschlossenheit und Bereitschaft für den Dienst am Volke wecken.

Sie muß berücksichtigen, daß Wesen und Stärke des weiblichen Geschlechts nicht im Intellektuellen, sondern im Leiblich-Seelischen liegen und daß auch seine Geistigkeit stark vom Seelischen her bestimmt ist. Sie muß darum ihren Ansatz im Leiblich-Seelischen finden und ferner die geistige Bildung auf die besondere weibliche Geisteskraft abstimmen. In der neuen Mädchenerziehung müssen die geheimnisvollen Kräfte der Seele lebendig werden, die das Leibliche und Geistige bestimmend formen. Es muß ihr gelingen, das Ineinanderwirken des Leiblich-Seelischen und auch des Geistig-Seelischen zu einem Zusammenklang zu bringen; nur dann ist sie fruchtbar. [...]

In den von der nationalsozialistischen Bewegung geschaffenen neuen Erziehungsordnungen – BDM., Landjahr, Arbeitsdienst und Frauenschaft – ist die neue weibliche Erziehung bereits erfolgreich in Angriff genommen. Die alten Erziehungsordnungen – Familie und Schule – müssen diesem Beispiel folgen. Zu ihrer vollen Fruchtbarkeit wird die weibliche Erziehung nur dann kommen, wenn alle daran beteiligten Erziehungsordnungen – ausgerichtet auf das gemeinsame Ziel – eng zusammenarbeiten und ihre Arbeit inhaltlich und organisatorisch in Sinnzusammenhang bringen. [...]

## III. Die Schule.

### A. Grundsätzliches.

Für die Gestaltung der planmäßigen weiblichen Erziehung und Bildung in der Schule ergeben sich folgende Grundsätze, die einerseits von den besonderen leiblich-seelisch-geistigen Anlagen, anderseits von der völkischen Berufung und Verpflichtung der Frau bestimmt sind.

#### Leibeserziehung.

Die Leibeserziehung ist eigenständig von der Frau her zu gestalten. Sie erstrebt kraftvolle Schönheit und Gesundheit des Leibes. Die Leibesübungen müssen einen volkstümlichen Charakter tragen, der Spielfreude dienen und Ausdruck echter Lebensfreude sein. Sie unterscheiden sich damit wesentlich von den politisch-soldatisch bestimmten Übungen des männlichen Geschlechts, die zum Kampfgeist erziehen sollen. [...] Man denkt nicht daran, den Unterschied zwischen Mann und Weib, den natürlichen wie den sozialen, zur Grundlage einer Einteilung der Leibesübungen zu machen. Und doch ist dies der einzige Weg, der zu einer lebendigen Systematik der Leibesübungen führt.

Deutsche Leibesübungen

| | |
|---|---|
| Volkstümlich | Politisch |
| Kinder, Mädchen, Frauen | Knaben, Jünglinge, Männer |
| Spielfreude | Kampfgeist |
| Spiel | Übung |
| Tanz | Turnen |
| Übung (Tummeln), (in Gruppen) | Wettkampf (in Mannschaften). |
| Volkstümlich | Politisch |
| Feste | Feiern |
| Spiele und Tänze | Aufmärsche und Wettkämpfe. |

Die Geschlechter nehmen gegenseitig an ihren Festen und Feiern teil. Schwimmen, Rudern, Skilaufen gehören in ein Gebiet, das zwischen beiden Abteilungen liegt und von beiden gemeinsam organisiert wird.

### Charaktererziehung.

Es müssen die geheimnisvollen Kräfte der Seele, die bei der Frau besonders stark sind und in besonderem Maße das Leibliche und Geistige formen, lebendig werden. Die hierdurch erstrebte Formung und Prägung des Charakters, der Haltung, Gesinnung und Willensrichtung soll nicht soldatisch-kämpferisch bestimmt sein wie beim männlichen Geschlecht, sondern soll stark und reif machen für das hehre Dienen, für die entsagende Hingabe an Familie und Volk aus rassischer und völkischer Verpflichtung. Dieses frauliche Dienen, diese frauliche Hingabe, die einer Selbstaufgabe gleichkommt, setzt Selbstgewißheit, Würde, Seelenstärke, Innerlichkeit, Sinnenleben, Lebenszuversicht, Lebenstapferkeit, Opferbereitschaft und Willenskraft voraus.

Die Entfaltung der seelischen Kräfte führt die Frau von der bürgerlichen hin zur völkischen Haltung, Gesinnung und Willensrichtung und damit zu einer neuen auf das Volk ausgerichteten Lebensform. [...]

### Geistesbildung.

In der Geistesbildung treten neben die allgemeinen Grundsätze, die für beide Geschlechter gelten, jene besonderen, die auf die weibliche Geistesart abgestimmt sind. Es besteht ein Unterschied zwischen der männlichen und weiblichen Geistigkeit: Jene ist wesentlich vom Intellekt, vom Begriff bestimmt, diese dagegen von einem unmittelbaren Urteilsvermögen, einer seelischen Schaukraft (Instinkt, Fingerspitzengefühl, Ahnungsvermögen), vom Lebendigen, von der Wirklichkeit. Die Frau denkt in eigenen Formen. Nicht das rationale, logische, begriffliche Denken ist ihr wesenhaft, sondern sie formt mittels einer seelisch bestimmten, von einem natürlichen Urteilsvermögen getragenen Schaukraft ihr Weltbild. Auch das geistige Leben der Frau wurzelt im Seelischen, aus dem es seine Kraft und Tiefe holt. »Man hat übersehen, daß die Frau in besonders hohem Maße ein unmittelbares Urteilsvermögen besitzt, das nicht auf Argumenten und kausaler Begründung, sondern auf sinnlicher Wahrnehmung und angeborenem Wertgefühl beruht. Eine gebildete Frau, also eine solche, die ihre natürlichen Anlagen entwickelt hat, kann ein tiefes Wissen von der Wirklichkeit, einen tiefen Blick in das Leben besitzen und infolgedessen richtig urteilen, auch wenn sie nicht richtig begründen kann!«

Dieser in besonders hohem Maße der Frau eigentümliche und wesensgemäße Geist, der nicht durch den Intellekt abgelöst werden kann, wie es leider bisher versucht wurde, fordert besondere Bildungsformen, die nicht vom Begriff bestimmt sein dürfen. Die Überschätzung des Intellektuellen mit seiner Begrifflichkeit lähmt und zerstört die besonderen geistig-seelischen Kräfte der Frau. [...]

Die bisherige Fächerzersplitterung, die sich für das Mädchen noch verhängnisvoller auswirkte als für den Knaben, muß durch einen ganzheitlichen Unterricht abgelöst werden, der der weiblichen Art des Geistigen in besonderem Maße entspricht. In der Arbeit an Ganzheiten, an Lebenszusammenhängen können sich die geheimnisvollen Kräfte der Seele, die das weibliche Geschlecht in besonders hohem Maße besitzt, reich entfalten, kann die geistig-seelische Kraft des Schauens voll zum Einsatz gebracht werden, kann die Frau in ihrer Art denken und ihre besondere Geistesart zur Entfaltung bringen. [...]

### Mütterlich-hauswirtschaftlich-werkliche Erziehung.

Wenn das Hauptziel der weiblichen Erziehung unverrückbar die kommende Mutter sein soll, genügt es nicht, wenn zwei Stunden Handarbeit und allenfalls in den Städten (für die Landmädchen wäre es noch wichtiger!) noch einige Stunden Hauswirtschaft ohne Sinnzusammenhang dem übrigen Unterricht angehängt werden. Wir müssen von diesen »technischen Nebenfächern« durchstoßen zu einer echten mütterlich-hauswirtschaftlich-werklichen Erziehung, für die in den hauswirtschaftlichen und pflegenden Tätigkeiten ein eindeutiger Mittelpunkt gegeben ist, und müssen für diesen neuen Erziehungsbereich Raum in der Schule schaffen.

Das Hausfrau- und Muttersein ist nicht mit einem Male einfach da, sondern es ist ein langsames Heranwachsen und Reifen zu dieser Lebensaufgabe des Mädchens hin. Dieser natürliche Reifungsprozeß muß von allen Erziehungsordnungen – auch von der Volksschule – behütet, unterstützt und gefördert werden.

Damit ist keineswegs eine Art Berufsausbildung gefordert; ebensowenig wie durch die Werkerziehung in der Volksschule die Knaben zu Handwerkern, sollen die Mädchen zu fertigen Hausfrauen herangebildet werden. Es kommt überhaupt nicht auf die Übermittlung einiger Kochkenntnisse an und geht nicht um die Erreichung des Zieles einer sogenannten Haushaltungskunde. Wie auf allen anderen Gebieten, ist auch auf diesem jede Verfrühung und Vorwegnahme abzulehnen. Die Erfahrung zeigt aber, daß die mütterlichen und hausfraulichen Anlagen schon vom vorschulpflichtigen Alter an stark zur Entfaltung drängen. Das offenbart sich bei allen Spielen der kleinen Mädchen und bei ihrem Helfen im Haushalt. Und diesen natürlichen Äußerungen muß die Schule Rechnung tragen, sie muß sich einschalten in das natürliche Hineinwachsen des Mädchens in seine spätere Lebensaufgabe als Mutter und Hausfrau und dafür in ihrer Arbeit den notwendigen Raum schaffen. [...]

Mit diesem neuen Erziehungsbereich sollen die bisherigen Nebenfächer eine neue Sinngebung und höhere Wertung erfahren. Die hausfraulich-wirtschaftliche Arbeit steht nicht mehr – wie bisher – auf der untersten Wertstufe. Das Dienstmädchen steht nicht mehr unter der Fabrikarbeiterin. Der Nationalsozialismus hat aller Handarbeit und damit auch dieser die volle Ehre gegeben. Hauswirtschaft und Handarbeit können darum auch nicht mehr nur »Neben«-fächer sein. Es ist ferner ein Irrtum anzunehmen, das mit dem Hausfrauen- und Muttertum Zusammenhängende sei eine rein technische Angelegenheit, die in wenigen Stunden so nebenbei erledigt werden könne. Das hausfraulich-mütterliche Tun ist mehr als Technisches, ist Ausdruck einer Haltung und Gesinnung. [...]

Es besteht also bei der Ausdehnung dieses Erziehungsbereiches keineswegs die Gefahr, daß die übrigen Aufgaben der Schule – besonders die Geistesbildung – zu kurz kämen. Im Gegenteil: Bei einer sinngemäßen Gestaltung der mütterlich-hauswirtschaftlich-werklichen Erziehung wird sie der Geistesbildung die fruchtbarsten Antriebe geben, weil hier konkrete praktische Beziehungen zum Wirklichen und Lebendigen und zu völkischen Aufgaben liegen. Hier erschließen sich Wege, die vom ganz Alltäglichen in die großen Lebenszusammenhänge führen. Hier ergeben sich reiche Möglichkeiten für das Verstehen der völkischen Not, für das Aufzeigen von Einsatzmöglichkeiten. Hier ist Dienst und Werk mit gedanklicher Durchdringung verbunden. Hier ist die selbstverständliche Verbundenheit von Tun und Denken gegeben, hier führt der Weg vom Schaffen mit der Hand zum Schaffen mit dem Geiste. Und dieser Weg ist immer fruchtbar.

Darüber hinaus dient dieser neue Bezirk, der ein Stück echter Lebenswirklichkeit in die Schule bringt, in besonderem Maße der Erziehung, und zwar der funktionalen.

Unter der Herrschaft einer von den »Fächern« des Wissenschaftssystems bestimmten Lehrplantheorie wurde die hauswirtschaftlich-werkliche Arbeit – ähnlich wie Musik und Leibesübungen – in die Zwangsjacke »Fach« gezwängt, als Bestandteil einer minderwertigen materiellen Arbeitswelt in der Form des »Neben«faches in einen stillen Winkel des Lehr- und Stundenplanes verdrängt und damit ihrer Wirkungsmöglichkeit beraubt. Diese Zwangsjacke wird jetzt abgelegt. Damit wird diese Arbeit ihres reinen Nützlichkeitscharakters entkleidet, kommt sie in Sinnzusammenhang mit der übrigen Schularbeit, weitet sie sich zu einem Bereich der mütterlich-hauswirtschaftlich-werklichen Erziehung und rückt von der Peripherie ins Zentrum der Mädchenerziehung, die erst durch diese Gestaltung in die Lage versetzt wird, den natürlichen Wachstums- und Reifungsprozeß des Mädchens hin zur Mutter und Hausfrau zu unterstützen, zu ergänzen und zu überhöhen, die mütterlichen Tugenden zu pflegen und den Weg zu hausfraulicher Tüchtigkeit und Umsicht zu führen. [...]

D: Franz Kade: Die Wende in der Mädchenerziehung. Ein Beitrag aus der Praxis der dorfeigenen Schule. Dortmund/Breslau: Crüwell, 1937. S. 7–22. [Auszug.]

L: Brigitte Kather: Mädchenerziehung – Müttererziehung? In: Frauen unterm Hakenkreuz. Eine Dokumentation. Hrsg. von Maruta Schmidt und Gabi Dietz. München 1985. S. 19–30.
Irmgard Weyrather: Numerus Clausus für Frauen – Studentinnen im Nationalsozialismus. In: Mutterkreuz und Arbeitsbuch. Zur Geschichte der Frauen in der Weimarer Republik und im Nationalsozialismus. [Hrsg. von der] Frauengruppe Faschismusforschung. Frankfurt a. M. 1981. S. 131–162.

## 39

## Mädchen in der Hitlerjugend

Die Nationalsozialisten versuchten ihre pädagogischen Ziele nicht nur über die Schulerziehung, sondern auch über eine staatlich kontrollierte Jugendarbeit zu erreichen. Der außerfamiliäre und außerschulische Bereich sollte von der Hitler-Jugend (HJ) als ›Staatsjugend‹ erfaßt werden, deren Mitgliedschaft ab 1939 zur Pflicht gemacht wurde. Die weibliche Jugend war als ›Bund Deutscher Mädel‹ (BDM), gegründet im Juli 1930, in die Hitler-Jugend integriert und sollte nach den Vorstellungen des Reichsjugendführers Baldur von Schirach die Mädchen zu »Trägerinnen der nationalsozialistischen Weltanschauung« erziehen.

Neben der weltanschaulichen Schulung an sogenannten Heimabenden stand die wesensgemäße Erziehung zu Mutterschaft und Hauswirtschaft und zum Dienst an der Gemeinschaft sowie die sportliche Ertüchtigung auf dem Erziehungsplan des BDM. Zum Sportprogramm gehörten auch Ordnungsübungen mit militärischen Kommandos, die zur Einübung in Gehorsam und Unterwerfung dienten. Ein weiteres Instrument nationalsozialistischer Beeinflussung waren Freizeitaktivitäten wie Wochenendausflüge oder die jährlichen acht- bis zehntägigen Lagerfahrten mit Wanderungen, Sport, Fahnenhissen, Nachtwanderungen und Lagerfeuern.

Das Foto zeigt Mitglieder des BDM in der typischen, obligatorischen Uniform beim Wandern, das hier weniger als Entspannungsübung denn als paramilitärisches Marschieren in Reih und Glied erscheint.

A: BDM-Mitglieder beim Wandern in Reih und Glied. In: Frauen unterm Hakenkreuz. Eine Dokumentation. Hrsg. von Maruta Schmidt und Gabi Dietz. München: Deutscher Taschenbuch Verlag, 1985. S. 34.

L: Birgit Jürgens: Zur Geschichte des BDM (Bund Deutscher Mädel) von 1929–1939. Frankfurt a. M. 1994.
Gabriele Kinz: Der Bund Deutscher Mädel. Ein Beitrag zur außerschulischen Mädchenerziehung im Nationalsozialismus. Frankfurt a. M. [u. a.] 1990.
Klaus Martin: Mädchen in der Hitler-Jugend. Die Erziehung zur deutschen Frau. Köln 1979.

## 40

## Judith Rauchs feministische Kritik an der Koedukation (1989)

Während die Koedukation in der DDR bereits in der Nachkriegszeit eingeführt wurde, machte in der Bundesrepublik Deutschland erst die Strukturreform des Bildungswesens in den 70er Jahren des 20. Jahrhunderts die gemeinsame Erziehung von Jungen und Mädchen zum Regelfall im öffentlichen Schulwesen. Im Zuge dieser Reform verschwanden auch die unter Berufung auf das weibliche Wesen festgeschriebenen geschlechtsspezifischen Inhalte und Binnendifferenzierungen aus den Richtlinien und Lehrplänen. Mit der Einführung von Koedukation und gleichen Bildungsinhalten war die Diskussion um die Mädchenbildung, die im letzten Jahrhundert mit dem Kampf der Frauenbewegung um eine staatliche höhere Mädchenbildung und die Zulassung von Frauen zu Studium und zu akademischen Berufen begonnen hatte, jedoch nur scheinbar obsolet geworden.

Die Hinwendung der in den 70er Jahren entstandenen neuen Frauenbewegung zur Bildungsfrage löste seit Anfang der 80er Jahre eine neue Koedukationsdebatte zunächst unter Feministinnen, ab Mitte der 80er Jahre auch in der allgemeinen Öffentlichkeit aus, die bis heute nicht abgeschlossen ist. Wie die feministische Schulkritik auf der Basis geschlechtsspezifisch orientierter Sozialisations-, Interaktions- und Schulforschung aufzeigte, waren Frauen in der Schule – und in der Gesellschaft – trotz formaler Chancengleichheit im Schul- und Bildungsbereich nach wie vor benachteiligt. Hierfür wurde seltener die Koedukation als solche, sondern vielmehr die herrschende koedukative Praxis verantwortlich gemacht, deren Veränderung in der Folgezeit zum zentralen feministischen Bildungsprogramm wurde.

Der im Januar 1989 in der Zeitschrift *EMMA* veröffentlichte Beitrag von Judith Rauch bietet Einblick in die Entwicklung und den Stand der Diskussion am Ende der 80er Jahre und zeigt anhand von Ergebnissen der feministischen Schulforschung und von Praxisberichten auf, welche mehr oder weniger subtilen Mechanismen und Faktoren dafür verantwortlich sind, daß die formal gleiche Erziehung von Jungen und Mädchen in der Umsetzung scheitert und aus »formaler Gleichheit« weiterhin »faktisch Ungleichheit« resultiert. Zu den hier entfalteten und zum Teil nach wie vor nicht befriedigend gelösten Problemen gehört nicht nur das Fortwirken eines ›heimlichen Lehrplans‹ der Geschlechtererziehung, der durch bewußte oder unbewußte geschlechtsspezifische Erwartungen und Wahrnehmungen das Verhalten von Lehrkräften bestimmt und die alte polare Geschlechteranthropologie tradiert. Auch der herrschende Sexismus in den Frauen ignorierenden oder alte Bilder von Männlichkeit und Weiblichkeit reproduzierenden Lehrmaterialien und Schulbüchern, die Tabuisierung sexueller Gewalt gegen Mädchen an den Schulen und der geringe Anteil von Frauen in leitenden Positionen des Schullebens werden als Kernpunkte der Benachteiligung von Frauen im Schul- und Bildungswesen thematisiert.

Vor drei Jahren machten die Dortmunder Pädagoginnen Maria Anna Kreienbaum und Jacqueline Kauermann-Walter eine überraschende Entdeckung. Mehr als ein Drittel, genauer: 36 Prozent aller Dortmunder Chemie- und Informatikstudentinnen, so stellten sie fest, hatten ihr Abitur an einer Mädchenschule gemacht. Ein auffallend hoher Anteil, vor allem wenn man bedenkt, daß es zum Beispiel im Bundesland Nordrhein-Westfalen nur noch fünf Prozent reine Mädchengymnasien gibt!

Die beiden Erziehungswissenschaftlerinnen wollten nicht an einen Zufall glauben und gingen in einem Anschlußprojekt der Frage nach: »Begünstigt eine Mädchenschulausbildung die Wahl der – traditionell so ›männlichen‹ – naturwissenschaftlichen Fächer bei Frauen?« Wieder wurden Chemie- und Informatikstudentinnen befragt, diesmal an drei Universitäten: Dortmund, Aachen und Paderborn. Das Ergebnis war eindeutig: Je »männlicher« das Fach und je anspruchsvoller die Uni, desto höher der Anteil von Mädchenschulabsolventinnen. An der Technischen Hochschule Aachen betrug er im Studienfach Informatik sogar 61 Prozent!

Die Gertrud-Bäumer-Schule in Bonn – Bad Godesberg, eine der letzten staatlichen Mädchenrealschulen in der BRD, wurde Anfang 1987 vor die Wahl gestellt: entweder schließen oder Jungen aufnehmen. Die Schule sei zu klein, hieß es, sie lohne sich nicht mehr. Statt sich klaglos der Koedukation zu ergeben, wie andere Mädchenschulen vor ihr, gingen Lehrerinnen, Eltern, Ehemalige, vor allem aber die Schülerinnen der Bäumer-Schule auf die Barrikaden.

In Briefen an PolitikerInnen beriefen sich die »Bäumer-Mädchen« nicht nur auf die Tradition ihrer Schule (»Schließlich würde sie nach einer bekannten Frauenrechtlerin benannt«), sondern auch auf die feministische Schulforschung: »Früher hat eben niemand darauf geachtet. Aber auf einmal fiel es auf, daß Mädchen aus gemischten Schulen nicht so zufrieden und selbstbewußt waren und nicht so viel gelernt hatten wie solche aus Mädchenschulen«, erklärten die Schülersprecherinnen Yvonne Klövekorn und Elisa Ineid dem »sehr geehrten Herrn Regierungspräsidenten«.

Ihr Protest hatte Erfolg: Im Rat der Stadt Bonn stimmte im Sommer 1987 eine ungewöhnliche Koalition aus CDU, FDP und Grünen für den Erhalt der Mädchenschule; nur die SPD war dagegen. Einzige Bedingung: mindestens 37 Neuanmeldungen pro Jahr. »Das macht uns keine Sorgen«, sagt die kommissarische Schulleiterin Carola Schulz.

»Bisher haben wir immer zwei erste Klassen vollbekommen. Und die Nachfrage steigt.«

Nicht nur in Bad Godesberg. Auch die restlichen 174 Mädchenschulen in der BRD, die Mehrzahl in privater (das heißt oft kirchlicher) Hand, verzeichnen nach Jahren des Schülerinnenrückgangs wieder regen Zulauf. »Das Borbecker Mädchengymnasium konnte nach 106 Neuanmeldungen zu Beginn des Schuljahrs 88/89 zum erstenmal vier Eingangsklassen bilden. Vor dem benachbarten Kolleg der Congregatio Beatae Mariae standen die Eltern sogar nachts Schlange, um ihre Töchter in einer der sechs ehrwürdigen fünften Klassen unterzubringen«, meldet der sozialdemokratische »Vorwärts«, schockiert von der »Renaissance« der totgeglaubten Mädchenschulen.

Haben doch die GenossInnen wesentlichen Anteil daran, daß spätestens seit den 60er Jahren die Koedukation, also die gemeinsame Erziehung von Jungen und Mädchen, als »normal«, als »fortschrittlich«, als »emanzipatorisch« gilt. Nach den restaurativen 50er Jahren, in denen die Schule »der Eigenart der Geschlechter« dadurch »Rechnung zu tragen« pflegte, daß Mädchen häkelten und kochten, während die Jungen laubsägten oder physikalische Versuche machten, mußte es doch auch Feministinnen als Fortschritt erscheinen, daß endlich gleiche Lehrpläne für alle einkehrten, an gemischten Schulen. Anfangs war das auch so. Ende der 70er Jahre aber begannen die Feministinnen, sich Fragen zu stellen. »Macht Koedukation Mädchen dumm?« provozierte Ingrid Strobl 1981 in Emma. Sie referierte Schuluntersuchungen aus Schweden, der DDR und der BRD, die allesamt der gemeinsamen Erziehung ein schlechtes Zeugnis ausstellen: Mädchen würden im Unterricht zu wenig beachtet und gefördert und fielen deswegen nach und nach hinter die Jungen zurück. Jungen lernten statt partnerschaftlichen Verhaltens Frauenverachtung. »Daß Mädchen und Jungen in derselben Klasse sitzen, muß noch lange nicht heißen, daß sie das als Gleichberechtigte tun«, war Ingrid Strobls

Fazit. Und sie bekannte: »Ich träume von der feministischen Mädchenschule«.

Sieben Jahre später zog der »Spiegel« nach. Unter dem Titel »Kleine Machos« ließ er Schulkritikerinnen ebenso zu Wort kommen wie zufriedene Schülerinnen von Mädchengymnasien und stellte hellhörig fest: »Der Ruf nach Abschaffung der Koedukation wird immer lauter.« Tatsächlich stellen sich inzwischen nicht mehr nur eine Handvoll Feministinnen die Frage, ob »K.O.edukation« (Lehrerinnen-Schlagwort) die Mädchen dumm macht. Sondern auch die links-liberale Presse von »Frankfurter Rundschau« bis »Zeit«; ja sogar die »Katholische Akademie Schwerte« bei einem Wochenendseminar.

Daß irgendetwas faul ist mit der »K.O.edukation« haben auch die BildungspolitikerInnen gemerkt. Von München bis Kiel, von Grün bis CDU unternehmen sie vermehrte Anstrengungen, sie dennoch zu retten. Mit Reformen: Die Schulbücher sollen – endlich! – von Geschlechtsrollen-Klischees entrümpelt werden. Modellversuche mit zeitweiliger Geschlechtertrennung – in den Naturwissenschaften wie in der Sexualkunde – werden gestartet.

Und der Traum von der feministischen Mädchenschule? Er ist durchaus noch nicht ausgeträumt. Allerdings ist er immer noch ein Traum. Beim siebten Kongreß des feministischen Lehrerinnenvereins »Frauen und Schule« Ende September 1988 in Dortmund stellten sich drei Frauen vor, die ihn verwirklichen wollen, falls sie genug Mitstreiterinnen finden.

Eva Maria Epple und Ursula Rieger aus Berlin, Herausgeberinnen der Zeitschrift »Frauen und Schule«, geht es dabei um einen Freiraum für »selbstbestimmte Weiblichkeit«, in dem Frauen von Frauen lernen. Eve Schabel, Lehrerin an einer »freien Schule« für gescheiterte HauptschülerInnen in Hamburg, plädiert für ein Schulmodell ohne Hierarchien, Stundeneinheiten und künstliche Fächertrennung. Geschlechtertrennung hält sie für notwendig, seit in ihrer freiwilligen Lerngruppe die Mädchen wegblieben: »Am Anfang waren drei Viertel der Schüler Mädchen, jetzt ist keine mehr da.«

Schon in der alten Frauenbewegung, Anfang des Jahrhunderts, wurde über die Frage »Koedukation oder Mädchenschulen?« heftig gestritten. Die Radikalsten – Frauen wie Hedwig Dohm und Lida Gustava Heymann, beide Lehrerinnen und Kämpferinnen für das Frauenwahlrecht – waren dabei eindeutig für die Koedukation. Warum?

Die Realität, mit der sie konfrontiert waren, war eine nach Geschlechtern getrennte Erziehung, und das hieß: eine minderwertige Erziehung für Mädchen und Frauen. Gymnasium, Universität, Wissenschaft und höheres Lehramt waren Männern vorbehalten. Mädchen wurden in der Regel nach Abschluß der Volksschule zu Hause »erzogen« – für die Ehe, für die Mutterschaft; die einzigen »höheren Schulen« für Mädchen waren private Anstalten, die der künftigen »Dame der Gesellschaft« den letzten Schliff verpaßten: französische Konversation, Klavierspielen, eine oberflächliche Allgemeinbildung.

Für Frauen, die endlich herauswollten aus den Frauenghettos, die teilhaben wollten an männlicher Bildung, männlicher Macht, war darum klar, daß sie gemeinsam mit den Männern lernen mußten und lernen wollten. »So darf ich denn wohl ... die Frage der Mädchenbildung zu lösen versuchen«, schrieb Hedwig Dohm 1910 »Zwei Worte erledigen sie: Einheitsschule und Koedukation.« Einwände aufgrund der »biologischen Seite des Weibes« oder auch der »bedrohten Sittlichkeit« ließ sie nicht gelten, sondern konterte mit Ironie: »Zur Überwachung respektive Ablenkung der Erotik in Kinderschuhen will ich bei der Koedukation neben dem Direktor eine Frau Direktorin.«

Dohms Mitstreiterin Lida Gustava Heymann verband – ebenso wie die Mädchenschul-Initiatorin Eve Schabel heute – die Idee der Mädchenbildung mit der einer fundamentalen Schulreform. Allerdings koedukativ. In Hamburg gründete sie zusammen mit Anita Augspurg und Käthe Schirmacher vom »Verein Frauenwohl« die sogenannte »Reformschule« mit Abiturabschluß. Sie sollte »keine Nachahmung der bestehenden Knabengymnasien« sein, sondern versuchte, »Eigenart, Begabung und Freiheit der kindlichen Persönlichkeit zu achten« statt nur Kenntnisse einzupauken.

Die Reformschule weckte Begeisterung bei LehrerInnen und SchülerInnen, mußte aber nach wenigen Jahren geschlossen werden. »Sie teilte das gleiche Schicksal wie die Frauenhochschule einer Malvida von Meysenbug«, schrieb Heymann, »sie fiel Hamburger Vorurteilen, verknöcherter Bürokratie zum Opfer, weil sie ihrer Zeit weit vorausgeeilt war.«

In der Schulpolitik setzten sich damals letztendlich nicht die radikalen, sondern die sogenannten »gemäßigten« Frauenrechtlerinnen durch. Helene Lange und Gertrud Bäumer zum Beispiel, die zusammen arbeiteten und lebten. Diese beiden Lehrerinnen, nach denen noch heute so manche Schule benannt ist, glaubten an die »Natur der Frau«, an eine unterschiedliche »Eigenart« von Männern und Frauen. Ihnen war es wichtig, daß »das Mädchen in seiner inneren Entwicklung durch die Frau geleitet« wird; insofern hielten sie die Koedukation nur im Ausnahmefall für angebracht. Für junge Frauen, die studieren wollten, richtete Helene Lange bereits 1893 sogenannte »Gymnasialkurse« ein, in denen die von den »höheren Töchterschulen« kommenden Mädchen den Bildungsvorsprung der Jungen aufholen und das Abitur machen konnten. Ab 1910 wurden nach ihren Vorstellungen Mädchengymnasien geschaffen, die zum Teil heute noch bestehen.

Was also Anfang des Jahrhunderts unter Feministinnen als die radikalere, als die konsequentere Lösung in der Mädchenbildung galt, die gemeinsame Erziehung mit den Jungen, wird heute von Feministinnen als »K.O.edukation« beschimpft. Haben sich Dohm und Heymann geirrt? Irren wir uns heute?

Nein, denn im Prinzip ist sie richtig, die Forderung nach Teilhabe, nach gleichen Lern- und Lebensbedingungen für beide Geschlechter von Anfang an. Zu einer wirklich partnerschaftlichen Gesellschaft gehört auch die PartnerInnenschaft in der Schule, gehört die Koedukation.

Die real existierende Männergesellschaft aber schafft es immer wieder, aus formaler Gleichheit faktische Ungleichheit zu machen: Mann und Frau nebeneinander an der Werkbank heißt noch nicht gleicher Lohn. Mann und Frau nebeneinander auf der Regierungsbank heißt noch nicht gleiche Macht (siehe den Fall Süssmuth). Und Mädchen und Junge nebeneinander auf der Schulbank heißt noch lange nicht auch gleiche Lernchancen.

Dabei sieht, auf den ersten Blick, die Leistungsbilanz der koedukativen Schulen für die Frauen gut aus: Etwas mehr als die Hälfte (52 Prozent) aller Abiturienten sind heute weiblich. Mädchen haben im Durchschnitt leicht bessere Noten als Jungen, sowohl im Gymnasium wie an der Berufsschule.

Schaut frau aber genauer hin, in welchen Fächern die Mädchen so gut sind (und in welchen sie versagen), zeigen sich genau jene Unterschiede, die durch »weibliche« und »männliche« Erziehung, Ermutigung bzw. Entmutigung geprägt werden: Im Aufsatzschreiben und in den Fremdsprachen sind die Mädchen unschlagbar. In Mathematik halten sie anfangs gut mit, fallen aber mit Einsetzen der Pubertät hinter die Jungen zurück.

Entsprechend wählen Jungen und Mädchen in der reformierten gymnasialen Oberstufe ihre Leistungskurse: Mädchen die Sprachen, Jungen die zukunftsträchtigen Naturwissenschaften. »Ist ein Terrain erst männlich besetzt«, schreibt die Dortmunder Pädagogik-Professorin Sigrid Metz-Göckel, »wie es sich zur Zeit bereits mit dem ›Computerwissen‹ andeutet, dann halten sich die Mädchen zurück bzw. werden zurückgedrängt.«

Das kann rasend schnell gehen. Beträgt der Mädchenanteil im ersten Halbjahr des 11. Schuljahres in Physik und Informatik noch etwa 40 Prozent, sind die Jungen im zweiten Halbjahr fast ausnahmslos unter sich. Metz-Göckel: »In nur einem Halbjahr wird den Mädchen auf subtile Weise klar gemacht, daß diese Fächer nichts für sie seien.«

Oft auch weniger subtil. InformatiklehrerInnen wissen ein Lied davon zu singen, was für ein Gerenne und Geschubse losgeht, sobald die Tür zum Computerraum aufgeschlossen wird. Und wer beim Kampf um den Platz am Gerät Sieger bleibt. Für Anja Strahl, Schülerin der Gertrud-Bäumer-Schule in Bad Godesberg ist klar: »In unserer Mädchenschule können wir in Ruhe lernen, weil keiner da ist, der uns unsere Computer wegnehmen will.«

»Bevor wir auf Koedukation umstellten«, berichtet ein englischer Lehrer, »waren die Mädchen gewöhnlich sehr an Naturwissenschaften interessiert, sie hatten viel Spaß am Experimentieren und daran herauszukriegen, warum etwas passiert. Nun schauen sie nicht mal mehr hin. Die Jungen stürmen herein, schnappen sich die Ausrüstungen. Ich verschwende Stunden darauf, sie wegzuziehen. Die Mädchen hängen nur noch rum. Ich verstehe das nicht.«

Es ist auch nicht immer leicht zu verstehen, was da schiefläuft zwischen LehrerIn und Klasse, zwischen Schülerinnen und Schülern. Denn vieles passiert unbewußt. So glauben zum Beispiel die meisten Lehrer und Lehrerinnen, sie widmeten Mädchen und Jungen gleich viel Zeit im Unterricht. Zeichnet man jedoch eine Stunde per Tonband auf und kontrolliert die Beiträge der SchülerInnen mit der Stopuhr, stellt sich regelmäßig heraus, daß den Mädchen höchstens 38 Prozent, den Jungen nie weniger als 58 Prozent der Unterrichtszeit gewidmet ist.

Verstößt eine Lehrerin einmal gegen diese »Zwei-Drittel-Parität« und widmet den Mädchen geringfügig mehr Zeit als das ihnen »zustehende« Drittel, fühlen sich die Jungen sofort benachteiligt und die Lehrerin bekommt ein schlechtes Gewissen. Es waren britische und amerikanische Schulforscherinnen, die als erste solche Untersuchungen anstellten. Heidi Frasch und Angelika Wagner haben sie für die Bundesrepublik bestätigt.

Bei Unterrichtsbeobachtungen in baden-württembergischen Grundschulen stellten sie fest: Jungen werden häufiger aufgerufen als Mädchen, wenn sie sich melden, aber auch, wenn sie sich nicht melden. Jungen werden mehr als doppelt so oft von der Lehrerin / vom Lehrer gelobt. Auch getadelt werden die Jungen mehr; diese »negative Aufmerksamkeit« erzwingen sie sich durch Ruhestörungen und aggressives Benehmen.

Es ist jedoch keineswegs so, daß das laute Benehmen den Jungen schadet. Im Gegenteil: Lehrer und Lehrerinnen prägen sich ihre Namen und Interessen eher ein. Werden Lehrkräfte aufgefordert, ihre Klasse zu beschreiben, nennen sie typischerweise zuerst die Jungennamen, »und der Rest sind Mädchen«. Die Jungen, obwohl frecher, sind bei den Lehrern beliebter als die angepaßteren Mädchen. Am unbeliebtesten sind die frechen Mädchen.

Uta Enders-Dragässer und Claudia Fuchs, die im Auftrag des Hessischen Instituts für Bildungsplanung und Schulentwicklung solche »Interaktionen« im Unterricht studiert haben, kommen zu dem Schluß: »Die Mädchen bilden eine negative Bezugsgruppe für die Jungen«.

Der freundliche, kooperative Interaktionsstil der Mädchen, ihre Disziplin und ihr Interesse am Unterricht scheinen an gemischten Schulen überhaupt noch Schule möglich zu machen. Dieser Stil wird ihnen jedoch nicht als Lernleistung anerkannt, sondern von LehrerInnen und Mitschülern als selbstverständlich vorausgesetzt. Er ist auch der Grund für die besseren Lernerfolge von Mädchen.

Gleichzeitig erwarten jedoch LehrerInnen und SchülerInnen unbewußt die höheren intellektuellen Leistungen von den Jungen. Diese fühlen sich überfordert und agieren ihre Frustration durch noch aggressiveres Verhalten aus – ein Teufelskreis. Fazit von Uta Enders-Dragässer: »Die Koedukation hat auch bei den Jungen versagt. Koedukation macht nicht nur Mädchen, sondern auch Jungen dumm.« An einer Berliner Hauptschule hat sich das auf dramatische Weise bestätigt. Dort haben die KlassenleiterInnen der siebten Klasse versuchsweise alle Mädchen in eine Klasse zusammengefaßt; vier Jungen bildeten die Minderheitsfraktion. Die Parallelklasse bestand nur aus Jungen. Das Ergebnis des Experiments: Die sogenannte »Mädchenklasse« gedieh prächtig, die Noten wurden besser, die Streiche netter, sexistische Sprüche seltener, und selbst die vier Jungen lernten, Gefühle zu zeigen. Die reine Jungenklasse aber war die reine Katastrophe: nicht zu bändigen und erbärmlich schlecht. Die »Blitzableiter« Mädchen fehlten. Zu Beginn des neuen Schuljahrs wurden die Klassen darum wieder gemischt.

Was bedeutet all das? Mädchen lernen besser ohne Jungen. Jungen lernen auf Kosten der Mädchen. Vor allem lernen sie, sich durchzuboxen – im wahrsten Sinne des Wortes.

»Mädchen werden verdrängt durch die rüpelhaften Rangeleien ihrer Mitschüler, die sich rennend, tretend, boxend den Raum verschaffen, den sie brauchen, um ihre Aggressionen abzulassen«, schreiben die Lehrerinnen Gitta Schipek und Erika Starck aus Braunschweig. »Die Mädchen weichen zurück, hinter die Mülltonnen auf dem Pausenhof, auf die Toiletten. Selbst in den Toilettenzellen haben sie keine Ruhe, die Jungen stürzen ihnen nach, klettern über die Zwischenwände – hinein in den intimsten Raum der Mädchen.«

Was sich dort abspielt, gleicht oft einer Vergewaltigung. Hedda Sass, Realschullehrerin aus Karlsbad, schilderte Emma, was einer ihrer Schülerinnen in einer Freistunde passierte: »Ein ehemaliger Schüler, der seine früheren Lehrer besuchen wollte, sah Monika auf die Toilette gehen und folgte ihr. Monika, die nicht auf den Mund gefallen ist, fragte: ›Hast du dich verirrt oder was willst du hier?‹ Statt zu antworten, drückte er auf die beiden Lichtschalter, das Klo wurde dunkel. ›Sag mal, das ist ein Mädchenklo, laß mich raus!‹ Statt einer Antwort versuchte ihr der Junge, seine Zunge in den Mund zu drücken.«

Die Schülerin befreite sich schließlich, indem sie ihrem Peiniger in den Bauch trat.

»Irgendwo müssen die Jungen ja ihre Erfahrungen machen«, heißt die verständnisvolle Reaktion so mancher Lehrer auf solche Attacken. Müssen sie? Und wie weit dürfen sie dabei gehen?

»Meine Tochter kam aus der Schule und war völlig niedergeschlagen«, schreibt Regine Holz (Name geändert) aus einer Kleinstadt im Ruhrgebiet an Emma. »Sie erzählte mir, daß ein türkischer Junge eine wilde Geschichte über sie in der Schule verbreitet habe. Er hatte erzählt, daß meine Tochter (neun Jahre) mit meinem Sohn (elf Jahre) derart gefickt hätte (O-Ton des Jungen), daß man sie hätte ins Krankenhaus bringen müssen. Dort habe man ihr eine Spritze gegeben, damit sie nicht schwanger würde.« Der gleiche Junge prahlte im Sexualkundeunterricht damit, daß er zu Hause regelmäßig Pornos sehe und beschimpfte seine Mitschülerinnen als »Nutten«.

Als die Mutter im Elternbeirat den Vater des Jungen zur Rede stellen wollte, hielten ihr andere Eltern vor, »daß es doch wohl an meiner Tochter liegen müsse«. – »Warum haben mich die anderen Eltern so auflaufen lassen?« fragt sich Regine Holz noch Monate danach voller Wut. »Ist es das Thema, über das man nicht sprechen will? Ist es Angst, als ›RassistIn‹ zu gelten? Ist es Ignoranz? Nehme ich das Ganze vielleicht zu ernst?«

Nein, es ist die Angst und Einschüchterung der Mädchen, die nicht ernst genug genommen wird. Die Ausmaße der sexuellen Gewalt an Schulen sind noch lange nicht ausreichend erforscht; und sie wird eher mehr als weniger. Getan wird dagegen so gut wie nichts. An Gesamtschulen sei es am schlimmsten, munkeln Lehrerinnen, wenn sie unter sich sind. »Je freier die Schule, desto gewalttätiger die Jungen.« Was sie nicht sagen, ist, daß auch sie selbst oft die Opfer sind – von Anmache, Angrabsche, Alltagssexismus. Die Täter sind Schüler, aber auch Kollegen.

Überhaupt die Lehrerinnen. Wie überleben sie in einer Institution, in der sie qua Amt Macht haben, Autorität über Jüngere, aber als Frauen doch oft die Verliererinnen sind? Noch setzen sie auf Verständnis, auf Einfühlung – auf typisch weibliche Strategien.

Die Frankfurter Psychologin Karin Flaake hat bei Tiefeninterviews mit Lehrerinnen und Lehrern ein völlig gegensätzliches Berufsverständnis festgestellt: »Lehrer identifizieren sich viel leichter mit der offiziellen Unterdrücker-Rolle. Leistungsbewertung und Strafen fällt ihnen nicht schwer. Lehrerinnen setzen auf Emotionalität, Zuwendung und Versorgung. Sie glauben, sie könnten alle Probleme durch Liebe lösen. Und sie fühlen sich als Versagerinnen, wenn das nicht gelingt.«

Was ihnen fehlt, ist die Wut. Und der Wille zur Macht. Nur sechs von hundert der von ihr befragten Lehrerinnen, so Karin Flaake, hätten jemals daran gedacht, »eine leitende Position an der Schule einzunehmen« – gegenüber einem Viertel der Lehrer. Innere Barrieren, zu denen Diskriminierungen von außen hinzukommen: Schikanen männlicher Konkurrenten, Ärger mit der Schulbehörde, mangelnde Solidarität unter Frauen.

Der Frauenanteil in der Schulhierarchie ist jedenfalls rückläufig. In Nordrhein-Westfalen zum Beispiel leiteten 1968 noch 176 Frauen Gymnasien (30 Prozent); 1986 war ihr Anteil auf 90 (15 Prozent) gesunken. Was natürlich wiederum mit der Abnahme der Mädchenschule zu tun hat: Ihre Zahl fiel im gleichen Zeitraum von 168 auf 21. Allzuoft kam mit der Koedukation auch gleich ein männlicher Rektor. Bewußten Lehrerinnen sind all diese Benachteiligungen von Mädchen und Frauen im Bildungswesen durchaus klar. Längst sind sie aus der Vereinzelung herausgetreten, haben sich zu eigenen Verbänden zusammengeschlossen und veranstalten regelmäßig gutbesuchte Kongresse: »Frauen und Schule« in der Bundesrepublik (seit 1981), EFEU in Österreich (seit 1984). EFEU steht für »Erarbeitung feministischer Erziehungs- und Unterrichtsmodelle«.

Kleine Verbesserungen haben sie bereits erreicht. So gibt es inzwischen – neben einer Unzahl sexistischer Lernmaterialien – auch alternative Lehrbücher und Unterrichtseinheiten mit feministischen Inhalten. Zum Beispiel vom »Verlag Die Schulpraxis« zu Themen wie »Hexen«, »Gewalt gegen Frauen« oder »Gentechnologie«.

Aber die feministische Revolte im Bildungswesen steht noch aus. Verkommt die Koedukation vollends zur »K.O.edukation«? Ist sie überhaupt noch zu retten? Eines ist sicher: Es muß schnell etwas passieren an den koedukativen Schulen! Und vor allem: Rettet die Mädchenschulen! Wir brauchen sie noch. [...]

D: Judith Rauch: K.O.edukation. In: EMMA (1989) H. 1. S. 16–20. – Mit Genehmigung der EMMA Frauenverlag GmbH, Köln.

L: Ilse Brehmer (Hrsg): Sexismus in der Schule. Der heimliche Lehrplan der Frauendiskriminierung. Weinheim/Basel 1982.
Hannelore Faulstich-Wieland (Hrsg.): Abschied von der Koedukation? Frankfurt a. M. 1987.
Gertrud Pfister (Hrsg.): Zurück zur Mädchenschule? Beiträge zur Koedukation. Pfaffenweiler 1988.

# IV
# Recht, Politik, Öffentlichkeit

41

# Aufzeichnungen einer Nonne des Klosters Heggbach bei Biberach über den Bauernkrieg (1541)

Der 1541 verfaßte Bericht einer unbekannten Nonne des Zisterzienserinnenklosters Heggbach bei Biberach über die Belagerung ihres Konvents durch den ›Baltringer Haufen‹ im Jahr 1525 ist ein eindrucksvolles Zeugnis für die Beteiligung von Frauen am Bauernkrieg. Die Besitzungen des Klosters in Sulmingen und Baltringen und die hohen Abgaben, die die Bauern an die Nonnen zu zahlen hatten, waren der Anlaß für den Aufruhr der Baltringer Bauern. Die Chronik stellt zu Beginn den Zusammenhang mit der »großen Ketzerei« Martin Luthers her und berichtet dann über die Details des Bauernaufstandes aus der Sicht der Klosterfrauen: die gescheiterten Verhandlungen zwischen Bauernführern und Äbtissin, die Rettung des wertvollen Besitzes vor den Plünderungen mit Hilfe von Baltringer Bürgern und die mehrfachen Angriffe der Bauern auf das Kloster. Der ›weiblichen Perspektive‹ der Chronistin ist es möglicherweise zuzuschreiben, daß sie – anders als die meisten anderen Quellen zum Bauernkrieg – auch über Aktionen von Frauen unter den Aufständischen berichtet: Die Bauersfrauen, die sich wie ihre Männer zu einem Bund zusammengeschlossen hatten, bedrohten ebenfalls die Nonnen, und zwar nicht nur in ihrer Eigenschaft als Grundherrinnen, sondern auch wegen ihrer besonderen Privilegien: Im Unterschied zu anderen Frauen müßten die Nonnen keine harte Arbeit leisten, trügen keine schlechte Kleidung und müßten keine Kinder gebären. Spezifisch weibliche Erfahrungen sind zudem im Spiel, wenn die Chronistin die Angst vor Vergewaltigungen artikuliert: Die Ankündigung der Bauern, sie wollten mit den Nonnen »einen Tanz haben« spiegelt dies ebenso wider wie die Drohung der Bauersfrauen, den Nonnen würde man das »Gewand über dem Kopf zusammenbinden«, sie müßten Kinder haben und »Weh« geschehen lassen.

Es ist zue wissent gemainclichen, daß ain schädlichen, verfierliche kezerey in dem jar, als man zalt 1520 jar, in dütsche lant kommen ist von ainem schwarzen Augustiner münch, hat Martinus Luther gehaissen, ist in Sachsen zue

Wittenburg gesessen, und ist under den gemainen mann kommen mit iedermans grossen schaden.

Also da man zalt 1524 jar uf den hailigen cristag am abent vor [24 Dez.], in der hailigen nacht, seint etlich pauren zue Baltringen im wirtshauß gesessen, und sint etlich von Sulmingen auch da gesein und hond uf die hl. nacht geratgeschlaget, wie sie ire sachen wellent anfahen. Also uf unser lieben frauen liechtmeß abent [1 Febr.], als man zalt 1525, der waß uf ain mittwoch gefallen, und da der convent ob tisch saß, da kam ain pottschaft von dem burgermaister von Ulm, Ulrach Nidhart, der zue derselben zeit in kriegsleuffen der obrist hauptmann waß, und der fier obrister ainer waß in dem gemainen bunt, daß wür sollent flechnen, waß wier fürnämbs und lieb hettent, den er wer im riet zue ainem haufen mit pauren kommen und hett sie gefraget, waß sie da thettent, sy sagent, sy woltent ain danz hon, er sprach: »Sint doch kein junkfrawen da«, sy zaigent zue unserm closter, da werent junkfrawen genueg, mit denen wolten sy ain danz hon [...].

Also uff den sambstag vor circumdederunt, waß vor Valentini und waß sonentäglicher buechstab A [12 Febr.], da kament unsere armen lüt, die fürnämbsten, zu miner frawen selig und zue dem convent, und waß Ulrach Schmidt hauptmann, und Hanß Galster, der schwarzen Madlena brueder, fenderich, und batent uns, daß wier inen abliessent an den gülten, und insonder, das sie weder hennen, noch hüener und ayer me bederfent geben. Also sagt mein fraw selig, sy welt es nit thuen, den sy hat sy kein gewalt, dem gottshauß daß sin zu minderent, so welt sie auch vor lugen, wie sie die andern herrschaften weltent mit iren underthonen halten; eß näm sie aber frembd, daß sie solchs an daß gottshauß begertent, eß wer ir nit, daß mir sie alß schwarlichen und unlidenlichen hieltend, daß sie dovorna daran werent und also ain aufruer weltent machen und die anderen gehen iren herrschaften auch aufrierig machen, sie bett sie uff das höchst, daß sie darvon stendent, dan sie wurdent sie selbs und das gottshauß in liden bringen, auch in große ungnad gen ieder, das enbeugt sy inen, und sie müeste sy iren schämen, insonder der von Sulmingen. Da fienget sie an und sagent, sie bedärffe sie ir nit schämen, sonder sie hett iren er, insonder Ulrich Schmidts. Der wurde also geeret in dem gmainen hellen haufen, daß man in uf stangen erhöchte, daß er das volk lerte, und der hl. geist redte scheinberlich uß im. [...] Da wolten die buren doch maister und gewaltig sin, und solten mir also lang arbaiten und iren underthenig sin, also lang sie underthenig werent gesin. Also schident sie ab, sy wollten herren sin, und kament trewenlichen all wochen im hellen haufen zuesament und ratschlagent, wie sie den closteren und dem adl ire güeter wellent nämmen und münch und nunnen uß den clostern triben, und woltent zue Hegpach anfahen und die nunen uß dem closter triben: mir hettent haimblichen kint by den zwain bichtigern und by dem hofmaister, und der hofmaister helf uns die verhaimblichen, sie wellent den bichtiger erstechen, wa sie in ankoment und in vor uff das schandlichst schmähen. Also warent sie baid wichen uff purificationis Marie octava [9 Febr.]. [...] uff guetentag nach letare [29 März] und uff zinstag [28 März] kament unsere puren etlich her und fürtent das koren hinweg und sagent, es wer iren, und mir soltent eß inen auch baß gunnen, dan den fremden, und schwurent so grülich übel darzue, und kamend die bösen wiber und händletent min frauen und die amptfrauen, sy hetent den punt über ir mann angerieft, und wen man ire mann todte, so weltent sy herin und inen die augen ußkrezen, und sie müessent nuß und die kien melcken und böß jubben tragen, und sy herin und saubere belzlin tragen, und man würd uns in den gemainen hufen triben und daß heß ob dem haupt zuesament binden, und mir müesset auch kint hon und uns wehe geschehen lon, wie inen, vor hetten wir eß bey den zwayen bichter und bi dem hofmaister gehept. [...]

D: Heggbacher Chronik. In: Quellen zur Geschichte des Bauernkriegs in Oberschwaben. Hrsg. von Franz Ludwig Baumann. Hildesheim / New York: Olms, 1975. S. 277–295, hier S. 279–283. [Auszug.]

L: Urte Bejick: Gibt es eine »weibliche« Geschichtsschreibung? Die Bauernkriegschronik des Klosters Heggbach als Beispiel weiblicher Wirklichkeitsbewältigung. In: Standpunkte. Ergebnisse und Perspektiven der Frauengeschichtsforschung in Baden-Württemberg. Hrsg. von Susanne Jenisch. Tübingen/Stuttgart 1993. S. 36–48, 229–231.
Claudia Ulbrich: Die Heggbacher Chronik. Quellenkritisches zum Thema Frauen und Bauernkrieg. In: Gemeinde, Reformation und Widerstand. Hrsg. von Heinrich R. Schmidt [u. a.]. Tübingen 1998. S. 391–399.

## 42

## Heirat als Mittel der Politik: Die Eheschließung Wilhelmines von Preußen, Markgräfin von Bayreuth (1731)

Der Lebensweg adeliger Männer und Frauen wurde maßgeblich durch die Heiratspolitik bestimmt. Nicht persönliche Zuneigung, sondern dynastische Interessen sollten den Ausschlag für die Entscheidung zu einer Ehe geben. Wilhelmine (1709–1758), die Schwester Friedrichs II. von Preußen, war dabei den konkurrierenden Ambitionen ihrer Eltern ausgesetzt. Ihre Mutter strebte eine Verbindung mit England an, konnte sich damit aber nicht gegen die Vorstellungen ihres Gatten, König Friedrich Wilhelm I., durchsetzen, der Wilhelmine schließlich 1731 zur Heirat mit dem Erbprinzen Friedrich von Bayreuth verpflichtete. Auf Befehl des Königs überbrachten vier hohe Beamte der Prinzessin die Nachricht und forderten von ihr die schriftliche Zustimmung. Widerwillig fügte sich Wilhelmine den Anordnungen ihres Vaters. Der schriftliche Befehl Friedrich Wilhelms, die Stellungnahme der abgeordneten Hofbeamten sowie der Brief Wilhelmines an ihren Vater verdeutlichen, mit welcher Selbstverständlichkeit von Wilhelmine ein politisch opportunes Verhalten erwartet wurde und wie wenig Spielraum ihr dabei blieb.

## König Friedrich Wilhelm I. an die Generale von Grumbkow und von Borcke, Minister von Podewils und Geheimen Rat von Thulemeier

Potsdam, 11. Mai 1731

Se. Kgl. Majestät in Preußen, unser allergnädigster Herr, befehlen Dero Generalleutnants von Grumbkow und von Borcke, dem Etatsminister von Podewils und Geheimen Rat von Thulemeier in Gnaden, heute am Abend, als dem 11. Mai, zusammen zu kommen und sich *en corps* auf das Schloß zu begeben, auch sich bei der Fräulein von Sonsfeld anzugeben und ihr zu sagen, daß sie sämtlich Ordre hätten, zu der Prinzessin Wilhelmine zu gehen und Deroselben etwas zu hinterbringen.

Alsdann sollen sie hineingehen und der Prinzessin in Ihro Kgl. Majestät Namen vorstellen: daß sie wissen würde, daß derselbe ihr Vater wäre und sie Dero Tochter, und daß eine Tochter keinen Willen haben müsse, sondern dem väterlichen Willen folgen solle, denjenigen zu heiraten ohne Räsonnieren, welchen der Vater wolle. Se. Kgl. Majestät hätten also gut gefunden und resolvieret, ihr den jungen Markgrafen von Brandenburg-Baireuth zum Gemahl zu geben, und zweifele Derselbe nicht, sie würde freiwillig als eine gehorsame Tochter das Jawort von sich geben; denn wenn sie auch gleich ihr *Fiat* nicht geben wollte, so solle und müsse diese *Mariage* doch durch Dero väterliche und königliche Autorität vor sich gehen. Deswegen hielten sich Se. Majestät versichert, daß die Prinzessin, da sie doch sonst Verstand haben wollte, dieses *de bonne grâce* tun werde, wodurch sie Se. Kgl. Majestät und Dero ganze Königliche Familie wieder in Frieden und Ruhe setzen würde, indem auch sogar durch diese *Mariage* die Ungnade, so ihr allerliebster Bruder empfunden hätte, leichtlich wiederum in völlige Gnade verwandelt werden könnte.

Se. Kgl. Majestät befehlen demnach den Vorgedachten, ihr äußerstes anzuwenden, Dero Tochter zu dieser Heirat zu *persuadieren*, wobei sie mit ihrem bloßen Jawort nicht zufrieden sein, sondern so lange in ihrem Zimmer verbleiben müssen, bis sie einen kurzen Brief an Se. Kgl. Majestät, worin ihr Jawort enthalten, aufgesetzet und übergeben haben wird. Sie können ihr auch die Versicherung geben, daß alle vorige Ungnade hierdurch von Sr. Kgl. Majestät auf ewig vergessen und erloschen sein solle, wie denn auch Dieselben der Prinzessin solchergestalt alle väterliche Liebe und Gnade erweisen und für ihr Wohlsein und glückliches *Etablissement* sorgen wollen, wenn sie nur Dero Willen hierinnen erfüllen würde, denn widrig[en]falls kein Friede noch Ruhe in Dero Königlichem Hause sein könnte, und würde die Prinzessin sich nur durch Ungehorsam höchst unglückselig machen und Se. Majestät zwingen, sie nach Spandau bringen zu lassen, weil Sie absolute parieret sein wollten.

Woferne aber die Prinzessin für den Prinzen von Baireuth eine gänzliche Abneigung hätte, so solle sie sich von Dero Vetter Prinz Friedrich oder dem Prinzen Adolf von Weißenfels einen *choisieren* und sogleich ihre Resolution von sich geben, welche Se. Kgl. Majestät morgen frühe mit einer Stafette erwarten.

## Bericht von Grumbkow, Borcke, Podewils und Thulemeier an den König

Berlin, 11. Mai 1731

Ew. Kgl. Majestät uns erteilten allergnädigsten Befehl haben wir bei der Königlichen Prinzessin Wilhelmine Kgl. Hoheit ausgerichtet und die *Proposition* wegen einer zwischen Deroselben und des Herrn Erbprinzen von Brandenburg-

Baireuth Durchlaucht zu treffenden Vermählung mit allen denen Vorstellungen und *Raisons* begleitet, welche Ew. Kgl. Majestät deshalb an uns erlassene allergnädigste Verordnung uns an Hand gegeben oder wir sonst erdenken und ausfindig machen können.

Ihre Kgl. Hoheit haben Ew. Majestät königlichen und väterlichen Befehl mit großer *Veneration* und Respekt angenommen, auch ob es zwar nicht ohne Tränen abgegangen, dennoch ihren kindlichen Gehorsam allem übrigen vordringen lassen und das verlangte Jawort nicht nur mündlich von sich gegeben, sondern auch in dem beiliegenden Schreiben sich gegen Se. Kgl. Majestät allergehorsamst und demütigst dazu erkläret. An Ihre Majestät die Königin haben Ihre Kgl. Hoheit gleichfalls geschrieben, und legen wir auch solch Schreiben in tiefester Submission hiebei, von Grund der Seelen wünschend, daß Gott der Höchste dieses Werk ferner zu Ew. Kgl. Majestät völligem Vergnügen und Dero Kgl. Familie immerwährenden Beruhigung und Zufriedenheit gereichen und ausschlagen lassen wolle.

Wilhelmine an den König

[11. Mai 1731]

Liebster Papa! Eben erfuhr ich durch die Herren Grumbkow, Borcke, Podewils und Thulemeier, welche Heiratsvorschläge er mir machen läßt. Bei meiner zärtlichen Liebe und Unterwürfigkeit muß ich mich seinen Befehlen fügen, so schwer es mir wird. Trotzdem unterwerfe ich mich seinem Willen, um seine Gnade wieder zu erlangen, und bitte ihn, sie mir wieder zu schenken.

Wilhelmine an die Königin

[11. Mai 1731]

Liebste Mama! Die Herren Grumbkow, Borcke, Podewils und Thulemeier haben mir soeben im Auftrage meines lieben Papas die Heirat mit dem Erbprinzen von Baireuth vorgeschlagen und mir versprochen, daß er mir wieder gnädig sein wird. Wie ich gestehe, war für mich nichts grausamer. Um jedoch meinen lieben Papa zufrieden zu stellen und dadurch den Frieden in der Familie wiederherzustellen, mußte ich darein willigen, obgleich es mir über alle Maßen schwer fiel, es ohne die Einwilligung meiner lieben Mama zu tun. Ich hoffe, sie wird mir verzeihen, wenn ich etwas Mißfälliges tue, und sie wird meinen grausamen Kummer nicht durch ihre Ungnade vermehren, die mir härter wäre als der Tod.

D: Friedrich der Große und Wilhelmine von Baireuth. Bd. 1: Jugendbriefe 1728–1740. Hrsg. und eingel. von Gustav Berthold Volz. Dt. von Friedrich von Oppeln-Bronikowski. Leipzig: Koehler, 1924. S. 459–462.

L: Jürgen Walter: Wilhelmine von Bayreuth. Die Lieblingsschwester Friedrichs des Großen. München 1981.
Ingeborg Weber-Kellermann (Hrsg.): Wilhelmine von Bayreuth, eine preußische Königstochter. Glanz und Elend am Hofe des Soldatenkönigs in den Memoiren der Markgräfin Wilhelmine von Bayreuth. Frankfurt a. M. 1990.

# Gesellschaftliches Leben in Berlin um 1800: Henriette Herz über die ersten jüdischen Salons in Berlin

Im späten 18. Jahrhundert stellten in vielen deutschen Städten die Salons gebildeter Frauen die Zentren des gesellschaftlichen Lebens dar. Die Ursprünge dieser Salonkultur lagen im Italien und Frankreich des 17. Jahrhunderts, wo die Häuser aristokratischer Damen Treffpunkt von Künstlern, Literaten und Gelehrten waren. Im Laufe des 18. Jahrhunderts wurden sie Foren des intellektuellen und philosophischen Austauschs auch der bürgerlichen Avantgarde und trugen maßgeblich zur Verbreitung der Aufklärung bei. Frauen bot die Geselligkeit der Salons die Möglichkeit, ihre intellektuellen und musischen Interessen in der Öffentlichkeit auszuleben, ohne Anstoß zu erregen. Im Berlin der Frühromantik waren die Salons der gebildeten jüdischen Frauen Henriette Herz und Rahel Varnhagen besonders einflußreich und angesehen. In ihren in den 1820er Jahren verfaßten Lebenserinnerungen gibt Henriette Herz (1764–1847) ein Stimmungsbild des gesellschaftlichen Lebens Berlins und beschreibt, wie gerade jüdische Mädchen Zugang zu dieser Form von Bildung und Geselligkeit fanden.

## Zur Geschichte der Gesellschaft und des Konversationstones in Berlin

Mit Moses Mendelssohn war das Streben, sich deutsche Bildung und Gesittung anzueignen, in den Juden Berlins, und namentlich in der jüngeren Generation, erwacht. Die Männer wendeten sich, durch ihn angeregt, philosophischen Studien zu. Aus diesen Bestrebungen gingen allerdings sowohl philosophisch gebildete Männer, wie zum Beispiel David Friedländer, als tüchtige Philosophen von Fach, wie Salomon Maimon, Bendavid und andere, hervor. Da jedoch die Philosophie von ihren Jüngern wissenschaftliche Vorbildung, geistige Tiefe und bedeutende Opfer an Zeit fordert, die meisten damaligen Juden aber Kaufleute waren und ihren Handelsgeschäften mit Eifer oblagen, so ist es begreiflich, daß ein Teil bald von diesem Studium gänzlich abließ, ein anderer es doch sehr dilettantisch betrieb. Die Frauen wendeten sich, teils durch Mendelssohn persönlich, teils durch seine Aufsätze in den ›Briefen, die neueste Literatur betreffend‹ und in der ›Allgemeinen Deutschen Bibliothek‹ veranlaßt, mit dem Feuer, mit welchem lebhafte Naturen ihnen bis dahin gänzlich Unbekanntes erfassen, der schönen Literatur zu. Ihnen standen natürlich in diesen Bestrebungen viel weniger Hindernisse entgegen als den Männern in ihren philosophischen. Die größten waren diejenigen, welche manchen von ihnen durch ihre Eltern entgegengesetzt wurden. Denn diese sahen nicht nur in einer deutschen Bildung zugleich eine auf christlichem Boden ruhende, sondern waren auch jeder Beschäftigung ihrer Kinder abhold, welche diese, ohne einem äußern Berufe zu dienen, von dem Kreise und den Interessen der bis dahin patriarchalisch gestalteten Familie abziehen konnte. Aber der Widerstand wurde nur zu einer neuen Anregung. Die reicheren Juden, schon durch ausgebreitete Geschäftsbeziehungen in manchen Berührungen mit Christen, waren in dieser Hinsicht die nachsichtigsten.

Zuerst war es die am drastischesten wirkende Poesie, die dramatische, mit welcher man sich vorzugsweise beschäftigte. In den Häusern der reicheren Juden wurden bereits in meiner Kindheit Schauspiele aufgeführt. Schon etwa in meinem neunten Jahre, also ungefähr um 1773, wohnte ich, wie ich früher erzählt habe, in dem Hause eines jüdischen Bankiers der Darstellung eines Trauerspiels bei. Es war dies ›Richard der Dritte‹ – von welchem Verfasser, weiß ich nicht mehr –, und die Töchter des Hauses hatten in demselben die weiblichen Hauptrollen übernommen. Der Eindruck dieser ersten dramatischen Vorstellung, welche ich überhaupt sah, wurde ein unauslöschlicher. – Später war das Lesen mit verteilten Rollen sehr an der Tagesordnung und blieb es bis in das erste Jahrzehent dieses Jahrhunderts hinein. Aber man war bald nicht bei der dramatischen Literatur stehengeblieben. Man suchte sich mit der deutschen schönen Literatur in ihrem ganzen Umfange bekannt zu machen, und eine besondere Gunst des Geschickes wollte, daß die Blütezeit derselben eben damals begann. Ihre Meisterwerke wurden mit uns, und es ist etwas anderes, eine große Literaturepoche erleben, schon was das Interesse an ihren Erzeugnissen und das Verständnis derselben betrifft, und an dem ersten Urteil über die letzteren mitarbeiten, als sie als ein Abgeschlossenes nebst den fertigen Urteilen über sie und ihre Werke überkommen.

Der daneben noch fortdauernde Einfluß der französischen Literatur auf einen Teil der deutschen führte bald auch auf sie hin. Noch lebte Voltaire im Anfange der Epoche, von welcher ich spreche, ja er schrieb noch, und kein Name hatte einen Klang gleich dem seinen. Die französische Sprache war von den Töchtern der wohlhabenden Juden schon etwas früher, wie oberflächlich auch immer, getrieben worden. Die Alten hatten aus Gründen der Nützlichkeit nichts dagegen; sie war eine Sprache, durch welche man sich in allen zivilisierten Ländern verständlich machen konnte. Die Töchter hatten freilich meist ganz andere Gründe. Sie bezweckten hauptsächlich, ungeniert und in der Modesprache mit den Hofkavalieren und hübschen jungen Offizieren zu konversieren, die das Geld, welches sie von den Vätern erborgten, oft nur durch die Aufmerksamkeiten bezahlten, welche sie den Töchtern erwiesen. Jetzt aber wurde sie aus besseren Gründen mit Erfolg studiert, man wollte sich befähigen, die älteren und neueren Schriftsteller Frankreichs in der Ursprache zu lesen.

Aber doch hatte damals schon Lessing die dramatische Poesie der Franzosen mit seiner hellen kritischen Leuchte beleuchtet und zugleich die Aufmerksamkeit auf Shakespeare gelenkt. Die Übersetzungen der Dramen des letzteren, welche man vor der Schlegelschen besaß, waren weniger geeignet zu befriedigen als auf die Quelle hinzuleiten, und dieser Weisung genügen zu können, suchte man sich Kenntnis der englischen Sprache zu erwerben. Sie eröffnete zugleich den Zugang zu manchen Romanen der Zeit, welche der Liebesschwärmerei der jugendlichen Mädchenherzen süße Kost boten. Und daß ich es gestehe, wir hatten alle selbst einige Lust, Romanheldinnen zu werden. Keine von uns, die nicht damals für irgendeinen Helden oder eine Heldin aus den Romanen der Zeit schwärmte, und obenan stand darin die geistreiche, mit feuriger Einbildungskraft begabte Tochter Mendelssohns, Dorothee. Aber auch an Wissen und geistiger Fähigkeit stand sie obenan.

Auch die Kenntnis der italienischen Dichter in der Ursprache eröffneten sich mehrere aus unserm Kreise, der allgemach um so mehr nun auch schon junge Ehefrauen umfaßte, als die jüdischen Mädchen damals sehr früh heirateten. Da nun manche der jungen Ehepaare ihr Haus den beiderseitigen Bekannten eröffneten, so wurde dies Gelegenheit, den Geist, welcher sich durch die Beschäftigung der Frauen mit der Literatur, ihre Unterhaltung darüber und die Ideen, welche sich durch beide in ihnen erzeugten, gebildet hatte, zur Kunde und Teilnahme weiterer Kreise zu bringen. Und dieser Geist war in der Tat ein eigentümlicher. Er war allerdings einerseits aus der Literatur der neueren Völker hervorgegangen, aber die Saat war auf einen ganz ursprünglichen, jungfräulichen Boden gefallen. Hier fehlte jede Vermittelung durch eine Tradition, durch eine von Geschlecht zu Geschlecht sich fortpflanzende, mit dem Geist und dem Wissen der Zeit Schritt haltende Bildung; aber auch jedes aus einem solchen Bildungsgange erwachsene Vorurteil.

Einer solchen Natur dieses Geistes und dem Bewußtsein derselben in seinen Trägerinnen ist die Üppigkeit, der Übermut, ein sich Hinaussetzen über hergebrachte Formen in den Äußerungen desselben zuzuschreiben; aber er war unleugbar sehr originell, sehr kräftig, sehr pikant, sehr anregend und oft bei erstaunenswerter Beweglichkeit von großer Tiefe. Die höchste Blüte desselben offenbarte sich etwas später in Rahel Levin. Sie war etwa sechs Jahre jünger als ich und die meisten meiner Freundinnen, aber die Wärme ihres Geistes und Herzens im Verein mit dem Unglück hatten sie früh gereift. Ich habe sie von ihrer ersten Kindheit an gekannt und weiß daher, wie früh sie die hohen Erwartungen rege machte, welche sie später erfüllte.

Die christlichen Häuser Berlins boten andererseits nichts, welches dem, was jene jüdischen an geistiger Geselligkeit boten, gleichgekommen oder nur ähnlich gewesen wäre. Allerdings gab es auch schon damals hier Männer der Wissenschaft, wenngleich Berlin erst dreißig bis vierzig Jahre später eine Universität erhielt. Aber diese blieben, nachdem sie den größten Teil des Tages ihren Studien und ihren Amtsgeschäften gewidmet hatten, entweder zurückgezogen im engsten Kreise ihrer Familie oder trafen einander an irgendeinem öffentlichen Orte, wo sie bei einem Glase Bier sehr ernst und sehr pedantisch über gelehrte Gegenstände diskutierten; und ein sogenannter Montags-Club, dessen Teilnehmer aus den geistigen Notabilitäten der Stadt bestanden, brachte es damals selten nur auf zehn Mitglieder. Ihre Frauen hätten ihrer Eigenschaft als gute und ehrsame Hausmütter Eintrag zu tun geglaubt, wenn sie geistigen Interessen irgend Raum in sich gegönnt hätten, und nächstdem wäre ihre Gegenwart bei den gelehrten Gesprächen ihrer Eheherren diesen eine Störung geworden, hätte sie ihnen nicht gar eine Profanation ihres Heiligtums der Wissenschaft geschienen. – Zu den wenigen, welche bisweilen geladene Gesellschaft bei sich sahen, gehörte Nicolai. Er war auch gastfreundlich gegen fremde Gelehrte, so wie er denn auch später an einem Kränzchen teilnahm, welches sich abwechselnd bei dem Juristen Klein, dem General-Chirurgus Görcke, in unserem Hause und in dem einiger anderen Freunde versammelte, zu welchem auch jeder in das Haus des jedesmaligen Wirts eingeführte Fremde geladen wurde und welches für die damalige höhere Geselligkeit Berlins nicht ohne Bedeutung war: aber ein eigentliches Haus machte auch Nicolai nicht, ungeachtet er die Mittel dazu besessen hätte. Nur von einem Gelehrten Berlins läßt sich sagen, daß er ein Haus machte, wenn man es nämlich als ein Kennzeichen eines solchen betrachtet, daß Freunde und Eingeführte auch ungeladen gastlichen Empfanges sicher sind, und dieser eine gehörte seinem äußeren Berufe nach dem Kaufmannsstande an. Es war dies Moses Mendelssohn. Das Haus dieses trefflichen Mannes, dessen Einkünfte als Disponent in einer Seidenwarenhandlung im Verein mit dem Ertrage seiner schriftstellerischen Arbeiten immer noch wenig bedeutend waren und welchem die Sorge für sechs Kinder oblag, war dennoch ein offenes. Selten berührte ein fremder Gelehrter Berlin, ohne sich bei ihm einführen zu lassen. Seine und der Seinigen Freunde kamen ungeladen, daher auch die geistreichen Freundinnen der Töchter des Hauses. Fehlten alte orthodoxe Juden ebenfalls nicht, gegen welche Mendelssohn sich stets als ein freundlich gesinnter Glaubensgenosse erwies, so waren es doch die intelligentesten der Stadt. Und Mendelssohn übte diese ausgedehnte Gastfreundschaft, ungeachtet die Familie sich ihrethalben große Beschränkungen auferlegen mußte, wobei dennoch die materiellen Genüsse, welche sein Haus den Gästen bot, die Grenzen strengster Mäßigkeit nicht überschreiten durften. Ich wußte, als genaue Freundin der Töchter, daß die würdige Hausfrau die Rosinen und Mandeln, damals ein Naschwerk de rigueur, in einem bestimmten Verhältnis je nach der Zahl der Gäste in die Präsentierteller hineinzählte, bevor sie in das Gesellschaftszimmer gebracht wurden. – Aber Mendelssohns Haus war immer nur eines und konnte nicht das geistige Bedürfnis vieler befriedigen.

Von einem christlichen bürgerlichen Mittelstande, welcher andere geistige Interessen gehabt hätte als diejenigen, welche der äußere Beruf etwa anregte, war damals hier noch nicht die Rede. Es gab da viele ehrenwerte Familientugenden, aber jedenfalls noch mehr geistige Beschränktheit und Unbildung. Der höhere christliche Kaufmannsstand zählte nur noch wenige Mitglieder, und es stand bei ihm in geistiger Beziehung nicht viel anders. In den Häusern desselben wurden wohl große prächtige Gastmähler und Feste gegeben, die Töchter des Hauses wurden in dem verweichlichendsten Luxus erzogen, aber von Bildung ward nur der äußerlichste Firnis angestrebt. Von dem Beamtenstande war der niedere bei geringen Einkünften mit Amtsgeschäften überhäuft, die Not in den Büros und die Not im Hause, letztere durch die oft zahlreiche Familie verursacht, drückte jede etwa erstrebte geistige Erhebung sofort nieder. – Die hohen Zivil- und Militärbeamten teilten das Geschick des Hofes, welchem der bei weitem größte Teil durch adelige Geburt angehörte und welchem eine geistreiche und anregende Geselligkeit gänzlich abging.

Das letztere war erklärlich genug. In einem monarchischen Staate kann nur der gesellige Kreis des Herrschers den Mittelpunkt für die Geselligkeit des Hofes bilden. Und an einem solchen fehlte es eben unter der Regierung Friedrichs des Großen sowie unter der seines Nachfolgers. Den Umgang des ersteren bildete nur eine kleine Anzahl von Freunden, meist Franzosen. Wenige andere Personen, selbst vom Hofe, wurden zugezogen, und von einer aus Herren und Damen gemischten Gesellschaft war da nicht die Rede. Die Königin aber lebte getrennt von dem Könige in fast gänzlicher Zurückgezogenheit im Schlosse zu Schönhausen und kam nur mitunter zu Haupt- und Staatsaktionen nach Berlin. Unter seinem Nachfolger konnten die anderweiten Verbindungen des Königs der Gemahlin desselben wenig Veranlassung sein, ihren Sinn für Ruhe und Bequemlichkeit zu überwinden, die Kreise des Königs aber konnten eben jener Verbindungen halber nicht zu jenem Mittelpunkte werden. Es gab nur hergebrachte große Hoffeste, Couren, vorschriftsmäßige Assembléen bei den hohen Zivil- und

Militärbeamten zur Karnevalszeit und tödliche Langeweile, namentlich für die jungen Edelleute.

Diesen wehte von Frankreich schon die revolutionäre Luft entgegen, welche die Schriften der Enzyklopädisten angefacht hatten, in Deutschland hatte ihnen Goethe die Ahnung einer neuen geistigen Zukunft erschlossen. Was konnten ihnen nun jene Gesellschaften bieten, was selbst das Haus, sogar wenn man in diesem nicht ohne geistige Interessen war! Hier waren Haller, Hagedorn, Gellert, Ewald von Kleist und die dramatischen Schriftsteller à la Gottsched und Bodmer noch die Heroen der deutschen schönen Literatur. Lessing war dort schon ein freigeistiger Neuerer. – Auch in den Familienkreisen Geistlosigkeit und Langeweile! – Wenn Alexander von Humboldt in jenen Jahren einer gemeinschaftlichen Freundin und mir von dem seiner Familie gehörenden Schlosse Tegel aus schrieb, datierte er den Brief gewöhnlich von: Schloß Langeweile. Freilich tat er dies meist nur in solchen Briefen, welche er in hebräischen Schriftzügen schrieb, denn in dieser Schrift hatte ich ihm und seinem Bruder Wilhelm den ersten Unterricht erteilt, den später ein anderer auf sehr erfolgreiche Weise fortsetzte, und sie schrieben sie trefflich. In Briefen, deren Inhalt jedem zugänglich gewesen wäre, kundzugeben, man unterhalte sich besser in Gesellschaft jüdischer Frauenzimmer als auf dem Schlosse der Väter, war damals für einen jungen Edelmann nicht ganz unbedenklich!

War es aber zu verwundern, daß, als inmitten solcher gesellschaftlichen Verhältnisse oder eigentlicher Mißverhältnisse eine geistreiche Geselligkeit sich bot, sie trotz der damals gegen die Juden herrschenden Vorurteile begierig von denjenigen ergriffen wurde, welche überhaupt auf dem Wege mündlichen Ideenaustausches geistige Förderung suchten? Nicht minder begreiflich aber ist es, daß es unter den Männern die jüngeren waren, welche sich zuerst diesen Kreisen näherten. Denn der Geist, welcher in diesen waltete, war der einer neuen Zeit, und nächst dem waren die

Trägerinnen desselben durch eine Gunst des Zufalls zum Teil sehr schöne junge Mädchen und Frauen. Und ebenso lag es in den Verhältnissen, daß zuerst der strebende Teil der adeligen Jugend sich anschloß, denn der Adel stand in der bürgerlichen Gesellschaft den Juden zu fern, um selbst, indem er sich unter sie mischte, als ihresgleichen zu erscheinen.

Freilich aber änderten sich innerhalb unseres Kreises die Verhältnisse früh genug. Der Geist ist ein gewaltiger Gleichmacher, und die Liebe, welche hin und wieder auch nicht unterließ, sich einzumischen, wandelte oft den Stolz gar in Demut. Höfisches Wesen vollends hätte sich hier, wo Zwanglosigkeit eine Lebensbedingung war, bald der Satire ausgesetzt gesehen. Sie richtete sich ohnedies schon gegen die ganze Klasse des Hofadels mit seinem kalten steifen Formenwesen. Da der Hof damals aber viel um allerlei Prinzen und Prinzchen trauerte, die niemand kannte, auch er selbst nicht, und man ihn daher kaum anders als mit sogenannten Pleureusen sah, so wurde der Hofadel in unserm Kreise gewöhnlich durch den Spitznamen ›Pleureusenmenschen‹ bezeichnet.

In diesen Kreis war nach und nach wie durch einen Zauber alles hineingezogen, was irgend Bedeutendes von Jünglingen und jungen Männern Berlin bewohnte oder auch nur besuchte. Denn Selbstbewußtsein und Lebensfrische duldeten nicht, daß das einmal aufgesteckte Licht unter den Scheffel gestellt würde, und schon leuchtete es daher in weitere Fernen. Auch geistesverwandte weibliche Angehörige und Freundinnen jener Jünglinge fanden sich allgemach ein. Bald folgten auch die freisinnigen unter den reiferen Männern, nachdem die Kunde solcher Geselligkeit in ihre Kreise gedrungen war. Ich meine, pour comble kamen wir zuletzt in Mode, denn auch die fremden Diplomaten verschmähten uns nicht.

Und so glaube ich nicht zuviel zu behaupten, wenn ich sage, daß es damals in Berlin keinen Mann und keine Frau gab, die sich später irgendwie auszeichneten, welche nicht längere oder kürzere Zeit, je nachdem es ihre Lebensstellung erlaubte, diesen Kreisen angehört hätten. Ja die Grenze ist kaum bei dem Königlichen Hause zu ziehen, denn auch der, jedenfalls geniale, Prinz Louis Ferdinand bewegte sich später viel in denselben. Rahels Briefwechsel, soweit er erschienen ist, kann einigermaßen zum Belege meiner Behauptung dienen. Ich sage einigermaßen, denn waren gleich die Freunde und Freundinnen, an welche ihre Briefe gerichtet, und die, welche in denselben erwähnt sind, mehr oder minder auch die der Genossen dieser Gesellschaft, so würde doch die vollständige Veröffentlichung desselben gewiß noch mehr bedeutende ihr befreundete Persönlichkeiten vorführen; und überdies stand sie zu mehreren einer etwas früheren Zeit angehörenden nicht in Beziehung. Ja ebensowenig fürchte ich zu übertreiben, wenn ich ausspreche, daß der diesen Kreisen entsprossene Geist in die Gesellschaften selbst der höchsten Sphären Berlins eindrang, denn schon die äußere Stellung vieler, welche ihnen angehörten, macht dies erklärlich. Nächst dem aber fand dieser Geist fast überall leere Räume. [...]

D: Henriette Herz in Erinnerungen, Briefen und Zeugnissen. Hrsg. von Rainer Schmitz. Frankfurt a. M.: Insel Verlag, 1984. S. 61–68. [Auszug.]

L: Deborah Hertz: Die jüdischen Salons im alten Berlin. Frankfurt a. M. 1991.
Ulrike Weckel [u. a.] (Hrsg.): Ordnung, Politik und Geselligkeit der Geschlechter im 18. Jahrhundert. Göttingen 1998.

44

# Auszug aus dem Allgemeinen Landrecht zum Eherecht (1794)

Mit dem Allgemeinen Landrecht für die Preußischen Staaten (ALR) wurde 1794 das preußische Recht im Geist des aufgeklärten Absolutismus neu kodifiziert. In fast 20 000 Paragraphen wurden sämtliche Rechtsbereiche detailliert abgehandelt. Die Ehegesetzgebung (ALR, II. Teil, I. Titel) weist dabei liberale Ansätze auf, die vielfach »frauenfreundlicher« (Ute Gerhard) sind als die Gesetzeswerke, die im 19. Jahrhundert entstanden (vgl. Nr. 19). Die Ehe wurde nun nicht mehr primär als religiöses Sakrament oder sittliche Gemeinschaft, sondern im Sinne des Naturrechts als Vertrag zur Erreichung eines bestimmten Zwecks verstanden, wobei als »Hauptzweck« die Erzeugung und Erziehung von Kindern galt (§ 1), was jedoch im folgenden Paragraphen (§ 2) wieder relativiert wurde. Mit den »gemeinschaftlichen Rechten und Pflichten« wurden Ehemann und -frau hinsichtlich des »gegenseitigen Beistands«, der »ehelichen Pflicht« und der »ehelichen Treue« einander gleichgestellt, die Vorrangstellung des Mannes als »Haupt der ehelichen Gesellschaft« (§ 184) blieb davon jedoch unberührt. Vergleichsweise vorteilhaft für Frauen waren die Regelungen des ehelichen Güterrechts. Das Allgemeine Landrecht schränkte die Verfügungsbefugnis des Mannes über das Vermögen der Frau deutlich ein, gestand der Ehefrau das volle Eigentümerrecht über ihr »vorbehaltenes Vermögen« zu und ermöglichte ihr damit eine gewisse finanzielle Unabhängigkeit von ihrem Mann.

## Zweyter Theil. Erster Titel

### Von der Ehe

§. 1. Der Hauptzweck der Ehe ist die Erzeugung und Erziehung der Kinder.

§. 2. Auch zur wechselseitigen Unterstützung allein kann eine gültige Ehe geschlossen werden. [. . .]

Gemeinschaftliche Rechte und Pflichten der Eheleute.

§. 173. Die Rechte und Pflichten der Eheleute nehmen sogleich nach vollzogener Trauung ihren Anfang.

§. 174. Eheleute sind schuldig, sich in allen Vorfallenheiten nach ihren Kräften wechselseitigen Beystand zu leisten.

§. 175. Sie müssen vereint mit einander leben, und dürfen ihre Verbindung eigenmächtig nicht aufheben.

§. 176. Auch wegen Widerwärtigkeiten dürfen sie einander nicht verlassen.

§. 177. Oeffentliche Geschäfte, dringende Privat-Angelegenheiten, und Gesundheits-Reisen, entschuldigen die Abwesenheit.

§. 178. Eheleute dürfen einander die eheliche Pflicht anhaltend nicht versagen.

§. 179. Wenn deren Leistung der Gesundheit des einen oder des andern Ehegatten nachtheilig seyn würde, kann sie nicht gefordert werden.

§. 180. Auch säugende Ehefrauen verweigern die Beywohnung mit Recht.

§. 181. Zur ehelichen Treue sind beyde Ehegatten wechselseitig verpflichtet.

§. 182. Die Verletzung derselben von Seiten des einen Ehegatten berechtigt den andern nicht zu gleichen Vergehungen.

§. 183. Auch Handlungen, welche den Verdacht einer solchen Verletzung erregen könnten, müssen vermieden werden.

Rechte und Pflichten des Mannes.

§. 184. Der Mann ist das Haupt der ehelichen Gesellschaft; und sein Entschluß giebt in gemeinschaftlichen Angelegenheiten den Ausschlag.

§. 185. Er ist verbunden, seiner Frau standesmäßigen Unterhalt zu gewähren.

§. 186. Mit dem nothdürftigen Unterhalte muß sie sich

begnügen, wenn ihr der Mann den standesmäßigen nicht verschaffen kann.

§. 187. Zum Unterhalte der Frau gehören auch die sie betreffenden Cur- und Prozeßkosten. (§ 229. 230.)

§. 188. Der Mann ist schuldig und befugt, die Person, die Ehre, und das Vermögen seiner Frau, in und außer Gerichten zu vertheidigen.

§. 189. In der Regel kann daher die Frau, ohne Zuziehung und Einwilligung des Mannes, mit Andern keine Prozeße führen.

§. 190. Auch gegen angestellte Injurienklagen ist der Mann die Frau auf seine Kosten zu vertheidigen schuldig.

§. 191. Bey Criminal-Untersuchungen gegen die Frau, bleibt der unschuldige Mann von Tragung der Kosten aus eignen Mitteln in so fern frey, als das von der Frau begangene Verbrechen ihn auf Ehescheidung anzutragen berechtigt.

[Rechte und Pflichten] der Frau.

§. 192. Die Frau überkommt durch eine Ehe zur rechten Hand den Namen des Mannes.

§. 193. Sie nimmt Theil an den Rechten seines Standes, so weit dieselben nicht allein an seine Person gebunden sind.

§. 194. Sie ist schuldig, dem Hauswesen des Mannes nach dessen Stande und Range vorzustehn.

§. 195. Wider den Willen des Mannes darf sie für sich selbst kein besonderes Gewerbe treiben.

§. 196. Ohne des Mannes Einwilligung kann die Frau keine Verbindungen eingehen, wodurch die Rechte auf ihre Person gekränkt werden.

§. 197. Der Mann kann aber auch, ohne die Einwilligung der Frau, keine Verbindungen treffen, wodurch ihre Person einem Dritten verhaftet wird.

§. 198. In allen Fällen, wo die Frau in stehender Ehe zu etwas, wozu sie die Gesetze nicht verpflichten, dem Manne, oder zu dessen Vortheile verbindlich gemacht werden soll, muß der Vertrag, oder die Verhandlung, gerichtlich vollzogen werden.

§. 199. Aus bloßen außergerichtlichen Verträgen zwischen dem Manne und der Frau, können daher für die letztere zwar Befugnisse, aber keine Verbindlichkeiten entstehen.

§. 200. Auch bey gerichtlichen Verhandlungen der Frau mit dem Manne ist die Zuziehung eines entweder selbst gewählten oder von dem Richter ernannten Beystands für erstere erforderlich.

§. 201. Doch muß der Richter zugleich selbst von Amtswegen darauf sehen, daß die Frau bey solchen Verhandlungen nicht übereilt, oder hintergangen werde.

§. 202. Wenn der Mann sich entfernt hat, ohne wegen Besorgung seiner Angelegenheiten Verfügungen zu treffen, und sein Aufenthalt unbekannt ist: so ist die Frau berechtigt, alles zu thun, was zu einer ordentlichen und gewöhnlichen Vermögensverwaltung erforderlich ist.

§. 203. Ein Gleiches findet wegen solcher Geschäfte, wo Gefahr im Verzuge ist, auch alsdann statt, wenn der Aufenthalt des Mannes zwar bekannt, aber so entfernt ist, daß seine Willensmeinung darüber nicht eingeholt werden kann.

§. 204. Wie weit, in Abwesenheit des Mannes, die Frau zum Betriebe gerichtlicher Angelegenheiten für ihn, auf den Grund einer rechtlich zu vermuthenden Vollmacht zugelassen werde, bestimmt die Prozeß-Ordnung.

§. 205. Durch die Vollziehung der Ehe geht das Vermögen der Frau in die Verwaltung des Mannes über; in so fern diese Verwaltung der Frau durch Gesetze oder Verträge nicht ausdrücklich vorbehalten worden. [...]

§. 221. In Ansehung des vorbehaltenen Vermögens gebühret der Frau die Verwaltung, der Nießbrauch, und die freye Disposition, wenn sie sich nicht des einen oder des andern ausdrücklich begeben hat.

§. 222. Es sind daher, der Regel nach, die von der Frau

über das vorbehaltene Vermögen getroffenen Verfügungen auch ohne die Einwilligung des Mannes gültig. [...]

D: Allgemeines Landrecht für die Preußischen Staaten von 1794. Mit einer Einf. von Hans Hattenhauer und einer Bibliogr. von Günther Bernert. 3., erw. Aufl. Neuwied [u. a.]: Luchterhand, 1996. §§ 1 f., 173–205, 221 f.

L: Ute Gerhard: Verhältnisse und Verhinderungen. Frauenarbeit, Familie und Rechte der Frauen im 19. Jahrhundert. Mit Dokumenten. Frankfurt a. M. 1978.
Susanne Weber-Will: Die rechtliche Stellung der Frau im Privatrecht des Preußischen Allgemeinen Landrechts von 1794. Frankfurt a. M. [u. a.] 1983.

## 45

## Frauen in der Revolution von 1848

Fraueninteressen standen bei der Revolution von 1848/49 nicht auf der Tagesordnung, obwohl bereits im Vormärz erstmals eine größere Anzahl von Frauen sich ihrer untergeordneten Stellung in der Gesellschaft bewußt geworden war und auch mit publizistischen Mitteln öffentlich darauf aufmerksam gemacht hatte. Dennoch kämpften viele Frauen zusammen mit den Männern für die allgemeinen Ziele der Revolution – Pressefreiheit, Vereins- und Petitionsrecht, verfassungsmäßige Garantien und die Einberufung eines Parlamentes. Sie engagierten sich nicht nur auf traditionell weiblichem Terrain, als Herstellerinnen von Munition, als Pflegerinnen für die Verwundeten, als Helferinnen, die die Kämpfenden mit Lebensmitteln versorgten oder beim Barrikadenbau mitwirkten. Frauen traten selbst aktiv für die Ziele der Revolution ein, betrieben demokratische Agitation und nahmen auch am bewaffneten Kampf der Aufständischen in vielen Städten Deutschlands teil.

Das hier abgedruckte Bild – eine Frau in den Reihen von Barrikadenkämpfern – war damals kein seltener Anblick. Bei den Barrikadenkämpfen spielten Frauen teilweise eine so markante Rolle, daß

sie z. B. in Wien als »Barrikadenbraut«, »Barrikadenkönigin« oder auch »Fahnenkönigin« in zeitgenössischen Berichten besondere Erwähnung fanden.

A: Barrikadenbau bei der Rheinbrücke in Mannheim. Von Otto E. Lau. In: Wilhelm Blos: Die deutsche Revolution. Geschichte der deutschen Bewegung von 1848 und 1849. 2. Aufl. Berlin: Dietz, 1923. S. 203.

L: Gerlinde Hummel-Haasis (Hrsg.): Schwestern, zerreißt eure Ketten. Zeugnisse zur Geschichte der Frauen in der Revolution von 1848/49. München 1982.
Carola Lipp (Hrsg.): Schimpfende Weiber und patriotische Jungfrauen. Frauen im Vormärz und in der Revolution von 1848/49. Moos / Baden-Baden 1986.
Gudrun Wittig: »Nicht nur im stillen Kreis des Hauses«. Frauenbewegung in Revolution und nachrevolutionärer Zeit 1848–1876. Hamburg 1986.

## 46

## Verbot politischer Frauenvereine (1850)

Frauen engagierten sich in der Revolution von 1848 nicht nur auf den Barrikaden, sondern auch in neu gegründeten Frauenvereinen, die als erster Anfang einer organisierten Frauenbewegung in Deutschland gelten können. Um 1848 entstanden überall in Deutschland zahlreiche von Frauen ins Leben gerufene demokratische Frauenvereine mit politischer Zielsetzung, die sich durch ihre Parteinahme für die Revolution auszeichneten und materielle und praktische Hilfe für die Aufständischen und Verwundeten sowie nach dem Scheitern der Revolution für die politischen Flüchtlinge oder Gefangenen und für deren Angehörige leisteten. Neben diesen politischen Vereinen entstanden Frauenbildungsvereine zur Verbesserung der mangelhaften Bildungsmöglichkeiten von Frauen und Mädchen sowie erste Assoziationen von Arbeiterinnen. Die Frauenvereine, die um 1848 gegründet wurden, erlebten jedoch nur eine kurze Blütezeit, da im Zuge der politischen Repression die organisierte politische Partizipation von Frauen durch Gesetzesmaßnahmen verboten wurde.

Neben Pressegesetzen, die Frauen die Redaktion oder Herausgabe einer Zeitschrift untersagten, wurden 1850 in allen Staaten des deutschen Bundes Vereinsgesetze zur Behinderung politischer Aktivitäten speziell von Frauen erlassen, von denen das preußische hier auszugsweise dokumentiert ist.

Nach dem 1850 eingeführten Vereinsrecht wurden Frauen wie Schüler und Lehrlinge als unmündige Personen eingestuft, die weder Mitglieder in politischen Vereinigungen werden konnten, noch an politischen Versammlungen teilnehmen, geschweige denn diese selbst organisieren durften.

Das Vereins-, Versammlungs- und letztendlich auch Informationsverbot, das nicht zufällig an analoge Maßnahmen des revolutionären französischen Konvents von 1793 erinnert, war bis zum Ende des 19. Jahrhunderts, in Preußen und Bayern bis 1908, in Kraft und stellte eine der wesentlichen Behinderungen von Frauen bei ihrem Kampf um Menschenrechte dar.

## Verordnung über die Verhütung eines die gesetzliche Freiheit und Ordnung gefährdenden Mißbrauchs des Versammlungs- und Vereinigungsrechtes, vom 11. März 1850

[...]

§ 8. Für Vereine, welche bezwecken, politische Gegenstände in Versammlungen zu erörtern, gelten außer vorstehenden Bestimmungen nachstehende Beschränkungen:

a) sie dürfen keine Frauenspersonen, Schüler und Lehrlinge als Mitglieder aufnehmen;

b) sie dürfen nicht mit anderen Vereinen gleicher Art zu gemeinsamen Zwecken in Verbindung treten, insbesondere nicht durch Komitees, Ausschüsse, Centralorgane oder ähnliche Einrichtungen oder durch gegenseitigen Schriftwechsel.

Werden diese Beschränkungen überschritten, so ist die Ortspolizeibehörde berechtigt, vorbehaltlich des gegen die Betheiligten gesetzlich einzuleitenden Strafverfahrens, den Verein bis zur ergehenden richterlichen Entscheidung (§ 16) zu schließen.

Frauenspersonen, Schüler und Lehrlinge dürfen den Versammlungen und Sitzungen solcher politischen Vereine nicht beiwohnen. Werden dieselben auf die Aufforderung des anwesenden Abgeordneten der Obrigkeit nicht entfernt, so ist Grund zur Auflösung der Versammlung oder der Sitzung (§§ 5, 6) vorhanden. [...]

§ 16. Wenn ein politischer Verein die im § 8 zu a und b bezogenen Beschränkungen überschreitet, so haben Vorsteher, Ordner und Leiter, die diesen Bestimmungen entgegen gehandelt haben, eine Geldbuße von 5 bis 50 Thlr. oder Gefängniß von 8 Tagen bis zu 3 Monaten verwirkt. Der Richter kann außerdem nach der Schwere der Umstände auf Schließung des Vereins erkennen. Auf diese Schließung muß erkannt werden, wenn Vorsteher, Ordner oder Leiter sich wiederholt strafbar gemacht haben.

Wer sich bei einem auch nur vorläufig (§ 8) geschlossenen politischen Vereine als Mitglied ferner betheiligt, wird mit Geldstrafe von 5 bis zu 50 Thlr. oder Gefängnißstrafe von 8 Tagen bis zu 3 Monaten belegt.

Wer der Vorschrift des § 8a entgegen sich als Mitglied aufnehmen läßt, hat eine Geldbuße von 5 bis zu 50 Thlr. verwirkt.

Wenn die Polizeibehörde einen politischen Verein vorläufig geschlossen hat (§ 8), so ist sie gehalten, binnen 48 Stunden nach der Schließung davon und von den Gesetzwidrigkeiten, welche zur Schließung Anlaß gegeben haben, der Staatsanwaltschaft Anzeige zu machen. Findet die Staatsanwaltschaft die angeblichen Gesetzwidrigkeiten nicht geeignet, eine Anklage darauf zu gründen, so hat die Ortspolizeibehörde auf die ihr durch die Staatsanwaltschaft binnen weiteren 8 Tagen zu ertheilende Nachricht die Schließung des Vereins aufzuheben. Anderenfalls muß die Staatsanwaltschaft ebenfalls binnen 8 Tagen entweder die Anklage erheben oder binnen gleicher Frist die Voruntersuchung beantragen. Alsdann ist vom Gerichte sofort Beschluß darüber zu fassen, ob die vorläufige Schließung des Vereins bis zum Erkenntnisse in der Hauptsache fortdauern soll. [...]

D: Verordnung über die Verhütung eines die gesetzliche Freiheit und Ordnung gefährdenden Mißbrauchs des Versammlungs- und Vereinsrechtes vom 11. März 1850. In: Preussisch-deutsche Gesetz-Sammlung: 1806–1895: die Gesetz-Sammlung für den preußischen Staat, das Bundes-Gesetzblatt für den Norddeutschen Bund und das Reichs-Gesetzblatt. Hrsg. von Georg August Grotefend. 3., ganz neu bearb. Aufl. von Grotefend's *Gesetze und Verordnungen.* Düsseldorf: Schwann, 1896. S. 659–661. [Auszug.]

L: Ute Gerhard: Unerhört. Die Geschichte der deutschen Frauenbewegung. Reinbek bei Hamburg 1990.

## 47

## Für das Stimmrecht der Frauen: Hedwig Dohm zu einem zentralen Thema der Frauenfrage (1876)

Hedwig Dohm (vgl. auch Nr. 37), die gegen Ende des Jahrhunderts zum radikalen Flügel der bürgerlichen Frauenbewegung zählte, trat bereits in den 70er Jahren des 19. Jahrhunderts mit der Forderung nach dem Wahlrecht für Frauen hervor. Nach ihrer ersten frauenpolitischen Schrift, in der sie die Dogmen der Theologieprofessoren zur Begründung der notwendigen Unterordnung der Frau mit Witz und Schärfe angriff (*Was die Pastoren von den Frauen denken*, 1872), wurde sie zur ersten und unermüdlichen Vorkämpferin für die volle private und staatsbürgerliche Gleichberechtigung der Frau (*Der Jesuitismus im Hausstande*, 1873).

In ihrer 1876 veröffentlichten Schrift *Der Frauen Natur und Recht*, die 1896 ins Englische übersetzt wurde und sie früh auch in den USA und England bekannt machte, klagt Dohm das Stimmrecht der Frauen als ein ihnen »natürlich zukommendes Recht« ein, als ein Menschenrecht, dessen Forderung geradezu eine Pflicht für die Frauen ist. Für Dohm war das Wahlrecht als Mittel zur Teilnahme am politischen Leben die entscheidende Voraussetzung für die Gleichstellung der Geschlechter im rechtlichen, ökonomischen und sozialen Bereich.

Dohm forderte nicht nur kompromißlos die Beseitigung herrschenden Unrechts, sie ging auch davon aus, daß der Kampf um die Menschenrechte nur von den Frauen selbst geführt werden konnte. Ihr Aufruf an die Frauen, sich zu organisieren und nach dem Vorbild der englischen und amerikanischen Frauenbewegung Stimmrechtsvereine zur Agitation für das Frauenwahlrecht zu gründen, kam jedoch rund 30 Jahre zu früh. Das Recht auf Teilnahme am Staatsleben war bis zum Ende des 19. Jahrhunderts kein Anliegen der mehrheitlich-gemäßigten bürgerlichen Frauenbewegung, die sich konkreter politischer Forderungen enthielt, sich auf die Verbesserung der Bildungs- und Erwerbsmöglichkeiten von Frauen konzentrierte und das Stimmrecht als Fernziel und Krönung des weiblichen Engagements betrachtete. Erst zu Beginn des 20. Jahrhunderts formierte sich eine Stimmrechtsbewegung in Deutschland, wobei dieser im internationalen Vergleich recht späte Zeitpunkt sich auch aus dem Verbot politischer Frauenvereine (vgl. Nr. 46) erklärt, das erst 1908 durch das Reichsvereinsgesetz aufgehoben wurde.

Nachdem der radikale Flügel der bürgerlichen Frauenbewegung bereits 1895 eine Stimmrechtsversammlung einberufen hatte und 1902 der erste Frauenstimmrechtsverein in Hamburg entstanden war, schloß sich auch der ›Bund Deutscher Frauenvereine‹ dieser Bewegung an, die im Jahre 1919 mit der Einführung des Wahlrechtes für Frauen ihren erfolgreichen Abschluß fand.

[...] Wir haben einige Hauptgründe der Männer gegen das Stimmrecht der Frauen erörtert, wenden wir uns jetzt einigen Argumenten zu, auf welche die Frauen ihre politischen Ansprüche stützen.

1. Die Frauen fordern das Stimmrecht als ein ihnen natürlich zukommendes Recht.

2. Sie fordern es als eine sittliche Nothwendigkeit, als ein Mittel zur Veredelung ihrer selbst und des Menschengeschlechts.

Die unmittelbaren, praktischen Folgen des Stimmrechts sind vielleicht nicht die wichtigsten. Die Hauptsache aber ist dies: die Gewährung des Stimmrechts ist der Schritt über den Rubikon. Erst mit dem Stimmrecht der Frauen beginnt die Agitation für jene großartigen Reformen, die das Ziel unserer Bestrebungen sind. Die Theilnahme am politischen Leben macht alle anderen Fragen zu offenen.

Die Frauen fordern das Stimmrecht als ihr Recht. Warum soll ich erst beweisen, daß ich ein Recht dazu habe? Ich bin ein Mensch, ich denke, ich fühle, ich bin Bürgerin des Staats, ich gehöre nicht zur Kaste der Verbrecher, ich lebe nicht von Almosen, das sind die Beweise, die ich für meinen Anspruch beizubringen habe. Der Mann bedarf, um das Stimmrecht zu üben, eines bestimmten Wohnsitzes, eines bestimmten Alters, eines Besitzes, warum braucht die Frau noch mehr? Warum ist die Frau gleichgestellt Idioten und Verbrechern? nein, nicht den Verbrechern. Der Verbrecher wird nur zeitweise seiner politischen Rechte beraubt, nur die Frau und der Idiot gehören in dieselbe politische Kategorie.

Die Gesellschaft hat kein Befugniß, mich meines natürlichen politischen Rechts zu berauben, es sei denn, daß dieses Recht sich als unvereinbar erwiese mit der Wohlfahrt des Staatslebens. Den Beweis dieses Antagonismus zwischen Staatsleben und Frauenrechten haben wir zu fordern. Man wird uns darauf warten lassen bis zum jüngsten Tag und sich inzwischen auf das Gottesgericht berufen, welches die Frau durch den Mangel eines Bartes als unpolitisches Wesen gekennzeichnet hat.

Die Voraussetzung, daß eine Menschenklasse, welche die Lasten der Bürgerschaft trägt, kein Recht habe bestimmend auf diese Lasten einzuwirken, die Voraussetzung, daß eine Menschenklasse Gesetzen unterworfen sein soll, an deren

Abfassung sie keinen Antheil gehabt, hat auf die Dauer nur für einen despotischen Staat Sinn und Möglichkeit. Die Zulassung eines solchen Prinzips ist Tyrannei in allen Sprachen der Welt und für jedes Geschlecht, für den Mann sowohl wie für die Frau. [...]

Aus ihrer Macht über die Frauen leiten die Männer ihre Rechte den Frauen gegenüber her. Die Thatsache der Herrschaft ist aber kein Recht. Gesetzlich bestimmen sie alle die Maßregeln, Gebräuche und Ordnungen, die zur Unterdrückung des weiblichen Geschlechts dienen und nennen diese Arrangements dann einen Rechtszustand. Das Unrecht wird aber nicht geringer, wenn ein Gesetz es sanktionirt hat, die Unterdrückung nicht weniger nichtswürdig, sondern nur um so furchtbarer, wenn sie einen universellen, einen weltgeschichtlichen Charakter trägt. Es giebt kein Recht des Unrechtes oder sollte doch kein's geben. So lange es heißt: der Mann will und die Frau soll, leben wir nicht in einem Rechts- sondern in einem Gewaltstaat.

Und so lange der Mann unverantwortlicher Gesetzgeber für die Frau ist, werden im wesentlichen die Zustände bleiben wie sie sind. Was sollen uns auch Modificationen, Milderungen und wohlwollende Berücksichtigungen, wo das Princip ein lasterhaftes ist, das Princip der Rechtlosigkeit der Frau vor dem Gesetz.

Die Frauen wollen keine Gnadenbeweise und Privilegien, sie betteln nicht um Wohlthaten und Almosen. Sie fordern Gerechtigkeit.

Jede Frau, die man Gesetzen unterwirft, die andere ohne ihre Mitwirkung gemacht haben, ist in ihrem Recht, wenn sie die Steuern verweigert. Und in der That sind bereits in England und Amerika Frauen mit der Weigerung, die Steuern zu zahlen, vorgegangen.[...] Die Frauen fordern das Stimmrecht, weil sie der Unterdrückung, der Heuchelei, der Erniedrigung müde sind, sie fordern es, weil sie ein Recht haben, daß ihre Stimme gehört werde bei der Abfassung von Gesetzen, welche ihre sociale Stellung und ihre individuellen Rechte betreffen. Eine jede Klasse hat ihr bestimmtes Gepräge, weiß besser in ihren eigenen Verhältnissen Bescheid als diejenigen, welche diesen Verhältnissen nicht unterworfen sind. Die Männer, sagt die Gesellschaft, repräsentiren die Frauen. Wann übertrug die Frau dem Manne das Mandat? Wann legte er ihr Rechenschaft von seinen Beschlüssen ab? Weder das eine noch das andere ist jemals geschehen. Wenn die Frauen nicht einverstanden sind mit dieser Vertretung, so ist eine Behauptung wie die angeführte eine beleidigende sociale Improvisation der Männer, ein Hohn in's Antlitz der realen Verhältnisse. Genau mit demselben Recht kann der absolute König sagen, er repräsentire sein Volk, oder der Sklavenhalter, er repräsentire seine Sklaven. Es ist ein altes Argument, daß die Arbeiter durch ihre Arbeitgeber zu repräsentiren seien, das Argument hat aber die Arbeiter nicht überzeugt, und mit Energie haben sie diese Vertretung zurückgewiesen. Und die Frauen sollten sie acceptiren? Nimmermehr!

Die Frauen verlangen das Stimmrecht, weil jede Klassse, die am politischen Leben unbetheiligt ist, unterdrückt wird; die Betheiligung am politischen Leben dagegen nothwendig im Laufe der Zeit die Gleichheit vor dem Gesetze zur Folge haben muß. Die Klassen, die das Stimmrecht nicht üben dürfen, sind in der Gewalt der andern Klassen, die es üben. Dieses Princip ist stets so einstimmig von allen liberalen Parteien anerkannt worden, daß die Verleugnung desselben, den Frauen gegenüber, schier unbegreiflich ist. [...]

In der Vossischen Zeitung war vor einigen Wochen zu lesen, daß die Verwendung weiblicher Arbeitskräfte in der Telegraphie sich gut bewährt habe, indem einmal der Telegraphen-Verwaltung auf diese Weise billigere Arbeitskräfte zugeführt werden..... Nun wir wünschen der Telegraphen-Verwaltung Glück zu diesem edel gesparten Gelde. Wahrscheinlich greift das Telegraphiren die Männlein mehr an als die Frauen, und aus Mitleid stärkt und tröstet man diese Schwachen durch ein höheres Gehalt.

Glaubt man im Ernst, daß man an der wahlberechtigten Frau jene gemeine und schmachvolle Ungerechtigkeit begehen würde, ihr dieselbe gleich gut geleistete Arbeit geringer zu bezahlen als dem Mann? Es mag paradox klingen und ist doch vollkommen wahr: Die Arbeit der Frau wird deshalb schlechter bezahlt als die des Mannes, weil sie das Stimmrecht nicht hat.

Entweder du nimmst den Lohn, den wir dir bieten, oder du hast dich aus unserm Berufskreis zu entfernen, denn, merk' es wohl, nur unsere Güte gestattet dir den Eintritt, nicht dein Recht.

Ja wohl – anstatt gerecht zu sein, ist man mitunter gütig gegen die Frau – mitunter – wo es sich aber um so reelle Güter wie Geld handelt, zieht man in der Regel die Ungerechtigkeit und einen Abzug am Gehalt vor.

Man beraubt die Frau des Stimmrechts, weil es ihrem Geschlecht nicht zukomme. Mit demselben Recht könnte man ihr das Geld nehmen, weil Geldbesitz den physischen Eigenschaften des Weibes widerspreche, man kann ihr den Unterricht verweigern unter dem Vorwand, daß Bildung die Weiblichkeit untergrabe. Und in der That, man hat es gethan, vollständig in vielen, theilweis in manchen Ländern.

Der Mangel des Stimmrechts bedeutet für die Frau: du sollst kein Eigenthum haben, keine Erziehung, kein Recht an den Kindern, dich darf der Mann, der Starke züchtigen, dich stößt die Gesellschaft als Wittwe mit deinen unversorgten Kindern, hülflos wie Hagar in die Wüste des Elends.

Frauen, so lange sie keine Macht haben, sind als Oppositionselemente indifferent.

»Du sollst nicht erwerben«, spricht der Staat, so lange die Männer die Concurrenz der Frauen fürchten. »Erwirb«, spricht dasselbe starke Geschlecht von dem Augenblick an, wo es fürchten muß, daß ihm die unversorgte Wittwe zur Last falle. Fürwahr, der Staat ist klug und weise.

Nach den Grundsätzen der Demokratie ist, was für eine Königin recht ist, auch recht für die einfachste Bürgerfrau. Entweder ist eine regierende Königin eine Fastnachtsidee, ein burlesker Einfall, und jeder Engländer, der seiner Königin gehuldigt und ihr den Eid der Treue geschworen, ist ein Narr und ein Uebelthäter an den Naturgesetzen, oder natürliches, politisches Recht besitzt eine jede Frau. Wenn ein Weib befähigt ist die höchste aller politischen Stellungen einzunehmen, mit welcher Autorität verweigert man ihr die geringeren?

Aber nein, du darfst nicht wählen und wenn du zu den edelsten und reinsten der Menschen gehörst, aber der trunkene Lastträger, er giebt seine Stimme für den Vertreter seiner Rechte ab. Nein, du darfst nicht wählen, und wenn du alle Weisheit und alle Erkenntniß der Welt besäßest; aber der verdummte Bauer, dessen Erkenntnißvermögen nicht über die Scholle Ackers reicht, die er pflügt, er hat bestimmend einzuwirken auf die Gesetze, die die Existenz der Frau bedingen.

Wer darf behaupten, daß ein Gesetz, welches die weiseste und tugendhafteste Frau eines Rechts beraubt, das sie dem versoffenen Landstreicher gewährt, gut und gerecht ist! Die Männer behaupten es. Gott stärke ihre Denkkraft!

Die Gewohnheit, die lange Dauer der Unterwerfung hat die Meinung von ihrem Recht bei den Männern so festgewurzelt, daß sie sich der Thatsache der Unterdrückung, die sie üben, gar nicht bewußt werden, ebensowenig wie die Mehrzahl der Frauen über ihre legale Sklaverei zur Klarheit gelangt.

Denn die Frau ist nicht nur äußerlich unterdrückt, es tritt noch die innere geistige Knechtung hinzu. Ihre ganze Denk- und Gefühlsweise wird durch die Erziehung abgegrenzt und fixirt. Alle diejenigen Begriffe, Anschauungen und Vorstellungen, die mit ihrer socialen Lage übereinstimmen, werden ihr beigebracht, während man alle Erkenntnisse und Einsichten, die sich den thatsächlichen Zuständen feindlich erweisen könnten, ihr vorenthält. [...]

Nicht gegen die Männer richten sich unsere bittersten Empfindungen, unsere härtesten Anklagen, sondern gegen die Frauen, die feige es dulden, daß eine Generation nach der andern sie achtlos bei Seite schiebt. Gegen die Frauen empört sich jeder stolzere Sinn und jedes kühnere weibliche Herz, die sich begnügen mit der Freiheit, nach Herzenslust kochen und nähen zu dürfen, und die allergehorsamst vor den Männern zu einem bedeutungslosen Nichts zusammenschrumpfen, gegen die Frauen, die fort und fort ihre lebendigen Geister und Herzen darbringen als Opfer auf dem Altar der Männeranbetung, die es immer noch dulden, daß man ihnen das Jammerbild einer Griseldis, dieser Idiotin an Gefühl und Verstand, als Musterbild vollkommener Weiblichkeit vorhält, und die, wenn untauglich geworden zur Lust oder zum Nutzen des Mannes, ohne Murren, mögen sie sich gleich noch Jahrzehnte hindurch im Vollbesitz ihrer geistigen Kräfte befinden, in stillen Winkeln das Gnadenbrot der Gesellschaft essen.

Die Frauen, die das Stimmrecht nicht wollen, verzichten damit auf die höchsten Stufen menschlicher Entwickelung und erklären sich für eine untergeordnete Species der Gattung: Mensch. So mögen sie fortfahren zu leben von den Brosamen, die von ihrer Herren Tische fallen, sie mögen fortfahren die Hand zu küssen, die sie züchtigt, und sich spiegeln und brüsten in den Orden und Aemtern ihrer Herren und Gebieter. Und wenn der Himmel ihrem Gatten einen neuen Titel bescheert, so mögen sie wie bisher ihre Nasen und Gemüther hoch erheben und ihren Mitschwestern durch den Wonnelaut imponiren: auch ich bin Geheimräthin! Lakaiennaturen hat es gegeben und wird es geben allezeit.

Meine Seele erglüht gleich der des Mannes vom holden und erhabenen Zauber der Naturschönheit, ich fühle wie er den Schmerz um das Vaterland, wenn es bedroht wird, mein

Herz schlägt wie das seine, wo es sich um die höchsten Güter der Menschheit handelt: um Liebe, Schönheit und Freiheit, um Fortschritt im Staat und in der Wissenschaft. Und darum bin ich seinesgleichen und darum soll das Weib sich erheben und kraft seines Menschenrechts das Stimmrecht fordern, denn nicht genügen können ihm fürder die Rechte, die sie mit den Thieren theilt, das Recht zu athmen, zu essen und zu trinken und sich fortzupflanzen. Die Natur, Gott selbst befiehlt ihr zu sprechen, es ist mehr als ihr Recht, es ist ihre Pflicht. Ihre Pflicht aber ist es, weil nur im Zusammenwirken der Geschlechter in Familie und Staat eine harmonische und vollkommene Entwickelung des Staatslebens und der Völkerseelen möglich ist.

Es gilt, Euch zu retten, Ihr Frauen, aus dem traurigen, dumpfen Einerlei, aus der Monotonie Eures vegetirenden Daseins. Reißt ab die Binde, mit der man Eure geistigen Augen verhüllt hat, damit Ihr gleich den Thieren in der Tretmühle den engen Kreislauf Eures Lebens ohne Unruhe und Schwindel vollendet. Werft ab den conventionellen Charakter, den man Euch aufgezwungen und durchbrecht dieses Chinesenthum, das bisher gleichbedeutend war mit Frauenthum. Erhebt Euch und fordert das Stimmrecht!

Nicht fürchtet Spott und Hohn! Witz und Spott sind schneidende Waffen im Bunde mit mächtigen Argumenten, ohne sie sind sie nur hölzernes Rüstzeug, das tönt und klappert, aber Niemand verwundet.

Vergeßt das Eine nicht: Anspruch ohne Macht bedeutet wenig. Dem Despotismus ist immer nur eine Grenze gesetzt worden durch die wachsende Macht der Unterdrückten. Die Menge verlangt nicht Urtheile, nicht Meinungen und Principien, sie will Erfolge.

Wodurch erlangt Ihr Macht?

Vorläufig einzig und allein durch die Concentrirung aller weiblichen Kräfte, die für die politischen Rechte der Frauen einzutreten bereit sind, durch die Organisation und energische Leitung von V e r e i n e n.

In jeder größeren Stadt Englands und der Vereinigten Staaten bestehen Stimmrechtsvereine der Frauen. Nicht so in Deutschland. Vielleicht gibt es auch bei uns viele Frauen, die nur durch den Mangel einer Organisation verhindert sind, eine agitatorische Thätigkeit zu entfalten und Wort und That einzusetzen für die großen Frauenreformen der Zukunft. Oder will die deutsche Frau, das immermüde Dornröschen, ewig schlafen? Erwachet, Deutschlands Frauen, wenn Ihr ein Herz habt zu fühlen die Leiden Eurer Mitschwestern und Thränen sie zu beweinen, mögt Ihr selbst auch im Schooß des Glückes ruhen. Erwachet, wenn Ihr Grimm genug habt, Eure Erniedrigung zu fühlen und Verstand genug, um die Quellen Eures Elends zu erkennen. Fordert das Stimmrecht, denn nur über das Stimmrecht geht der Weg zur Selbstständigkeit und Ebenbürtigkeit, zur Freiheit und zum Glück der Frau. Ohne politische Rechte seid Ihr, Eure Seelen mögen von Mitleid, Güte und Edelsinn überfließen, den ungeheuersten Verbrechen gegenüber, die an Eurem Geschlecht begangen werden, machtlos.

Rafft Euch empor! Organisirt Euch! Zeigt, daß Ihr einer begeisterten Hingebung fähig seid und durch Eure That und Euer Wort erweckt die Gewissen der Menschen, erschüttert ihre Herzen und überzeugt die Geister! Verlaßt Euch nicht auf die Hülfe der deutschen Männer! Wir haben wenig Freunde und Gesinnungsgenossen unter ihnen. Viele loben und lieben die Frauen, sie schmeicheln ihnen und sind gern bereit, ihnen gegenüber die Vorsehung zu spielen, wenn ihnen keine allzu großen Opfer zugemuthet werden. Ihnen aber hülfreich zur Seite zu stehen, wo es sich um die Erlangung ihres unsterblichen Bürgerrechtes im Menschenthum handelt, dazu möchten sich Wenige bereit finden lassen.

Seid muthig, hilf dir selbst, so wird Gott dir helfen. Gedenkt des kühnen Wortes des Amerikaners Emerson: »Thue immer, was du dich zu thun scheust.«

Ihr armen Frauen und Opfer des Geschlechtsdespotismus, Ihr habt bis jetzt das Meer des Lebens befahren ohne Steuer und ohne Segel und darum habt Ihr selten das Ufer erreicht und das Schiff Eures Glücks ist zumeist gescheitert an der Windstille oder im Sturm. Lasset das Stimmrecht fortan Euer Steuer sein, Eure eigne Kraft sei Euer Segel, und dann vertraut Euch getrost dem Meere an, seinem Sturm und seinen Klippen, und über kurz oder lang werdet Ihr Land erblicken, das Land, das Ihr »mit der Seele suchtet« seit Jahrhunderten, ja seit Jahrtausenden, das Land, wo die Frauen nicht den Männern, sondern sich selber angehören. Als der Engländer Somerset einen Sklaven mit nach England brachte, erklärte, trotz der Vorurtheile seiner Zeit, Lord Mansfield, der Sklave sei frei aus dem einfachen Grunde, weil in England kein Mensch ein Sklave sein könne.

So sind auch die Frauen frei, weil in einem Staate freier Menschen es keine Unfreien geben kann. Die Menschenrechte haben kein Geschlecht.

D: Hedwig Dohm: Der Frauen Natur und Recht. Zur Frauenfrage zwei Abhandlungen über Eigenschaften und Stimmrecht der Frauen. Berlin: Liedekind und Schwieger, 1876. S. 159–169, 182–185. [Auszug.] – Neudr. Neunkirch: Ala Verlag, 1986.

L: Florence Hervé (Hrsg.): Die Geschichte der deutschen Frauenbewegung. Vollst. veränd. Neuausg. Köln 1995.
Rosemarie Nave-Herz: Die Geschichte der Frauenbewegung in Deutschland. 4., völlig überarb. und erw. Aufl. Hannover 1993.

# Grundsätze der proletarischen Frauenbewegung: Clara Zetkin auf dem Gothaer Parteitag der SPD (1896)

Clara Zetkin, geb. Eißner (1857–1933), Tochter eines sächsischen Dorfschullehrers und einer Mutter, die bereits in der frühen bürgerlichen Frauenbewegung aktiv war, studierte in Leipzig am Lehrerinnenseminar von Auguste Schmidt, Mitbegründerin der bürgerlichen Frauenbewegung, bevor sie sich der sozialistischen Bewegung anschloß und zur führenden Gestalt der proletarischen Frauenbewegung in Deutschland wurde.

Zetkin trat 1878, kurz vor dem Erlaß der Sozialistengesetze, in die Sozialistische Partei ein und lebte ab 1882 mit ihrem Lebensgefährten, dem russischen Revolutionär Ossip Zetkin, in Paris. Dort nahm sie 1889 am Gründungskongreß der II. Sozialistischen Internationale teil und hielt ihr aufsehenerregendes Grundsatzreferat über die rechtlose Lage der Arbeiterinnen und ihre Rolle im Kampf der Arbeiterbewegung, das im selben Jahr unter dem Titel *Die Arbeiterinnen- und Frauenfrage der Gegenwart* veröffentlicht wurde.

Nach dem Tod ihres Manes kehrte sie mit ihren zwei Söhnen nach Deutschland zurück und übernahm im Rahmen ihrer Mitarbeit in der Sozialdemokratischen Partei ab 1892 die Redaktion der Frauenzeitschrift *Die Gleichheit* (1890 als *Die Arbeiterin* gegründet von Emma Ihrer).

In ihrem hier gekürzt wiedergegebenen Referat, das sie 1896 auf dem Gothaer Parteitag der Sozialdemokraten hielt, zog Zetkin die Trennungslinie zur bürgerlichen Frauenbewegung und entfaltete die Richtlinien für die proletarische Frauenbewegung und die praktische Frauenagitation. Nach der von Zetkin dargelegten ›sozialistischen Frauenemanzipationstheorie‹ bestand der wesentliche Unterschied zur bürgerlichen Frauenbewegung darin, daß diese einen Kampf gegen die Männer der eigenen Klasse führte, wohingegen die Proletarierinnen zusammen mit den Männern ihrer Klasse gegen den Kapitalismus und für die Errichtung einer sozialistischen Gesellschaft kämpften.

Während die bürgerlichen Frauen die Frauenemanzipation auf der Basis autonomer Frauenorganisationen durch Reformen, d. h.

innerhalb der bürgerlichen Gesellschaft erkämpfen wollten, war die proletarische Frauenbewegung eingebettet in die sozialistische Arbeiterbewegung und zielte primär auf die Überwindung der derzeitigen Gesellschaftsform. Entsprechend kämpften die Vertreterinnen der proletarischen Frauenbewegung an verschiedenen Fronten, für die Durchsetzung der Forderungen der Arbeiterbewegung und für die Durchsetzung der Belange der Frauen innerhalb der Arbeiterbewegung.

Seit 1914 bahnte sich Zetkins Bruch mit der Sozialdemokratie an, deren Burgfrieden mit dem kriegführenden Kaiserreich sie zutiefst ablehnte. Nachdem sie als Gegnerin der Kriegspolitik gegen den Willen des Parteivorstandes Protestversammlungen organisiert hatte, verlor sie 1916 die Redaktion der *Gleichheit* und schloß sich 1917 der Unabhängigen Sozialdemokratischen Partei, später der Kommunistischen Partei an, für die sie von 1920 bis 1932 als Abgeordnete im Reichstag saß. Am 30. August 1932, kurz vor ihrem Tod, eröffnete sie als Alterspräsidentin den letzten demokratisch konstituierten Reichstag und rief zur Bildung einer antifaschistischen Einheitsfront auf.

Berichterstatterin Frau Zetkin – Stuttgart: Durch die Forschungen von Bachofen, Morgan und Anderen scheint es erwiesen, daß die soziale Unterdrückung der Frau mit der Entstehung des Privateigenthums zusammenfällt. Der Gegensatz innerhalb der Familie zwischen dem Mann als Besitzer und der Frau als Nichtbesitzerin wurde die Grundlage für die wirthschaftliche Abhängigkeit und die soziale Rechtlosigkeit des weiblichen Geschlechts. In dieser sozialen Rechtlosigkeit liegt nach Engels eine der ersten und ältesten Formen der Klassenherrschaft, er sagt: »In der Familie ist der Mann der Bourgeois, die Frau dagegen repräsentirt das Proletariat.« Trotzdem konnte von einer Frauenfrage im modernen Sinn des Wortes nicht die Rede sein, erst die kapitalistische Produktionsweise hat gesellschaftliche Umwälzungen gezeitigt, welche die moderne Frauenfrage entstehen ließ; sie schlug die alte Familienwirthschaft in Trümmer, die in der vorkapitalistischen Zeit der großen Masse der Frauenwelt Lebensunterhalt und Lebensinhalt gewährt hatte. Wir dürfen freilich auf die alte hauswirthschaftliche Thätigkeit der Frauen nicht jene Begriffe übertragen, die wir mit der Thätigkeit der Frau in unserer Zeit verbinden, den Begriff des Nichtigen und Kleinlichen. So lange die alte Familie noch bestand, fand die Frau in derselben einen Lebensinhalt durch produktive Thätigkeit und daher kam ihre soziale Rechtlosigkeit ihr nicht zum Bewußtsein, wenn auch der Entwickelung ihrer Individualität enge Schranken gezogen waren. Die Zeit der Renaissance ist die Sturm- und Drangperiode des Erwachens der modernen Individualität, die sich nach den verschiedensten Richtungen voll und ganz ausleben kann. Da treten uns Individualitäten entgegen, riesengroß im Guten und Bösen, die die Satzungen von Religion und Moral mit Füßen traten und Himmel und Hölle in gleicher Weise verachteten; wir finden Frauen als Mittelpunkt des gesellschaftlichen, des künstlerischen, des politischen Lebens. Und trotzdem nicht die Spur einer Frauenbewegung. Das ist um so charakteristischer, als zu jener Zeit die alte Familienwirthschaft zu zerbröckeln anfing unter dem Einfluß der Arbeitstheilung. Tausende und Tausende von Frauen fanden ihren Lebensunterhalt und -Inhalt nicht mehr in der Familie. Aber diese Frauenfrage, soweit davon die Rede sein konnte, wurde damals soviel wie möglich gelöst durch Klöster, Stifte und Ordensgesellschaften. Die Maschinen, die moderne Produktionsweise grub dann aber nach und nach der eigenen Produktion im Haushalt den Boden ab, und nicht für Tausende, sondern für Millionen von Frauen entstand nun die Frage: wo nehmen wir den Lebensunterhalt her, wo finden wir einen ernsten Lebensinhalt, eine Bethätigung auch nach der Gemüthsseite. Millionen werden jetzt darauf verwiesen, Lebensunterhalt und Lebensinhalt draußen in der Gesellschaft zu finden. Da wird ihnen bewußt, daß die soziale Rechtlosigkeit sich der Wahrung ihrer Interessen entgegenstellt, und von dem Augenblicke an ist die moderne Frauenfrage da. In welcher Weise die moderne Produktionsweise arbeitet, die Frauenfrage weiter zu verschärfen, dafür einige Zahlen. 1882 zählte man in Deutschland auf 23 Millionen Frauen 5½ Millionen erwerbsthätige Frauen, d. h. fast ein Viertel der weiblichen Bevölkerung konnte ihren Lebensunterhalt nicht mehr in der Familie finden. Nach der Volkszählung von 1895 hat in der Landwirthschaft im weitesten Sinne die Zahl der erwerbsthätigen Frauen seit 1882 um mehr als 8 pCt. zugenommen, in der Landwirthschaft im engeren Sinne gleichfalls um 8 pCt., während gleichzeitig die Zahl der erwerbsthätigen Männer um 2 bzw. 4 pCt. abgenommen hat. Auf dem Gebiete der Industrie und des Bergbaues haben die erwerbsthätigen Frauen um 35 pCt. zugenommen, die Männer nur um 8 pCt.; im Handel die Zahl der Frauen sogar um mehr als 94 pCt., die der Männer nur um 38 pCt. Diese trockenen Zahlen sprechen weit beredter von der Dringlichkeit der Lösung der Frauenfrage, als wie es überschwängliche Deklamationen thun könnten.

Aber die Frauenfrage ist nur innerhalb jener Klassen der Gesellschaft vorhanden, welche selbst Produkte der kapitalistischen Produktionsweise sind. Wir finden deshalb keine Frauenfrage in den Kreisen der Bauernschaft mit ihrer, wenn auch schon stark eingeschränkten und durchlöcherten Naturalwirthschaft. Wohl aber finden wir eine Frauenfrage innerhalb derjenigen Klassen der Gesellschaft, die die eigensten Kinder der modernen Produktionsweise sind. Es giebt eine Frauenfrage für die Frauen des Proletariats, des Mittelbürgerthums und der Intelligenz und der oberen Zehntausend; je nach der Klassenlage dieser Schichten nimmt sie eine andere Gestalt an.

Wie ist die Frauenfrage bei den Frauen der oberen Zehntausend gestaltet? Die Frau der oberen Zehntausend kann vermöge ihres Besitzes ihre Individualität frei entfalten, sie kann leben, wie es ihren Neigungen entspricht. Als Ehefrau aber ist sie noch immer vom Manne abhängig. Die Geschlechtsvormundschaft früherer Zeiten hat sich als Ueberbleibsel hinübergerettet ins Familienrecht, wo noch immer der Satz gilt: Und er soll dein Herr sein. [...] Wenn die Frauen jener Kreise den Wunsch hegen, ihrem Leben einen ernsten Inhalt zu geben, so müssen sie zunächst die Forderung der selbständigen freien Verfügung über ihr Eigenthum erheben. Diese Forderung steht deshalb im Mittelpunkt der Forderungen, welche die Frauenbewegung der oberen Zehntausend erhebt. Diese Frauen kämpfen für die Verwirklichung dieser Forderung gegen die Männerwelt ihrer Klasse genau den nämlichen Kampf, den die Bourgeoisie gegen alle bevorrechtigten Stände gekämpft hat, einen Kampf um die Beseitigung aller sozialen Unterschiede, welche auf dem Vermögensbesitz begründet sind. [...]

Wie zeigt sich nun die Frauenfrage in den klein- und mittelbürgerlichen Kreisen und innerhalb der bürgerlichen Intelligenz? Hier ist es nicht der Besitz, welcher die Familie auflöst, hier sind es wesentlich die Begleiterscheinungen der kapitalistischen Produktion. In dem Maße, wie diese ihren Triumphmarsch vollzieht, wird das mittlere und das kleine Bürgerthum mehr und mehr zu Grunde gerichtet. Innerhalb der bürgerlichen Intelligenz führt wieder ein anderer Umstand zur Verschlechterung der Lebensbedingungen: Das Kapital bedarf der intelligenten und wissenschaftlich geschulten Arbeitskräfte, es hat deshalb eine Ueberproduktion an Proletariern der Kopfarbeit begünstigt und dazu beigetragen, daß die frühere angesehene und einträgliche gesellschaftliche Stellung der Angehörigen liberaler Berufe mehr und mehr schwindet. In demselben Maße nimmt aber die Zahl der Eheschließungen immer mehr ab, denn während auf der einen Seite die materiellen Grundlagen verschlechtert sind, steigen auf der anderen Seite die Ansprüche des Einzelnen an das Leben, und da überlegt es sich der Mann jener Kreise selbstverständlich zweimal und dreimal, ehe er sich zur Ehe entschließt. Die Altersgrenze für die Gründung einer eigenen Familie wird immer höher hinaufgeschraubt, und der Mann wird um so weniger zur Eheschließung gedrängt, als in unserer Zeit genug gesellschaftliche Einrichtungen dem Hagestolz ein behagliches Leben, auch ohne legitime Frau, ermöglichen. Die kapitalistische Ausbeutung der proletarischen Arbeitskraft sorgt schon durch Hungerlöhne dafür, daß ein großes Angebot von Lustdirnen der Nachfrage nach denselben seitens der Männerwelt entspricht. So nimmt die Zahl der unverheirateten Frauen in mittelbürgerlichen Kreisen immer mehr zu. Die Frauen und Töchter jener Kreise werden in die Gesellschaft hinausgestoßen, um sich eine Existenz zu gründen, die ihnen nicht nur Brot verschafft, sondern auch ihren Geist zu befriedigen vermag. In diesen Kreisen ist die Frau dem Manne nicht gleichberechtigt als Besitzerin von Privatvermögen, wie in den höheren Kreisen, auch nicht gleichberechtigt als Proletarierin, wie in den Proletarierkreisen, die Frau jener Kreise muß vielmehr ihre wirthschaftliche Gleichstellung mit dem Mann erst erkämpfen, und sie kann das nur durch zwei Forderungen, durch die Forderung auf gleiche Berufsbildung und durch die Forderung auf gleiche Berufsthätigkeit für beide Geschlechter. Dies bedeutet wirthschaftlich nichts anderes als die Verwirklichung der Gewerbefreiheit und die freie Konkurrenz zwischen Mann und Frau. Die Verwirklichung dieser Forderung entfesselt einen Interessengegensatz zwischen den Frauen und Männern des Mittelbürgerthums und der Intelligenz. Die Konkurrenz der Frauen in den liberalen Berufen ist die treibende Kraft für den Widerstand der Männer gegen die Forderungen der bürgerlichen Frauenrechtlerinnen. Es ist die reine Konkurrenzfurcht; alle sonstigen Gründe, die gegen die geistige Frauenarbeit geltend gemacht werden, das kleinere Gehirn der Frau, ihr angeblich natürlicher Beruf als Mutter sind nur Vorwände. Dieser Konkurrenzkampf drängt die Frau dieser Schichten dazu, politische Rechte zu verlangen, damit sie im politischen Kampfe alle Schranken niederreißen kann, die ihrer wirthschaftlichen Bethätigung noch entgegenstehen.

Ich habe hiermit nur das ursprüngliche rein wirthschaftliche Moment gezeichnet. Wir würden der bürgerlichen Frauenbewegung Unrecht thun, wenn wir sie nur auf rein wirthschaftliche Motive zurückführen wollten. Nein, sie hat auch eine tiefernste geistige und sittliche Seite. Die bürgerliche Frau verlangt nicht nur ihr eigenes Brot, sondern sie will sich auch geistig ausleben und ihre Individualität entfalten. Gerade in diesen Schichten finden wir jene tragischen, psychologisch interessanten Noragestalten, wo die Frau es müde ist, als Puppe im Puppenheim zu leben, wo sie theilnehmen will an der Weiterentwickelung der modernen Kultur; und sowohl nach der wirthschaftlichen als nach der geistig sittlichen Seite hin sind die Bestrebungen der bürgerlichen Frauenrechtlerinnen vollständig berechtigt.

Für die proletarische Frau ist es das Ausbeutungsbedürfniß des Kapitals, unaufhörlich Rundschau zu halten nach den billigsten Arbeitskräften, das die Frauenfrage geschaffen hat. Dieses Ausbeutungsbedürfniß hat eine reaktionäre, aber auch eine revolutionäre Seite: indem es die Gesellschaft umwandelt aus einer Gesellschaft von Arbeitsbienen und Arbeitsdrohnen in eine Gesellschaft von lauter Arbeitern. Dadurch ist auch die Frau des Proletariats einbezogen in den Mechanismus des wirthschaftlichen Lebens unserer Zeit, ist sie in die Werkstatt, an die Maschine getrieben worden. Sie ist herabgestiegen in das wirthschaftliche Leben, um dem Manne einige Hilfe im Erwerb zu bringen, und die kapitalistische Produktionsweise verwandelte sie in eine Schmutzkonkurrentin; sie wollte Wohlstand in die Familie bringen, und als Folge zog eine größere Noth in die proletarische Familie ein; die Proletarierfrau wurde selbstthätig erwerbend, weil sie ihren Kindern das Leben sonniger und freundlicher gestalten wollte, und sie wurde ihren Kindern zum großen Theil entrissen. Sie wurde dem Mann als Arbeitskraft vollständig gleich: Die Maschine machte die Muskelkraft überflüssig und überall konnte die Frauenarbeit sich mit den gleichen Ergebnissen für die Produktion bethätigen wie die Männerarbeit. Und da sie eine billige Arbeitskraft war und vor allen Dingen eine willige Arbeitskraft, die nur in den seltensten Fällen wagte zu löcken wider den Stachel der kapitalistischen Ausbeutung, so haben die Kapitalisten die Möglichkeit vervielfältigt, um die industrielle Frauenarbeit in der höchsten Stufe anwenden zu können. Die Frau des Proletariats hat infolge dessen ihre wirthschaftliche Selbständigkeit errungen, aber wahrhaftig! sie hat sie theuer erkauft und hat praktisch für den Augenblick nichts dabei gewonnen. [...]

Deshalb kann der Befreiungskampf der proletarischen Frau nicht ein Kampf sein wie der der bürgerlichen Frau gegen den Mann ihrer Klasse; umgekehrt, es ist der Kampf mit dem Mann ihrer Klasse gegen die Kapitalistenklasse. Sie braucht nicht darum zu kämpfen, gegen die Männer ihrer Klasse die Schranken niederzureißen, die ihr bezüglich der freien Konkurrenz gezogen sind. Das Ausbeutungsbedürfniß des Kapitals und die Entwickelung der modernen Produktionsweise nahm ihr diesen Kampf vollkommen ab. Umgekehrt, es gilt, neue Schranken zu errichten gegen die Ausbeutung der proletarischen Frau, es gilt, ihr ihre Rechte als Gattin, als Mutter wiederzugeben und zu sichern. Das Endziel ihres Kampfes ist nicht die freie Konkurrenz mit dem Manne, sondern die Herbeiführung der politischen Herrschaft des Proletariats. Hand in Hand mit dem Manne ihrer Klasse kämpft die proletarische Frau gegen die kapitalistische Gesellschaft. Allerdings stimmt sie auch den Forderungen der bürgerlichen Frauenbewegung zu. Aber sie betrachtet die Erfüllung dieser Forderung nur als Mittel zum Zweck, damit sie gleich ausgestattet an Waffen mit dem Proletarier in den Kampf ziehen kann.

Die bürgerliche Gesellschaft steht den Forderungen der bürgerlichen Frauenbewegung nicht grundsätzlich ablehnend gegenüber, das beweisen die Reformen, die auf dem Gebiet des Privat- wie des öffentlichen Rechtes in verschiedenen Staaten schon zu gunsten der Frau eingeführt sind.

Wenn es in Deutschland so besonders langsam mit diesen Reformen geht, so liegt die Ursache einmal in dem wirthschaftlichen Konkurrenzkampf in den liberalen Berufen, den die Männer fürchten, zumal es sicher ist, daß die Kopfarbeiter immer mehr ins Lager der Sozialdemokratie abrükken, und zweitens in der sehr langsamen und schwächlichen Entwickelung der bürgerlichen Demokratie in Deutschland, die unter dem Banne der Klassenfurcht vor dem Proletariat ihrer historischen Aufgabe nicht gerecht wird. Sie fürchtet, daß die Durchführung solcher Reformen nur der Sozialdemokratie Vortheil bringt. [...] Gewiß ist die Furcht der bürgerlichen Demokratie sehr kurzsichtig. Wird den Frauen die politische Gleichberechtigung gewährt, so wird an den thatsächlichen Machtverhältnissen nichts geändert. Die proletarische Frau geht ins Lager des Proletariats, die bürgerliche ins Lager des Bürgerthums. Wir dürfen uns nicht täuschen lassen durch sozialistische Anläufe in der bürgerlichen Frauenbewegung, die nur so lange auftreten, als sich die bürgerlichen Frauen als Unterdrückte fühlen.

Je weniger nun die bürgerliche Demokratie ihre Aufgabe begreift, desto mehr ist es Sache der Sozialdemokratie, für die politische Gleichberechtigung der Frau einzutreten. Wir wollen uns nicht besser machen, als wir sind. Nicht um die schönen Augen eines Prinzips stellen wir diese Forderung auf, sondern im Klasseninteresse des Proletariats. Je mehr die Frauenarbeit ihren verhängnißvollen Einfluß auf die Lebenshaltung der Männer ausübt, desto brennender wird die Nothwendigkeit, sie in den wirthschaftlichen Kampf einzubeziehen. Je mehr der politische Kampf eingreift in die Existenz jedes Einzelnen, desto dringender wird die Nothwendigkeit, daß auch die Frau theilnimmt am politischen Kampfe. Das Sozialistengesetz hat Tausenden von Frauen erst klar gemacht, was die Worte Klassenrecht, Klassenstaat und Klassenherrschaft bedeuten, hat Tausende von Frauen erst das Bedürfniß gelehrt, sich über die Macht aufzuklären, die so brutal in das Familienleben eingriff. Das Sozialistengesetz hat eine Arbeit geleistet, die hunderte von Agitatorinnen nicht zu leisten im Stande gewesen wären, und wir sind dem Vater des Sozialistengesetzes sowie allen Staatsorganen, die an seiner Durchführung betheiligt waren, vom Minister bis zum Schutzmann herab, aufrichtig dankbar für ihre unfreiwillige agitatorische Thätigkeit. Und da wirft man uns Sozialdemokraten Undankbarkeit vor! (Heiterkeit.)

Noch ein anderes Ereigniß ist in Betracht zu ziehen. Ich meine das Erscheinen von August Bebel's Buch »Die Frau und der Sozialismus«. Es darf nicht nach seinen Vorzügen oder Mängeln bewerthet werden, es muß beurtheilt werden nach der Zeit, in der es erschien. Und da war es mehr als ein Buch, es war ein Ereigniß, eine That. (Sehr richtig.) Zum ersten Male wurde darin den Genossen klar gelegt, in welchem Zusammenhange die Frauenfrage mit der geschichtlichen Entwickelung steht, zum ersten Male ertönte aus diesem Buche der Ruf: Wir können die Zukunft nur erobern, wenn wir die Frauen als Mitkämpferinnen gewinnen. Wenn ich das anerkenne, so spreche ich nicht als Frau, sondern als Parteigenossin.

Welch praktische Schlußfolgerungen haben wir nun für unsere Agitation unter den Frauen zu ziehen? Es kann nicht die Aufgabe des Parteitages sein, ins einzelne gehende praktische Vorschläge zu machen, sondern nur die allgemeine Richtungslinie für die proletarische Frauenbewegung zu ziehen.

Und da muß der leitende Gedanke sein: Wir haben nicht spezielle Frauenagitation, sondern sozialistische Agitation unter den Frauen zu treiben. Nicht die kleinlichen Augenblicksinteressen der Frauenwelt dürfen wir in den Vordergrund stellen, unsere Aufgabe muß sein, die moderne Proletarierin in den Klassenkampf einzureihen. (Sehr wahr.) Wir haben für die Agitation unter den Frauen keine Sonderaufgaben. Soweit für die Frau innerhalb der heutigen Gesellschaft Reformen durchzusetzen sind, werden sie in dem Minimumprogramm unserer Partei bereits gefordert.

Die Frauenagitation muß anknüpfen an alle jene Fragen, die von dringender Wichtigkeit für die allgemeine Bewegung des Proletariats sind. Ist es doch die Hauptaufgabe, in der Frau das Klassenbewußtsein wachzurütteln und sie in den Klassenkampf einzubeziehen. Die gewerkschaftliche Organisation der Arbeiterinnen ist äußerst erschwert. In den Jahren 1892 bis 1895 betrug die Zahl der in den Zentralverbänden organisirten Arbeiterinnen gegen 7000. Rechnen wir noch die in Lokalvereinen organisirten Arbeiterinnen hinzu und vergleichen wir dann hiermit die Thatsache, daß allein in der Großindustrie 700 000 Arbeiterinnen thätig sind, so gewinnen wir ein Bild von der großen Arbeit, die wir noch zu leisten haben. Erschwert wird uns diese Arbeit dadurch, daß viele Frauen in der Hausindustrie thätig und deshalb schwer heranzuziehen sind. Dann haben wir auch noch mit der weitverbreiteten Anschauung der jungen Mädchen zu kämpfen, daß die industrielle Thätigkeit für sie vorübergehend ist und mit der Ehe aufhört. Vielen Frauen erwächst die doppelte Pflicht, sie müssen in der Fabrik und in der Familie thätig sein. Um so nothwendiger ist für die Arbeiterinnen die Festsetzung eines gesetzlichen Arbeitstages. Während in England Alle darin übereinstimmen, daß die Beseitigung der Hausindustrie, die Festsetzung eines gesetzlichen Arbeitstages und die Herbeiführung höherer Löhne von der größten Bedeutung sind, um die Arbeiterin gewerkschaftlich zu organisiren, kommt in Deutschland zu den geschilderten Hindernissen noch die Handhabung unserer Vereins- und Versammlungsgesetze dazu. Die volle Koalitionsfreiheit, die von rechts her die Reichsgesetzgebung den Arbeiterinnen gewährleistet, wird von links her durch landesgesetzliche Bestimmungen einzelner Bundesstaaten illusorisch gemacht. Darauf, wie in Sachsen das Vereinsrecht, soweit man dort überhaupt von einem Recht sprechen kann, gehandhabt wird, will ich nicht hinweisen, aber in den zwei größten Bundesstaaten, in Bayern und Preußen, werden die Vereinsgesetze so gehandhabt, daß den Frauen die Theilnahme an gewerkschaftlichen Organisationen mehr und mehr zur Unmöglichkeit wird. [...]

Dieser Stand der Dinge aber macht es den proletarischen Frauen nicht möglich, sich zusammen mit den Männern zu organisiren. Bis jetzt hatten sie einen Kampf gegen Polizeimacht und gegen Juristenweisheit zu führen und formell haben sie in diesem Kampf den kürzeren gezogen. Aber in Wirklichkeit sind sie Sieger geblieben; denn alle jene Maßregeln, die angewendet sind, um die Organisation der proletarischen Frau zu zertrümmern, haben nur darauf hingewirkt, ihr Klasssenbewußtsein immer mehr zu erwecken. Wenn wir danach streben, eine kräftige Frauenorganisation zu bekommen auf wirthschaftlichem und politischem Gebiete, dann müssen wir zuerst für die Möglichkeit der Bewegungsfreiheit sorgen, indem wir ankämpfen gegen die Haus-Industrie, für kürzere Arbeitszeit eintreten und vor allen Dingen gegen das uns wenden, was die herrschenden Klassen das Vereinsrecht zu nennen belieben.

In welchen Formen die Frauenagitation sich zu bewegen hat, können wir auf diesem Parteitag nicht festlegen; wir haben erst zu lernen, wie wir unter den Frauen agitiren müssen. In der Resolution, die Ihnen vorgelegt ist, wird vorgeschlagen, Vertrauenspersonen unter den Frauen zu wählen, die die Aufgabe haben, die gewerkschaftliche und wirthschaftliche Organisation unter den Frauen anzuregen, einheitlich und planmäßig zu gestalten. Der Vorschlag ist nicht neu; er ist im Prinzip auf dem Parteitag in Frankfurt angenommen und in einzelnen Gegenden bereits mit bestem Erfolg durchgeführt worden; es wird sich zeigen, daß derselbe, auf größerer Stufe durchgeführt, geeignet ist, die proletarische Frau in größerem Umfange zur proletarischen Bewegung heranzuziehen.

Aber nicht nur mündlich soll die Agitation betrieben werden. Eine große Zahl von Indifferenten kommt nicht in unsere Versammlungen, zahllose Gattinnen und Mütter können gar nicht in unsere Versammlungen kommen – es darf auch unmöglich die Aufgabe der sozialistischen Frauenagitation sein, die proletarische Frau ihren Pflichten als Mutter und Gattin zu entfremden; im Gegentheil, sie muß darauf wirken, daß sie diese Aufgabe besser erfüllt als bisher; und das im Interesse der Befreiung des Proletariats. Je besser die Verhältnisse in der Familie, die Wirksamkeit in ihrem Heim, um so kampffähiger wird sie. Je mehr sie die Erzieherin und Bildnerin ihrer Kinder sein kann, um so mehr kann sie sie aufklären, kann sie dafür sorgen, daß sie mit der gleichen Begeisterung und Opferfreudigkeit wie wir in Reih und Glied weiter kämpfen für die Befreiung des Proletariats; – wenn der Proletarier sagt: »mein Weib!« – daß er dann in Gedanken hinzusetzt: »die Genossin meiner Ideale, die Gefährtin meiner Kämpfe, die Bildnerin meiner Kinder zum Zukunftskampfe!« So manche Mutter, so manche Gattin, die Mann und Kinder mit Klassenbewußtsein erfüllt, leistet genau so viel wie die Genossinnen, die wir in unseren Versammlungen sehen. (Lebhafte Zustimmung.)

[...]

D: Protokoll über die Verhandlungen des Parteitages der Sozialdemokratischen Partei Deutschlands. Abgehalten zu Gotha vom 11. bis 16. Oktober 1896. Berlin: Expedition der Buchhandlung Vorwärts, 1896. S. 160–175, hier S. 160–167. [Auszug.] – Nachdr. mit einem Personen-, Zeitschriften- und Zeitungsreg. sowie Ortsreg. von Max Schwarz. Berlin/Bonn: Dietz, 1978.

L: Karin Bauer: Clara Zetkin und die proletarische Frauenbewegung. Berlin 1978.
Richard Evans: Sozialdemokratie und Frauenemanzipation im deutschen Kaiserreich. Berlin/Bonn 1979.
Sabine Richebächer: Uns fehlt nur eine Kleinigkeit. Deutsche proletarische Frauenbewegung 1890–1914. Frankfurt a. M. 1982.

## 49
## Heraus mit dem Frauenwahlrecht! (1914)

In der Frühphase der Arbeiterbewegung hatte es aufgrund der Konkurrenzfurcht der Männer einen ›proletarischen Antifeminismus‹ gegeben, in dessen Rahmen der ›Allgemeine deutsche Arbeiterverein‹ Lassalles 1869 sogar das Verbot von Frauenarbeit forderte.

Nachdem August Bebel 1878 in seinem Buch *Die Frau und der Sozialismus* die Bedeutung der Frauenfrage für die sozialistische Bewegung dargelegt und sich für das Frauenwahlrecht ausgesprochen hatte, wurden in den folgenden Jahren Forderungen für die Frauen auch von der Gesamtheit der Arbeiterorganisation aufgestellt. Nach arbeitsrechtlichen Maßnahmen (gleicher Lohn für gleiche Arbeit, Arbeiterinnenschutz 1877) nahmen die Sozialdemokraten als erste deutsche Partei in ihr Erfurter Parteiprogramm von 1891 die Forderung nach dem Frauenwahlrecht und der rechtlichen Gleichstellung von Frauen auf und brachten dieses Anliegen 1895 zum ersten Mal in den Reichstag ein.

Das Plakat vom 8. März 1914, dem Internationalen Frauentag, der auf einen Vorschlag Clara Zetkins auf der zweiten Internationalen Sozialistischen Frauenkonferenz 1910 in Kopenhagen zurückgeht, ruft die Arbeiterinnen zum gemeinsamen Kampf für das Frauenwahlrecht auf, der im Mittelpunkt des Frauentages von 1914 stand. Der 8. März 1914 leitete eine ›Rote Woche‹ der Sozialdemokraten ein, die bis zum 15. März dauerte und der Partei tausende neue weibliche Mitglieder brachte. In Berlin verbot die Polizei das Plakat mit der Begründung, die Schlagzeile sei beleidigend für die Obrigkeit.

A: Anschläge. Deutsche Politik an den Litfaßsäulen 1900–1971. Hrsg. von Friedrich Arnold. Ebenhausen bei München: Langewiesche-Brandt, 1972. S. 6.

Heraus mit dem Frauenwahlrecht
FRAUEN-TAG
8. MÄRZ 1914
Den Frauen, die als Arbeiterinnen, Mütter und Gemeindebürgerinnen ihre volle Pflicht erfüllen, die im Staat wie in der Gemeinde ihre Steuern entrichten müssen, hat Voreingenommenheit und reaktionäre Gesinnung das volle Staatsbürgerrecht bis jetzt verweigert.
Dieses natürliche Menschenrecht zu erkämpfen, muß der unerschütterliche, feste Wille jeder Frau, jeder Arbeiterin sein. Hier darf es kein Ruhen kein Rasten geben. Kommt daher alle, ihr Frauen und Mädchen in die am
Sonntag den 8. März 1914 nachmittags 3 Uhr stattfindenden
9 öffentl. Frauen-Versammlungen

50

# Weiblicher Pazifismus: Die Haager Frauenkonferenz gegen den Krieg (1915)

Die Anfänge einer Frauen-Friedensbewegung gehen ins ausgehende 19. Jahrhundert zurück und sind eng mit den Aktivitäten der 1905 mit dem Friedensnobelpreis ausgezeichneten Pazifistin Bertha von Suttner und der Münchnerin Margarethe Selenka verknüpft, die 1899 eine erste internationale Friedenskundgebung der Frauen initiierte. Unmittelbar nach Ausbruch des Ersten Weltkrieges kam es zu vielfältigen Anti-Kriegsaktionen von Frauen, die von jeweils unterschiedlichen Positionen her die Kriegspolitik bekämpften und dagegen eigene gesellschaftliche Vorstellungen zur Friedenssicherung entwickelten.

Während die sozialistischen Frauen die Ursache des Krieges in den durch die kapitalistische Produktionsweise hervorgerufenen sozialen Gegensätzen erblickten, die Sicherung des Friedens nur von Aktionen des Proletariats und dem Sieg des Sozialismus erwarteten und daher an die Solidarität der Frauen des werktätigen Volkes aller Länder appellierten, setzten andere Frauen auf einen allgemeinen weiblichen Pazifismus und versuchten, »Frauen der verschiedenen Nationen, Klassen, Parteien« zum Kampf für den Frieden zu gewinnen.

Nachdem es in Berlin im Frühjahr 1915 zu den ersten großen Anti-Kriegsdemonstrationen von Frauen gekommen war, fand von April bis Mai 1915, kurz nach der Internationalen Friedenskonferenz sozialistischer Frauen in Bern, ein Internationaler Frauenkongreß in Den Haag unter Teilnahme von Delegierten aus zwölf Ländern statt. Aus Deutschland waren u. a. Lida Gustava Heymann und Anita Augspurg im Komitee der Konferenz vertreten – zwei Repräsentantinnen des linken Flügels der bürgerlichen Frauenbewegung, der aufgrund seines konsequenten Pazifismus in Gegensatz zur kriegsunterstützenden Mehrheit der bürgerlichen Frauenbewegung stand.

Der mit einem Aufruf an die »Frauen und Mütter Deutschlands« endende Bericht des zur Ausführung der Haager Beschlüsse gegründeten ›Nationalen Frauen-Ausschusses‹ unter Leitung von Augspurg und Heymann legt Entstehung, Ziele und Maßnahmen der

Haager Frauenfriedenskonferenz dar. Unter den »Grundsätzen für einen dauernden Frieden« findet sich auch die Forderung nach politischer Gleichberechtigung der Frauen, da man sich von deren politischer Mitverantwortung einen wichtigen Beitrag zur Friedenssicherung versprach.

Das Friedensprogramm, das die Haager Konferenz auf der Basis einer Vorlage der in Washington gegründeten ›Women's Peace Party‹ ausarbeitete, wurde in seinen wesentlichen Gedanken in die vierzehn Punkte des amerikanischen Präsidenten Wilson übernommen, die er Anfang 1918 als Bedingungen für einen Friedensschluß vorlegte.

Die nach der Konferenz in Deutschland gegründeten Nationalen Frauenausschüsse mit 27 Ortsgruppen wurden in ihrer Arbeit mit Auftrittsverboten, Hausdurchsuchungen, Überwachungen, Verhören und sogar Ausweisungen behindert, jedoch nie gänzlich verboten; sie blieben bis 1918 aktiv. Die Friedensarbeit der Frauen wurde auch nach dem Krieg, im Rahmen der 1919 in Zürich gegründeten ›Internationalen Liga für Frieden und Freiheit‹, fortgesetzt.

## Einzelheiten über den Kongress.[1]

### Wie der Kongress einberufen wurde.

Der Plan zu einem internationalen Frauenkongress wurde in einer Konferenz von Frauen aus neutralen und kriegführenden Ländern, die im Anfang Februar 1915 in Amsterdam abgehalten wurde, entworfen. Diese Konferenz stellte ein vorläufiges Programm zusammen und beauftragte die holländischen Frauen ein Komitee zu bilden, dass alle Vorbereitungen für den Kongress treffen, und die Einladungen ergehen lassen sollte.

1 Diese Einzelheiten wurden in Ermangelung eines zu jener Zeit noch unfertigen vollständigen Kongressberichtes zusammen mit den Resolutionen den Regierungen unterbreitet.

Finanzen.

Die Kosten des Kongresses wurden durch die anwesenden englischen, holländischen und deutschen Frauen garantiert. Sie beschlossen, je ein Drittel der notwendigen Summe aufzubringen.

Mitgliedschaft.

Einladungen, am Kongress teilzunehmen, ergingen an Frauenorganisationen, gemischte Organisationen und einzelne Frauen aller Länder. Organisationen wurden aufgefordert, je zwei Delegierte zu entsenden. Nur Frauen konnten Mitglieder des Kongresses werden und diese mussten sich in allgemeinem Einverständnis mit den Resolutionen des vorläufigen Programmes erklären. Dieses allgemeine Einverständniss wurde ausgelegt, als die Überzeugung:

a. Dass internationale Streitigkeiten durch friedliche Mittel ausgeglichen werden sollen;
b. Dass den Frauen politische Gleichberechtigung mit den Männern zu gewähren sei.

Regeln für die Verhandlungen.

Die Leitung des Kongresses stand unter zwei Grundregeln:

1. Dass Erörterungen über die relative nationale Verantwortlichkeit für den gegenwärtigen Krieg und die Art seiner Führung
2. und Resolutionen, die Regelung künftiger Kriegsführung enthalten,

von den Kongressverhandlungen ausgeschlossen werden.

Die auf dem Kongress vertretenen Länder.

Frauen aus folgenden Ländern waren anwesend:

| | |
|---|---|
| Belgien | 5 |
| Canada | 2 |
| Dänemark | 6 |
| Deutschland | 28 |
| Gross Brittanien und Irland (etwa 180 verhindert zu kommen) | 3 |
| Holland | ±1000 |
| Italien | 1 |
| Norwegen | 12 |
| Oesterreich | 6 |
| Schweden | 16 |
| Ungarn | 10 |
| Vereinigte Staaten von Nordamerika | 47 |

Der Kongress, dem nicht nur die Mitglieder, sondern auch eine grosse Anzahl von Besuchern beiwohnten, war ausserordentlich erfolgreich. Die Verhandlungen standen durchwegs im Zeichen besten Einvernehmens.

Die folgenden Resolutionen wurden in den Geschäftssitzungen des Kongresses angenommen.

## Einleitung und Beschlüsse.

Wir Frauen aus vielen Ländern, zum Internationalen Kongresse versammelt, erklären hierdurch über allen Hass und Hader hinaus, der jetzt die Welt erfüllt, uns in der gemeinsamen Liebe zu den Idealen der Gesittung und Kultur verbunden zu fühlen, auch wo unsere Wege zu diesem Ziele auseinander gehen.

Von den Kriegführenden, wie auch von den neutralen Ländern sind wir zusammen gekommen, nicht um die Verantwortlichkeit für den gegenwärtigen Krieg auf eine oder die andere Regierung zu schieben, auch nicht um die Regelung künftiger Kriegsführung zu besprechen, sondern getrieben durch rein menschliche Erwägungen und zusammen gebracht durch den Glauben, dass die Frauen die Verantwortlichkeit der Regierungen teilen müssen, und dass internationale Beziehungen nicht durch Kraft, sondern durch Freundschaft und Gerechtigkeit bestimmt werden müssen.

Wir erklären feierlich jeder Neigung zu Feindschaft und Rache zu widerstehen, dagegen alles Mögliche zu tun um gegenseitiges Verständnis und guten Willen zwischen den Nationen herzustellen und für die Wiederversöhnung der Völker zu wirken. Wir erklären: der Lehrsatz, Kriege seien nicht zu vermeiden, ist sowohl eine Verneinung der Souveränität des Verstandes, als ein Verrat der tiefsten Triebe des menschlichen Herzens.

Im Bewußtsein unseres Anteils an der Schuld, dass weder den Kriegen der Vergangenheit, noch dem jetzigen vorgebeugt wurde, und von der innigsten Teilnahme beseelt für die Leidenden, Trostlosen und Unterdrückten, fordern wir, Mitglieder dieses Kongresses, die Frauen aller Nationen feierlichst auf für ihre eigene Befreiung zu arbeiten und unaufhörlich für einen gerechten und dauernden Frieden zu wirken.

Zu diesem Zwecke nehmen wir die folgenden Beschlüsse an:

## I. Die Frauen und der Krieg.

1. Protest.

   Wir Frauen, zu Internationalem Kongresse versammelt, protestieren gegen den Wahnsinn und die Greuel des Krieges, der nutzlos Menschenopfer fordert und vielhundertjährige Kulturarbeit der Menschheit zerstört.

2. Leiden der Frauen im Krieg.

Dieser Internationale Frauenkongress protestiert gegen die Auffassung, dass Frauen unter einer modernen Kriegsführung geschützt werden können.
Er protestiert aufs Entschiedenste gegen das furchtbare Unrecht, dem Frauen in Kriegszeiten ausgesetzt sind, und besonders gegen die entsetzlichen Vergewaltigungen von Frauen, welche die Begleiterscheinung jedes Krieges sind.

## II. Zum künftigen Frieden.

3. Friedensschluss.

Dieser Internationale Kongress von Frauen der verschiedenen Nationen, Klassen, Parteien und Glaubensrichtungen, ist einig im Ausdruck warmen Mitgefühls mit den Leiden Aller, die unter der Last des Krieges für ihr Vaterland arbeiten und kämpfen, gleichviel welcher Nation sie angehören.
Da die Völker aller im Kriege befindlichen Länder glauben, keinen Angriffskrieg zu führen, sondern zur Selbstverteidigung und für ihre bedrohte nationale Existenz zu kämpfen, können keine unversöhnbaren Gegensätze zwischen ihnen bestehen. Ihre gemeinschaftlichen Ideale bieten eine Grundlage, auf der ein gerechter und ehrenhafter Friede aufgebaut werden kann. Der Kongress fordert daher die Regierungen der Welt auf, das Blutvergiessen zu beenden und Friedensverhandlungen zu beginnen. Er fordert, dass der dann folgende Friede ein dauerhafter sei, deshalb auf Grundsätzen der Gerechtigkeit aufgebaut werde, wie sie in den Beschlüssen[2] dieses Kongresses zum Ausdruck gebracht sind, nämlich:

2 Es handelt sich um die Resolutionen Nr. 5., 6., 7., 8., 9.

Dass kein Gebiet ohne die Einwilligung seiner männlichen und weiblichen Bevölkerung übertragen werde, und dass das Eroberungsrecht nicht anerkannt werden soll.

Dass keinem Volk Autonomie und ein demokratisches Parlament verweigert werde.

Dass die Regierungen aller Nationen übereinkommen, alle künftigen internationalen Streitigkeiten einem Schiedsgericht oder einer Vermittlung zu unterwerfen und dass sozialer, moralischer, oder wirtschaftlicher Druck [gegen] ein Land verhängt werden soll, dass zu den Waffen greift.

Dass die auswärtige Politik unter demokratische Kontrolle gestellt werde.
Dass Frauen die gleichen politischen Rechte wie Männern gewährt werden.

4. Ständige Vermittlung.

Dieser Internationale Frauenkongress beschliesst, die neutralen Länder aufzufordern, sofort Schritte zu unternehmen, um eine Konferenz neutraler Staaten einzuberufen, die unverzüglich ständige Vermittlungsbereitschaft anbieten soll.
Die Konferenz soll alle kriegführenden Länder auffordern, Anregungen zum Ausgleich zu geben und soll – für alle Fälle – allen zu gleicher Zeit billige Vorschläge machen, die als Grundlage für den Frieden dienen können.

III. Grundsätze für einen dauernden Frieden.

5. Anerkennung der Volksrechte.

Dieser Internationale Frauenkongress erklärt in Anerkennung des Rechts der Völker auf Selbstbestimmung, dass kein Gebiet ohne Einwilligung seiner männlichen und weiblichen Bevölkerung übertragen werden soll[3] und dass keinem Volk Autonomie und ein demokratisches Parlament verweigert werde.

6. Schiedsgerichtliche Austragung und Vergleich.

   In der Überzeugung, dass Krieg die Verneinung von Fortschritt und Civilisation bedeutet, fordert dieser Internationale Frauenkongress die Regierungen aller Länder auf, zu einem Übereinkommen zu gelangen, auf Grund dessen alle künftigen internationalen Streitigkeiten einem Schiedsgericht oder einer Vermittlung zu unterstellen sind.

7. Dieser Internationale Frauenkongress fordert von den Regierungen aller Nationen ein Übereinkommen, nach welchem sie sozialen, moralischen und wirtschaftlichen Druck über ein Land verhängen, das zu den Waffen greift, statt seinen Fall einem Schiedsgericht oder Vergleich zu unterwerfen.

8. Demokratische Kontrolle auswärtiger Politik.

   Da Krieg gewöhnlich nicht durch die Volksmassen verursacht wird, die ihn nicht wünschen, sondern durch einzelne Interessengruppen, fordert dieser Frauenkongress, dass die äussere Politik demokratischer Kontrolle unterstellt werde. Er erklärt, dass er als demokratisch nur ein System anerkennt, welches die gleiche Vertretung von Männern und Frauen umfasst.

9. Die Gleichberechtigung der Frau.

   Da der zusammenwirkende Einfluss der Frauen aller Länder einer der stärksten Faktoren zur Vermeidung des

3 Der Kongress stellte durch Abstimmung fest, dass unter dem Ausdruck »Kein Gebiet soll ohne Einwilligung seiner männlichen und weiblichen Bevölkerung übertragen werden«, zu verstehen sei, dass das Eroberungsrecht nicht anerkannt werde.

Krieges ist und da Frauen nur dann volle Verantwortung und wirksamen Einfluss ausüben können, wenn sie die gleichen politischen Rechte, wie die Männer haben, fordert dieser Internationale Frauenkongress die politische Gleichberechtigung der Frauen.

## IV. Internationales Zusammenwirken.

10. Dritte Haager Konferenz.

Dieser Internationale Frauenkongress dringt darauf, dass die dritte Haager Konferenz unverzüglich nach dem Kriege einberufen werde.

11. Internationale Organisation.

Dieser Internationale Frauenkongress fordert, dass die Organisation einer Vereinigung der Nationen auf der Grundlage aufbauenden Friedens gestaltet werde und folgendes umfasse:

a. Das Haager Schiedsgericht werde durch einen dauernden internationalen Schiedsgerichtshof erweitert, der alle Fragen oder Differenzen juristischer Art, wie sie z. B. aus der Auslegung von Vertragsrechten oder des Völkerrechts entstehen, erledigen soll.
b. Zur Fortentwicklung des aufbauenden Werkes der Haager Konferenz soll eine ständige internationale Konferenz organisiert werden, mit regelmässigen Sitzungen, an denen auch Frauen teilnehmen sollen, nicht zur Regelung der Kriegführung, sondern zum praktischen Ausbau internationaler Zusammenarbeit zwischen den Staaten. Diese Konferenz soll derartig organisiert sein, dass sie Grundsätze der Gerechtigkeit, Billigkeit und guten Willens aufzustellen und durchzusetzen im Stande ist, durch welche die Kämpfe unterdrückter Gemeinwesen voll anerkannt

und die Interessen und Rechte nicht nur der Grossmächte, und der Mittelstaaten, sondern auch der schwächeren Länder und der Naturvölker durch eine aufgeklärte öffentliche Meinung allmählich geregelt werden können.

Diese internationale Konferenz soll einen ständigen Vermittlungs- und Untersuchungsrat einsetzen, der die aus wirtschaftlichem Wettbewerb, Ausdehnung des Handels, Überbevölkerung und Veränderungen sozialer und politischer Lage entstehenden internationalen Streitigkeiten schlichten soll.

12. Allgemeine Abrüstung.

Da dieser Internationale Frauenkongress allgemeine Abrüstung empfiehlt und sich bewusst ist, dass diese nur durch ein internationales Übereinkommen erreicht werden kann, fordert er als einen Schritt zu diesem Ziel, dass alle Länder, auf Grund internationalen Abkommens die Fabrikation von Waffen und Munition verstaatlichen und deren internationalen Handel unter Aufsicht stellen. Der Kongress sieht in der Ausschaltung der Privatinteressen an der Waffenfabrikation ein wichtiges Mittel zur Abschaffung der Kriege.

13. Handel und Kapitalsanlagen.

a. Dieser Internationale Frauenkongress fordert Handelsfreiheit für alle Länder und dass für die Schiffahrt aller Nationen die Meere frei und die Handelstrassen unter gleichen Bedingungen offen sein sollten.
b. Da die Kapitalanlage aus einem Lande in den Unternehmungen anderer Länder und die daraus entspringenden Ansprüche eine reiche Quelle internationaler Verwicklungen sind, dringt dieser Internationale Frauenkongress auf die weitgehendste Annahme des

Grundsatzes, dass solche Anlagen auf Gefahr des Investierenden gemacht werden, ohne Anspruch auf offiziellen Schutz seiner Regierung.

14. Auswärtige Politik der Völker.

a. Dieser Internationale Frauenkongress fordert, dass alle Geheimverträge für nichtig erklärt werden und dass zur Ratification künftiger Verträge die Mitwirkung mindestens der gesetzgebenden Körperschaft jedes Staates notwendig gemacht werde.

b. Dieser Internationale Frauenkongress empfiehlt die Schaffung nationaler Kommissionen und die Einberufung internationaler Konferenzen zu wissenschaftlichen Studien, und zur Ausarbeitung von Grundsätzen und Bedingungen für einen dauernden Frieden, zur Entwicklung einer internationalen Föderation.

Diese Kommissionen und Konferenzen, an denen auch Frauen teilzunehmen haben, sollten von den Regierungen unterstützt werden.

15. Die Frauen in nationaler und internationaler Politik.

Dieser Internationale Frauenkongress erklärt es für unumgänglich, sowohl national, wie international den Grundsatz in die Praxis umzusetzen, dass die Frauen alle bürgerlichen und politischen Rechte und Verantwortungen unter gleichen Bedingungen tragen sollen, wie die Männer.

### V. Die Erziehung der Kinder.

16. Dieser Internationale Frauenkongress betont die Notwendigkeit, die Erziehung der Kinder so zu leiten, dass ihr Denken und Wünschen auf das Ideal aufbauenden Friedens gerichtet wird.

### VI. Die Frauen und der Friedensschluss.

17. Dieser Internationale Frauenkongress fordert, dass im Interesse dauernden Friedens und der Civilisation die Konferenz zur Feststellung der Friedensbedingungen nach dem Kriege eine Resolution annehmen soll, welche die Notwendigkeit der politischen Gleichberechtigung der Frauen für alle Länder betont.

18. Dieser Internationale Frauenkongress fordert, dass Vertreter des Volkes an der Konferenz teilnehmen sollen, in welcher die Friedensbedingungen nach dem Krieg festgesetzt werden und fordert, dass auch Frauen unter diesen Vertretern an der Konferenz teilnehmen.

### VII. Durchführung der Beschlüsse.

19. Die Frauen beim Friedensschluss.

Dieser Internationale Frauenkongress beschliesst die Abhaltung eines internationalen Frauenkongresses am selben Ort wo, und in derselben Zeit wenn die Konferenz der Mächte zur Feststellung der Friedensbedingungen tagt, um dieser praktische Vorschläge zu unterbreiten.

20. Deputationen zu den Regierungen.

Um die Regierungen der Welt zu veranlassen, dem Blutvergiessen ein Ende zu machen und einen gerechten und dauernden Frieden zu schliessen, entsendet dieser

Frauenkongress Deputationen, welche die in den Resolutionen niedergelegte Botschaft den Oberhäuptern der kriegführenden und neutralen Staaten Europas und dem Präsidenten der Vereinigten Staaten Nordamerikas überbringen sollen.
Diese Deputationen sollen vom internationalen Komitee dieses Kongresses aus Frauen sowohl der neutralen, wie der kriegführenden Länder zusammengestellt werden. Sie sollen über das Resultat ihrer Sendung dem Internationalen Frauenkomitee für Dauernden Frieden Bericht erstatten.

Internationales Frauenkomitee für
Dauernden Frieden.

Der Internationale Frauenkongress nahm folgende Resolution an:

Obwohl dieser Internationale Frauenkongress anerkennt, dass ein Zusammenwirken von Männern und Frauen in der Sache des Friedens erwünscht ist, beschliesst er, ein Internationales Frauenkomitee für Dauernden Frieden zu organisieren, besonders um das Abhalten eines internationalen Frauenkongresses zur Zeit und am Ort der offiziellen Konferenz, die die Friedensbedingungen nach dem Kriege festsetzen wird, zu sichern. Er empfiehlt ferner den Frauen aller Länder, das Problem der Bedingungen für einen dauernden Frieden, zu studieren, damit sie dem Internationalen Frauenkongress praktische Vorschläge machen können.

Die Ausführung obiger Resolution.

Das Internationale Komitee des Kongresses empfiehlt die Abhaltung des Frauenkongresses vier Wochen nach dem Zusammentreffen der offiziellen Konferenz, die nach dem Krieg die Friedensbedingungen festsetzen soll. Jedes Land soll zwanzig Delegierte und zehn Stellvertretende zu diesem Kongress entsenden.

Das Internationale Komitee des Kongresses empfiehlt auch die Gründung eines ständigen internationalen Komitees unter dem Titel »Internationales Frauenkomitee für Dauernden Frieden«, das aus den Mitgliedern des Internationalen Komitees dieses Kongresses bestehen soll, denen weitere Mitglieder cooptiert werden, so dass jedes Land durch nicht mehr als fünf Mitglieder vertreten sei. Eine Vorsitzende, eine zweite Vorsitzende, eine Schriftführerin, eine stellvertretende Schriftführerin und eine Schatzmeisterin bilden den Vorstand.

Aufgaben des Internationalen Frauenkomitees für Dauernden Frieden.

1. Die Abhaltung eines internationalen Frauenkongresses zur Zeit und am Ort der offiziellen Konferenz, welche die Friedensbedingungen nach dem Kriege festsetzen wird, zu sichern, um jener Konferenz praktische Vorschläge zu unterbreiten.
2. Die Ausführung der vom Internationalen Frauenkongress Haag, 1915, gefassten Beschlüsse zu organisieren.

Nationale Komitees

Es wird empfohlen, in jedem Lande einen Ausschuss mit der Förderung der Zwecke des Internationalen Frauenkomitees für Dauernden Frieden zu betrauen:

1. Dieser wird die Entsendung von Delegierten zu dem Frauenkongress veranlassen, der zu gleicher Zeit abgehalten werden wird, wenn die offizielle Konferenz tagt, die nach dem Krieg die Friedensbedingungen festsetzt;
2. Für Propagandazwecke dürfte in jedem Land eine Nationale Vereinigung notwendig sein, deren Mitgliedschaft allen zugänglich ist, die

a. die politische Gleichberechtigung der Frauen,
b. die Erledigung internationaler Streitigkeiten durch friedliche Mittel

unterstützen und den vom Internationalen Frauenkongress Haag, 1915, gefassten Beschlüssen im allgemeinen beistimmen.

Es wird vorgeschlagen, dass die Frauen jedes Landes entweder sich bestehenden Organisationen, die obige Prinzipien umfassen, anschliessen, oder neue Organisationen gründen.

Finanzen.

Es wird vorgeschlagen, dass diese nationalen Organisationen einen Mitgliedsbeitrag von 20 Mark an die internationale Schatzmeisterin zahlen und ausserdem für die internationalen Spesen die grösstmöglichsten Summen aufbringen sollen.

D: Internationaler Frauenkongreß. Haag vom 28. April – 1. Mai 1915. Bericht. Amsterdam: Internationales Frauenkomitee für Dauernden Frieden, [1915]. S. 46–55.

L: Gisela Brinker-Gabler: Frauen gegen den Krieg. Frankfurt a. M. 1980.
Lida Gustava Heymann / Anita Augspurg: Erlebtes, Erschautes. Deutsche Frauen kämpfen für Freiheit, Recht und Frieden 1850–1940. Hrsg. von Margit Twellmann. Meisenheim 1977.

A: Hanna Vollmer-Heitmann: »Wir sind von Kopf bis Fuß auf Liebe eingestellt.« Die zwanziger Jahre. Hamburg: Kabel, 1993. S. 247.

Pazifistinnen bei einer Antikriegskundgebung der SPD und USPD in Berlin am 31. Juli 1921

51

# Aufbruch der neuen Frauenbewegung in der Bundesrepublik: Helke Sanders Rede auf der Delegiertenkonferenz des SDS im Jahr 1968

Das Bewußtsein von der Existenz einer Frauenbewegung entstand 1971 im Zuge der Protestaktionen gegen den § 218, die von Frauen aus allen Gesellschaftsgruppen getragen wurden (vgl. Nr. 26). Drei Jahre zuvor war die ›Emanzipation‹ jedoch innerhalb der Studentenbewegung erstmals wieder zum Thema geworden, weshalb das Jahr 1968 als eine der Wurzeln der ›neuen‹ Frauenbewegung gilt.

Innerhalb des ›Sozialistischen Deutschen Studentenbundes‹ (SDS), der als einer der Wortführer der Studentenbewegung galt, bildete sich im Januar 1968 in West-Berlin auf der Basis eigenständiger Frauengruppen der ›Aktionsrat zur Befreiung der Frau‹. Grund für diesen geschlechtsspezifischen Separatismus war die Erfahrung der Studentinnen, daß ihre männlichen Kommilitonen zwar antiautoritäre Verhaltensmuster forderten und mit einem emanzipativen Anspruch auftraten, gleichzeitig aber sowohl im privaten (sexuellen) Bereich als auch im Rahmen der politischen Arbeit Frauen unterdrückten und ausbeuteten: Frauen durften zwar Flugblätter abtippen, Kaffee kochen und sich um die Kinder kümmern, wurden aber als politische Subjekte nicht ernst genommen, da man ihnen nur einen abgeleiteten Status als Frau oder Freundin eines SDS-Aktivisten zugestand, sie auf Versammlungen nicht zu Wort kommen ließ, ihre Beiträge nur milde belächelte oder einfach überging.

Auf der 23. Delegiertenkonferenz der SDS in Frankfurt im September 1968 wurde das Problem von den Frauen auf die Tagesordnung gesetzt. Die damalige Sprecherin des ›Aktionsrats zur Befreiung der Frau‹, Helke Sander, hielt die hier vollständig wiedergegebene Rede, in der sie den SDS-Genossen vorwirft, daß sie durch die Tabuisierung des sogenannten Privatlebens das spezifische Ausbeutungsverhältnis, unter dem Frauen stehen, nicht nur ignorierten, sondern ihre Frauen genauso unterdrückten, wie es in der Gesamtgesellschaft der Fall sei. Als die Genossen wie üblich über die Rede hinweggehen wollten, platzte vor laufenden Fernsehkameras jene legendäre Tomate auf der Stirn eines SDS-Funktionärs, deren Wurf im nachhinein als Auftakt der Frauenbewegung betrachtet wurde.

Auf der nächsten Delegiertenkonfrenz wurde ein Flugblatt verteilt, das von der großen Wut der Frauen zeugte und mit dem Slogan »Befreit die sozialistischen Eminenzen von ihren bürgerlichen Schwänzen« zum Kampf gegen die Unterdrückung im SDS aufrief (Nr. 52). Im folgenden Jahr entstanden auch in anderen Städten studentische Frauengruppen wie z. B. der ›Frankfurter Weiberrat‹, der jedoch wie der Berliner ›Aktionsrat zur Befreiung der Frau‹, aus dem sich der ›Sozialistische Frauenbund Westdeutschlands‹ herausbildete, in der Folgezeit den Schwerpunkt auf die marxistische Schulung von Frauen und weniger auf feministische Theoriebildung legte.

## Helke Sander

## Rede des »Aktionsrates zur Befreiung der Frauen«

Liebe Genossinnen, Genossen.

Ich spreche für den Aktionsrat zur Befreiung der Frauen. Der Landesverband Berlin der SDS hat mir einen Delegiertenplatz gegeben, obwohl nur wenige von uns Mitglieder des Verbandes sind. Wir sprechen hier, weil wir wissen, daß wir unsere Arbeit nur in Verbindung mit anderen progressiven Organisationen leisten können, und dazu zählt unserer Meinung nach heute nur der SDS.

Die Zusammenarbeit hat jedoch zur Voraussetzung, daß der Verband die spezifische Problematik der Frauen begreift, was nichts anderes heißt, als jahrelang verdrängte Konflikte endlich im Verband zu artikulieren. Damit erweitern wir die Auseinandersetzung zwischen den Antiautoritären und der KP-Fraktion und stellen uns gleichzeitig gegen beide Lager, da wir beide Lager praktisch, wenn auch nicht dem theoretischen Anspruch nach, gegen uns haben. Wir werden versuchen, unsere Positionen zu klären, wir verlangen, daß unsere Problematik hier inhaltlich diskutiert wird. Wir werden uns nicht mehr damit begnügen, daß den Frauen gestattet wird, auch mal ein Wort zu sagen, das man sich, weil man ein Antiautoritärer ist, anhört, um dann zur Tagesordnung überzugehen.

Wir stellen fest, daß der SDS innerhalb seiner Organisation ein Spiegelbild gesamtgesellschaftlicher Verhältnisse ist. Dabei macht man Anstrengungen, alles zu vermeiden, was zur Artikulierung dieses Konfliktes zwischen Anspruch und Wirklichkeit beitragen könnte, da dies eine Neu-Orientierung der SDS-Politik zur Folge haben müßte. Diese Artikulierung wird auf einfache Weise vermieden. Nämlich dadurch, daß man einen bestimmten Bereich des Lebens vom gesellschaftlichen abtrennt, ihn tabuisiert, indem man ihm den Namen Privatleben gibt. In dieser Tabuisierung unterscheidet sich der SDS in nichts von den Gewerkschaften und den bestehenden Parteien. Diese Tabuisierung hat zur Folge, daß das spezifische Ausbeutungsverhältnis, unter dem die Frauen stehen, verdrängt wird, wodurch gewährleistet wird, daß die Männer ihre alte, durch das Patriarchat gewonnene Identität noch nicht aufgeben müssen. Man gewährt zwar den Frauen Redefreiheit, untersucht aber nicht die Ursachen, warum sie sich so schlecht bewähren, warum sie passiv sind, warum sie zwar in der Lage sind, die Verbandspolitik mitzuvollziehen, aber nicht dazu in der Lage sind, sie auch zu bestimmen. (Am ersten Tag der Delegierten-Konferenz hat eine Frau geredet.) Die Verdrängung wird komplett, wenn man auf diejenigen Frauen verweist, die innerhalb des Verbandes eine bestimmte Position erworben haben, in der sie aktiv tätig sein können. Es wird nicht danach gefragt, welche Versagungen ihnen das möglich gemacht haben, es wird übersehen, daß dies nur möglich ist durch Anpassung an ein Leistungsprinzip, unter dem ja gerade auch die Männer leiden und dessen Abschaffung das Ziel ihrer Tätigkeit ist. Die so verstandene Emanzipation erstrebt nur eine Gleichheit in der Ungerechtigkeit, und zwar mit den von uns abgelehnten Mitteln des Konkurrenzkampfes und des Leistungsprinzips.

Die Trennung zwischen Privatleben und gesellschaftlichem Leben wirft die Frau immer zurück in den individuell auszutragenden Konflikt ihrer Isolation. Sie wird immer noch für das Privatleben, für die Familie erzogen, die ihrerseits von Produktionsbedingungen abhängig ist, die wir bekämpfen. Die Rollenerziehung, das anerzogene Minderwertigkeitsgefühl, der Widerspruch zwischen ihren eigenen Erwartungen und den Ansprüchen der Gesellschaft erzeugen das ständige schlechte Gewissen, den an sie gestellten Forderungen nicht gerecht zu werden, bzw. zwischen Alternativen wählen zu müssen, die in jedem Fall einen Verzicht auf vitale Bedürfnisse bedeuten.

Frauen suchen ihre Identität. Durch Beteiligung an Kampagnen, die ihre Konflikte nicht unmittelbar berühren, können sie sie nicht erlangen. Das wäre Scheinemanzipation. Sie können sie nur erlangen, wenn die ins Privatleben verdrängten gesellschaftlichen Konflikte artikuliert werden, damit sich dadurch die Frauen solidarisieren und politisieren. Die meisten Frauen sind deshalb unpolitisch, weil Politik bisher immer einseitig definiert worden ist und ihre Bedürfnisse nie erfaßt wurden. Sie beharrten deshalb im autoritären Ruf nach dem Gesetzgeber, weil sie den systemsprengenden Widerspruch ihrer Forderungen nicht erkannten.

Die Gruppen, die am leichtesten politisierbar sind, sind die Frauen mit Kindern. Bei ihnen sind die Aggressionen am stärksten und ist die Sprachlosigkeit am geringsten. Die Frauen, die heute studieren können, haben das nicht so sehr der bürgerlichen Emanzipationsbewegung zu verdanken, sondern vielmehr ökonomischen Notwendigkeiten. Wenn diese Privilegierten unter den Frauen nun Kinder bekommen, werden sie auf Verhaltensmuster zurückgeworfen, die sie meinten, dank ihrer Emanzipation schon überwunden zu haben. Das Studium wird abgebrochen oder verzögert, die geistige Entwicklung bleibt stehen oder wird stark gemindert durch die Ansprüche des Mannes und des Kindes. Dazu kommt die Unsicherheit, daß man es nicht fertig gebracht hat, zwischen Blaustrumpf und Frau fürs Haus zu wählen, entweder eine Karriere aufzubauen, die mit einem weitgehenden Verzicht auf Glück erkauft werden muß, oder eine Frau für den Konsum zu sein. D. h., es sind eben jene privilegierten Frauen, die die Erfahrung gemacht haben, daß der bürgerliche Weg zur Emanzipation der falsche war, die erkannt haben, daß sie sich mit den Mitteln des Konkurrenzkampfes nicht emanzipieren können, die erkannt haben, daß das allgemeine Leistungsprinzip auch zum bestimmenden Faktor innerhalb der Verhältnisse geworden ist, die erkannt haben, daß der Weg zur Emanzipation auch schon in der Methode liegt, mit der man sie anstrebt.

Diese Frauen merken spätestens, wenn sie Kinder bekommen, daß ihnen alle ihre Privilegien nichts nützen. Sie sind am ehesten dazu in der Lage, den Abfallhaufen des gesellschaftlichen Lebens ans Licht zu ziehen, was gleichbedeutend damit ist, den Klassenkampf auch in die Ehe zu tragen und in die Verhältnisse. Dabei übernimmt der Mann die objektive Rolle des Ausbeuters oder Klassenfeindes, die er subjektiv natürlich nicht will, da sie ihm ja auch wiederum nur aufgezwungen wird von einer Leistungsgesellschaft, die ihm ein bestimmtes Rollenverhalten auferlegt.

Die Konsequenz, die sich daraus für den Aktionsrat zur Befreiung der Frauen ergab, ist folgende:

Wir können die gesellschaftliche Unterdrückung der Frauen nicht individuell lösen. Wir können damit nicht auf Zeiten nach der Revolution warten, da eine nur politisch-ökonomische Revolution die Verdrängung des Privatlebens nicht aufhebt, was in allen sozialistischen Ländern bewiesen ist.

Wir streben Lebensbedingungen an, die das Konkurrenzverhältnis zwischen Mann und Frau aufheben. Dies geht nur durch Umwandlung der Produktionsverhältnisse und damit der Machtverhältnisse, um eine demokratische Gesellschaft zu schaffen.

Da die Bereitschaft zur Solidarisierung und Politisierung bei den Frauen mit Kindern am größten ist, weil sie den Druck am meisten spüren, haben wir uns in der praktischen

Arbeit bisher auf ihre Konflikte konzentriert. Das heißt nicht, daß wir die Konflikte der Studentinnen ohne Kinder nicht wichtig nehmen, heißt nicht, daß wir nicht trotz der gemeinsamen Merkmale aller Frauen in der Unterdrückung die klassenspezifischen Unterdrückungsmechanismen übersehen, es heißt lediglich, daß wir eine möglichst effektive Arbeit leisten wollen und uns einen Ansatzpunkt schaffen müssen, der es uns erlaubt, die Problematik systematisch und rational anzugehen.

Da die anfänglichen Bemühungen, die wir machten, diese Konflikte mit dem SDS und innerhalb des SDS anzugehen, scheiterten, haben wir uns zurückgezogen und alleine gearbeitet. Als wir vor einem halben Jahr anfingen, reagierten die meisten Genossen mit Spott. Heute nehmen sie uns übel, daß wir uns zurückgezogen haben, sie versuchen, uns zu beweisen, daß wir überhaupt ganz falsche Theorien haben, sie versuchen, uns unterzujubeln, daß wir behaupten, Frauen brauchten zu ihrer Emanzipation keine Männer, und all den Schwachsinn, den wir nie behauptet haben. Sie pochen darauf, daß auch sie unterdrückt sind, was wir ja wissen. Wir sehen es nur nicht mehr länger ein, daß wir ihre Unterdrückung, mit der sie uns unterdrücken, weiter wehrlos hinnehmen sollen. Eben weil wir der Meinung sind, daß eine Emanzipation nur gesamtgesellschaftlich möglich ist, sind wir ja hier. Wir müssen hier nämlich einmal feststellen, daß an der Gesamtgesellschaft etwas mehr Frauen als Männer beteiligt sind, und finden es die höchste Zeit, daß wir die sich daraus ergebenden Ansprüche auch einmal anmelden und fordern, daß sie zukünftig eingeplant werden. Sollte dem SDS der Sprung nach vorn zu dieser Einsicht nicht gelingen, dann wären wir allerdings auf einen Machtkampf angewiesen, was wir lieber verhindern würden (für uns wäre es Energieverschwendung). Denn wir werden diesen Machtkampf gewinnen, da wir historisch im Recht sind.

Die Hilflosigkeit und Arroganz, mit der wir hier auftreten müssen, macht keinen besonderen Spaß. Hilflos sind wir deshalb, weil wir von progressiven Männern eigentlich erwarten, daß sie die Brisanz unseres Konfliktes einsehen. Die Arroganz kommt daher, daß wir sehen, welche Bretter ihr vor den Köpfen habt, weil ihr nicht seht, daß sich ohne euer Dazutun plötzlich Leute organisieren, an die ihr überhaupt nie gedacht habt, und zwar in einer Zahl, die ihr für den Anbruch der Morgenröte halten würdet, wenn es sich um Arbeiter handeln würde.

Genossen, eure Veranstaltungen sind unerträglich. Ihr seid voll von Hemmungen, die ihr als Aggressionen gegen die Genossen auslassen müßt, die etwas Dummes sagen oder etwas, was ihr schon wißt. Die Aggressionen kommen nur teilweise aus politischen Einsichten in die Dummheit des anderen Lagers. Warum sagt ihr nicht endlich, daß ihr kaputt seid vom letzten Jahr, daß ihr nicht wißt, wie ihr den Streß länger ertragen könnt, euch in politischen Aktionen körperlich und geistig zu verausgaben, ohne damit einen Lustgewinn zu verbinden. Warum diskutiert ihr nicht, bevor ihr neue Kampagnen plant, darüber, wie man sie überhaupt ausführen soll? Warum kauft ihr euch denn alle den Reich? Warum sprecht ihr denn hier vom Klassenkampf und zuhause von Orgasmusschwierigkeiten? Ist das kein Thema für den SDS?

Diese Verdrängung wollen wir nicht mehr mitmachen.

In unserer selbstgewählten Isolation machten wir also folgendes: wir konzentrierten unsere Arbeit auf die Frauen mit Kindern, weil sie am schlechtesten dran sind. Frauen mit Kindern können über sich erst wieder nachdenken, wenn die Kinder sie nicht dauernd an die Versagungen der Gesellschaft erinnern. Da die politischen Frauen ein Interesse daran haben, ihre Kinder eben nicht mehr nach dem Leistungsprinzip zu erziehen, war die Konsequenz die, daß wir den Anspruch der Gesellschaft, daß die Frau die Kinder zu erziehen hat, zum ersten Mal ernst nehmen. Und zwar in dem Sinne, daß wir uns weigern, unsere Kinder weiterhin nach den Prinzipien des Konkurrenzkampfes und Leistungsprinzips zu erziehen, von denen wir wissen, daß auf ihrer Erhaltung die Voraussetzung zum Bestehen des kapitalistischen Systems überhaupt beruht.

Wir wollen versuchen, schon innerhalb der bestehenden Gesellschaft Modelle einer utopischen Gesellschaft zu entwickeln. In dieser Gegengesellschaft müssen aber unsere eigenen Bedürfnisse endlich einen Platz finden. So ist die Konzentration auf die Erziehung nicht ein Alibi für die verdrängte eigene Emanzipation, sondern die Voraussetzung dafür, die eigenen Konflikte produktiv zu lösen. Die Hauptaufgabe besteht darin, daß unsre Kinder nicht auf Inseln fernab jeglicher gesellschaftlichen Realität gedrängt werden, sondern darin, den Kindern durch Unterstützung ihrer eigenen emanzipatorischen Bemühungen die Kraft zum Widerstand zu geben, damit sie ihre eigenen Konflikte mit der Realität zugunsten einer zu verändernden Realität lösen können.

Augenblicklich arbeiten schon fünf dieser Kinderläden, vier weitere organisieren sich, und einige andere sind im organisatorischen Vorstadium. Wir arbeiten am Modell für den FU-Kindergarten und organisieren Kindergärtnerinnen bzw. helfen den Kindergärtnerinnen, sich selber zu organisieren. Theoretisch versuchen wir, das bürgerliche Vernunftprinzip und den patriarchalischen Wissenschaftsbegriff zu kritisieren.

Wir haben einen so ungeheuren Zustrom, daß wir ihn kaum organisatorisch verkraften können. Unser Ziel ist zunächst, die Frauen zu politisieren, die schon ein bestimmtes Problembewußtsein haben. Dies ist am besten möglich innerhalb der Universitäten. Wir müssen diese unsere Gegenmodelle zunächst weiterentwickeln und auf eine größere Basis stellen, damit wir Methoden einer kollektiven Erziehung finden, die nicht nur den sowieso schon Privilegierten zugute kommt. Diese Kader und diese Erkenntnisse haben wir jedoch noch nicht. Darum können wir unsere Arbeit nicht dadurch gefährden, daß wir halbe Aktionen in Arbeiterviertelн machen. Es sind besonders die Männer, die sich nach und nach bei uns eingefunden haben, die für eine schnellere Vermittlung nach außen in die Arbeiterschaft eintreten. Hier gibt es wieder zwei Probleme. Zum einen haben verschiedene Männer gesehen, daß plötzlich etwas gemacht wird, was eine Perspektive hat. Aufgrund ihrer gewandteren Formulierungen übernehmen sie bei manchen Arbeitskreisen die Führung, wogegen viele Frauen nach wie vor hilflos sind. Sie tun so, als sei der Gedanke der Kinderläden ihre eigene Erfindung, sie sehen die politische Relevanz und sagen jetzt den Frauen, sie würden ihre Probleme verdrängen, wenn sie sich jetzt mit der Erziehung beschäftigen. Der Versuch, möglichst schnell andere Bevölkerungsschichten mit unseren Kinderläden zu erfreuen, mag darauf zurückzuführen sein, daß sich die Männer nach wie vor weigern, ihre eigenen Konflikte zu artikulieren. Im Augenblick haben wir der Arbeiterschaft nichts zu bieten. Wir können nicht Arbeiterkinder in unsere Kinderläden nehmen, wo sie ein Verhalten lernen, für das sie zuhause bestraft werden. Die Voraussetzungen dazu müssen für die Arbeiter erst geschaffen werden.

Aus den Arbeiten an den Kinderläden ergeben sich für uns weitere Arbeiten, die damit in engem Zusammenhang stehen. Die Kinder, die jetzt in unseren Läden sind, werden sich nicht mehr in die gewöhnlichen Schulen einfügen. Die Eltern dieser Kinder werden die bestehenden Schulen nicht mehr hinnehmen. Durch die breite Basis, die wir den Läden geben wollen, versuchen wir, eine breite Basis für den Konflikt an den Volksschulen zu schaffen. Dieser Konflikt wird Wirkungen haben, die sich zeigen bei den Kindern und Eltern, die nicht durch unsere Läden gegangen sind. Wir müssen dann verhindern, daß Kinder ausgebildet werden, um das zu lernen, was eine kapitalistische Gesellschaft ihnen zu lernen erlaubt.

Wir wissen, unproduktive Arbeiten können abgeschafft werden, wir wissen, wir werden einen ungeheuren Bedarf an Erzieherinnen und Erziehern, an Kindergärtnerinnen und Kindergärten haben. Es ist nicht mehr nötig, daß 90 % aller Arbeiterinnen ungelernte Arbeiterinnen sind.

Genossen, ihr seht, daß unsere Arbeit andere Schwerpunkte hat als die Verbandsarbeit.

1. Wir haben unsere Arbeit vorerst beschränkt auf Erziehungsfragen und alles, was damit zusammenhängt.
2. Alles Geld geht im Augenblick in die Kinderläden und die dafür notwendigen Vorbereitungsarbeiten.
3. Wir nehmen uns Zeit für die Vorbereitungsarbeiten und die Politisierung des Privatlebens.
4. Wenn die Modelle der Kinderläden uns praktikabel erscheinen, werden wir uns auf die Schulen konzentrieren.
5. Daneben wird natürlich theoretische Arbeit geleistet, die in größeren Zusammenhängen argumentiert.

Wenn sich der SDS als ein Verband begreift, der innerhalb der bestehenden Gesellschaft emanzipatorische Prozesse in Gang setzen will, damit eine Revolution überhaupt möglich wird, dann muß der Verband Konsequenzen für seine Politik aus unserer Arbeit ziehen.

Damit kommen wir auf die Frage der Prioritäten.

Wir müssen diskutieren:

Soll sich eine Gruppe hier und eine Gruppe da auf ein Lehrlings- bzw. Schülersekretariat konzentrieren oder sollen wir uns konzentrieren auf die Verbreiterung der Basis der Kindergärten.

Ein Lehrlingssekretariat fängt die wenigen glücklichen und männlichen Volksschulabgänger auf, die das Glück hatten, eine Lehre beginnen zu können, wie schlecht sie im einzelnen auch sein mag. Ein Schülersekretariat fängt die wenigen und materiell gesicherten Ober- und Berufsschüler auf, die das Glück hatten, liberale Eltern zu haben, die sie auf eine Schule schicken konnten und die Kinder darin unterstützten. Das Lehrlingssekretariat wird immer wieder genährt durch die Leute, die Voraussetzungen mitbringen, die

die Schule ihrem Bewußtsein zubilligte. Aber gerade diese Voraussetzungen wollen wir abschaffen. Soll hier eine Gruppe eine Nato-Kampagne und da eine Gruppe eine Bundeswehrkampagne machen oder sollen wir uns auf die gesellschaftlichen Bereiche konzentrieren, die den Angelpunkt bilden, die Machtstrukturen zu verewigen?

Genossen, wenn ihr zu dieser Diskussion, die inhaltlich geführt werden muß, nicht bereit seid, dann müssen wir allerdings feststellen, daß der SDS nichts weiter ist als ein aufgeblasener konterrevolutionärer Hefeteig.

Die Genossinnen werden dann die Konsequenzen zu ziehen wissen.

D: Helke Sander: Rede des »Aktionsrates zur Befreiung der Frauen«. In: Autonome Frauen. Schlüsseltexte der neuen Frauenbewegung seit 1968. Hrsg. von Ann Anders. Frankfurt a. M.: Athenäum Verlag, 1988. S. 39–47. – Mit Genehmigung von Helke Sander.

L: Jutta Menschik: Feminismus. Geschichte, Theorie, Praxis. Köln 1977.
Herrad Schenk: Die feministische Herausforderung. 150 Jahre Frauenbewegung in Deutschland. München 1980.

## 52

## Rechenschaftsbericht des weiberrats der gruppe frankfurt (1968)

Wir machen das maul nicht auf!

wenn wir es doch aufmachen, kommt nichts raus!

wenn wir es auflassen, wird es uns gestopft: mit kleinbürgerlichen schwänzen, sozialistischem bumszwang, sozialistischen kindern, liebe, sozialistischer geworfenheit,

## R E C H E N S C H A F T S B E R I C H T

des weiberrats der gruppe frankfurt

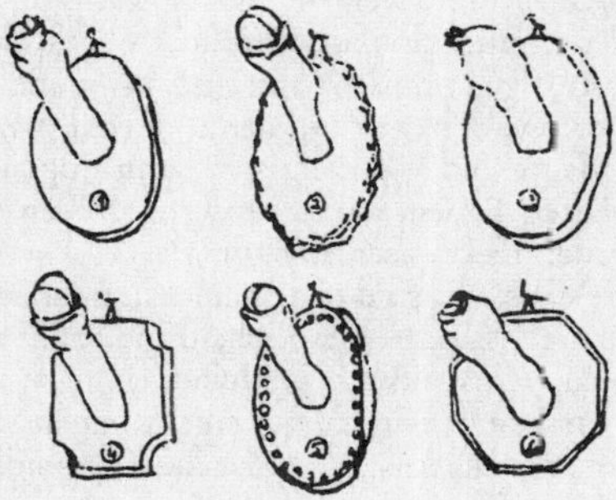

1) schauer
2) gäng
3) kunzelmann
4) krahl
5) rabehl
6) reich
7) ............

schwulst, sozialistischer potenter geilheit, sozialistischem intellektuellem pathos, sozialistischen lebenshilfen, revolutionärem gefummel, sexualrevolutionären argumenten, gesamtgesellschaftlichem orgasmus, sozialistischem emanzipationsgeseich GELABER! wenn's uns mal hochkommt, folgt: sozialistisches schulterklopfen, väterliche betulichkeit; dann werden wir ernst genommen, dann sind wir wundersam, erstaunlich, wir werden gelobt, dann dürfen wir an den stammtisch, dann sind wir identisch; dann tippen wir, verteilen flugblätter, malen wandzeitungen, lecken briefmarken: wir werden theoretisch angeturnt!

kotzen wir's aus: wir sind penisneidisch, frustriert, hysterisch, verklemmt, asexuell, lesbisch, frigid, zukurzgekommen, irrational, penisneidisch, lustfeindlich, hart, viril, spitzig, zickig, wir kompensieren, wir überkompensieren, sind penisneidisch, penisneidisch, penisneidisch, penisneidisch, penisneidisch.

frauen sind a n d e r s!

BEFREIT DIE SOZIALISTISCHEN EMINENZEN VON IHREN BÜRGERLICHEN SCHWÄNZEN!

A: Flugblatt, 1968. In: Provokationen. Die Studenten- und Jugendrevolte in ihren Flugblättern 1965–1971. Hrsg. von Jürgen Miermeister und Jochen Staadt. Darmstadt/Neuwied: Luchterhand, 1980. S. 223 f.

# Ina Merkels Manifest für eine autonome Frauenbewegung in der DDR (1989)

Obwohl es in der DDR offiziell keine ›Frauenfrage‹ gab, weil die Gleichberechtigung als weitgehend verwirklicht galt, und es folglich auch zu keiner Frauenbewegung wie in der Bundesrepublik seit den 70er Jahren kam, hatten sich auch in der DDR seit den 80er Jahren Frauen, die mit der herrschenden ›Muttipolitik‹ unzufrieden waren, zu informellen Selbsterfahrungs-, Lesben-, Friedens- und Wissenschaftlerinnengruppen zusammengeschlossen.

Beim Aufbruch aus vierzig Jahren DDR-Geschichte standen Frauen dann in vorderster Reihe und beteiligten sich aktiv an den gesellschaftlichen Umwälzungen und an der neu entstehenden demokratischen Bewegung. Bereits im November 1989 wurde jedoch deutlich, daß im Dialog um eine Erneuerung der Gesellschaft Frauen wieder an den Rand gedrängt wurden und ihre Interessen keine Berücksichtigung fanden. Als Reaktion auf diese Erfahrungen bildeten sich in verschiedenen Städten der DDR neue Frauengruppen, zu denen neben der ›Sozialistischen Fraueninitiative‹ (SOFI), der ›lila offensive‹ und dem ›Ersten Weiblichen Aufbruch‹ (EWA) und der ›Unabhängige Frauenverband der DDR‹ (UFV) als Sammlungsbewegung zählte.

Der UFV, der den ›feministischen Aufbruch‹ in der DDR markierte, wurde am 3. Dezember 1989 auf einer Großkundgebung in der Berliner Volksbühne, an der mehr als tausend Frauen, Vertreterinnen verschiedener Frauengruppen und -initiativen teilnahmen, gegründet. Auf dieser Veranstaltung, die unter dem Motto »Ohne Frauen ist kein Staat zu machen« stand, verlas Ina Merkel ihr »Manifest für eine autonome Frauenbewegung«, das per Akklamation angenommen und zur Basis des auf dem offiziellen Gründungskongreß am 17. Februar 1990 ausgearbeiteten Programms des UFV wurde. Merkels Ausführungen zeugen nicht nur vom Fortbestand patriarchaler Strukturen im real existierenden Sozialismus, sondern auch von den, wie sich später erweisen sollte, nur allzu berechtigten Befürchtungen, daß mit einer zu raschen Angleichung an bundesrepublikanische Verhältnisse insbesondere die Frauen in der DDR erneut ins Hintertreffen geraten würden. Das Manifest Merkels entspricht in weiten Teilen den Forderungen, die in der westdeutschen Frauenbewegung seit den 70er Jahren programmatisch erhoben und zum Teil bereits umgesetzt wurden, setzt jedoch deutlich eigene Akzente durch das Ziel der Erneuerung der sozialistischen Gesellschaft bzw. der Errichtung eines »modernen Sozialismus« auf deutschem Boden.

Der UFV wurde insbesondere im politischen Umgestaltungsprozeß aktiv und setzte seine Beteiligung an den Runden Tischen der Bürgerbewegungen und alten Parteien durch. Als Grün-Lila-Bündnis kandidierte er nach der Wende zusammen mit den ›Grünen‹ bei den Volkskammerwahlen am 18. März 1990, entschloß sich 1991 dann aber gegen eine Partei- und für eine Vereinsgründung.

## Ohne Frauen ist kein Staat zu machen

### Einige Frauen-Fragen an ein alternatives Gesellschaftskonzept oder: Manifest für eine autonome Frauenbewegung

Die Frauenfrage sei gelöst, behaupten die einen, sie sei jetzt nicht das vorrangige Problem, sagen die anderen, sie muß jetzt endlich auf die Tagesordnung, sagen die Dritten. Aber was ist das überhaupt – die Frauenfrage?

Wir Frauen müssen heute konstatieren: Der Umbruch der DDR-Gesellschaft wurde von den Massen auf der Straße eingeleitet. Frauen waren als Vorkämpferinnen und als Mitstreiterinnen, als Betroffene des Massenexodus und als Opfer der Übergriffe überall dabei. Aber bei der Ausarbeitung zukünftiger Gesellschaftsstrategien zur Erneuerung der sozialistischen Gesellschaft bleiben Frauen schon wieder außen vor.

»Neue Männer braucht das Land«, lautete eine der in den letzten Wochen immer wiederkehrenden Losungen. Braucht es nicht auch neue Frauen? Der erste Mann des Landes, Modrow, hat sich eine Frau an seine Seite geholt – ein neuer Anfang?

Diese Gesellschaft befindet sich in einer tiefen Krise. Nach wie vor verlassen die BürgerInnen ihr Land zu Tausenden. Die führende Partei ist moralisch bankrott. Die Auflösung des Sozialismus als Gesellschaftssystem scheint unmittelbar bevorzustehen. Auf der anderen Seite leckt man sich schon die Lippen. Können wir uns in einer solch komplizierten Situation überhaupt eine Frauenfrage leisten?

Wir müssen dieser scheinbar zwanghaft ablaufenden Entwicklung ein alternatives Gesellschaftsmodell entgegensetzen. Aber wer wird noch darauf hören, wenn wir für einen erneuerten Sozialismus plädieren? Und dennoch: Dieses Land muß zu einer Gesellschaft entwickelbar werden, in der die Entwicklungsmöglichkeiten der Individuen das eigentliche Ziel sind, oder es wird dieses Land nicht mehr geben. Eine Gesellschaft, in der Arbeit und Konsum, Politik und Lebensumwelt gestaltbar werden, gestaltbar durch sich selbst bestimmende und selbstverwaltende Subjekte. Das schließt eine optimale Entwicklung der Wirtschaft ein, aber so, daß sie nicht länger die lebensweltlichen Bedürfnisse und Interessen der Individuen dominiert, sondern für die individuelle Entwicklung freie gesellschaftliche Räume, frei verfügbare Zeiten und eine funktionale Gegenständlichkeit schafft. Das schließt politische Macht nicht aus, wohl aber die Unterordnung der Individuen unter diese Macht. Das heißt: Wirtschaft und Politik müssen sich grundsätzlich neue Mechanismen und Strukturen schaffen, die die Durchsetzung sozialprogressiver Ziele garantieren. Das heißt: Der Entwicklungsprozeß der Gesellschaft muß für die Subjekte gestaltbar gehalten werden, er muß in Permanenz erneuerbar und lernfähig sein.

Sicher ist: Wir brauchen eine Wirtschaftsreform und die Reform des politischen Systems. Aber die zu erwartenden Umbrüche in der Lebensweise, in den Bedürfnissen und in der sozialen Lage dürfen nicht wieder als Folgeprobleme nach hinten geschoben werden. Wir müssen dringend auf ein alternatives Konzept von Lebensweise bestehen, und wir sollten die Parteien und politischen Bewegungen danach fragen, welche neuen Lebensperspektiven diese oder jene

Strategien eröffnen, damit auch unsere Erwartungen, unsere Frauen-Fragen in einem alternativen Gesellschaftskonzept politikfähig werden.

Wir müssen darauf bestehen, daß Frauenfragen keine gesellschaftlichen Randprobleme sind, sondern existentielle Grundfragen. Sie betreffen die Existenzweise der Gesellschaft, ihren reproduktiven Zusammenhang, ihre Entwicklungsmöglichkeiten und Ziele. Daher denke ich, wenn wir Frauen dafür sorgen wollen, daß unsere besonderen Interessen, die wir aufgrund unserer besonderen Lebenslage und unserer spezifischen Erfahrungen haben, in einem modernen Gesellschaftskonzept nicht nur irgendwie berücksichtigt werden, benötigen wir selbst eine gesamtgesellschaftliche Herangehensweise. Welche Problemfragen könnten für ein solches Konzept konstitutiv sein, was sind hier allgemeine und was besondere Frauen-Fragen?

## 1

Diese Gesellschaft bewegte sich in den letzten Jahren zielgerichtet auf einen Abgrund zu. Es kam zu einer rapiden Verschlechterung der Lebensbedingungen der Menschen, ihrer sozialen Lage. Sehr deutlich äußert sich diese Bewegung u. a. in der Verschärfung der Beziehungen zwischen Mann und Frau. Sie drückt sich aus in einer ständig steigenden Scheidungsrate und einem andauernden Geburtenrückgang. Sie erscheint im geringen Lebensstandard alleinerziehender Mütter, sie erweist sich in der schmählichen Vernachlässigung unserer älteren Frauen, derjenigen also, auf deren Rücken sich dieses Land nach 1945 aufrichtete. Sie zeigt sich aber auch da, wo sie bis heute keiner wahrhaben will: in dem starken Gefälle von männlichem und weiblichem Arbeitslohn, von männlichem und weiblichem Zugriff auf materielle und kulturelle Lebensbedingungen, auf Entscheidungsbefugnisse und politische Macht. Frauen haben zugleich die Mängel der Versorgung, der Infrastruktur und des Dienstleistungssystems durch ihre Mehrarbeit kompensieren müssen. Frauen sind zunehmend männlicher Aggressivität hilflos ausgeliefert. Die Sexualisierung des weiblichen Körpers ist schon wieder gesellschaftsfähig.

Letztendlich aber werden unsere Kinder die wirklichen Opfer dieser verfehlten Entwicklung sein. Ihnen werden die Altlasten versäumten Umweltschutzes, ausgepowerter Natur und jahrzehntelanger Mißwirtschaft aufgebürdet. Sie leiden unter der Nervosität und Gefühllosigkeit bis zum letzten angestrengter Mütter und Väter. Sie sind die Leidtragenden eines anachronistischen Bildungssystems.

Das sind einige der gravierenden sozio-kulturellen Folgen des staatlich-administrativen, bürokratischen Sozialismus. Die SelbstHerrlichkeit einer männlich dominierten Führung hat dieses Land an den Rand des Abgrunds geführt. Männer sind für die Politik der letzten Jahrzehnte hauptverantwortlich, und vor allem Männer haben diese Politik als politische Leiter, Direktoren und Betriebsleiter mitgetragen, obwohl sie es hätten besser wissen müssen. Auch Frauen sind politisch mitverantwortlich für die entstandene Lage, aber sie befanden sich in allen gesellschaftlichen Bereichen in einer untergeordneten Position.

2

Heute sehen wir uns mit der Tatsache konfrontiert, daß für viele unserer MitbürgerInnen die soziale und kulturelle Identität mit einer sozialistischen Lebenswelt zu zerbrechen droht. Schon werden die Auswege im »Land der Väter« gesucht. Wir aber sollten uns an dieser Stelle fragen, ob wir zu solchen Wieder/Vereinigungskonzepten eine reale und lebenswerte, eine sozialistische Alternative entwickeln können. Welche Zukunft können wir in einer solchen sozial katastrophalen Lage den Menschen bieten, welche Lebensperspektiven wollen wir ihnen eröffnen, damit es sich für sie lohnt, hierzubleiben?

Wollen wir uns etwa mit den Herren in Bonn wiedervereinigen, die Diktatur des Politbüros durch die Diktatur des Bundeskanzleramts ersetzen? Wiedervereinigung hieße in der Frauenfrage drei Schritte zurück – es hieße überspitzt gesagt: Frauen zurück an den Herd. Es hieße: wieder kämpfen um das Recht auf Arbeit, kämpfen um einen Platz für den Kindergarten, um die Schulspeisung. Es hieße, vieles mühsam Errungene aufzugeben, statt es auf eine neue qualitative Stufe zu heben. Die Frauen haben kein Vaterland zu verlieren, sondern eine Welt zu gewinnen. Wir sollten gerade jetzt die Chance ergreifen, in einem erneuerten Sozialismus die Vielfalt unserer Lebensformen, unsere individuelle Verschiedenartigkeit, unsere Bedürfnisse und Ansprüche zur Geltung zu bringen. Bringen wir unsere Frauenbewegung auf die Höhe der Zeit. Schließen wir uns den linken Kräften in Europa an. Setzen wir uns für eine multikulturelle Gesellschaft ein, in der jedeR die seinen nationalen, kulturellen und sozialen Besonderheiten entsprechenden Lebensstile ausprägen kann. Sorgen wir dafür, daß in unserem Land niemand wegen seiner Herkunft, seiner Nationalität, wegen seiner Behinderung oder einfach seiner Andersartigkeit ausgegrenzt wird. Schaffen wir vielmehr die Bedingungen für die Entwicklung solidarischer Beziehungen – zwischen Männern und Frauen, zwischen Eltern und Kindern, zwischen Alten und Jungen, zwischen Gesunden und Kranken.

3

Ist ein Konzept der Entwicklung zu einer Konsum- und Leistungsgesellschaft nach westlichem Vorbild – aber ohne eine erfahrene und starke Gewerkschafts- und Frauenbewegung – dafür hilfreich? Was versprechen sich Frauen von einer Wirtschaftsreform? Welche Alternativen sind für Frauen interessant, welche Gesellschaftsmodelle sollten sie favorisieren?

Die Völker der Erde stehen heute vor existentiellen globalen Problemen. Umweltzerstörung, Kriegsgefahr und lebensbedrohliche Lage in der Dritten Welt sind die Folgen der hemmungslos expandierenden männlich dominierten Industriegesellschaften. Die folgenreiche Logik einer auf der Beherrschung der Natur und der Unterdrückung großer Bevölkerungsgruppen (darunter besonders der Frauen) beruhenden Entwicklung muß durchbrochen werden, wenn die Menschheit sich nicht am Ende selbst vernichten soll. Frauen sind vielleicht unmittelbarer betroffen von dieser Logik, und sie haben als Mütter eine besondere Verantwortung für die Sicherung einer menschlichen Zukunft.

Die Folgen fortgesetzter Zerstörung der Umwelt sind heute schon spürbar. Wir Frauen bringen unsere Kinder in eine gefährdete Welt, und wir haben Angst vor ihrer Zukunft. Wir durchleiden mit ihnen die verpestete Luft, den ständigen Husten, die Allergien. Wir fragen uns, ob wir sie weiterhin mit unserer bleivergifteten Muttermilch nähren dürfen. Schon heute bekommen wir in vielen Gebieten der DDR das Trinkwasser für die Babynahrung in Flaschen geliefert. Wir Mütter sollten aufs höchste beunruhigt sein über den Verfall der Natur und der Städte, über den Verlust von Kulturgeschichte und Landschaft. Denn wenn es so wie bisher weitergeht, werden unsere Kinder bald nicht mehr wissen, was ein Schmetterling ist, wir werden mit ihnen im Sommer an Wassern sitzen, in denen sie nicht baden können. Wir werden nicht wagen, mit ihnen Pilze zu sammeln oder Beeren zu pflücken.

Wir Frauen sollten uns deshalb für ein Wirtschaftskonzept einsetzen, das in der ökologischen Reorganisation der Gesellschaft, d. h. der Wirtschafts- und der Lebensweise, den entscheidenden Ansatz für die Bewältigung der Krise sieht.

Ein solches Konzept darf aber nicht dazu führen, daß unsere Lebensweise und Kultur weiterhin vom Mangel diktiert wird, es darf nicht zu einer weiteren Reduktion konsumtiver Standards kommen, sondern wir setzen uns ein für die Entwicklung und Befriedigung vielfältiger Bedürfnisse.

Wie soll das aber zusammengehen – eine ökologisch vernünftige Produktion und Entwicklung der Bedürfnisvielfalt? Das kann nur gut gehen, wenn es uns gelingt, überzeugende kulturelle Alternativen zu bisherigen Formen der Konsumtion, Ernährung und Bedürfnisbefriedigung zu entwickeln. Das könnte bedeuten, sich für eine vernünftige Ernährungsweise einzusetzen – mit weniger Fleisch und mehr Obst und Gemüse. Umgestaltung der Lebensweise bedeutet auch mehr frei verfügbare Zeit für jeden und Schaffung sinnvoller gesellschaftlicher Alternativen zur privateigentümlichen Anhäufung von Reichtümern.

Braucht jede Frau ein Auto? Nein, denn nur wenige können sich eines leisten, es ständig pflegen und reparieren, und deshalb wären viele Frauen zufrieden, wenn sie für Urlaubsreisen und freie Tage unkompliziert eines mieten könnten oder wenn der Nahverkehr genügend attraktive Sonderangebote für Wochenend- und Ferienreisen bereitstellen würde.

Frauen würden auch auf die eigene Datsche verzichten, wenn es komfortable Feriendörfer gäbe, mit Vollverpflegung und Freizeitangeboten vom Sport bis zur Gartenarbeit, in die man auch gemeinsam mit Bekannten und Freunden fahren kann, in denen man jederzeit einen Platz bekommt und die man vielleicht auch gemeinschaftlich verwaltet. Frauen haben ein elementares Interesse an langlebigen und dennoch veränderbaren Wohnungseinrichtungen und an funktionierenden Dienstleistungen.

Wir sollten dazu beitragen, daß attraktive und gemeinnützige Alternativen zur privateigentümlichen Konsumtion entwickelt werden. Setzen wir auf Stadt- und Verkehrsentwicklung statt auf die Erweiterung des Individualverkehrs, auf gemeinnützige Infrastrukturen, auf praktikable Dienstleistungen, auf Öffentlichkeit und Kommunikation anstelle des weiteren Rückzugs in die Privatsphäre.

4

Unsere wackeren VorkämpferInnen bildeten sich lange ein, die Emanzipation der Frau sei vollzogen, wenn die Ausbeutung beseitigt und die ökonomische Unabhängigkeit durch eigene Arbeit gesichert seien. Sie meinten, die Frauen wollten nur nicht an die Macht im Staate und in der Wirtschaft, weil sie sich nicht für fähig hielten und durch ihre Kinder und die Doppelbelastung davon abgehalten würden. Ihr Leben lang bekämpften sie die Vorstellung, daß es auch im Sozialismus eine spezifische Form der Frauenunterdrückung gäbe, aus der die Männer ihren Vorteil ziehen könnten, obwohl ihnen jede Statistik deren schädliche Folgen vor Augen führte. Sie erfanden immer neue Geschenke an die arbeitsamen Frauen und versetzten ihnen damit hinterrücks den Dolchstoß. Heute ist es nicht nur soweit, daß jedeR LeiterIn es tunlichst vermeidet, eine halbwegs anspruchsvolle Stelle mit dem Störfall Frau zu besetzen. Frauen müssen sich darüber hinaus den Vorwurf gefallen lassen, sie leisteten zuwenig und bekämen zuviel Unterstützung.

Was aber bedeutet für Frauen die Durchsetzung des sogenannten Leistungsprinzips? Solange der Leistungsbegriff von männlicher Arbeit abgeleitet wird und nicht das Verhältnis von aufgewendeter Zeit und erzieltem Ergebnis mißt, also allgemeine Maßstäbe zur Anwendung bringt, wird mit dem Leistungsprinzip die ungerechtfertigte Abwertung weiblicher Arbeit fortgeschrieben. Das heißt, weibliche Arbeit in Industrie und Landwirtschaft, im Gesundheits-, Bildungs- und Sozialwesen wird solange unterbezahlt und negativ bewertet, wie diese Gesellschaft nicht neue Kriterien für Leistung entwickelt. Warum erhält eine Krankenschwester weniger Lohn als der Fahrer eines LKWs? Weil sie weniger leistet? Wohl kaum, sondern weil sie etwas anderes leistet, etwas, von dem die Gesellschaft nichts zu haben meint. Wo sie scheinbar nur investiert, ohne etwas zu erwirtschaften.

Aber, wird hier jemand einwerfen, was ist mit den Frauen, die ständig wegen ihrer kranken Kinder fehlen, sollen sie weiterhin Ausgleichszahlungen für nicht erbrachte Leistungen erhalten? Wird durch sie nicht der gesamte Arbeitsablauf gestört, bringen sie nicht permanent die Frauenarbeit in Verruf? Gegenfrage: Warum betreuen in der Mehrzahl die Mütter ihre kranken Kinder? Weil die Väter das größere Geld verdienen, weil sie angeblich die wichtigere, unentbehrlichere Arbeit tun, weil ihre Chefs sagen, daß das nicht in Frage käme. Zweite Gegenfrage: Was ist daran so Verwerfliches, daß sich Eltern um ihre Kinder kümmern? Sollten wir nicht vielmehr unsere Kinder als kostbarstes Gut behüten und umsorgen und es denen danken, die sie großziehen und umsorgen? Und sind drittens wirklich die kranken Kinder der entscheidende Störfall in unserer sehr störanfälligen Wirtschaft? Letzte Gegenfrage: Was tun wir dafür, daß unsere Kinder gesund bleiben? Lassen wir sie am Morgen ausschlafen, oder reißen wir sie von frühester Kindheit an vor dem Morgengrauen aus ihren Betten? Wieviel Zuwendung haben wir in einer Arbeitswoche für sie übrig, um ihren seelischen und psychischen Zustand zu erkennen und zu stärken? Können wir sie jederzeit mit genügend Vitaminen gesund ernähren? Wie schützen wir sie vor gereizten und überlasteten Erzieherinnen, vor nörgelnden und unausgeschlafenen Spielkameraden? Und schützen wir sie auch vor uns selbst, vor der ewigen Unzufriedenheit überanstrengter Mütter, vor der Hetze durch die abendlich überfüllte Kaufhalle, vor dem hastigen Ins-Bett-Bringen?

Frauen sollten sich deshalb nicht nur für eine Überprüfung der Leistungskriterien engagieren, sie sollten nicht nur die abstrakte Angleichung der Löhne anstreben, sondern sich auch für eine materielle Aufwertung der Erziehungsarbeit einsetzen: Herabsetzung des Rentenalters, Heraufsetzung des Urlaubs für Eltern, Umwandlung des Kindergeldes in ein Erziehungsgeld.

Wir wollen nicht länger die bescheidenen und arbeitsamen, unterbezahlten und für dumm verkauften Helferinnen und Mitarbeiterinnen sein, denen man jährlich zum 8. März ein mageres Dankeschön sagt. Wir plädieren für eine gerechte Verteilung der Arbeit und der Leistungen. Dazu brauchen wir grundlegende strukturelle Veränderungen in der geschlechtsspezifischen Arbeitsteilung, diese sind jedoch nur durch die gezielte Quotierung erreichbar: Quotierung für Frauen in Hochleistungsbereichen, in Leitungen und bei attraktiven Stellungen. Quotierung aber auch für Männer, um ihnen den Zugang zu den über ein erträgliches Maß feminisierten Berufsgruppen in der Volksbildung, in den Dienstleistungen und im Gesundheitswesen zu erleichtern. Quotierung bedeutet nicht nur, eine quantitative Erhöhung des Frauenanteils in bestimmten Berufsgruppen oder Positionen anzustreben, sondern verlangt die gezielte Werbung von Frauen für bestimmte Positionen in Verbindung mit konkreten Fördermaßnahmen. Leitungspositionen dürfen nicht extreme Zusatzbelastung bringen, sondern sollten für Frauen durch ein Mehr an freier Zeit zugänglich gemacht werden. Frauenberufe sollten nicht nur materiell entschieden aufgewertet werden, sondern auch zu flexibleren Zeitstrukturen führen.

Aber wer will schon eine Quothilde sein, lauten die ersten bescheiden-zurückhaltenden Anfragen von Frauen, die um ihr Prestige fürchten an einer Stelle, wo sie noch keines zu verlieren haben. Wir sollten keine Angst haben um die Fähigkeiten von Frauen. Allzuoft sind uns die mittelmäßigen Männer in die Quere gekommen, haben unsinnige Entscheidungen über uns hinweg getroffen, waren unbelehrbar und haben unseren praktikablen Rat gemieden. Wenn sich allerdings die aufsteigenden Frauen dieselben Ellenbogenmanieren aneignen, wenn sie in gleicher Weise machtbesessen und selbstherrlich über andere hinwegregieren, wenn sie nicht zugleich demokratische Formen der Selbstverwaltung und Entscheidungsfindung praktizieren, dann allerdings werden sie größere Schäden und Fehler kaum vermeiden können.

In der Quotierung liegt die große Chance, zu wirklichen Strukturveränderungen und zu einer neuen Qualität von Politik zu gelangen, zu frauenfreundlichen Politikformen, geprägt von Rationalität, Zeitsinn und praktischer Vernunft. Und haben wir nicht positive Erfahrungen mit Quotierungsregeln in dieser Gesellschaft gemacht – wenn sie nicht in den letzten Jahrzehnten unsinnigerweise überstrapaziert worden wären – nämlich mit der Quotierung von Arbeiter- und Bauernkindern zum Studium und für den beruflichen oder politischen Aufstieg? Die heutigen mittfünfziger Professoren, Direktoren, Kombinatsleiter und Politiker haben ihre Karriere eben diesen Regeln zu verdanken. Da sollten wir Frauen uns bei allen Bedenken nicht selbst wieder hintanstellen.

5

Radikale Quotierung, d. h. sofortige Halbierung der Besetzung aller gesellschaftlich relevanten Positionen, ist die Voraussetzung für eine wirkliche Demokratisierung. Quotierung und Demokratisierung gehören bei der Erneuerung der politischen Kultur untrennbar zusammen. Diese Frauenfrage ist heute zwar für alle Parteien und politischen Bewegungen ein offenes Problem, aber sie ist noch immer nicht öffentlich. Deshalb brauchen wir eine eigene politische Organisation, eine Sammlungsbewegung, die dafür sorgt, daß Frauenfragen Öffentlichkeit gewinnen und so politikfähig werden.

Erst wenn die Frauen ihrem Anteil an der Menschheit entsprechend repräsentiert sind, können sie sich über ihre Interessen als soziale Randgruppe erheben und sich in gleicher Weise wie Männer den gesellschaftlich übergreifenden Fragen zuwenden. Eben weil Frauen keine soziale Minderheit sind, sondern die Hälfte der Menschheit, müssen sie bei allen Menschheitsfragen ihr Votum einbringen können.

Eine Frauenbewegung aber, die ohne ein gesamtgesellschaftliches Konzept sich nur auf die Durchsetzung weiblicher Partialinteressen orientiert, wird sich am Ende selbst marginalisieren.

6

Wir Frauen sollten deshalb für eine vierfache Gewaltenteilung eintreten: d. h. die klassische Gewaltenteilung zwischen Gesetzgebung, Regierung und Rechtsprechung muß durch die vierte Gewalt, eine demokratische Öffentlichkeit, erweitert werden. Wir plädieren daher sowohl für die Schaffung einer breiten Frauenöffentlichkeit in Form von eigenen Publikationen, einer eigenen Tageszeitung, eigenen Sendern und Fernsehstudios, aber auch Frauenkulturzentren, Frauencafés, unabhängigen Frauenforschungsinstituten usw. wie auch für die Schaffung vielfältiger demokratischer Vertretungsorgane für die Probleme von Konsumtions- und Lebensweise, von Bildung und Erziehung, von Lohn- und Preispolitik. Wir brauchen Verbraucherorganisationen, die über die ökologische Verträglichkeit der Produkte entscheiden, wir brauchen autonome Elternvertretungen, die auf die Bildungsinhalte und pädagogischen Strategien Einfluß nehmen können. Und wir brauchen – und das ist wahrscheinlich am dringlichsten – auf der anderen Seite eine Vielzahl von Selbsthilfegruppen und Basisinitiativen, die unmittelbar im Territorium wirken.

7

Unser sofortiges Interesse aber, und darauf zielt das Sofortprogramm, gilt den werktätigen Frauen. Konfrontiert mit den Rationalisierungs- und Effektivierungsstrategien in Wirtschaft und Verwaltung sehen wir die akute Gefahr, daß die unmittelbaren Interessen der werktätigen Frauen in der Arbeit selbst unterminiert werden. Wir sehen die Gefahr, daß Frauen massenhaft aus ihrem gewohnten Arbeitsumfeld herausgelöst werden, ohne daß es hinreichende Konzepte zur Umschulung oder anderweitigen angemessenen Umsetzung in andere Arbeitsbereiche gibt. Um diese Interessen sofort zur Geltung zu bringen und zu verhindern, daß Frauen mit diesen Problemen isoliert und alleingelassen individuell zurande kommen müssen, schlagen wir euch vor, sofort Betriebsräte zu wählen, die das Vertrauen der gesamten Belegschaft genießen und die mit umfassenden Befugnissen zur Einsichtnahme in geplante Veränderungen, mit dem Vetorecht zur Verzögerung vorgesehener gravierender Eingriffe ausgestattet werden.

Das Sofortprogramm umfaßt darüber hinaus kurzfristige Maßnahmen zum Aufbau eines umfassenden sozialen Netzwerks, das dem Sinn solidarischer Gemeinschaftlichkeit verpflichtet ist und darauf orientiert, soziale Härten unmittelbar abzufedern.

8

Um diese Sofortmaßnahmen und auch ein strategisch orientiertes Programm politisch durchsetzbar zu machen, brauchen wir eine aktive und handlungsfähige demokratische Frauenbewegung.

Eine solche Sammlungsbewegung sollte sich zunächst in ihren Organisationsstrukturen offenhalten, Verschiedenes probieren, immer wieder Neues erfinden, damit sich nicht allzuschnell hinterrücks die gewohnten patriarchalen Politikmuster wieder einschleichen. In ihrem Grundcharakter sollte sie zutiefst basisdemokratische Formen anstreben, jeder Basisgruppe ihre Eigenständigkeit belassen und die Vollversammlung oder den Kongreß als verbindliches Gremium anstreben. Die Kriterien zur Zulassung von Gruppen zur Sammlungsbewegung sollten immer wieder neu beraten werden, so auch die Frage, ob gemischte bzw. autonome Männergruppen in einer Frauenbewegung einen Platz haben können.

Die pluralistische Meinungsvielfalt gründet sicher in einem Minimalkonsens, der jeweils zu den Kongressen neu bestimmt werden muß. Aus diesem Minimalkonsens könnten konzertierte politische Aktionen abgeleitet werden, wie z. B. Wahlprüfsteine für Parteien und politische Bewegungen, Wahlbündnisse mit anderen Organisationen. Aufrufe zu Massendemonstrationen und anderen Formen des Protestes, Hilfs- und Solidaritätsaktionen u. a. m.

Die Kongresse könnten einen Rat der Sprecherinnen wählen, in dem die Meinungsvielfalt möglichst gewahrt bleiben sollte. Dieser Rat könnte eine Art Arbeitsgremium sein, das zwischen den Kongressen Arbeitsgruppen oder Ausschüsse zu bestimmten Problemfragen betreibt, Hearings zu Gesetzesvorlagen organisiert, selbst Gesetzesvorlagen ausarbeitet und die parlamentarische Vertretung der Sammlungsbewegung sichert. Um die Professionalität der Sprecherinnen zu sichern, sollten sie für die jeweilige Wahlperiode aus den Mitgliedsbeiträgen feste Diäten erhalten. Hier ist zu überlegen, ob man anstelle der personengebundenen Kandidatinnenwahl besser Listenplätze sichert und Rotationsprinzipien für die parlamentarische Vertretung einführt.

Auf den Kongressen sollten konkrete Aktionsprogramme beraten und beschlossen werden, wobei es günstig wäre, sich auch über strategische und programmatische Zielvorstellungen zu verständigen. Sprecherinnen und Aktionsprogramm sollten im Einzelwahlverfahren (auch für jeden Programmpunkt) durch einfache Mehrheit bestätigt werden. Auf keinen Fall sollte die Beugung der Basisgruppen unter Mehrheitsbeschlüsse angestrebt werden.

Die heutige Gründungsversammlung sollte bereits versuchen, einen provisorischen Rat der Sprecherinnen zu wählen, um die Repräsentanz bei Modrow am Runden Tisch unmittelbar zu sichern. Dafür wäre es gut, wenn sich diese Versammlung außer dem Sofortprogramm auf einen Minimalkonsens einigen könnte. Ich schlage vor einzutreten:

1. für einen modernen Sozialismus auf deutschem Boden in einem gemeinsamen europäischen Haus,
2. für eine ökologische Reorganisation der Wirtschaft,
3. für Demokratie, Selbstverwaltung und Öffentlichkeit,
4. für eine multikulturelle Gesellschaft,
5. für ein solidarisches Miteinander aller sozialen Gruppen.

D: Ina Merkel: Ohne Frauen ist kein Staat zu machen. Einige Frauen-Fragen an ein alternatives Gesellschaftskonzept oder: Manifest für eine autonome Frauenbewegung. In: Aufbruch! Frauenbewegung in der DDR. Dokumentation. Hrsg. von Cordula Kahlau. München: Verlag Frauenoffensive, 1990. S. 28–38. – Mit Genehmigung von Ina Merkel.

L: Anne Hampele: Der unabhängige Frauenverband. Neue Frauenbewegung im letzten Jahr der DDR. In: Von der Illegalität ins Parlament: Werdegang und Konzept der neuen Bürgerbewegungen. Hrsg. von Helmut Müller-Enbergs [u. a.]. 2., erw. Aufl. Berlin 1992. S. 221–282.
Ina Merkel: Wie alles anfing. In: Ohne Frauen ist kein Staat zu machen. Hrsg. vom Unabhängigen Frauenverband (UFV) / Argument. Berlin 1990. S. 5–9.
Gislinde Schwarz: Aufbruch der Hexen. In: Aufbruch! Frauenbewegung in der DDR. Dokumentation. Hrsg. von Cordula Kahlau. München 1990. S. 8–24.

# V

# Religion, Kirche, Frömmigkeit

54

# Konflikt um die Auflösung des Klarissenklosters in Nürnberg im Gefolge der Reformation: Bittschrift der Nonnen an den Rat von Nürnberg (1524)

Die Kritik der Reformatoren an Geistlichen, Mönchen und Nonnen und die Forderung, sämtliche Klöster aufzulösen, war für die weiblichen Ordensangehörigen von besonderer Tragweite. Zum einen stellten sie den größten Teil der Klosterinsassen, zum anderen boten sich ihnen in der ›Welt‹ – abgesehen von der Ehe – kaum attraktive Möglichkeiten. Der Konflikt um die Auflösung des Klarissenklosters in Nürnberg 1524/25 ist ein Beispiel für den nachhaltigen Widerstand und das diplomatische Geschick, mit dem sich Nonnen der Auflösung ihres Klosters widersetzten. In ihren *Denkwürdigkeiten* hat die humanistisch gebildete Äbtissin Caritas Pirckheimer (1467–1532) die Auseinandersetzungen festgehalten: 1524 entzog der Nürnberger Rat den Franziskanern (›Barfüßer‹) die Seelsorge im Klarissenkloster. Statt dessen sollten reformatorische Prediger die Nonnen von der neuen Lehre überzeugen. Die von Caritas Pirckheimer verfaßte Bittschrift ist der Versuch der Nonnen, sich dem Rat zu widersetzen. Zugleich wird an der theologischen Argumentation deutlich, daß die Nonnen nicht nur Widerstand leisteten, sondern sich konstruktiv mit den Impulsen der Reformation auseinandersetzten. Langfristig blieben die Klarissen jedoch erfolglos. Caritas Pirckheimer erreichte lediglich, daß der Reformator Philipp Melanchthon (1497–1560) 1525 zu einem Gespräch – das theologisch, vor allem hinsichtlich der Rechtfertigungslehre, weitgehende Übereinstimmungen erbrachte – nach Nürnberg kam und den Rat veranlaßte, nicht weiter auf die Auflösung des Klosters zu drängen. Den Nonnen wurde jedoch verboten, künftig neue Schwestern aufzunehmen, so daß das Kloster 1591 schließlich ausstarb.

[...] Wyr achten auch genczlich darfur, wo E W, des wir uns doch je nit versehen wollen, geleich in irem vorhaben verharrn und die sach mit der that angreiffen wolt, der wurd umb mangel willen geschickter person so vil beswerung begegen, das die selbs die unmüglikeit spürn und erfinden würd. Dieweil geschickt vorgeer und, wie sie nach meinung S[ant] Paulßen sein solten, leider tewr[1] syndt, solten wir dan mit ungeschickten oder denen, so wir nicht gern hetten und doch haben müsten, uberladen werden; hat E W wol abzunemen, was frucht ader[2] nucz das pringen würd, dann ye der geist frey und ungezwungen sein will und muß, auch nymandt gedrungen wirt in der weltligkeit einem herrn zu dynen, der im nicht gefellig ist, vil mynder ein herschaft genott dyner anzunemen, die in[3] nit füglich syndt; wie vil mer gezymt sich dan der geistligkeit[4] ungenött und frey zu loßen, soll sie anders in rechter und gutter würckung beleiben; das aber darpey etlichen der argkwon eingewurczelt hat als solten uns unßer veter verpietten das heillig ewangelium und andre pucher zu leßen, daran geschicht in[5] warlich unrecht und ob sie sich solchs zu thun untterstunden, würden wir in[6] gar nicht volgen und vil ee[7] E W gegen in[8] umb hillff anruffen, dann uns das wort gottes und andre nüczliche pücher also verpietten lassen.

Mugen[9] auch E W pey hochster warheit sagen, das wir das alt und new testament dewtsch und latteinisch im teglichen geprawch und ubung haben und nach unßerm vermügen befleissen das recht und wol zu versten und nit allein leßen wir die bibel, sunder auch was teglich furfellt und uns zukumpt ausserhalb der smechpucher[10], die uns unßer gewissen beswern und unßers achtens nicht alweg der cristenlichen einfeltigkeit gemeß syndt. Hoffen je, got werd uns seinen heilligen und waren geist auff unßer herczliche pitt nit versagen noch verhalten, damit wir das wort gottes recht und nach seinem waren verstandt mügen vernemen, nicht allein dem puchstaben nach, sunder auch dem geist nach.

1 selten
2 oder
3 ihnen
4 in geistlichen Dingen
5 wie 3
6 wie 3
7 eher
8 sie
9 [wir] können
10 Schmähbücher = theologische Streitschriften

Darumb wie woll uns von etlichen peygelegt will werden als verlaßen wir uns auf unßere eygene werck, hoffen allein durch dieselben selig zu werden, so ist uns doch von den genaden gottes unverporgen – es sag yderman, was er woll – das durch die werck allein kein mensch, wie der heillig Paulus sagt, gerechtferttiget werden kan, sunder durch den gelawben unßers herrn Jesu Christi; zu dem, das uns der herr Jesus Christus selbs lert, wenn wir die werck alle gethun haben, das wir uns dennoch unnucz dyner achten sollen. Wir wissen aber herwiderum auch, das ein rechter warer gelawb nicht an[11] gutte werck kan sein, als wenig als ein gutter pawm an gutte frucht, das auch got einem ytlichen menschen nach seinem verdynst lonen wird und, so wir vor dem gericht Christi erscheinen werden, das meniglich[12] nach seinen wercken, sie synd gutt oder poß entpfahen würdt. Darumb auch der heillig Jacobus sagt, der gelawb sey an[13] die werck todt und ein ytlich[14] mensch, der den gelawben mit den wercken nicht anzeigt, sey einem menschen geleich, der sich in einem spigel ansicht, geth weg und weiß nicht, wie er gestalt geweßen ist. Derhalben der gelawb nit im mundt oder in wortten allein stet, sunder, der do recht gelawbt und wol würckt, der wirt selig.

Wir wissen auch, das wir allein uns die eygen werck nit sollen zumessen, geschicht aber etwas guttes durch uns, das solchs nit unßer, sunder gottes werck ist. Darumb uns an[15] grunt peygelegt wirt, das wir uns unßerer werck romen[16], sunder unßer rom[17] ist allein in dem verschmechten und gekrewczigten Christo, der uns heist sein crewcz auf uns zu nemen und im nachvolgen. Derhalben erkenn wyr uns schuldig, werden auch das geheißen den alten Adam untterzutrucken, den leib dem geist durch kestigung[18] untterwürffig zu machen, der wir gleichwoll im closter mer stat und

11 ohne
12 jeder
13 ohne
14 jeglicher, jeder
15 ohne
16 rühmen
17 Ruhm
18 Kasteiung, Züchtigung, Bußübungen

ursach haben dann außwendig; das wir ausserhalb auch nit selig hoften zu werden, sunder das wir je gern in der beruffung, zu der uns got erfordert hat, pleiben wolten, dann warlich syndt wir [nit] von guttes leben wegen im closter oder nemen unßern lon hie ein, so weiß got und die welt, das wir arm ellend lewt syndt, aber unßer hoffnung streckt sich weitter, dieweill wir wißen, das wir hie kein beleibende stat haben.

Uns ist auch unverporgen, das die seligkeit nit in essen und trincken noch in speiß stet; das wissen wir aber herwiderumb, das sie nit in essen und trincken, noch auch in fullerey[19] stet. Es muß dennoch gepett, gefast und gewacht, hunger und durst erliden werden, soll anders der sterblich leib vertruckt werden und der beleibend geist die oberhant gewynnen. Der aber durch zeitlich wollust gedenckt das hymelreich zu erlangen, mocht sich selbs woll betrigen, es sey denn, das die heillig geschrift falsch sey, nachdem die cristenlich freyheit nicht in dem fleisch, sunder in dem geist stet.

Wyr verachten auch den elichen standt nicht, dann wir wissen, wer sein junckfrawen verheyret, das derselbig wol thut, aber nach s[ant] Paulus ler wissen wir auch, wer sein junckfrawen nit verheyret, das derselb noch paß[20] thut. Ob wir nun got in der junckfrawschaft zu dynen uns untersten, kan uns warlich von nymandt verstendigem verwißen werden, wer aber zu solchem nicht geneygt oder nicht gern pey uns wer, der solt uns warlich auch unmer[21] sein; gedencken darumb kein swester pey uns mit gewalt oder irn eltern vorzuhalten, wollent auch derhalb nymandt urteyln, sunder ein ytlich mensch urteyl sich selbs; wirt meniglich wol rechnung thun, so wir alle fur das gericht gottes kumen. Aber als wir nymandt gern betrangen wolten als gern wolten wir auch unbedrangt und mit dem geist, nicht dem leib frey sein [...].

19 Völlerei, Unmäßigkeit
20 besser
21 unwert, gleichgültig?

D: Die Denkwürdigkeiten der Äbtissin Caritas Pirckheimer. Hrsg. von Frumentius Renner. St. Ottilien: Eos Verlag, 1982. S. 10–12. [Auszug.] – Nachdr. der Ausg. von Josef Pfanner. Landshut: Solanusverlag, 1962.

L: Anne Conrad (Hrsg.): »In Christo ist weder man noch weyb«. Frauen in der Zeit der Reformation und der katholischen Reform. Münster 1999.
Ursula Hess: Lateinischer Dialog und gelehrte Partnerschaft. Frauen als humanistische Leitbilder in Deutschland (1500–1550). In: Deutsche Literatur von Frauen. Hrsg. von Gisela Brinker-Gabler. Bd. 1. München 1988. S. 113–148.

## 55

## Frauen in der Täuferbewegung: Brief Johann van Beckums über die Hinrichtung seiner Frau und seiner Schwester als Täuferinnen (1544)

Im Gefolge der Reformation fühlten sich viele Frauen durch radikale reformatorische Bewegungen angesprochen. Besonders die Täufer, die seit 1525 vor allem in der Schweiz, in Oberdeutschland (Straßburg), den Niederlanden und in Norddeutschland verbreitet waren, fanden großen Anklang. Diese lehnten nicht nur die Kindertaufe ab und praktizierten statt dessen eine »Glaubenstaufe« als Erwachsene, sondern wandten sich gegen die enge Verbindung von Staat und Kirche, distanzierten sich weitgehend von der staatlichen Obrigkeit (Verweigerung des Eides und des Wehrdienstes) und erlitten deshalb heftige Verfolgungen. Der Brief des geldrischen Adligen Johann van Beckum aus Overijssel (Ostfriesland) an seine Schwäger über Verhaftung und Hinrichtung seiner Frau Ursula von Werdum und seiner Schwester Maria van Beckum, die beide Anhängerinnen des spiritualistischen Täuferführers David Joris (1501/02–1556) waren, verdeutlicht, wie von der Obrigkeit ohne Ansehen der

Person mit Täufer(inne)n verfahren wurde. Um 1544 gab es in Utrecht und Overijssel eine große Zahl von Joristen, die trotz Zugehörigkeit zur Oberschicht nachhaltig verfolgt wurden. Der Brief ist darüber hinaus ein Beispiel dafür, daß Frauen ihre Glaubensüberzeugung selbständig und ohne männliche Bevormundung leben konnten. Johann van Beckum selbst war kein Anhänger der Täufer und hatte wenig Verständnis für deren Anliegen, respektierte aber die religiöse Entscheidung seiner Frau und seiner Schwester. Ursula von Werdum und Maria van Beckum wurden im Mai 1544 verhaftet und am 13. November 1544 hingerichtet. Dem Schreiben Johann van Beckums war ein Brief der Brüder Ursula von Werdums vorausgegangen, in dem sie sich über das Ausbleiben einer Mitteilung über den Tod ihrer Schwester beklagt hatten.

## Johann van Beckum an Hicko und Hero von Werdum über den Tod ihrer Schwester Ursula von Werdum (11. Dezember 1544)

Meine freundliche Verehrung und was Euch Liebes und Gutes anzuführen ist. Ehrbare und ernstlich freundliche, liebe Schwäger, die Ihr am 18. November [den Brief] geschrieben habt, dessen Inhalt ich zur Kenntnis genommen habe. Als Ihr dann unter anderem auch darin vermeldetet, wie Ihr davon eine flüchtige Kunde erhalten habt, wie Eure Schwester und meine liebe selige Hausfrau kläglich und elendig auf die Fleischbank geführt und darauf gebracht worden sind, und daß es Euch nicht wenig befremdet, daß ich solches bei mir (der ich gleichzeitig so elend und verlassen war) in meinem Herzen verschlossen habe, statt Euch die Ursache und den Stand der Dinge verständlich zu machen. Darüber habt Ihr Euch bei Eurer g. h. und bei den anderen Freunden mit allem Recht beklagt, wie Ihr es dann auch in Eurer Rede getan habt – und darum will ich Euch trotz meines betrübten Gemütes nichts verbergen: Zu der Zeit als meine liebe Hausfrau und Eure Mutter und die beiden Schwestern hier in meinem Haus gewesen sind, geschah es, daß meine Schwester Marie und meine liebe Hausfrau von hier durch den Drosten von Twente, Goesen von Raysfelt, geholt wurden, von ihm wurden sie dann gesehen und gehört. Anfangs handelte ich mit ihm und fragte, welches die Ursache war, daß er meine Schwester nahm, die zusammen mit meiner Hausfrau ihren Glauben leben wollte. Da sie [die zurückgekehrte Mutter und die Schwestern] Euch dies ohne allen Zweifel gründlich und genugsam angetragen und zur Kenntnis gegeben haben, wundert es mich auch nicht wenig, daß Ihr mir auflegen [vorwerfen] könnt, daß ich Euch nicht in Kenntnis gesetzt habe. Ich habe diesen Handel nicht eigentlich überblicken können, wie die Mutter und die Schwester selbst gesehen und gehört haben. Ich bat Euch auch danach durch einen kundigen Boten, den die Mutter und Schwester bei mir gehabt haben, mit aller Verständigkeit, die ich und alle aus dem Gut entbieten können, mündlich darum, daß ich von Euch darauf sowohl Antwort als auch Hilfe erlange; und ich kann Euch abgesehen davon jetzt nicht unvermeldet lassen, obwohl ich es gehofft hatte, daß dieser Drost meine Hausfrau und ihre Schwester ein halbes Jahr lang in seinem Haus verwahrt hat, daß die Sache mit ihnen zur Besserung reichen sollte. Also, liebe Schwäger, hatte ich derweil im höchsten Maße und elendig zu beklagen, daß Eure fromme, liebe Schwester und meine liebe und selige Hausfrau von Euch und den gesammelten Freunden verlassen worden sind, dieses habe ich dem Allmächtigen in aller Ewigkeit zu beklagen. Also kann ich Euch Lieben leider nicht verbergen, daß sie, meine liebe Hausfrau und Schwester, weil sie aus vollem Herzen bei ihrem Glauben geblieben sind, am Donnerstag nach dem letzten Martini [13. November 1544] im Namen der Römischen Kaiserlichen Majestät [gemäß einem Edikt von 9. September 1544] durch den Kommissar von Arnheim aus dem Lande Geldern und im Beisein des Gerichts, des Drosten von Twente usw. (meine Mutter und ich und unsere Freunde haben die eigentliche Kunde des Gerichtstages niemals erhalten) ohne alle unsere Gerechtsame an zwei Pfosten geschlagen und mit Feuer und ohne religiöse Tröstungen umgebracht und geräuchert worden sind. Der Allmächtige möge den Seelen gnädig und barmherzig sein. Und sie hängen noch über der Erde, und obwohl wir mit allem Eifer dabei sind, die toten Leichname zur Erde zu bekommen, stehen sie zu dieser Zeit immer noch gepfählt da. Wir sind aber noch der besten Hoffnung. Nun könnt Ihr wohl bedenken, daß niemand mehr Leid geschehen ist als mir, und wenn ich mit Zutun meiner Freunde den elenden Handel hätte hindern und verhindern können, dann sollte ich mein Leben und Gut nicht geschont haben. Und darum bitte ich Euch Lieben freundlich, daß Ihr mir dann Euren guten Rat und Eure Meinung mitteilen wollt mit Reden und Bescheid, was fortan am besten in dieser Sache zu tun ist. Denn selbst wenn Eure Schriften nicht bei mir angekommen wären, wollte ich doch zumindest dies hier an Euch Lieben geschrieben haben. Damit empfehle ich mit sämtlicher Freundschaft Euch dem Allmächtigen an.

Geschrieben im Jahr 1544 am 11. Dezember,

E[uer] l[ieber] Sch[wager] Johan van Beckm, manu propria [mit eigener Hand]

D: Emder Jahrbuch 15 (1905) S. 407–410. – Übers. aus dem Niederdeutschen von Nicole Grochowina und Jana Jürgs.

L: Roland H. Bainton: Frauen der Reformation. Gütersloh 1995. S. 161–166. [Abdruck des Verhörs einer friesischen Täuferin.]
Hans-Jürgen Goertz: Religiöse Bewegungen in der Frühen Neuzeit. München 1993.
Gary Waite: David Joris and Dutch Anabaptism, 1524–1543. Waterloo 1990.

A: Herd und Himmel. Frauen im evangelischen Württemberg. Katalog zur Ausstellung im Landeskirchlichen Museum Ludwigsburg vom 17. Mai 1997 bis 29. März 1998. Stuttgart: Steinkopf, 1997. S. 146.

Eine Frau wird getauft

Zeichnung aus einer niederdeutschen Täuferhandschrift, um 1600

## 56
# Brief der als Hexe angeklagten Katharina Henot an ihren Bruder (1627)

Von den Hexenverfolgungen, die im 16. und 17. Jahrhundert ihren Höhepunkt erreichten, waren mehrheitlich Frauen betroffen. Ein aufsehenerregender Fall war der spektakuläre Prozeß gegen Katharina Henot. Diese stammte aus einer angesehenen Kölner Familie, war früh verwitwet und führte selbständig die Postniederlassung ihres Vaters. Ihr Bruder Hartger war ein ranghoher Kleriker (u. a. Mitglied des Kölner Domkapitels), einige ihrer Schwestern lebten im Kloster. Seit 1626 wurde Katharina Henot als Hexe denunziert. Sie setzte sich dagegen, unterstützt durch ihren Bruder, offensiv zur Wehr und verlangte vom Kölner Erzbischof die Einrichtung einer Untersuchungskommission. 1627 ließ der Rat der Stadt Köln sie verhaften und mehrmals foltern. Das Hohe Gericht verurteilte sie schließlich zum Tode. In einem Brief an ihre Familie – geschrieben mit der linken Hand, weil die rechte durch die Folter gelähmt war – widersprach Katharina Henot den Vorwürfen, die ihr gemacht wurden, beteuerte ihre Unschuld und drängte darauf, sich weiter zu verteidigen. Am 19. Mai 1627 wurde sie hingerichtet. Vermutlich war der Prozeß gegen Katharina Henot für den Jesuiten Friedrich von Spee Anlaß für die Abfassung der *Cautio Criminalis* (1631), einer der ersten einflußreichen Schriften gegen die Hexenverfolgung.

### Brief der Catharina Henot aus dem Gefängnis des Hohen Gerichts an ihren Bruder

Die Gnad Gottes seie mit uns allen, Amen. Gestern seint alle die Scheffen hie gewesen, haben mich den Morgen und den Nachmittag viell seltzsame Sachen sonder Peinigen abgefragt, die – Gott Lob – gelogen seint.

Vorehrst hette ich Wallraff bezaubert, daß er daruber gestorben. Da last alßbalt seinen Doctor hollen. Der soll Zeugnus geben, daß, ehr wir ihnen gekant, ein fluissiger, schwacher Herr gewesen, und ist doch ahm Fleckesfieber oder Pest gestorben.

Zum zwetten hette ich Pastor Lucas Weyendall auch blindt unnd todt gezaubert. Seint diß nit große Lugen? Der Pastor Lucas hat mir geklagt, daß er den Fueß uf die Augen zu Woringen hette bekommen, als er vom Capittell dahin geschickt, daß Weehrt zu Woringen zu paßen. Dah hette er in der Kelte und den Bauren zugesehen mit paßen. Davon hat er mir allezeit geklagt. Doch bin ich nit bey ihme gewest. Und das hatte ich auch bey ihne wollen schlaffen, – er hat mir der Zeit noch die Beichtt allemahl gehyrt – ist erlogen.

Zum dritten hette ich den Welschen Doctor zu den Predigeren auch todt gezaubert. Als er von den Claren kommen wehre, hette ich ihme ein Schnaupfduich geben. Damit hette ich ihnen bezaubert. Ach Gott, waß großer Lugen ist diß. Es ist wahr, daß ich ihme und seinem Mitgesellen ein Schnaupfduich in meinem Hauß voir den Predigern gegeben. Da quam er langs mein Hauß. Dabevorn wahr der Subprior mit Herrn Georgius Neeff bey mir gewest und sagte mir, der Welsche Doctor wehre zu Claren zum Visitator verordnet, mit andern Herrn, und wehr dah gewest und hette Suster Margett visitiert und hette den Mittag dah gessen und wehre ihnen davon so ubell worden und hette ein groß Geschwer anstundt ans Hinders bekomen. Als ich diß hort, daß er zue Claren wahr gewest, und sahe ihnen langs mein Hauß komen, rieff ich ihnen herin und fragte ihnen, – dah hatte er die Kranckheit als – wie es mit meiner Suster wehr abgangen. da sagt er, er hette sie nit konnen verstehen; man hett es im al musen zu Latin sagen. So kont er mir nit davon sagen. Er hett die andere lasen gewerden. Damit scheiden wir von ein ander. Nun müst ihr nit lasen und schicken den Supprier ein Pott und fragen in, ob er nit zu mir gesagt, das der Doctor von dem Esen zu Claren wehr so kranck worden. In Ewerem Hauß unden im Sael hat er es mir gesagt. Schickt dem Prier mit dem Supprier Bott, in

Eil; die Scheffen wollen sey auch apfragen. Ach mein Gott, wie beligen mich die Menschen und böse feindt.

Zum vierden hatt der Welffer Halffman gesagt, ich hette sein Kindt, so er mit der erster Frawen gehabt, auch dott gezaubert. Das ist auch gelogen. Schickt im in Eil Bott und nembt Zeugnuß von ihm.

Zudem fragten sey mich, ob ich nit den Zanck und Hader zwischen dem Capittel St. Andrea und dem Halfman zu Welffen gemacht. Da sagt, ich weis von keinem Zanck. Ich hette dem Capitel uber 1500 Morgen Landts bey brächt, – Derhalben mach mir der Halffman nit gunstig sein – welches ich mit den Bücheren wil beweisen. So müst ihr nit lasen und schicken ein der versigelter Bücher, da die Scheffen von Dormagen ihr Siegel ahn haben gehangen, mit Züge ins Gericht. Darauß kunen sey sehn, ob ich dem Capittel St. Andrea Schaden oder Nutzen gedahn hab.

Zum funften hette ich des Schulmeisters Fraw zu St. Severin, als sy in die Probstey gewohnet, ein Drunck Wein geschenk. Hette drey oder vier Monat ein Kindt gedragen. Sobalt als sey den Drunck gedruncken, were sy in den Kram komen und hett ein dot Kindt auff die Welt bracht. Das ist auch gelogen, wie Johannes weis. Der hat mit ihr gewedt, das sey ein Sohn drage, und sey ist darnach alsbalt glücklich in den Kram komen.

Da hat der Meister gesagt, ich hett die Probstey eins so vol Ruppen gezaubert, das sey den Garden verdorben, und die Rupe wehren als die Wendt und zum Schorestein herauff gekrochen.

Zum dritten hat der Meister gesagt, ich het ein Zweig mit zwey Zacken von einem Appelbaum geschniden, hette das dem Meister in die Handt geben und het im geweist, wie er damit verborgen Schatzs solt finden. Ob diß nit Zuberwerck were? Darauff ich geantwordt, das hette ich nit gedahn, sonder Johannes hette so in Geckerey mit dem Schulmeister gehabt. Wo oder von wehm diß Jannes das erstmal mit dem Appelzweig gesehn oder gelehrt, mach er sich bedencken und mich verdedigen. Cito, cito, cito mit allem Beweis.

Die Madalin hat gesagt, das ich bey ihr wer gewest mit etliche statliche, vermommet, und hette sey gekratzt und hette sey willen zwinge zur Widerruff, hette die böse Geister ihr auch eingegeben; sey solt alles von mir, so sey gesagt, widerruffen. Ich bin nit bey ihr noch beim bosen Geist gewest. Ist alles erlogen.

Und ich solt bey underscheitliche Graffen geboliert haben, daß etliche grose Heren, so daß gezugt, gesehn und bey den Graffen im Bet fonden. Ach was falscher Lügen. Es stündt den Scheffen vil zu beweisen, wan sey alles, was sey mir vorgehalten, dardhon solten. Also hab ich in allem, allem die Warheit, bey meiner Sehlen Heill, darauff bekendt, so sey von mir boß gezeugt. Schick mir den Doctor her. Ich bin sehr kranck.

Zuletzt, als die Scheffen ein Weg wolte gehn, so heilten sey erst Ratt in ein ander Kammer und kamen da bey mich al wider und lasen mir durch den Griffen anzeigen, sey wolten mit der Justitia fortfaren, ob ich schon nit bekennen wolten. Da batt ich sey, sey solten mich auff Bürschafft loß lasen. Darauff wolten sey mir kein Antwordt geben. Ich bin dreymal vor sey auff die Knie gefalle und sey gebetten, damit ich die grobe Lügen selber mochtte verdedigen. Ach wehr ich darauß. Ich wolt sey balt verdedigt haben.

Von Anna Maria und Margrit Zugenus haben sey mihr auch vorgehalten. Da fragte sey, ob ich es Concept gemacht. Da sagt ich, nein, das het ich auff Franckenthorn lasen machen.

Vom Creutzs haben sey mir al wider vorgehalten und andere Sachgen mehr. Romerswinckel fürdt gar spotlich herauß: sehet, Her Camp hat die Hollers loß begert und wolt die vor sein Dochter halten, und Peter (Pater?) Claß Margrett; sehet, wie ist inen das geluick.

Halt ahn, das wir uns moge verdedigen, damit ich nit unschuldig umbkom. Bit her Kamp, das er helfft. Hiemit Got befollen. In Eil. Coln in des Griffe Gefengnus, 16. Mertz 1627.

D: Friedrich Wilhelm Siebel: Die Hexenverfolgung in Köln. Diss. [Masch.] Bonn 1959. S. 147–149.

L: Thomas P. Becker: Hexenwahn: Der Abschiedsbrief der Katharina Henot, 16. März 1627. In: Quellen zur Geschichte der Stadt Köln. Bd. 2: Spätes Mittelalter und frühe Neuzeit (1396–1794). Hrsg. im Auftrag des Fördervereins Geschichte in Köln e. V. von Joachim Deeters [u. a.]. Köln 1996. S. 220–226.
Wolfgang Behringer: Hexen und Hexenprozesse. 3., aktual. Aufl. München 1995.
Claudia Opitz (Hrsg.): Der Hexenstreit. Frauen in der frühneuzeitlichen Hexenverfolgung. Freiburg i. Br. 1996.

## 57

## Weibliche religiöse Erbauungsliteratur: Auszug aus der Betrachtung *Von Marien Schwanger-gehen* der Barockdichterin Catharina Regina von Greiffenberg (1678)

Catharina Regina von Greiffenberg (1633–1694) gilt als bedeutende Dichterin der Barockzeit. Geboren in Niederösterreich (Schloß Seisenegg bei Amstetten an der Ybbs), gehörte sie zum lutherischen Landadel, der sich als Minderheit gegenüber dem katholischen Kaiser zu behaupten versuchte. Sie genoß eine umfassende Bildung (mehrere Sprachen, Literatur, Naturwissenschaften), pflegte seit 1662 einen intensiven Briefwechsel mit dem Schriftsteller Siegmund von Birken und wurde später Mitglied einer literarischen Gesellschaft. 1664 heiratete sie ihren Onkel und Vormund Hans Rudolph von Greiffenberg (um 1606–1677). Seit 1663 lebte sie in Nürnberg.

Seit einem visionären Erlebnis im Jahr 1651 widmete sie sich vor allem der Lektüre von theologischen und wissenschaftlichen Werken und verfaßte Dichtungen, Übersetzungen, politisch-historische und vor allem religiöse Schriften. Ihr literarisches Hauptwerk bilden die in vier Teilen erschienenen und insgesamt 4000 Seiten umfassenden *Andächtigen Betrachtungen* über das Leben Jesu. Ausgehend von Versen aus den neutestamentlichen Evangelien wird eine Chronologie des Lebens Jesu – von der Geburt bis zum Tod – meditativ erschlossen. Im Unterschied zur zeitgenössischen Erbauungsliteratur stehen nicht die Sündhaftigkeit des Menschen und die Aufforderung zu einem besseren Leben im Vordergrund, sondern die Erkenntnis des »Wortes Gottes« und die Vertiefung des rechten Glaubens. Obwohl überzeugte Lutheranerin, finden sich bei Greiffenberg auch katholische Einflüsse (Ignatius von Loyola, Franz von Sales). Der folgende Textauszug ist dem Kapitel »Von Marien Schwanger-gehen« aus dem ersten Teil der Betrachtungen über *Menschwerdung, Geburt und Jugend Jesu Christi* (1678) entnommen, in dem die einzelnen Phasen der Schwangerschaft der Mutter Jesu, insbesondere ihr Besuch bei ihrer Schwägerin Elisabeth, erläutert werden. Anläßlich der Begrüßung durch Elisabeth (»Gebenedeit bist du unter den Weibern«) läßt Greiffenberg sich darüber aus, daß Frauen, gleich welchen Standes, ebenso wie Männer vom Heiligen Geist erfüllt sein können und von Gott nicht verachtet werden. Sie illustriert dies durch den für eine Protestantin eher ungewöhnlichen Verweis auf 15 Heilige und Märtyrerinnen, die nach ihrer Interpretation auf unterschiedliche Weise mit dem Geist Gottes begabt waren. Die ›männlichen‹ Attribute, die ihnen zugeordnet werden (Stärke, Weisheit, Gelehrtheit, Kenntnis der Heiligen Schrift), verdeutlichen, daß vor Gott die Geschlechterdifferenz keine Rolle spielt.

Und Elisabeth ward des Heiligen Geistes voll / und rief laut und sprach: Gebenedeyt bist du unter den Weibern / und gebenedeyt ist die Frucht deines Leibes!

O allerhöchste Glückseeligkeit / im Himmel und auch auf Erden / des Heiligen Geistes voll werden! wann man das Meer voll Perlen / die Berge voll Gold / die Felder voll

Kriegs-Heer / ja den Himmel voll Engel hätte / wäre es alles nichts dagegen. Ach! der Heilige Geist! der Göttliche Geist! der himmlische Geist! der ewige Geist! der Geist der Freuden / des Trostes / des Friedens / der Lieb und Einigkeit! die himmlische Salbung / das Freuden-Oel / der Paradeis-Balsam / die Flamm GOttes / die Glaubens-Taube! der Nectar-Regen und Segen-Fluß! der Seelen-Refir! Herz-Favonius und Lebens-Wind! Der aller-Herz-erwünschteste Labe-Luft! Biesem-Luft / und Sinn-Erqwickung / kurz: die unausdenkliche All-Ergetzung! Ach! wann man dieser voll ist / was hat man weiter zu verlangen? nichts / als deren Unaufhörlichkeit.

O heilige Erfüllung! erfülle mich auch mit dir; kein Tröpflein ist in mir / es seufzet um diese Erfüllung. Die Natur / schreiben die Gelehrten / leidet nichts leeres. Ach! so leide du auch nichts leeres in mir / du allergütigste und alles erfüllende Gottheit Natur!

Es ward aber Elisabeth voll des Heiligen Geistes / daraus klärlich zu sehen / daß der Heilige Geist / auch die Weibsbilder seiner Erfüllung würdiget / und weder Geschlechte / Stand / noch Alter von seiner Gnad ausschliesset. Maria war eine Jungfrau / Elisabeth eine Ehefrau / Hanna eine Wittfrau / alle wurden sie mit dem Heiligen Geist erfüllet. Er schliesset niemand aus / als wer sich ihm widersetzet / und ihm mit Vorsatz-Sünden widerstrebet. Er sihet kein Geschlecht an / und ob die schwachen Weibsbilder schon sonsten / sind sie doch von ihm nicht verachtet / er wirket / singet / spielet / jauchzet / und jubiliret so wol in ihrem Herzen / als in den Männern; er macht sie auch beherzt / stark / freudig / und großmütig / wann es den göttlichen Namen und Christlichen Glauben zu bekennen angehet / wie die gottsförchtige Apolonia / durch Kraft des Heiligen Geistes / das Feuer nicht fürchtete / sondern mit Freuden / ehe sie den Christlichen Glauben verläugnen wolte / hinein sprange.

Die unvergleichlich-begeistete Agnes / rüstete er so mit Kraft aus / daß sie / ihren Herzen-Bräutigam JEsum nicht zu verlassen / alle Qwal erlitte / die ihr Symphronius anzuthun begunte / und machte sie so keck / daß / ehe sie der Abgöttin Vesta opfern wolte / sie sich bei aller ihrer Keuschheit (sich auf JEsu Allmacht verlassend) ehe nackend ausziehen / und in das gemeine Unzucht-Haus führen ließe / aber der Heil. Geist machte einen Glanz um sie / daß niemand / wie in die Sonne / in sie schauen konte; er erhielte sie auch nachmals mitten im Feuer / und machte solches / an statt ihrer / ihre Verbrennere verbrennen. Doch gönnte er ihr die Ehre / daß sie ihr Blut / im Tod / um desselben Willen vergossen / der sie / mit seinem Blutvergiessen / vom ewigen Tod erlöset hat.

Die heilige Crispina hat dieser Freuden-Geist wol recht mit himmlischen Freuden-Oel gesalbet / es hiesse bei ihr: allzeit frölich! dann sie freuete sich da sie gefangen ward / da sie vor dem Richter geführet / da sie ins Gefängnis geworffen / da sie gebunden wieder heraus gezogen / da sie im Stock empor gesetzet / da sie verhört / ja vor alles / da sie zum Tod verurtheilet ward. In diesem allem freuete sie sich / und lobsunge GOtt mit den heiligen Engeln / liesse auch mit Freuden ihr Haupt / Blut / und Leben springen / dem jenigen zu Ehren / der sie erschaffen / erlöset / und mit Freuden geheiliget hatte.

Der Geist der Stärke / zoge die Heldenmütige Blandina an / daß nicht sie / sondern ihre Henkere müd wurden / sie zu peinigen / da sie doch von Natur ein blöd / schwach / und verachtes Weibsbild war / und die andern Christen / ihrer Schwachheit halben / wegen Ausdaurung / in großen Sorgen stunden; der Heilige Geist aber wolte in ihr / daß er in den Schwachen mächtig ist / zeigen / verliehe ihr solche Stärke / daß jedermänniglich / auch ihre ärgste Feinde / bekennen müßen / daß nie kein Frauenbild / mit solcher Beständigkeit / soviel und große Marter so ritterlich überwunden hätte.

Der Geist der Weisheit / erleuchtete die gelehrte Alexandrinische Catharina / daß sie 50. der weisesten Philosophen überwand / eintrieb / und zum Christlichen Glauben bekehrte / hernach gar die Gnaden-Kraft erlangte / ihren Heiland / mit ihrem Blut / zu bekennen / und um seine Ehr und Lehr / ihr Haupt und Leben zu lassen / welches einer rechtschaffnen Christin eine Haupt-Ehr und Gnade ist.

Die Anastasia / machte der Geist des Trosts und zugleich der Gelehrtheit / die höchst-tröstlichst-gelehrtesten Briefe an die heiligen Märterer schreiben / wie sie solten getrost und beständig im Glauben seyn.

Der gottseeligen Paula schärfte er dermassen das Gedächtnis / daß sie die heilige Schrift ganz auswendig gekont.

Die vielbegabte Dionysia / hat er zugleich mit der Stärke / auch mit Weisheit / Keuschheit und Großmütigkeit angezogen / daß sie sich erkläret / alle Marter zu leiden / und nur sie nicht zu entblößen gebetten; da es aber geschehen / und ihr ganzer Leib voll Blut überfärbet ware / sagte sie / daß alle zeitliche Schmach ihr zu himmlischer Herrlichkeit gedeye: ermahnte / mit viel beweglichen Worten / die Umstehende zur Beständigkeit / ihren Sohn aber / den sie im Leibe getragen / bate sie / daß er seinen Leib dem HErrn Christo mit Freuden aufopfern wolte; vor welches / da es geschehen / sie GOtt herzlich dankete / ihn in ihr Haus begrube / und ihr Gebet / um die Christliche Nachfolge / desto getroster auf seinem Grab verrichtete.

Die mannliche / ja recht ritterliche Julitta / da ihr / ihr Recht zu verlieren / oder Christum zu verlaugnen / in die Wahl gegeben wurde / machte der gewiße freudige Geist sagen[:] was frag ich nach meinem Reichthum / was frag ich nach meinem Leben? Ich will tausendmal lieber sterben / als etwas wider meinen Schöpfer thun. Ja / er machte sie danken / daß sie von der Erden verstoßen würde / damit sie desto ehe das Paradeis besitzen möchte. Er besasse sie gleichsam / (so zu sagen) und sagte / aus ihr / zu denen Weibsbildern / daß sie eben so wol zum Bild GOttes / zum höchsten Gut / zur höchsten Tugend / und mit einem solchen Herzen von Gott erschaffen wären / als die Männer / ja / von des Mannes Ribbe und Beinen erbauet worden; daß sie stark / fest und unbeweglich / in aller Marter / um GOttes Ehre willen / verharren solten / wie sie dann / nach vielen Abwendungen / einmal vor allemal sagte: Sie wolte eine unablösliche Dienerin Christi verbleiben. Darauf sie / mit einen unglaublichen Glauben und Begierde / in das Feuer gesprungen / den feurigen Freuden-Geist in ihr habend / bis ihr Geist mit ihm in den Himmel gelanget / der auch ihren Leib wieder beleben wird.

Uber die schön und keusche Potamiena / hat die himmlische Salbung / das Göttliche Freuden-Oel / der Heilige Geist sich ausgegossen / und ihre Schmerzen gelindert / und erträglich gemacht / als die Tyrannen heisses Pech auf ihren schönen Leib gegossen hatten / welches doch der Heil. Geist sie mit herrlicher Standhaftigkeit erdulten machen.

Die Heilige Geist-erfüllte Publia / lobte GOtt mit geistlichen Liedern und Psalmen / ungehindert deß Juliani Verbotte / ja / der Schläge / die er ihr deßwegen geben ließe / so sie vor lauter Ehre hielte / und freudig mit Loben und Singen fortfuhre.

Der keusche Geist GOttes befestigte die Christliche Jungfrau Trabula / daß / als sie fälschlich der Zauberey bezüchtiget wurde / sie sich ehe wolte mit der Säge voneinander schneiden lassen / als einem von den Persischen Weisen zu Willen werden.

Die heilige Victoria hatte zwar nicht den Tod / aber etwas viel schwerers / zu überwinden / nämlich die ehelich- und mütterliche Lieb und Treue / noch half ihr der Heilige Geist nicht allein alle Marter ausstehen / sondern auch dieser ihre Vermahn- und Bewegungen überstreben / und ins Werk sezen: man muß GOtt mehr gehorchen / dann den

Menschen / und allen menschlichen Reg- und Bewegungen. Welches auch / durch Kraft des oft-berührten Heiligen Geistes / gethan haben / die Gott-liebenden Frauen / Felicitas und Perpetua / da weder die erste ihr unter dem Herzen / noch die andere ihr an der Brust ligendes Kindlein nicht verschonet / sondern die eine sich / samt ihm / den wilden Thieren vorwerffen lassen / die ander aber / an statt selbes zu speisen / selbst eine Speise grimmer Thiere worden ist. Sie werden auch darauf erlangt haben / was ihrer beeder Namen ausweisen / und gehet endlich alle Marter aus / auf dieser lezt-gesezten Dreyer Namen / nämlich: auf

Victoria & Perpetua Felicitas!
Auf Sieg / und ewige Glückseeligkeit.

Da sihet man / daß nicht allein Elisabeth / sondern auch unzählig andere Weibsbilder mit dem Heiligen Geist erfüllet worden / auch noch werden / wann sie allein seinem Trieb statt geben / und nicht widerstreben: dann GOtt verachtet nicht / was von der Welt verachtet ist / sondern übt seine höchste Macht in den Ohnmächtigen / und erzeigt sich mächtig in den Schwachen / darum er auch die Elisabeth erfüllete.

Es läst sich aber der Geist nicht bergen / wo er wirket / nicht stillen / wo er spielet / gleich wie sich ein ergossener Fluß nicht zäumen lässet / sondern Gestad und Ufer mit sich führet. Wie der Wind keine Schranken leidet / und das Feuer keine Gränzen: also ist der Geist ganz frey in seiner Ausstrahlung / wie die Sonne / die durch alle Gläser und Wasser dringet. Er ist auch nicht still / sondern laut / wie ein getrettenes Horn / das man auf etliche Meilen höret / und geschwind eines das andere thönen machet / bis daß das ganze Land voll wird. Also Elisabeth / da sie des Heiligen Geistes voll ward / riefe sie laut. Der Heilige Geist gibet nicht stumme und mumlende Bewegungen ein / sondern laute heroische / unerschrockene Bekäntnißen / die sich frey ungescheut in die Welt wagen / es mag kosten oder gelten was es wolle. Er ist nicht laulicht / sondern hitzig / denn jenes wird ausgespyen; er macht nicht stumm / wie der bőse Geist / sondern reden / was zu GOttes Ehre dienet. [...]

D: Catharina Regina von Greiffenberg: Sämtliche Werke in 10 Bänden. Hrsg. von Martin Bircher und Friedhelm Kemp. Bd. 3: Der Allerheiligsten Menschwerdung, Geburt und Jugend JEsu Christi Zwölf Andächtige Betrachtungen. Betrachtung 1–6. Millwood (N.Y.): Kraus Reprint, 1983. S. 147–155.

L: Heimo Cerny: Catharina Regina von Greiffenberg, geb. Freiherrin von Seisenegg (1633–1694). Herkunft, Leben und Werk der größten deutschen Barockdichterin. Amstetten 1983.
Cristina M. Pumplun: »Begriff des Unbegreiflichen«. Funktion und Bedeutung der Metaphorik in den Geburtsbetrachtungen der Catharina Regina von Greiffenberg (1633–1694). Amsterdam/Atlanta (GA) 1995.

## 58

## Auszug aus der Autobiographie der Radikalpietistin Eleonore Petersen (1718)

Als neue und einflußreiche religiöse Bewegung entstand im letzten Drittel des 17. Jahrhunderts innerhalb des Protestantismus der Pietismus. Erwachsen aus der Kritik an der lutherischen Orthodoxie standen für die Pietisten nicht bestimmte dogmatische Lehren, sondern die *praxis pietatis*, die tätige Frömmigkeit (des einzelnen und der Gemeinde), im Vordergrund, eine von Institutionen und Hierarchien weitgehend unabhängige Religiosität. Zu den Initiatoren der pietistischen Bewegung gehörten Philipp Jakob Spener und Johanna Eleonore Petersen, geborene von Merlau. Spener hatte in Frankfurt am Main seit 1670 *Collegia pietatis* eingeführt, Versammlungen im Anschluß an den Gottesdienst, in denen Bibelverse gelesen und besprochen wurden. Johanna Eleonore von Merlau (1644–

1712) schloß sich 1675 diesen Frankfurter ›Pietisten‹ an, begründete seit 1676 ähnliche Gesprächskreise und sammelte eine wachsende Schar von Anhängern um sich. Zu diesen gehörte der Theologe und spätere Superintendent von Lübeck und Lüneburg Johann Wilhelm Petersen, der unter ihrem Einfluß »seine Abkehr von der Schulphilosophie und Schultheologie und seine Hinwendung zum Pietismus vollzog« (M. Matthias). Kennzeichnend für die Frankfurter Pietisten waren neben der intensiven Bibellektüre eine rigoristische Weltverachtung und »Selbstverleugnung« sowie ausgeprägt chiliastische Tendenzen (Erwartung der nahen Endzeit).

1680 heirateten Johanna Eleonore von Merlau und Johann Wilhelm Petersen. In der Folgezeit verfaßten sie zahlreiche Schriften, in denen sie ihre pietistisch-chiliastische Theologie ausbreiteten und durch die sie zunehmend in Konflikte wegen ihrer Rechtgläubigkeit gerieten, bis hin zur Amtsenthebung Johann Wilhelm Petersens in Lüneburg 1692. Theologiegeschichtlich werden die Petersens dem radikalpietistischen Flügel zugerechnet.

Der Quellenauszug stammt aus den autobiographischen Aufzeichnungen Johanna Eleonore Petersens (1718) und schildert ihre erste Begegnung mit Spener im Jahr 1672 auf einem Rheinschiff nach Bad Ems, wohin sie die Herzogin von Holstein-Sonderburg, in deren Dienst sie als Hofjungfer stand, begleitete. Sie deutet die zufällige Reisebekanntschaft im nachhinein als den wesentlichen Wendepunkt ihrer religiösen Entwicklung und bringt in der rückblickenden Beschreibung das Programm des Pietismus zum Ausdruck: die Bedeutung der »Praxis« und der »tätigen« Umsetzung der Heiligen Schrift (»Täter des Wortes«), der Wunsch »durchzubrechen« (»Durchbruch« als die grundlegende religiöse Lebenswende) sowie die Selbst- und Weltverleugnung. Spener sieht sie als ihren (geistlichen) »Vater«, der sie »kräftiglich im Guten bestärket«. Ungeachtet dessen vertritt sie ihm gegenüber selbstbewußt ihre eigene Position sowohl in dem ersten »geistlichen Diskurs« als auch in den Konsequenzen, die sie daraus zieht: In ihrer Entscheidung, mit ihrem bisherigen Leben zu brechen, läßt sie sich durch keine Einwände beirren.

[...] Da gab mir Gott immer mehr und mehr Gnade. Denn [...] [ich wurde] mit zwei rechten Gottesmännern in Frankfurt bekannt, da wegen Unpäßlichkeit unserer ältesten Prinzessin meine gnädigste Herrschaft nach dem Emser Bad reiseten und ich durch Gottes sonderbare Schickung erstlich mit dem gottseligen Freund [Philipp Jakob Spener] bekannt wurde, da er auf dem Schiff war, in welchem wir nach dem Wasserbad fuhren, da kam er durch Gottes sonderbare Schickung neben mir zu sitzen und kamen in einen geistlichen Diskurs, welcher etliche Stunden währete, also, daß die vier Meilen von Frankfurt bis Mainz, allwo er ausstieg, mir nicht eine Viertelstunde deuchte, und redeten ohne Aufhören zusammen, daß nicht anders war, als ob er in mein Herz sähe und alles hervorkam, was mich bis dorthin noch in Zweifel gehalten, ja, es war auch nicht ein Wort verloren, dessen ich nicht vom Geist Gottes wäre erinnert worden zu der Zeit, wenn es könnte in die Praxis gestellet werden. Ja, ich fand an demselben Freund das, woran ich gezweifelt, an einigen Menschen in der Welt zu finden, weil ich mich so lange darnach umgesehen, ob auch wahre Täter des Wortes sein könnten, und hatte mich daran aufgehalten, weil ich keinen fand. Aber als ich an diesem gewahr wurde, daß er solche Einsicht hatte und den Grund meines Herzens mir vorsehen konnte, auch solche Niedrigkeit, Sanftmut, heilige Liebe und Ernst, den Weg der Wahrheit zu erkennen zu geben, da wurde ich recht getröstet und sehr gestärkt und suchete durchzubrechen, darin ich durch die Unwissenheit bis dorthin sehr aufgehalten wurde von denen, die mich hätten forttreiben sollen, die machten mich irre, als wären es unnötige Dinge, darüber ich mich so sehr bemühete. Aber als ich an dem gedachten Freund wahrnahm, daß sein Sinn und des Herrn Wort übereinstimmete und alle Zweifel aufgelöset wurden, die in mir oft entstunden, weil ich niemand kennete, so nach dem Wort des Herrn in aller Einfalt wandelte und mich selbst beredete, als müßte es nicht so einfältig zu verstehen sein, daß man's tun sollte, sondern müßte an dem Wissen genug sein, weil ich niemand im Tun sahe. Da wurde ich aber von gedachtem Freunde bestärket, daß nicht auf das Exempel der Menschheit, sondern auf das Exempel des Herrn zu sehen wäre und auf das Wort der Wahrheit, dagegen alle Menschen Lügner.

Da war eine göttliche Überzeugung in meinem Herzen, und darauf wurde ich mit dem anderen Freunde bekannt, von den beiden ich hernachmals kräftiglich im Guten bestärket ward, und bekam immer mehr und mehr einen Abscheu vor der Welt und ihrer Gleichstellung. Dann, als Gott das Wort 2. Petr. 1 in meinem Herzen lebendig machte: Ihr werdet göttlicher Natur teilhaftig, so ihr fliehet die vergängliche Lust der Welt, sprach ich bei mir selbst: Soll ich mich um solche schnöde vergängliche Lust göttlicher Natur berauben, nein, ich will mit Gottes Hilfe durchdringen, es koste, was es koste. Schrieb darauf an den ersten Freund, der mir soviel göttliche Gabe durch Gottes Gnade mitgeteilet, daß ich ihn als einen Vater liebete, nämlich, daß ich vorhätte, mich von aller Gleichstellung der Welt loszumachen. Der war aber in Sorgen, daß ich nicht möchte stark genug sein, dasjenige, was mir darob begegnen würde, auszustehen, und ermahnete mich, nur mein Herz von allem abzureißen, so würde Gott auch Mittel und Gelegenheit zusenden, von dem Äußeren, so mich beschwerete, frei zu werden, ich sollte nur Gott vertrauen und ihm treu bleiben in der Liebe. Aber es wollte der überzeugende Geist Gottes meinem Gemüte keine Ruhe lassen, sondern überzeugete mich mit den allerkräftigsten Sprüchen, zum Exempel: Stellet euch nicht gleich dieser Welt. Verleugnet euch selbst. Die heilsame Gnade züchtiget uns, daß wir sollen verleugnen. [...]

Da entschloß ich, durch Gottes Gnade, von nun an es mit Ernst anzugreifen und weder Leben noch Tod mich aufhalten zu lassen [...]. [Im folgenden beschreibt sie, wie die Hofleute versuchen, sie von ihrem geistlichen Leben abzubringen.]

Sie versuchten's aber noch auf eine andere Weise, indem sie dachten, durch Schmach mich aufzuhalten, da über der fürstlichen Tafel bald einer den anderen ansah, und mich ansahen, und gegeneinander lachten, auch oft redeten, daß denen Frauenzimmer nicht geziemet, so viel in der Bibel zu lesen, sie würden sonst allzu klug. Ich aber ließ sie spotten und erquickte mich in der Liebe meines Gottes. Als es nun fast ein Jahr gewähret, und es schiene, daß mich auch der Geringste, ausgenommen etliche fromme Herzen, am Hof vor einen Spott hielte, ich es aber gering achtete, um Christi willen zu leiden, da wendete es sich ganz und gab der große wunderbare Gott eine solche Furcht in aller Herzen, sowohl Hohen als Niederen, daß sie sich scheueten, in meiner Gegenwart etwas Unrechtes zu reden oder zu tun [...].

D: Der deutsche Pietismus. Eine Auswahl von Zeugnissen, Urkunden und Bekenntnissen aus dem 17., 18. und 19. Jahrhundert. Eingel. und hrsg. von Werner Mahrholz. Berlin: Furche Verlag, 1921. S. 201–245. [Auszug.]

L: Barbara Hoffmann: Radikalpietismus um 1700. Der Streit um das Recht auf eine neue Gesellschaft. Frankfurt a. M. / New York 1996.
Markus Matthias: Johann Wilhelm und Johanna Eleonora Petersen. Eine Biographie bis zur Amtsenthebung Petersens im Jahre 1692. Göttingen 1993.

## 59

## Auszug aus der Moralischen Wochenschrift *Die Vernünftigen Tadlerinnen* über die vernunftgemäße christliche Religion (1726)

Die Aufklärung, die das 18. Jahrhundert geistig und kulturell prägende Bewegung, zielte auf den »Ausgang des Menschen aus seiner selbstverschuldeten Unmündigkeit« (Kant, 1783), die Befreiung von geistiger Abhängigkeit und Bevormundung, Unwissenheit und Unvernunft. Ein wesentlicher Ansatzpunkt war dabei die Kritik an Religion und Kirchen, an einer naiven Frömmigkeit und an abergläubischen Praktiken. Statt dessen propagierte man eine tolerante, vernünftige und natürliche Religion: an die Stelle von Frömmelei und Bigotterie sollten Tugend und Moral treten. Da Frömmelei ebenso wie Aberglaube meist mit Frauen in Verbindung gebracht wurden (Spinnstuben als Hort des Aberglaubens, »Ammenweisheiten«, Hexenglaube), waren diese hier besonders angesprochen. Ein populäres Medium der frühen Aufklärung waren die Moralischen Wochenschriften (vgl. auch Nr. 32), eine neue Gattung von Zeitschriften, die meist unter einem fiktiven Verfassernamen »belehrend und unterhaltend« die Ideen der Aufklärung zu unterschiedlichen Themen (Erziehung, Gesellschaft, Ästhetik, Literatur, ›Weltweisheit‹) verbreiteten. Ausdrücklich wandten sich die Moralischen Wochenschriften auch an bürgerliche Frauen als Leserinnen. Einige – wie die *Vernünftigen Tadlerinnen*, die in den Jahren 1725/26 erschienen – waren nicht nur an Frauen adressiert, sondern angeblich von Frauen verfaßt. Hinter dieser fiktiven weiblichen Verfasserschaft standen Johann Christoph Gottsched (1700–1766) sowie weitere männliche Autoren. In der zweiten und dritten, veränderten Auflage (1738 und 1748) wurden allerdings einige Beiträge von Gottscheds Ehefrau Luise Adelgunde Victorie, geb. Kulmus (1713–1762) neu verfaßt. Mehr als andere Wochenschriften zeichnen sich die *Vernünftigen Tadlerinnen* durch einen »frauenfreundlichen Ton« (H. Brandes) aus. Die grundsätzliche Gleichheit der Geschlechter, die Notwendigkeit der Verbesserung einer weiblichen Bildung und die Tatsache, daß Frauen bei gleicher Bildung auch zu gleicher Gelehrsamkeit fähig sind, werden immer wieder hervorgehoben. Der folgende Quellenauszug beschreibt ein Gespräch über Religion bei einer Kaffeegesellschaft. Der Spott über Bigotterie und Aberglaube einerseits und die Kritik an einer freigeistigen, rein an weltlichen Vergnügungen orientierten Lebenseinstellung andererseits verbinden sich dabei mit einem Plädoyer für die christliche Religion, die gegenüber anderen Religionen als die vernünftigste dargestellt wird.

# Die Vernünftigen Tadlerinnen

Freytags, den 19. April 1726.

Canitz.

Unser Heyland steht gebunden,
Voller Striemen, voller Blut,
Und fühlt so viel neue Wunden /
Als der Büttel Streiche thut.
Seht, was seine Liebe kan!
Und wir dencken kaum daran /
Daß er wegen unsrer Schulden
Dieses alles muß erdulden.

Neulichen Sonntag, nach Vollendung des öffentlichen Gottesdienstes besuchte ich eine vornehme Frau in meiner Verwandschafft; fand aber ohngefehr eine Gesellschafft von sechs Personen beysammen, die zum theil aus Frauenzimmer, zum theil auch aus Manns-Personen bestand. So lange man am Caffeetische saß, waren die Gespräche unbeständig, und von keiner Erheblichkeit: So bald man aber aufstund, forderte Herr von Spötterberg, ein junger und freyer Mensch, eine Lomberkarte, um dadurch dem anwesenden Frauenzimmer die Zeit zu vertreiben. Meine Anverwandtin, eine vernünfftige und gottseelige Frau, hatte dieses kaum vernommen, als sie mit einer gelinden und freundlichen Mine versetzte: »Ey mein wehrter Herr von Spötterberg, ich will nicht hoffen, daß es ihr Ernst seyn werde, in der Karte zu spielen. Zum wenigsten pfleget solches in meinem Hause die gantze Fasten über nicht zu geschehen. Und ich habe das Vertrauen zu ihnen, daß sie mich bey meiner alten Gewohnheit lassen werden.« Sie hatte noch nicht ausgeredet, als der junge Herr mit lauter Stimme zu lachen anhub, und so gleich hinzusetzte: »Ma foi, Madame, sie sind sehr bigot!

Werden sie sich darüber ein Gewissen machen? So scrupuleux bin ich nicht. Ein Tag ist mir wie der andre, und gesetzt, daß einer heiliger wäre als alle übrigen, wer könnte mir ein so innocentes Plaisir übel expliciren?«

Die gantze Gesellschafft ward aufmercksam, als meine Verwandtin diesen gar zu freyen Einwurff zu widerlegen anfieng. Sie ist sonst eine in ihrem Christenthume sehr wohlgegründete Frau, und hat dabey einen aufgeweckten Geist, so, daß es ihr an Worten nicht fehlet, ihre Meynung deutlich, fertig und lebhafft auszudrücken. Sie beantwortete ihm auch alle seine Einwendungen so wohl, daß alle Anwesende sich über ihre Geschicklichkeit verwunderten. Denn sie wieß ihm den Unterscheid, der sich zwischen einem blinden Aberglauben und einer vernünfftigen Ehrerbietung gegen das Leiden unsers Erlösers befindet; und bezeugte auf eine besonders überführende Art, daß sie nicht im geringsten der Tagewehlerey zugethan wäre; doch aber auch nicht leiden könnte, wenn man die Zeit, die von Alters her heiligen Betrachtungen gewidmet wäre, mit nichtswürdigen Eitelkeiten zubringen wollte. Hierauf wuste zwar Herr von Spötterberg nichts zulängliches zu sagen; dem ohngeachtet aber bemühte er sich, das letzte Wort zu behalten: indem er ein paar lustige Einfälle mit einer hönischen Mine vorbrachte, und meiner Freundin den Rath gab, bey Zeiten Catholisch zu werden, und ein neues Closter zu stifften, damit man sie dermahleins unter die Zahl der Heiligen versetzen könnte. Wiewohl nun kein eintziger in der gantzen Gesellschafft darüber lachte, so machte er sich doch mit seinem Gespötte sehr breit, biß endlich ein anderer vernünfftiger Mann, den ich Wahrlieb nennen hörte, Gelegenheit fand, sich mit ihm ins Gespräche zu geben, und ihn also von der Gesellschaft unvermerckt abzuziehen. Dieses glückte ihm dergestallt, daß er ihn erstlich an das äusserste Fenster des Zimmers; hernach aber gar in die nechste Kammer führte, um sich desto vertraulicher mit ihm zu unterreden. Die andern Gäste waren vergnügt, daß sie eines so beschwerlichen

Menschen loßgeworden: ich aber suchte Gelegenheit, die Gespraͤche dieser beyden Manns-Personen ohne ihr Wissen mit anzuhoͤren; welches mir auch in der That gelunge, indem ich mich durch ein anderes Zimmer, in eine mit Tapeten verhangene Thuͤre stellen konnte. [Im folgenden überzeugt Herr Wahrlieb Herrn Spötterberg davon, daß das Christentum humaner und vernünftiger sei als die »Türckische Religion« (der Islam), diese wiederum besser als die »Heydnische«.]

So beweglich redete Herr Wahrlieb, und setzte noch verschiedene andere Vorstellungen hinzu / dadurch der junge Mensch so geruͤhret wurde, daß er mit einer grossen Veraͤnderung wieder in die vorige Gesellschafft gieng und frey heraus bekannte, daß er in dieser kurtzen halben Stunde sehr viel wichtige Dinge gelernet haͤtte. Ein jeder war uͤber diese unvermuthete Begebenheit vergnuͤgt; wiewohl es niemand begreifen konnte, wie es damit zugegangen waͤre. Ich allein hatte es angehoͤret, und nahm mir derowegen vor, meinen wehrtesten Lesern diese Woche ein so erbauliches Gespraͤche nicht zu mißgoͤnnen, welches ihnen ohne Zweifel zu vielen guten Gedancken Anlaß geben wird.

D: Die Vernünftigen Tadlerinnen 1725–1726. Hrsg. von Johann Christoph Gottsched. Im Anhang einige Stücke aus der 2. und 3. Auflage 1783 und 1784. Neu hrsg. und mit einem Nachw., einer Themenübersicht und einem Inhaltsverzeichnis vers. von Helga Brandes. Tl. 2: 1726. Hildesheim [u. a.]: Olms, 1993. St. 16. S. 121–128.

L: Karlfried Gründer / Karl Heinrich Rengstorf (Hrsg.): Religionskritik und Religiosität in der deutschen Aufklärung. Heidelberg 1989.

# Die Entstehung der Diakonie als evangelischer Frauenberuf: Bericht der schwedischen Schriftstellerin Fredrika Bremer (um 1864)

Im Jahre 1836 gründeten der evangelische Pfarrer Theodor Fliedner (1800–1864) und seine erste Frau Friedericke Münster (1800–1842) das erste Diakonissenhaus in Kaiserswerth bei Düsseldorf. Es war, ähnlich wie katholische Orden, unabhängig von den gemeindlichen Strukturen der Kirche organisiert und übernahm auch die Lebensform des Mutterhauses, in dessen genossenschaftlicher Organisation die Diakonissen – wenngleich unter einem männlichen Vorsteher – eine Lebens-, Dienst- und Glaubensgemeinschaft fanden. Konzipiert als Krankenhaus mit Krankenpflegerinnen- und Schwesternschule und als Heimstatt für die Diakonissen, entwickelte sich die erste Frauendiakonie bald zu einer vielgestaltigen Einrichtung, zu der neben einem Wohnheim für ehemalige weibliche Strafgefangene ab 1842 auch ein Waisenhaus und ein zwei Jahre später gegründetes Lehrerinnenseminar für die Vermittlung der Elementarschulfächer gehörte.

Die Fliednersche Idee einer auf Pflegetätigkeit ausgerichteten Frauendiakonie war so erfolgreich, daß bereits um 1865 im deutschsprachigen Raum mehr als 30 eigenständige, dem Kaiserswerther Verband angeschlossene Mutterhäuser mit mehr als 1600 Diakonissen bestanden. Was den Erfolg des neuen evangelischen Frauenberufs unter anderem ausmachte, war die Verbindung sozialer und religiöser Ansprüche mit den zunehmend schwierigen Existenzbedingungen einer wachsenden Zahl junger, alleinstehender Frauen, die im Rahmen der hergebrachten Wirtschaftsweise keine Lebensgrundlage mehr fanden. Für Frauen, die weder auf eine Heirat noch auf ein angemessenes Auskommen in der Familie zählen konnten, war die Frauendiakonie eine attraktive Alternative, weil diese nach dem Vorbild der traditionellen Familie des ›ganzen Hauses‹ organisiert war und als familienähnliche Gemeinschaft von ›Schwestern‹ nicht nur ein neues Zuhause, sondern auch einen Ersatz für die Rolle der Hausfrau und Mutter bot.

Der um 1846 nach einem Besuch der Anstalt verfaßte Bericht der schwedischen Schriftstellerin Fredrika Bremer (1801–1865), die

1884 mit der Gründung des Fredrika-Bremer-Verbandes zur Leitfigur der schwedischen Frauenbewegung wurde, beschreibt nicht nur Aufbau und Organisation des Kaiserswerther Diakonisseninstituts, sondern vermittelt mit ihren Stimmungsbildern auch interessante atmosphärische Eindrücke.

## Die ersten Diakonissen
(um 1845)

Weißt du etwas von Kaiserswerth? Hast du es jemals nennen hören? Ich hatte es nicht, als ich vor einem Jahr mit einigen deutschen Reisenden auf einer Meeresklippe in Blekingen stand. Wikinggräber umgaben uns, und wir sprachen von den alten Wikingern und von ihrem Leben, das eine ununterbrochene Reihe von Taten war, von ihrer Lehre und ihrem Streben, Himmel und Unsterblichkeit durch rastlosen Kampf zu erobern. Wir sprachen von den Taten unserer Zeit im Gegensatz zu denen der Wikinger, von den Werken und Erfolgen des christlichen Lebens auf Erden. Da wurde mir das Fliednersche Diakonisseninstitut zu Kaiserswerth genannt und als ein Wikingwerk unserer Zeit bezeichnet. Und von dem Augenblick, da die Reise an die Ufer des Rheins beschlossen war, stand mein Entschluß fest, daselbst Kaiserswerth kennenzulernen. Ich schlug nun Fräulein W. vor, mir Gesellschaft zu leisten, und froh und vergnügt begaben wir uns beide auf die Reise. Diese dauerte ein paar Tage, wir mußten den Rhein hinunter, Koblenz, Bonn, Köln, Düsseldorf vorbei. Meine Freundin, Fräulein W., hat in Kaiserswerth eine Freundin, von der sie sich vor einigen Monaten trennte, gerade als diese im Begriff stand, ihre Heimat zu verlassen und versuchsweise sich nach Kaiserswerth zu begeben, um dort Diakonisse, das heißt Dienerin, zu werden. Fräulein W. hatte sie damals schwankend, unruhig gesehen und voller Angst vor Fliedner, dem Vorsteher des Instituts, der ihr als despotischer Charakter geschildert war; sie hatte seitdem nichts von ihr gehört und war nun sehr neugierig darauf zu sehen, wie der Versuch geglückt sei.

Hinter Bonn nehmen die Rheinufer einen anderen Charakter an, sie werden niedrig und flach. Auf einem dieser flachen Rheinufer unweit Düsseldorf erhebt sich das Städtchen Kaiserswerth. Vor ungefähr dreizehn Jahren stiftete der Pastor der evangelischen Gemeinde, Fliedner, mit seiner Gattin hier eine Anstalt zur Ausbildung guter Krankenwärterinnen unter dem in der ersten christlichen Gemeinde gebräuchlichen Namen von Diakonissen. Junge Frauenzimmer aus allen Ständen mit Lust und Liebe zur Sache wurden dazu berufen.

Rasch kam diese Anstalt zur Blüte und erfreute sich einer allgemeinen Teilnahme, die unaufhörlich im Steigen begriffen scheint. Schon während des ersten Jahres ihres Bestehens bildeten sich an 15 verschiedenen Orten in Deutschland weibliche Hilfsvereine; allmählich entstanden ähnliche auch in der Schweiz, Frankreich, Holland, England; alle innerhalb der evangelischen Kirche. Nicht weit von hier, in Duisburg, ist unter Fliedners Einwirkung auch eine Anstalt für Diakone zur Bildung christlicher Krankenwärter entstanden. Das Diakonissenhaus zu Kaiserswerth erhielt bald Mitglieder aus den höchsten Kreisen der Gesellschaft. Nach ihren verschiedenen Gaben und Anlagen werden sie daselbst nicht bloß für die Hospitäler ausgebildet, sondern auch für die Pflege Gefangener und Kinder. In diesem Augenblick zählt die Anstalt ungefähr 100 Dienerinnen, unter denen 74 eingekleidete Diakonissen sind; die übrigen sind noch in der Prüfungszeit und werden Probedienerinnen genannt. Die Einkleidung geschieht nach einer Prüfung von 6 bis 8 Monaten und gilt für 5 Jahre, nach denen die Diakonisse das Recht hat, nach Gefallen auszutreten oder sich aufs neue zu verbinden. Auch während der fünf Jahre kann sie, wenn wichtige Gründe da sind, von ihrer Verbindlichkeit frei werden. Jährlich steigt die Zahl der Diakonissen, »Schwestern« werden sie in der Anstalt genannt; aber wie sie auch steige, so steigt auch das Bedürfnis noch weit mehr, und ihre Wirksamkeit wird selbst nach fremden Ländern hin in Anspruch genommen. Nach Berlin, Dresden, Frankfurt, Mühlhausen und andern Orten sind sie auf Verlangen gesendet worden, um Krankenhäuser und Kinderschulen zu übernehmen.

Vor kurzem hat der preußische Gesandte in London, Ritter Bunsen, zwei Schwestern von Kaiserswerth beansprucht, um das von ihm selbst errichtete deutsche Hospital zu übernehmen; auch nach Ostindien ist eine Pflegerin von hier abgegangen. Die Anzahl der Kranken, die in der Anstalt Pflege erhalten, steigt ebenfalls jährlich, und man kann nicht alle aufnehmen, die sich anmelden. Im letzten Jahr wurden dort 568 Kranke, alle aus den niederen Klassen, verpflegt.

Gegen dies Amt und dies Leben einer Diakonisse hatte Fräulein T., noch in ihren besten Jahren, voller Anmut und gesucht in der Welt, alle Annehmlichkeiten vertauscht, die Vermögen und Ansehen ihr in der großen Stadt, in der sie lebte, verschaffen konnten. Man führte uns in ein Haus des Städtchens, wo eine Wohnung für uns bereit war. Wir wurden also erwartet, und Fräulein T. war in Kaiserswerth. Wir fanden für uns ein kleines, freundliches Zimmer, wo alles weiß glänzte, die Wände, die aufgeschlagenen Betten mit ihren Vorhängen, alles weiß wie Schnee, sonst kein Zierat. »Das ist Kaiserswerther Stil«, dachte ich und fühlte mich sehr froh. Da hörten wir leichte Schritte auf der Treppe, eine hohe Gestalt in einer langen, schwarzen Tracht, mit anmutigem Antlitz und den frohesten, freundlichsten blauen Augen zeigte sich; meine Freundin sprang in die Höhe; die Eintretende und sie schlossen sich herzlich in die Arme. Es war Fräulein T. Ich erinnere mich kaum, jemals ein angenehmeres, freundlicheres, offeneres Wesen gesehen zu haben. Nach einer kurzen Weile zeigte sie uns den Weg zur Fliednerschen Anstalt.

Fräulein W. hatte nicht viel Gelegenheit gefunden, mit ihrer Freundin allein zu sprechen; aber doch genug, um zu erfahren, wie zufrieden, wie über alle Erwartung glücklich sie sich in ihren neuen Verhältnissen fühlte, wie sie in dem gefürchteten Fliedner den besten Vater und Freund, in seiner Gattin eine Schwester und Mutter gefunden hatte. Den Tag darauf brachten wir damit hin, die ganze Anstalt mit ihren vielen Unterabteilungen in Augenschein zu nehmen. Überall fanden wir Ordnung und Sauberkeit; überall begegneten wir heiteren und freundlichen Gesichtern unter den Schwestern. Den freundlichsten Eindruck machte das Kinderkrankenhaus auf mich; denn es war eine Freude, diese kleinen, an so vielen verschiedenen, schweren Schäden leidenden Kinder zu sehen, wie sie dennoch alle heiter und beschäftigt waren; zu hören, wie sie Lieder singen, wie sie alle trotz verkrüppelter und kranker Gliedmaßen augenscheinlich an Herz und Gemüt gesund und glücklich sind. Die Schwester, die dieselben gerade unter ihrer Pflege hatte, war ein junges Frauenzimmer mit tiefen, wenngleich freundlich blickenden Augen und kränklichem Aussehen. Sie war, bevor sie hierher gekommen, sehr kränklich gewesen; während ihrer hiesigen Wirksamkeit war sie nach ihrer eigenen Aussage bedeutend gesunder geworden.

Das Diakonissenmutterhaus ist die gemeinschaftliche Wohnung der Schwestern; sie wohnen hier zu zweien in kleinen, zellenähnlichen Zimmern, ohne allen Schmuck als die größte Sauberkeit. In diese Mutterheimat können sie zurückkehren von fremden Orten, wenn sie der Ruhe bedürfen oder krank werden; hier erhalten sie Wohnung und Pflege, wenn ihr Alter sie außerstand setzt zu arbeiten und zu dienen. Die Schwestern tragen alle dieselbe Kleidung, bestehend in einem dunkelblauen Baumwollzeug, einem schlichten weißen Kragen und einer einfachen, weißen Mütze. Eine kleine Spitze an der Mütze unterscheidet die noch uneingekleideten Schwestern von den eingekleideten, den eigentlichen Diakonissen. In einem Saal saß eine junge, kürzlich angekommene Schwester und nähte an ihrer Tracht ... Der Arzt der Anstalt ist ein Mann; die Apotheke aber verwaltet eine Diakonisse allein, die die Kunst erlernt hat und darin examiniert ist. Ganz gewiß werden mit der Zeit auch Frauen die medizinische Wissenschaft studieren und praktisch ausüben. Die Natur scheint sie zu Ärzten bestimmt zu haben, und ihre Anlagen dazu würden, durch Studium ausgebildet, für die Menschheit von unberechenbarem Nutzen sein.

Hier ist die Heimat, der Wirkungskreis, wo der Arme und Geringe in der Welt ein geachtetes, edles und nützliches Mitglied der Gesellschaft werden kann. Aber nicht allein die Arbeitslosen in dieser geringen Klasse, nein, die in einer höheren, unsere armen reichen, unsre armen vornehmen Frauenzimmer, wie Amalie Sieveking sagte, finden hier Gelegenheit zu einer wohltätigen Wirksamkeit für die Gesellschaft, für die Menschheit, zu der sie sonst nicht gelangen könnten. Die Arbeitslose ist überall zum Überfluß, auch auf den Höhen der Gesellschaft. Aber indem sie hier Dienerin wird, erhebt sie sich zu einer Freigeborenen im Reich Gottes und zugleich vor dem Urteil der Welt; denn die Welt belächelt und tadelt wohl, was ihr in dieser Richtung exzentrisch erscheint; heimlich aber verehrt sie es immer.

D: Fredrika Bremer: Die ersten Diakonissen. In: Anna Sticker: Friedericke Fliedner und die Anfänge der Frauendiakonie. Neukirchen-Vluyn: Neukirchner Verlag, 1965. S. 158–165. Zit. nach: Elisabeth Moltmann-Wendel: Wenn Gott und Körper sich begegnen. Feministische Perspektiven zur Leiblichkeit. 2. Aufl. Gütersloh: Gütersloher Verlagshaus Mohn, 1991. S. 25–47. [Auszug.]

L: Andrea Kittel: Von Männern erdacht, von Frauen verwirklicht. Die Mutterhausdiakonie. In: Herd und Himmel. Frauen im evangelischen Württemberg. Katalog zur Ausstellung im landeskirchlichen Museum Ludwigsburg vom 17. Mai 1997 bis 29. März 1998. Stuttgart 1997. S. 125–130.

Catherine M. Prelinger: Die deutsche Frauendiakonie im 19. Jahrhundert: Die Anziehungskraft des Familienmodells. In: Frauen in der Geschichte VI: Frauenbilder und Frauenwirklichkeiten. Hrsg. von Ruth-Ellen B. Joeres und Annette Kuhn. Düsseldorf 1985. S. 268–285.

## 61
# Diakonieschwestern (1925)

In der Hausordnung der Fliednerschen Diakonissenanstalt von 1836 heißt es: »Sämtliche Diakonissen der Anstalt bilden eine Familie, in der sie als Schwestern durch das Band herzlicher Liebe durch den einen großen Zweck ihres Hierseins vereinigt leben.«

Die schwesterliche Identität in den verschiedenen Mutterhäusern wurde nicht nur durch die einheitliche Tracht hergestellt, sondern auch durch eine eigene Schwesternkultur, vermittelt durch eigene Zeitschriften, regelmäßige Ausflüge und gemeinsame Freizeitrituale. Als Höhepunkt galten die Jahresfeste, an denen sich die überall im Land verstreut arbeitenden Diakonissen im Mutterhaus sammelten. Bei solchen Feierlichkeiten fand auch die Einsegnung der neuen Diakonissen statt, die als Jahrgangsgruppe der im gleichen Jahr eingesegneten Schwestern für viele Frauen eine lebenslange Bezugsgruppe blieb.

A: Herd und Himmel. Frauen im evangelischen Württemberg. Katalog zur Ausstellung im Landeskirchlichen Museum Ludwigsburg vom 17. Mai 1997 bis 29. März 1998. Stuttgart: Steinkopf, 1997. S. 129.

## 62

## Kirche und Frauenbewegung: Elisabeth Malo über das Recht der Frau in der Kirche (1896)

Elisabeth Malo, geb. 1855, die unverheiratet blieb und ihrem ebenfalls ledigen Bruder, einem Pastor in dem kleinen Ort Züllsdorf, den Haushalt führte, steht für die im 19. Jahrhundert noch ungewöhnliche Verbindung von Frauenbewegung und Kirche: Seit 1891 engagierte sie sich im Rahmen der Frauenbewegung und veröffentlichte Artikel sowohl in kirchlichen Zeitschriften als auch in der von Minna Cauer herausgegebenen Zeitschrift *Die Frauenbewegung*, dem Organ des linken oder radikalen Flügels der bürgerlichen Frauenbewegung. Gegenstand ihrer Beiträge war die kritische Auseinandersetzung mit der sozialen Situation vor allem der Landfrauen, der Stellung der Frau in der Kirche und dem ihrer Meinung nach völlig überholten Diakonissenideal, das sie in seiner einseitigen Konzentration auf die praktische Liebestätigkeit als »Geistesbeschränkung« empfand.

In ihrer 1896 im Selbstverlag herausgegebenen Schrift *Das Recht der Frau in der christlichen Kirche* kritisiert Malo auf der Basis umfangreichen theologischen Fachwissens und kirchengeschichtlicher Kenntnisse den Ausschluß der Frauen aus kirchlichen Funktionen und insbesondere dem Lehramt und fordert eine »zweite Reformation« zugunsten der Frau. Im ersten Teil ihrer Schrift weist sie auf alttestamentliche Priesterinnen und Prophetinnen als Trägerinnen unmittelbarer Gottesoffenbarung hin und prangert die Verfälschung der Botschaft Jesu durch eine patriarchalische Kirchenkultur an, für die vor allem der Apostel Paulus stehe. In den hier auszugsweise wiedergegebenen Ausführungen weist Malo nach, daß auch Luther sich im Hinblick auf die Stellung der Frau in der Kirche nicht an Lehren und Geist Christi, sondern an den »Irrtümern« des

Paulus orientiert und das von Paulus aufgestellte »Männerrecht« in der Kirche entgegen allgemeiner protestantischer Grundsätze erneut bestätigt habe.

Malos fundierte Kritik an der Entrechtung der Frauen in der christlichen Tradition wurde von der Kirchenseite weitgehend ignoriert. Auch in der Frauenbewegung gehört sie zu den vergessenen Gestalten, obwohl ihre bibelkritischen Analysen speziell zu Paulus im Rahmen der neuen feministischen Theologie teilweise erneuert wurden. Wie ›revolutionär‹ ihre damalige Forderung nach Zulassung der Frauen zu kirchlichen Ämtern war, zeigt die weitere Entwicklung der evangelischen Kirche: Erst 1968 erhielten Frauen Zugang zum vollen Pfarramt und bestimmte frauenspezifische Beschränkungen wie z. B. die Möglichkeit der Dienstenthebung im Falle einer Eheschließung oder Schwangerschaft wurden erst 1977 außer Kraft gesetzt.

## Die Reformation. Luther.

[...] »Der Gerechte wird seines Glaubens leben!« Zu dieser freudigen Gewißheit hatte Luther in dem Kloster zu Erfurt unter tausend Schmerzen seines geängsteten und gequälten Gewissens sich durchgerungen. Mit dem Schlachtruf: »So halten wir es nun, daß der Mensch gerecht werde ohne des Gesetzes Werk, allein durch den Glauben!« trat er der katholischen Lehre vom eigenen Verdienst in guten Werken entgegen. Die Rechtfertigung aus Gnaden allein durch den Glauben an Jesus Christus war für ihn der eigentliche Inhalt des ganzen Evangeliums. Von diesem Standpunkt aus kämpfte er gegen alle Irrlehren der katholischen Kirche. Von ihm aus übte er auch seine Kritik an den überlieferten heiligen Schriften Alten und Neuen Testaments.

In der Erkenntnis und Geltendmachung dieser evangelischen Grundwahrheit liegt seine gewaltige Größe, aber auch zugleich der Anknüpfungspunkt für seine Irrtümer. Die Rechtfertigungslehre aus Gnaden allein durch den Glauben an Jesus Christus fand er am ausgeprägtesten und entwickeltsten bei Paulus. Daher lag für ihn die Versuchung nahe, sich in seinen Streitschriften hauptsächlich auf Paulus zu beziehen. So ist er denn nicht der praktischen Konsequenz entgangen, sich mehr in den Sinn und Geist des Apostels Paulus einzuleben und diesen zum Ausdruck und zur Geltung zu bringen, als die Lehren und den Geist Christi.

Von hier aus wird es auch allein verständlich, daß er hinsichtlich der Stellung der Frau in der christlichen Kirche völlig in die Fußtapfen seines großen Vorbildes tritt. Grundsätzlich erkennt er die Gleichberechtigung von Mann und Frau in der christlichen Kirche an, in der Lehre vom allgemeinen Priestertum aller Gläubigen. Thatsächlich und praktisch aber schließt er die Frau von allen priesterlichen Funktionen aus. [...]

Unter Kirchenleitung versteht Luther genau wie das Urchristentum »das Evangelium predigen (und Sakramentverwaltung), oder die Kirche durchs Evangelium regieren.« – Und wem kommt nach Luther diese Wortverwaltung »Schlüsselgewalt« in der Kirche zu? Auf diese Frage ist die Antwort Luthers und die der Bekenntnisschriften genau die des Urchristentums: »Jedem gläubigen Christen nach dem Maße seiner Gaben.« Hier nun zieht Luther in seinem Sermon von der Messe die vollen Konsequenzen dieser Grundlehre vom »allgemeinen Priestertum«: »Der Glaube ist allein das rechte priesterliche Amt; darum sind alle Christenmänner Pfaffen und alle Weiber Pfäffinnen, es sei jung oder alt, Herr oder Knecht, Frau oder Magd, Gelehrter oder Laie; hier ist kein Unterschied, es sei dann der Glaube ungleich.« [...]

Wir sehen also durch den deutschen Reformator genau die Anschauungen und Grundsätze des Urchristentums vertreten hinsichtlich der Organisation der Kirche; und zwar bezieht diese Luther mit einer Deutlichkeit und Ausdrücklichkeit, die nichts zu wünschen übrig läßt, auch auf die

Frauen wie oben angeführt: »Darum sind alle Christen-Männer Pfaffen und alle Weiber Pfäffinnen.«

Was ist nun aber aus diesen christlichen, echt evangelischen Prinzipien, die man abermals, auch für das weibliche Geschlecht klargestellt, und als Licht wieder auf den Leuchter der Kirche gesteckt hatte, geworden? Ist dem weiblichen Geschlecht, aufgrund der Lehre vom allgemeinen Priestertum, gleich dem männlichen die Theilnahme an der Ausübung der Schlüsselverwaltung (Wort und Sakramentsverwaltung) in der Gemeinde gestattet worden? Leider müssen wir sagen: Nein! Es blieb für unser Geschlecht alles beim Alten. Der *Widerspruch: »Das Weib schweige in der Gemeinde!«* – und doch zugleich der Grundsatz – *»alle Christen-Weiber sind Pfäffinnen« und haben gleicherweise wie die Männer, je nach dem Maße ihres Glaubens und ihrer Geistesgaben das Recht der Schlüsselgewalt in der Ecclesia, im Hause Gottes* – blieb ungelöst in voller Schärfe und Unvereinbarkeit bestehen, so daß zwar das gleiche Recht der Frau mit dem Manne auf die, dem Glauben von Christus übergebene Schlüsselgewalt (Wort- und Sakramentsverwaltung) prinzipiell anerkannt, schriftlich zum Ausdruck kam, in der kirchlichen Praxis aber, dem Befehle des Apostels Paulus gemäß: »das Weib schweige in der Gemeinde« auch der mit allen Gaben des Glaubens und Geistes ausgestatteten Frau konsequent jede aktive Theilnahme an dieser ihrer Kirchengewalt versagt wurde.

Wohl zertrümmerte Luther das Gebäude des »Kirchenrechts«, das die katholische Kirche aufgerichtet hatte; aber er ließ den Grund stehen, den der Apostel Paulus einst legte, indem er ein *Männerrecht* in der Kirche aufstellte und befestigte.

Daran, daß in unserer protestantischen Kirche trotz manigfacher grundsätzlicher Aussprüche Luthers von Anfang an nicht voller Ernst damit gemacht worden ist, nur Gottes Wort, nicht Menschensatzung in ihr als verbindlich anzuerkennen, krankt unser ganzes kirchliches Leben seit Luther. Thatsächlich haben auch in unserer Kirche immer noch die Lehren der Apostel als die unfehlbarer Heiliger gegolten, denen später sogar auch die Luthers selbst von gewissen kirchlichen Richtungen zugezählt wurden und noch werden. Und die Prüfung und Annahme dieser ihrer Lehre, nach dem Maßstabe, den Luther selbst aufgestellt hat: »soweit sie Christum treiben«, ist weder von ihm noch von der evangelischen Kirche und ihren theologischen Vertretern konsequent durchgeführt worden. Daher aller Theologenstreit auch noch in unsern Tagen, daher auch zum großen Teil der heftige Kampf der orthodox-lutherisch-kirchlichen Kreise gegen die geistige Seite der Frauenbewegung unserer Zeit.

Wie kann aber eine evangelisch-protestantische Kirche solchen Widerspruch, solche Unwahrhaftigkeit, solche Geistes- und Gewissensknechtung in sich dulden? »Um der Ordnung willen« ist auch hier wieder das Schlagwort, das alle geistige Unterdrückung von Anfang an als nötig und berechtigt hat erscheinen lassen müssen, obgleich es für jeden aufrichtigen denkenden Menschen schwer verständlich sein dürfte, daß »um der Ordnung willen« grade allen, auch den geistbegabtesten und mit dem mächtigsten Glauben begnadeten Frauen die Schlüsselgewalt (Lehrgewalt) entzogen, dagegen diese auch den kleingläubigsten und schwachbegabtesten Männern anvertraut werden mußte. Hätte Gott, der ein Gott der Ordnung ist, eine derartige »Ordnung« in seiner Kirche gewollt, so würde er alle Männer mit reicheren und größeren Charismen als die Frauen ausgestattet, dadurch aber die Frauen für Menschen niedern Grades erklärt haben. Wagt man vielleicht auch zu behaupten, daß dem wirklich so sei? Ja man wagt es zu behaupten! Jeder, der in unserer Zeit einigermaßen in die hier einschlägliche Literatur gewisser theologisch-kirchlicher Richtungen hineingeblickt hat, wird die Bestätigung, wird jene Anschauung darin meist verblümt, zuweilen aber auch mit nackter Deutlichkeit vertreten finden, obgleich Geschichte, Erfahrung, ja Gottes Wort und Verheißung selbst deutlich dieser männlichen Anmaßung widersprechen. Wie denn überhaupt schwerlich ein Wort von Christus zu finden sein dürfte, welches irgend welchem menschlichen Hochmut Vorschub zu leisten geeignet wäre. –

XV. Noch schwerer verständlich erscheint es, daß »um der Ordnung willen« der weibliche Teil der evangelischen Gemeinde (Kirche) auch noch in Bezug auf die anderen Rechte der Gläubigen entmündigt werden mußte.

Wie wir schon bei den urchristlichen Gemeinden sahen, gehört zum Lehramt, um es wirksam werden zu lassen, der Auftrag, die Gestattung der Gemeinde. [...]

»Eine jede christliche Versammlung oder Gemeine hat Recht und Macht, alle Lehre zu urteilen.« Augsb. Konf. Art. 28: »Wo sie [die Bischöfe] aber etwas dem Evangelio entgegenlehren, setzen oder aufrichten, haben wir Gottes Befehlich in solchem Fall, daß wir nicht sollen gehorsam sein.« Ferner Luther von den Schlüsseln [1530]: »Die Gemeine, so solchen soll bännisch halten, soll wissen und gewiß sein, wie er den Bann verdienet und drein kommen ist, wie sie der Text Christi giebt; (Matth. 18, 15–18.) sonst möcht sie betrogen werden und einen Lügenbann annehmen und dem Nähesten damit Unrecht thun. In weltlicher Oeberkeit hätte solchs (die rechtliche Gehorsamspflicht der Gemeinde) wohl eine Meinung; aber hie, da es die Seelen betrifft, soll die Gemeinde auch mit Richter und Frau sein.« –

»Das allgemeine Priestertum d. h. die Zuständigkeit der Schlüsselgewalt (nicht an die Gemeinde – als Körperschaft – sondern) an *alle* gläubigen Christen ist es, wodurch mit unzerstörlicher Notwendigkeit bewirkt wird, daß die Kirchenverfassung keine rechtlich bindende Verfassung, daß die Kirchenregierungsgewalt (auch bei erfolgter Zustimmung der Gemeinde) keine Rechtsgewalt ist. Denn sie sind alle ›Mitpriester, mitgeistlich, mitmächtig.‹ So sind alle durch den Glauben zu *eigenem* Urteil in allen geistlichen Dingen jeder Zeit und jedes Ortes mitberufen und mitbefähigt; ein jeder nach dem Maß seiner Gaben. Sie sind alle kraft ihres Glaubens im Besitz derselben Schlüsselgewalt (Bischofsgewalt) wie der Träger des Lehramts und wie jeder andere Christ. [...]«

Abermals sehen wir, daß die reformatorischen Grundsätze sich genau decken mit denen des ersten Urchristentums, hier betreffs der Befugnisse der Gemeinde gegenüber dem Lehramt. Aber auch diese Befugnisse stehen für den weiblichen Teil der evangelischen Gemeinde (Kirche) nur auf dem Papier. Nie ist auch nur ein Ansatz gemacht worden in unserer evangelischen Kirche, diese Prinzipien für die Frauen auch praktisch zur Geltung zu bringen: Gemeindekirchenrat, Kreissynode, Provinzial- und Generalsynode ist nur aus Männern zusammengesetzt. Die kirchlichen Funktionen werden nur von Männern ausgeübt, kirchliche Einrichtungen nur von Männern getroffen, gleichviel ob sie den Frauen genehm und für sie geeignet sind oder nicht; diese werden einfach gar nicht gefragt, es wird über ihre Köpfe und Herzen weg regiert, gleichviel ob sie sich vergewaltigt fühlen oder nicht.[1] Und wenn heute der heilige Geist die *ganze Fülle seiner Gnadengaben einer Frau verliehe, in unserer rechtlich organisirten Männerkirche* fände sie keinen Raum zur Bethätigung ihrer Charismen und sie hätte nicht auf Erfüllung der Liebespflicht zu rechnen, kraft deren die Anerkennung der Geistesgaben seitens der

1 So müssen es z. B. die Frauen sich in ihren eigensten Angelegenheiten ungefragt gefallen lassen, wie von Männern die agendarischen Formulare für Trauungen, Fürbitte, Danksagung und Einsegnung von Wöchnerinnen u. s. w. gestaltet werden, wie sehr sie dieselben auch nach Form und Inhalt verletzend finden; das scheint gleichgiltig zu sein! sie haben einfach ihr Zartgefühl darnach einzurichten, oder umzuwandeln und sich schweigend dem zu fügen, was über sie beschlossen wird.

Gemeinde (Kirche) erfolgen muß. Und es gilt doch auch von den Seelen der Frauen, wenn Luther sagt: »aber hie, da es die Seelen betrifft, soll die Gemeinde auch mit Richter und Frau sein.«

Nicht bis ins Einzelnste wollen wir hier untersuchen, in wie weit der oben entwickelte Gegensatz der evangelischen zu den katholischen Prinzipien in der Praxis umgesetzt ist in unserer Kirche. Wir würden sonst vielleicht finden, daß auch für die männlichen Kirchenglieder die urchristlichen und reformatorischen Grundsätze recht abgeschwächt und abgeblaßt zum Ausdruck bisher gekommen sind. Diese Erkenntnis ist auch schon fast Allgemeingut aller kirchlichen Kreise geworden und Reformvorschläge zeigen sich überall. Nirgends aber haben wir bisher in diesen die Thatsache ausgesprochen gefunden, daß in Bezug auf den *weiblichen* Teil der evangelischen Gemeinde noch gar niemals *ein Anfang* damit gemacht worden ist, die urchristlichen reformatorischen Prinzipien praktisch auszugestalten, und daß dieser wundeste Punkt unseres kirchlichen Lebens vor allem der Reform bedürftig sei. Ja es macht oft den Eindruck, als umginge man ihn geflissentlich, um nicht zu dem unabweisbaren Ergebnis zu kommen, daß die Kirche Christi den Frauen gegenüber eine schwere Schuld auf sich geladen hat, durch Versäumen, ja Verleugnen der christlichen Liebespflicht: die gottgegebenen Charismen anzuerkennen und die Wirksamkeit zu gestatten. [...]

Es kann nun hier nicht weiter unsere Aufgabe sein, den Ausführungen Sohms nachgehend zu zeigen, wie sich auch in der protestantischen Kirche auf dem stehengebliebenen Fundamente des Männer-Kirchenrechts alsbald wieder ein weiteres, dem Wesen der Kirche widersprechendes Kirchenrecht aufgebaut hat, welches das landesherrliche Kirchenregiment und als seine Folge die Verweltlichung der Kirchenverfassung und die Verwandlung der Kirche in einen weltlich gearteten Verein erzeugte. Hatten wir uns doch nur die

Aufgabe gestellt die Stellung der Frau in der christlichen Kirche geschichtlich zu betrachten und die evangelischen Prinzipien für die ihr gebührende gottgewollte Stellung in der Gemeinde der Gläubigen klarzulegen.

Diese Aufgabe ist gelöst an der Stelle, wo wir zeigten, daß zum letztenmale die Rechte der Frau in der Kirche anerkannt und betont worden sind; bei Feststellung des reformatorischen Grundsatzes vom »allgemeinen Priestertum.« Thatsächlich hat die Frau in der Kirche der Reformation nie die Stellung eines mündigen Christenmenschen eingenommen trotz aller herrlichen Grundsätze! Ihr Thatendrang, der nun einmal nicht auszurotten ist, hat sich dem freien Vereinswesen zugewendet, um nicht zu sterben. Viel Großes und Gutes hat er in diesem geleistet. Ja im Auftrage solcher freien Vereine für äußere Mission geht die christliche Frau »hinaus in alle Welt, das Evangelium zu predigen aller Kreatur«, während ihre Kirche in der Heimat ihre Begeisterung und ihre Lehrgabe von sich weist.

Auch die Diakonie ist ein weites reiches Arbeitsfeld für die christliche Frau, aber auch diese ist bis jetzt noch freie Vereinsthätigkeit und zwar ohne rechte evangelische Grundlage.[2] Darum kann auch auf diesem Gebiete das »Liebes-Charisma« der evangelischen Frau nicht frei und freudig zur Entfaltung kommen. Hier aber dürfte der An-

2 Daß die bestehende Diakonie noch der echt-evangelischen Grundlage entbehrt, haben wir ausführlich nachzuweisen gesucht in den Artikeln »Die weibliche Diakonie und die Frauenfrage« in der »Christlichen Welt« Nr. 25–26. (1893) und in der »Protestantischen Kirchenzeitung« Nr. 28, 29, 30, 31. (1894). Eine *evangelisch-begründete* Widerlegung dieses Nachweises ist uns in all' den Gegenartikeln der Christl. Welt u. a. w. auch in den Verhandlungen der elften General-Konferenz von Diakonissen-Mutterhäusern zu Kaiserswerth a. R. (26. u. 27. September 1894), die dazu ausdrücklich Stellung genommen zu haben betont, *nicht* entgegengetreten. So wird man uns gestatten müssen, unsere begründete Behauptung, daß die heutige Diakonie einer echt evangelischen Grundlage ermangelt, aufrecht zu erhalten und gelegentlich nachdrücklich wiederholen und hervorheben zu dürfen.

knüpfungspunkt gegeben sein, die christliche Frau in die kirchlichen Aemter einzuführen. Man meint zwar vielfach: Dieses Charisma (der praktischen Liebesthätigkeit) sei das einzige weibliche, welchem die kirchliche Anerkennung gestattet werden dürfe. Eine genügende evangelische Begründung solcher Geisteseinschränkung vermag man aber schwerlich zu geben. [...]

Welche Aufgabe ergiebt sich nun aus Vorstehendem für uns, die weiblichen Glieder der christlichen Kirche?

Wir dürfen nicht aufhören zu bitten, zu mahnen, zu *fordern*, daß die evangelische Kirche uns endlich unser ursprünglichstes christliches Recht zurückgebe, daß die evangelische Gemeinde auch den geistbegabten Frauen gegenüber die christliche Liebespflicht erfülle: allen ihren, von Gott ihnen geschenkten Charismen die Wirksamkeit in der Gemeinde der Gläubigen zu gestatten, und uns auch den uns zukommenden Anteil an den sonstigen kirchlichen Befugnissen der Gemeinde einzuräumen, damit der ganze Leib Christi lebendig und herrlich von den Geschlechtern gemeinsam dargestellt und das Reich Gottes auf Erden gebaut werde. Wir bitten und kämpfen um unser höchstes wichtigstes Recht, um die evangelische Freiheit, unsere geistig-sittliche Persönlichkeit voll entwickeln und ausleben zu können. Auch uns sind die höchsten Dinge, die göttlichen Geheimnisse zur Verwaltung anvertraut; sollen wir immer gezwungen sein, auch in unserer protestantischen Kirche, unsere Pfunde zu vergraben, oder sie nur kümmerlich zu verwerten, oder gar uns andere Pfunde zur Verwaltung zu suchen, die uns nicht gegeben sind?

Berge von Vorurteil, Gleichgiltigkeit, Engherzigkeit und leider auch von Egoismus und Heuchelei türmen sich in diesem unserm Ringen und Kämpfen vor uns auf, aber wir sind getrost und arbeiten im Glauben, Hoffen und Vertrauen mutig weiter, denn die Mahnung und Verheißung des Herrn der Kirche gilt auch uns; »Habt Glauben an Gott! Wahrlich ich sage euch, wer zu diesem Berge spräche: Hebe dich auf und wirf dich in's Meer und zweifelte nicht in seinem Herzen, sondern glaubte, daß es geschehen würde, was er sagt, so wird es geschehen, was er sagt.«

Solchen Glauben schenke Gott unserm Geschlechte in diesen Kampfestagen, so wird auch uns »nichts unmöglich sein.« –

D: Elisabeth Malo: Das Recht der Frau in der christlichen Kirche. Züllsdorf/Dessau/Leipzig: [Selbstverlag] / Kahle [i. Komm.], 1896. S. 48–59. [Auszug.]

L: Elisabeth Moltmann-Wendel (Hrsg.): Frau und Religion: Gotteserfahrung im Patriarchat. Frankfurt a. M. 1983. S. 11–38 [Einleitung].
Stefanie Schäfer-Bossert: Vom schwarzen Kleid zum Talar. Der lange Weg der Frauen ins Pfarramt. In: Herd und Himmel. Frauen im evangelischen Württemberg. Katalog zur Ausstellung im landeskirchlichen Museum Ludwigsburg vom 17. Mai 1997 bis 29. März 1998. Ludwigsburg 1997. S. 149–154.

## 63

## Kritik am Vatergott: Dorothee Sölle zur feministischen Theologie (1983)

Frau und Religion – Anstoß zu neuem Nachdenken brachte zu Beginn der 70er Jahre der Feminismus. Im Zuge einer allgemeinen Patriarchatskritik gerieten insbesondere auch Kirche und Theologie in die Kritik, da diese als reformbedürftig erachtete gesellschaftliche Hierarchien und Ordnungsvorstellungen durch religiöse Legitimation und Erhöhung stabilisierten. In diesem Kontext entstand zuerst in den USA eine feministische Theologie als Bewegung von

Frauen, die die sexistischen Grundzüge religiösen Denkens und kirchlicher Strukturen kritisch analysierten, Religion und Transzendenzerfahrung jedoch nicht aufgeben wollten.

Was die feministische Theologie gegenüber älteren kirchen- und bibelkritischen Positionen von Frauen auszeichnet, ist ihr Selbstverständnis als Neuentwurf und Neukonzeption von Theologie überhaupt. Es geht nicht nur um die Kritik christlicher Tradition, sondern darum, die Theologie selbst als Produkt einer männlichen Kultur zu begreifen und alternative Gottes- und Glaubensvorstellungen zu entwickeln. Einer der zentralen inhaltlichen Punkte feministischer Theologie ist die Kritik an der Bezeichnung Gottes als »Vater«, in der Männlichkeit als wesentliches Attribut Gottes und entsprechend allein der Mann als Repräsentant des Göttlichen in einer Männerkirche erscheint.

Die Ersetzung patriarchalischer und autoritärer Gottesbilder und -vorstellungen durch neue und vielfältige, auch nichtpersonale Bilder und Symbole ist eines der Anliegen der Hamburger Theologin Dorothee Sölle (* 1929). Sie tritt für eine neue, frauenspezifische Theologie und religiöse Kultur ein und versteht die feministische Theologie als Teil der Befreiungstheologie, in deren Kontext Jesus Christus als Repräsentant einer im Hier und Jetzt zu gestaltenden Befreiungsbewegung betrachtet wird.

## Gott und ihre Freunde

### Zur feministischen Theologie

Feministische Theologie hat mit der DDR das gemeinsam, daß eine Reihe von Leuten meinen, sie müßten das Wort »sogenannt« davorsetzen, wenn sie über sie sprechen; mit diesem Abwehrmechanismus versuchen sie, sich eine Realität vom Leibe zu halten: als sei das, was feministische Theologinnen und Theologen betreiben, nicht Theologie im authentischen Sinne und eher eine Art linguistischer Mode. Ich halte das für einen gefährlichen Irrtum. Das Erwachen eines anderen religiösen Bewußtseins von Frauen innerhalb und außerhalb organisierter Religion ist ein kirchengeschichtliches Ereignis allerersten Ranges. [...]

Feministische Theologie ist eine Art von Befreiungstheologie und gehört in den großen Zusammenhang heutiger Theologie, die sich unter dem Stichwort Befreiung, Liberación, versteht und aus einer ökumenischen weltweiten Bewegung von Christen hervorwächst, die nicht mehr bereit sind, das bestehende Weltunrecht mit Theologie und Glauben zu versöhnen und zu vermitteln; die es sich nicht länger erlauben, das Unrecht zu bemänteln oder es theologisch auf eine höhere Ebene zu projizieren. Das Evangelium fordert uns dazu heraus, die Ungerechtigkeit provokativ aufzudecken und anzugreifen, zu bekämpfen, was ist. Befreiungstheologie ist in diesem Sinne »kritisch«. Sie hat sich artikuliert in ihren Vorläufern in Europa als kritische Theologie, nicht als affirmative; als politische Theologie, nicht als eine solche, die meint, man könne irgend etwas theologisch sagen und dabei a-politisch sein, und nun als feministische Theologie, die den uns beherrschenden Sexismus nicht verschweigen kann. [...]

Befreiungstheologie, die der Rahmen auch für feministische Theologie ist, beginnt mit einer neuen Übersetzung des griechischen Wortes »soteria«, das ursprünglich den Sinn von Rettung aus Lebensgefahr, aus dem Gefängnis, aus Seenot usw. gehabt hat und traditionellerweise mit ›Erlösung‹ wiedergegeben wurde. Nun aber wird es verstanden als Befreiung, Erlösung ist Befreiung. Christus ist der Befreier. Seine Botschaft vom Reich Gottes wird verstanden als Botschaft vom Aufbau einer Welt, in der Gerechtigkeit und infolgedessen auch Frieden möglich sein wird. Der Befreier erscheint in diesem Zusammenhang nicht senkrecht von oben, als einer, der uns von einem schlechten in einen besseren Zustand versetzt, wie Erlösung weithin verstanden wurde, sondern er ist Repräsentant der Befreiungsbewegungen von Menschen, die an ihrer Befreiung arbeiten. In seinem Geist und mit seiner Stärkung gelangen sie in den Prozeß der Befreiung. Es ist wichtig, sich das klar zu machen. Wenn Erlösung nur die Tat eines ganz anderen ist an

Unerlösten, so versteht sich Befreiung als eine Art Kooperation zwischen Christus und den Menschen. In diesem Sinn hat Befreiungstheologie eine gewisse antiprotestantische Spitze, weil die co-operatio dem traditionellen protestantischen Prinzip des »sola gratia«, allein aus Gnaden, widerspricht. Befreiung kann nicht verliehen werden wie ein Gnadengeschenk, das man jemandem gibt; weder Völkern noch sozialen Klassen noch dem unterdrückten Teil der Menschheit kann Befreiung geschenkt werden, ohne daß die Betroffenen Anteil an der Erarbeitung der Befreiung haben. Der Begriff der Befreiung setzt Partizipation im Kampf voraus. Mao Tse-tung sagte nicht nur: »Die Frauen tragen auf ihren Schultern die Hälfte des Himmels«, sondern fügte hinzu »und sie müssen sie erobern«. [...]

Unter Feminismus verstehe ich den bewußten Teil der Frauenbewegung, der nicht nur für Gleichberechtigung kämpft, sondern für eine andere, neue Kultur. Die bürgerliche Frauenbewegung kämpft für Gleichberechtigung, und das ist ein Teil des gesamten Frauenkampfes. Natürlich wäre es schön, wenn in den Berliner Philharmonikern Frauen mitspielten, wenn in den Salt-two-Beratungsgesprächen Frauen nicht nur Kaffee kochten und Manuskripte tippten, sondern mitdächten. Das sind wünschenswerte und gute Ziele, für die die bürgerliche Frauenbewegung sich einsetzt. Aber unter Feminismus verstehen wir noch etwas mehr, daß wir nämlich über dieses große Auch zu einem großen Anders kommen, und wir meinen damit, daß die Kultur, in der wir zur Zeit leben, falsch ist, weil sie Menschen beschädigt, zerstört, verkrüppelt und daran hindert Menschen zu werden. Feministische Ziel- und Wertvorstellungen müssen anders sein als die herrschenden männlichen. [...]

Was bedeutet es, wenn neue Subjekte in die Theologie kommen, Menschen, die von anderen Hintergründen aus leben und denken, einen anderen Kontext haben als die bisherigen? Muß sich nicht auch ihre Theologie verändern?

Einmal ist damit die materiell-biologische Existenz gemeint, die wir führen. Es macht in der Tat einen Unterschied, ob ich eine Frau oder ein Mann bin. Es macht einen Unterschied für mein Denken, für mein Fühlen, für die Art, in der ich Theologie treibe, für die Art, in der ich mit anderen zusammen leben will, für die Art religiöser Kultur, die wir aufbauen wollen. Der Einfluß der Frauen z. B. in den Basisgemeinden, die in Lateinamerika, aber auch in Europa entstehen, ist sehr typisch. Die Demokratisierung dessen, was Gemeinde, Kirche, religiöser Vollzug bedeuten, wächst nicht von oben nach unten, sondern in der Tat »von unten«. Und zu diesem »von unten« gehören Frauen, die andere Erfahrungen haben, sie einbringen und nicht mehr verschweigen wollen. Ein Teil dieser Erfahrungen ist mit der biologischen Existenz gegeben, die wir ernstnehmen müssen. Es ist wichtig, das nicht zu verleugnen. Ich muß mir klar machen, daß ich anders denke, weil ich eine Frau bin und die Erfahrung mache, zu menstruieren, oder, um es vom Biologischen ins Soziale zu bringen, weil ich solche Erfahrung mache wie, daß ich einen Fleck im Kleid habe, mich entsetzlich schäme. Solche primitiven biologischen Erfahrungen gehören zu meinem Leben. Ich will sie nicht aus der Theologie heraushalten. Ich will nicht eine abstrakte, abgehobene, idealistische Theologie betreiben. Ich will »Kopf und Bauch«, wie das im Schlagwort heißt. Leiblichkeit ist etwas, was wir nicht verdrängen, entwichtigen, totschweigen, schamhaft verstecken müssen. Die Reste des platonisierenden Idealismus im Christentum müssen überwunden werden.

Wir lernen dabei materialistisch zu denken, und das ist ein Versuch, die abendländisch übernommenen Trennungen von Geist und Materie oder Natur und Geist, Leib und Seele, diesseits und jenseits aufzuheben, an diesen Trennungen kritisch zu arbeiten. Denn all diese Trennungen haben immer den Sinn gehabt, der sich in der Herrschaftsformel des Abendlandes, divide et impera, teile und herrsche, ausdrückt. Erst wird es eingeteilt in das, was naturhaft ist, und das, was geisthaft ist, und dann wird diese Einteilung im Sinne von Herrschaft, von Dominanz, von Überlegenheit, von Diskriminierung benutzt. Das »divide« ist im Sinne des Sexismus benutzt worden. Männer haben das sogenannte weibliche Wesen mit Natur identifiziert, mit »leibhaft«, mit »instinkthaft«, mit einer gewissen natürlichen Anlage, die Männer teils fürchten, teils zu beherrschen hoffen. Jedenfalls ist diese Trennung benutzt worden, um Frauen einen zweiten Rang anzuweisen: le deuxième sexe.

Innerhalb der Frauenbewegung gibt es ein neues Interesse an dem, wie der einzelne Mensch oder die einzelne Frau geworden ist, beschädigt worden ist, eine Aufarbeitung ihrer Lebensgeschichte, ihrer psycho-sexuellen Geschichte. Diese Bewußtseinserweiterung durch Aufarbeitung der eigenen Geschichte, neue Subjektivität, fließt in die Theologie mit ein. Ich will ein Beispiel dafür geben, wie sich Theologie verändern kann, wenn Frauen sie betreiben, also wenn neue Subjekte über die theologische Tradition nachdenken. S ü n d e ist in der herrschenden, protestantisch gefärbten Interpretation »sein wollen wie Gott«. Es ist das Streben nach Macht, nach Überlegenheit, nach Selbstüberschätzung, es ist Stolz, es ist Ungehorsam. Aber als Frauen, die sich ihrer Lage bewußt geworden waren, zum ersten Mal darüber nachdachten, ob sie denn eigentlich auch diese Art von Sünde als die schlimmste empfinden würden, sind sie auf ganz andere Dinge gekommen. Sie haben ganz im Gegenteil gesagt, unsere Sünde ist nicht die Sünde der Selbstüberhebung und des Stolzes, sondern unsere Sünde ist gerade die der Selbstverleugnung, der Selbstlosigkeit im schlechten Sinn dieses Wortes, der Aufgabe irgendeines eigenen Selbstes, der Unentwickeltheit des Selbstes, der Angepaßtheit an die herrschende Struktur, des mangelnden Stolzes darauf, eine Frau zu sein, des Gehorsams. Sünde ist, sich diesem sexistischen Modell der Gesellschaft zu unterwerfen. Nicht das Ebenbild Gottes zu realisieren, sondern

in Ängstlichkeit vor Institutionen und Traditionen gehorsam sich ducken, sich anpassen, Demut üben. Das heißt, wir brauchen eigentlich eine völlig andere Definition von Sünde, wenn wir im Ernst darüber sprechen wollen, wie wir unser Leben verfehlen und wie Frauen zerstört werden in unserer Gesellschaft, wie das geht, daß sie eigentlich gar nicht zum Leben kommen, und woher das kommt.
[...]

Ein zweiter Punkt betrifft die neuen Objekte der Theologie. Frauen werden in der Theologie zum Thema werden. Bei einer Antrittsvorlesung im Union Theological Seminary stellte die Alttestamentlerin Phyllis Trible eine Geschichte aus dem Buch Richter, Kap. 11, Vers 29 f. vor. Es ist die Geschichte von der Tochter Jeftas. Das Mädchen selber hat keinen Namen. Ihr Vater bittet Gott um Kriegsglück und verspricht ihm das, was ihm bei der Heimkehr zuerst entgegenläuft, als Opfergabe. Das ist ein altes Märchenmotiv. Als ihm diese einzige und sehr geliebte Tochter entgegenläuft, ist er verpflichtet, sie als Opfer zu töten. Als er klagt und jammert, ermutigt ihn die Tochter noch dazu, das Versprechen zu halten. Sie verbringt dann eine Zeitlang mit ihren Gefährtinnen auf einem Berg, ehe sie getötet wird. Später gehen die Töchter Israels jährlich für vier Tage hinaus und klagen über Jeftas Tochter. Dies ist der Inhalt der Geschichte aus dem Alten Testament. Ich möchte im Zusammenhang der neuen Objekte feministischer Theologie dazu anmerken, 1. daß, obwohl ich ganz gute Bibelkenntnisse habe, ich diese Geschichte nicht kannte, weil sie nie behandelt worden ist, kein Gegenstand war, 2. daß diese Geschichte in einem bemerkenswerten Gegensatz steht zu einer anderen Geschichte der Opferung eines Kindes, nämlich der Opferung Isaaks. Der bemerkenswerte Gegensatz ist nicht nur das Fehlen des Namens der Frau, sondern das Fehlen des Engels. Es tritt kein Engel auf und verändert das Ritual, sondern Jeftas Tochter wird geschlachtet. Es ist eine traurige, eine bittere und eine harte Geschichte, und so ist sie auch interpretiert worden: als die Geschichte der Frauen. So ging es Frauen. Sie wurden vergessen, sie wurden zwar vielleicht noch mal kultisch erinnert, aber im wesentlichen wurde an ihnen die Heilsgeschichte des Volkes nicht festgemacht. Es trat kein Engel hinzu. Es ist eine Geschichte des Schmerzes, der Vergessenheit, der Zerstörung. Und ich meine, daß Frauen, die in der Frauenbewegung arbeiten und die speziell an der religiösen Aufarbeitung arbeiten, die Geschichte des Schmerzes, der Zerstörung, der Vergessenheit nicht unbearbeitet lassen dürfen. Wir müssen daran weiter denken, wir müssen solche Geschichten erinnern, sie verstehen, wir müssen sozusagen für die vor uns mit einstehen, um die ungelebten Geschichten wieder lebendig zu machen.

In diesem Sinn müssen wir auch, das ist ein zweites Beispiel für neue Objekte, über die Symbole Gottes neu nachdenken. Über die Symbole, die wir brauchen, um über Gott zu sprechen. Ich glaube jeder Mensch, der nicht biologisch Vater werden kann, d. h. jede Frau, hat ein anderes Verhältnis zum Vater Gott als diejenigen, die sich identifizieren können, auch dann, wenn sie auf ein aktuelles Vatersein verzichten. Es gibt eine ganze Reihe von sozialen, psychologischen und tiefenpsychologischen Fragen, die man an das Vatersymbol Gottes richten muß. Meine erste Frage ist tatsächlich, warum verehren Menschen einen Gott, dessen Hauptqualität Macht ist, dessen Interesse ist, andere zu unterwerfen, dessen Angst ist, daß andere gleichberechtigt sein könnten und etwa werden könnten wie er; ein Wesen, das mit Herr angeredet wird, oder dem Macht allein nicht genug ist, seine Theologen müssen ihm sogar Omnipotenz bescheinigen. Warum hat sich diese Symbolwelt ausgeprägt, warum war das so wichtig für die, die darüber nachdachten? Welche Phantasien stehen dahinter? Ist es zuviel gesagt, wenn ich die Phantasien »phallokratische Phantasien« nenne, nämlich die Anbetung von Macht? Und warum sollen wir als Frauen ein Wesen verehren und lieben, das das moralische Niveau der derzeitigen, von Männern bestimmten Kultur nicht transzendiert, sondern nur stabilisiert? Wie könnte ich wollen, habe ich mich gefragt, daß Macht zur zentralen Kategorie meines Lebens wird, wie könnte ich einen Gott verehren, der nicht mehr ist als ein Mann? Als ich eine junge Lehrerin war, habe ich mir immer gewünscht, daß ich doch wenigstens laut schreien könnte. Ich fühlte mich unfähig, weil ich das nicht konnte, und beneidete die Männer, die eine lautere Stimme hatten. Ich habe es unterdessen aufgegeben, sie deswegen zu beneiden. Aber mit männlicher Macht assoziiere ich immer noch »brüllen können«, »Befehle geben«, »sich im Schießen ausbilden«, also diese spezifisch männlichen Charakteristika. Dabei glaube ich gar nicht, daß ich besonders von der patriarchalischen Kultur beschädigt bin. Ich spreche eigentlich nur das aus, was Tausende andere Frauen mehr oder weniger erfahren haben. Es ist mir immer klarer geworden, daß jede Identifikation mit dem Aggressor, also mit dem Machthaber, mit dem Vergewaltiger, jedes Sich-damit-einverstanden-Erklären das furchtbarste Unglück ist, das einer Frau zustoßen kann.

Ich glaube auch, daß, wenn wir Gott als Vater denken und zu dieser Macht Barmherzigkeit, also das zweite Charakteristikum des Vaters dazunehmen, daß wir damit das Problem nicht lösen können. Das wäre eine Art gütiger Sklavenhalter, der von seinen Sklaven geliebt und verehrt wird. Und in diesem Sinne wäre das immer noch eine Frömmigkeit ohne Auszug, ohne Exodus. Es wäre immer noch Unterwerfung für Frauen, wenn sie die Rollen und den Gehorsam diesem Gott gegenüber, der bestimmte Regeln ihnen angeblich naturhaft gesetzt hat, übernehmen. Sie zerstören auf diese Weise immer noch unsere Möglichkeiten, Menschen zu werden. Die Frage ist wirklich, ob das Symbol Vater das repräsentiert, was wir mit dem Wort Gott meinen, wenn wir es im Zusammenhang mit Befreiung denken. »Gott segne dich und behüte dich, sie lasse ihr Angesicht leuchten über dir, sie gebe dir Frieden«, sagten Frauen in einem Gottesdienst im Januar 1981 in St. Katharinen, Hamburg. »Vater und Mutter unser im Himmel«, beten viele Frauen in der Ökumene. Müssen wir Gott als männlich denken?

Das sind Beispiele tastender Versuche, die heute überall gemacht werden, wo Frauen sich ihrer Lage bewußt geworden sind. Der Wunsch nach einer anderen Gottesvorstellung, anderen Symbolen und anderen Hoffnungen ist wichtig für die, die einen anderen Gott brauchen, weil sie von der Kultur, in der wir leben und denken, beleidigt, erniedrigt und angewidert sind. Es sind ja nicht zuerst die Männer, die am Sexismus theologischer Sprachbildung leiden, sondern die Frauen, die sich ausgeschlossen, negiert, nicht formuliert, totgeschwiegen fühlen. In diesem Zusammenhang ist, glaube ich, die Relativierung eines absolut gebrauchten Gottessymbols, wie es der Vater darstellt, nur eine Minimalforderung. Eine andere Möglichkeit, an dem Problem zu arbeiten, und das geschieht in der gesamten feministischen Theologie zur Zeit, ist, andere Symbole auszuprobieren. Wir können Mutter oder Schwester zu Gott sagen: um im familialistischen Sprachgebrauch zu bleiben, wir können auch naturhafte Symbole benutzen, die immerhin für sich haben, daß sie weniger autoritäre Qualität haben, daß sie also herrschaftsfreie theologische Sprache versuchen. Wenn ich sage, Gott ist das Licht oder das Meer, oder Brunnquell aller Güter, oder lebendiger Wind, so sind das symbolische Sprachversuche, Wörter, die den autoritären Charakter vermissen lassen und es vielleicht deswegen einfacher machen. Ich glaube, daß wir von der Mystik sehr viel lernen können bei dieser Suche nach einer neuen Sprache, die unser Gottesverhältnis klarer, weniger repressiv und weniger mißverständlich formuliert. Das sind Gottessymbole ohne Autorität oder Macht, also ohne »chauvinistischen« Beigeschmack. Die Anerkennung der höheren Macht, die Anbetung von Herrschaft, die Verleugnung der eigenen Stärke hat ja in der mystischen Frömmigkeit keinen Raum. Die Herr-Knecht-Beziehung wurde da oft ausdrücklich kritisiert, vor allem aber auch sprachschöpferisch überholt. Die Religion ist da die Empfindung, das Einssein mit dem Ganzen, Zusammengehörigkeit, nicht Unterwerfung. Menschen verehren Gott nicht wegen seiner Macht und Herrlichkeit, sondern sie versenken sich in seiner Liebe, die Grund genannt wird, oder Tiefe, oder Meer. [...]

D: Dorothee Sölle: Gott und ihre Freunde. Zur feministischen Theologie. In: Feminismus. Inspektion der Herrenkultur. Hrsg. von Luise F. Pusch. Frankfurt a. M.: Suhrkamp, 1983. S. 196–209. [Auszug.] – Mit Genehmigung von Dorothee Sölle.

L: Elisabeth Gössmann [u. a.] (Hrsg.): Wörterbuch der Feministischen Theologie. Gütersloh 1991.
Monika Jakobs: Frauen auf der Suche nach dem Göttlichen. Die Gottesfrage in der feministischen Theologie. Münster 1993.
Notger Slenczka: Feministische Theologie. Darstellung und Kritik. In: Theologische Rundschau. Hrsg. von Jörg Baur und Lothar Perlitt. Tübingen 1993. S. 396–436.

# Bibliographische Hinweise

## Quellen


Anders, Ann (Hrsg.): Autonome Frauen. Schlüsseltexte der neuen Frauenbewegung seit 1968. Frankfurt a. M. 1988.

Asche, Susanne / Huschkens, Anne (Hrsg.): Frauen. Frankfurt a. M. 1990.

Behringer, Wolfgang (Hrsg.): Hexen und Hexenprozesse in Deutschland. 3., aktual. Aufl. München 1995.

Benz, Ute (Hrsg.): Frauen im Nationalsozialismus. Dokumente und Zeugnisse. München 1993.

Brinker-Gabler, Gisela (Hrsg.): Frauen gegen den Krieg. Frankfurt a. M. 1980.

– (Hrsg.): Frauenarbeit und Beruf. Frankfurt a. M. 1979.

Dülmen, Andrea van (Hrsg.): Frauenleben im 18. Jahrhundert. München 1992.

Frauenalltag und Frauenbewegung im 20. Jahrhundert. Materialsammlung zu der Abteilung 20. Jahrhundert im Historischen Museum Frankfurt. 4 Bde. Frankfurt a. M. 1980.

Frederiksen, Elke (Hrsg.): Die Frauenfrage in Deutschland 1865–1915. Texte und Dokumente. Stuttgart 1981.

Gössmann, Elisabeth (Hrsg.): Archiv für philosophie- und theologiegeschichtliche Frauenforschung. 7 Bde. München 1984–98.

Hummel-Haasis, Gerlinde (Hrsg.): Schwestern, zerreißt eure Ketten. Zeugnisse zur Geschichte der Frauen in der Revolution von 1848/49. München 1982.

Kahlau, Cordula (Hrsg.): Aufbruch! Frauenbewegung in der DDR. Dokumentation. München 1990.

Ketsch, Peter: Frauen im Mittelalter. Hrsg. von Annette Kuhn. Bd. 1: Frauenarbeit im Mittelalter. Quellen und Materialien. Düsseldorf 1983. Bd. 2: Frauenbild und Frauenrechte in Kirche und Gesellschaft. Quellen und Materialien. Ebd. 1984.

Kleinau, Elke / Mayer, Christine (Hrsg.): Erziehung und Bildung des weiblichen Geschlechts. Eine kommentierte Quellensammlung zur Bildungs- und Berufsbildungsgeschichte von Mädchen und Frauen. 2 Bde. Weinheim 1996.

Klugsarits, Richard / Kürbisch, Friedrich G. (Hrsg.): Arbeiterinnen kämpfen um ihr Recht. Wuppertal 1975.

Kuhn, Annette (Hrsg.): Frauen in der deutschen Nachkriegszeit. Bd. 1: Doris Schubert [Bearb.]: Frauenarbeit 1945–1949. Quellen und Materialien. Düsseldorf 1984. Bd. 2: Frauenpolitik 1945–1949. Quellen und Materialien. Ebd. 1986.

Kuhn, Annette / Rothe, Valentine (Hrsg.): Frauen im deutschen Faschismus. Bd. 1: Frauenpolitik im NS-Staat. 3. Aufl. Düsseldorf 1987. Bd. 2: Frauenarbeit und Frauenwiderstand im NS-Staat. Eine Quellensammlung mit fachwissenschaftlichen und fachdidaktischen Kommentaren. 3. Aufl. Ebd. 1987.

Lange, Sigrid (Hrsg.): Ob die Weiber Menschen sind. Geschlechterdebatten um 1800. Leipzig 1992.

Losseff-Tillmanns, Gisela (Hrsg.): Frau und Gewerkschaft. Frankfurt a. M. 1982.

Möhrmann, Renate (Hrsg.): Frauenemanzipation im deutschen Vormärz. Texte und Dokumente. Stuttgart 1989.

Niggemann, Heinz (Hrsg.): Frauenemanzipation und Sozialdemokratie. Frankfurt a. M. 1981.

Ruhl, Klaus-Jörg (Hrsg.): Frauen in der Nachkriegszeit 1945–1963. München 1988.

Schlüter, Anne (Hrsg.): Quellen und Dokumente zur Geschichte der gewerblichen Berufsbildung von Mädchen. Köln/Wien 1987.

Schröder, Hannelore (Hrsg.): Die Frau ist frei geboren. Texte zur Frauenemanzipation. Bd. 1: 1789–1870. München 1979. Bd. 2: 1870–1918. Ebd. 1981.

Twellmann, Margit (Hrsg.): Die Deutsche Frauenbewegung. Ihre Anfänge und erste Entwicklung. Bd. 2: Quellen 1843–1889. Meisenheim am Glan 1972.

Wiesner-Hanks, Merry (Hrsg.): Convents Confront the Reformation. Catholic and Protestant Nuns in Germany. Milwaukee 1998. [Dt. Quellen mit engl. Übers.]

Wunder, Heide (Hrsg.): Eine Stadt der Frauen. Studien und Quellen zur Geschichte der Baslerinnen im späten Mittelalter und zu Beginn der Neuzeit (13.–17. Jahrhundert). Basel / Frankfurt a. M. 1995.

## Forschungsliteratur

Abrams, Lynn / Harvey, Elizabeth (Hrsg.): Gender relations in German history. Power, agency and experience from the sixteenth to the twentieth century. London 1996.

Anderson, Bonnie S. / Zinsser, Judith P.: Eine eigene Geschichte der Frauen in Europa. 2 Bde. Frankfurt a. M. 1995.

Becker-Cantarino, Barbara: Der lange Weg zur Mündigkeit. Frauen und Literatur in Deutschland von 1500 bis 1800. Stuttgart 1987.

Bock, Gisela / Zimmermann, Margarete (Hrsg.): Die europäische Querelle des Femmes. Geschlechterdebatten seit dem 15. Jahrhundert. Stuttgart 1997.

Boxer, Marilyn / Quataert, Jean H. (Hrsg.): Connecting Spheres. Women in the Western World, 1500 to the Present. New York 1987.

Bridenthal, Renate [u. a.] (Hrsg.): Becoming Visible. Women in European History. Boston 1977.

Brinker-Gabler, Gisela (Hrsg.): Deutsche Literatur von Frauen. 2 Bde. München 1988.

Bußmann, Hadumod / Hof, Renate (Hrsg.): Genus. Zur Geschlechterdifferenz in den Kulturwissenschaften. Stuttgart 1995.

Davis, Natalie Zemon: Drei Frauenleben. Glikl, Marie de l'Incarnation, Maria Sibylla Merian. Berlin 1996.

– Frauen und Gesellschaft am Beginn der Neuzeit. Studien über Familie, Religion und die Wandlungsfähigkeit des sozialen Körpers. Frankfurt a. M. 1989.

Duby, Georges / Perrot, Michelle (Hrsg.): Geschichte der Frauen. Bd. 3: Frühe Neuzeit. Hrsg. von Arlette Farge und Natalie Zemon Davis. Frankfurt a. M. [u. a.] 1994. Bd. 4: 19. Jahrhundert. Hrsg. von Geneviève Fraisse und Michelle Perrot. Ebd. 1994. Bd. 5: 20. Jahrhundert. Hrsg. von Françoise Thébaud. Ebd. 1995.

Erhart, Walter / Herrmann, Britta (Hrsg.): Wann ist der Mann ein Mann? Zur Geschichte der Männlichkeit. Stuttgart/Weimar 1997.

Frader, Laura L. / Rose, Sonya O. (Hrsg.): Gender and Class in Modern Europe. Ithaca (N. Y.) 1996.

Frevert, Ute: »Mann und Weib, Weib und Mann«. Geschlechter-Differenzen in der Moderne. München 1995.

Gerhard, Ute: Gleichheit ohne Angleichung. Frauen im Recht. München 1990.

Gerhard, Ute: Unerhört. Die Geschichte der deutschen Frauenbewegung. Hamburg 1990.
– (Hrsg.): Frauen in der Geschichte des Rechts. Von der Frühen Neuzeit bis zur Gegenwart. München 1997.
Grubitzsch, Helga [u. a.] (Hrsg.): Grenzgängerinnen. Revolutionäre Frauen im 18. und 19. Jahrhundert. Weibliche Wirklichkeit und männliche Phantasien. Düsseldorf 1985.
Hagemann, Karen / Pröve, Ralf (Hrsg.): Landsknechte, Soldatenfrauen und Nationalkrieger. Militär, Krieg und Geschlechterordnung im historischen Wandel. Frankfurt a. M. / New York 1998.
Hausen, Karin (Hrsg.): Frauen suchen ihre Geschichte. Historische Studien zum 19. und 20. Jahrhundert. München 1983.
– (Hrsg.): Geschlechterhierarchie und Arbeitsteilung. Göttingen 1993.
Hausen, Karin / Wunder, Heide (Hrsg.): Frauengeschichte – Geschlechtergeschichte. Frankfurt a. M. / New York 1992.
Helwig, Gisela / Nickel, Hildegard Maria (Hrsg.): Frauen in Deutschland 1945–1990. Bonn 1993.
Hervé, Florence (Hrsg.): Geschichte der deutschen Frauenbewegung. 5., vollst. veränd. Neuausg. Köln 1995.
Honegger, Claudia: Die Ordnung der Geschlechter. Die Wissenschaft vom Menschen und das Weib, 1750–1850. Frankfurt a. M. / New York 1991.
Honegger, Claudia / Heintz, Bettina (Hrsg.): Listen der Ohnmacht. Zur Sozialgeschichte weiblicher Widerstandsformen. Frankfurt a. M. 1984.
Hufton, Olwen: Frauenleben. Eine europäische Geschichte. 1500–1800. Frankfurt a. M. 1998.
Kleinau, Elke / Opitz, Claudia (Hrsg.): Geschichte der Mädchen- und Frauenbildung. Bd. 1: Vom Mittelalter bis zur Aufklärung. Frankfurt a. M. / New York 1996. Bd. 2: Vom Vormärz bis zur Gegenwart. Ebd. 1996.
Koonz, Claudia: Mütter im Vaterland. Frauen im Dritten Reich. Reinbek bei Hamburg 1994.
Kühne, Thomas (Hrsg.): Männergeschichte – Geschlechtergeschichte. Männlichkeit im Wandel der Moderne. Frankfurt a. M. / New York 1996.
Kuhn, Annette (Hrsg.): Die Chronik der Frauen. Dortmund 1992.
– (Hrsg.): Frauen in der Geschichte. Fachwissenschaftliche und fachdidaktische Studien zur Geschichte der Frauen. Düsseldorf 1979 ff.

Kuhn, Annette (Hrsg.): Frauenleben im Nationalsozialismus – Alltag. Pfaffenweiler 1994.
– / Lundt, Bea (Hrsg.): Lustgarten und Dämonenpein. Konzepte von Weiblichkeit in Mittelalter und früher Neuzeit. Dortmund 1997.
Löhr, Brigitte (Hrsg.): Frauen in der Geschichte. Grundlagen – Anregungen – Materialien für den Unterricht. Bd. 1: Beiträge. Tübingen 1993. Bd. 2: Materialien. Ebd. 1994.
Lorenz-Schmidt, Sabine: Vom Wert und Wandel weiblicher Arbeit. Stuttgart 1998.
Medick, Hans / Trepp, Anne-Charlott (Hrsg.): Geschlechtergeschichte und Allgemeine Geschichte. Herausforderungen und Perspektiven. Göttingen 1998.
Nave-Herz, Rosemarie: Die Geschichte der Frauenbewegung in Deutschland. 4., völlig überarb. und erw. Aufl. Hannover 1993.
Schissler, Hanna (Hrsg.): Geschlechterverhältnisse im historischen Wandel. Frankfurt a. M. / New York 1993.
Schmale, Wolfgang (Hrsg.): MannBilder. Ein Lese- und Quellenbuch zur historischen Männerforschung. Berlin 1998.
Schmidt, Uta C.: Vom Rand zur Mitte. Aspekte einer feministischen Perspektive in der Geschichtswissenschaft. Zürich/Dortmund 1994.
Schnell, Rüdiger: Frauendiskurs, Männerdiskurs, Ehediskurs. Textsorten und Geschlechterkonzepte in Mittelalter und Früher Neuzeit. Frankfurt a. M. / New York 1998.
Schwarzer, Alice: So fing es an: Die neue Frauenbewegung. Köln 1981.
Scott, Joan W. (Hrsg.): Feminism and History. Oxford 1996.
Smith, Bonnie G.: Changing Lives. Women in European History since 1700. Lexington (MA) 1989.
Ulbricht, Otto (Hrsg.): Von Huren und Rabenmüttern. Weibliche Kriminalität in der Frühen Neuzeit. Köln [u. a.] 1995.
Wiesner, Merry E.: Women and Gender in Early Modern Europe. Cambridge 1993.
– Working Women in Renaissance Germany. New Brunswick (NY) 1986.
Wunder, Heide: »Er ist die Sonn', sie ist der Mond«. Frauen in der Frühen Neuzeit. München 1992.
– / Engel, Gisela (Hrsg.): Geschlechterperspektiven. Forschungen zur Frühen Neuzeit. Königstein i. Ts. 1998.
– / Vanja, Christina (Hrsg.): Wandel der Geschlechterbeziehungen zu Beginn der Neuzeit. Frankfurt a. M. 1991.

Der Verlag Philipp Reclam jun. dankt für die Nachdruck- und Reproduktionsgenehmigung den Rechteinhabern, die durch den Text- bzw. Bildnachweis und einen folgenden Genehmigungs- oder Copyrightvermerk bezeichnet sind. In einigen Fällen waren die Inhaber der Rechte nicht festzustellen. Hier ist der Verlag bereit, nach Anforderung rechtmäßige Ansprüche abzugelten.

# Inhalt



## I
## Arbeit

II

## Ehe, Familie, Sexualität

III

## Schule und Bildung

IV

## Recht, Politik, Öffentlichkeit

## V

## Religion, Kirche, Frömmigkeit

# Geschichte

IN RECLAMS UNIVERSAL-BIBLIOTHEK

---

Brown, Peter: Autorität und Heiligkeit. Aspekte der Christianisierung des Römischen Reiches. 128 S. UB 9709

Daten zur antiken Chronologie und Geschichte. Hrsg.: M. Deißmann. 213 S. UB 8628

Deutsche Geschichte in Quellen und Darstellung. Hrsg.: R. A. Müller.

- Bd. 1: Frühes und hohes Mittelalter. 750–1250. Hrsg.: W. Hartmann. 472 S. UB 17001
- Bd. 4: Gegenreformation und Dreißigjähriger Krieg. 1555–1648. Hrsg.: B. Roeck. 437 S. UB 17004
- Bd. 5: Zeitalter des Absolutismus. 1648–1789. Hrsg.: H. Neuhaus. 488 S. UB 17005
- Bd. 6: Von der Französischen Revolution bis zum Wiener Kongreß. 1789–1815. Hrsg.: W. Demel, U. Puschner. 427 S. UB 17006
- Bd. 7: Vom Deutschen Bund zum Kaiserreich. 1815–1871. Hrsg.: W. Hardtwig, H. Hinze. 488 S. UB 17007
- Bd. 9: Weimarer Republik und Drittes Reich. 1918–1945. Hrsg.: H. Hürten. 464 S. UB 17009
- Bd. 10: Besatzungszeit, Bundesrepublik und DDR. 1945–1969. Hrsg.: M. Niehuss, U. Lindner. 480 S. UB 17010
- Bd. 11: Bundesrepublik und DDR. 1969–1990. Hrsg.: D. Grosser, St. Bierling, B. Neuss. 422 S. UB 17011

Deutschtum und Judentum. Ein Disput unter Juden aus Deutschland. Hrsg.: Ch. Schulte. 208 S. UB 8899

Einhard: Vita Karoli Magni / Das Leben Karls des Großen. Lat./Dt. Hrsg.: E. Scherabon Firchow. 96 S. UB 1996

Finley, Moses I.: Antike und moderne Demokratie. Mit einem Essay von Arnaldo Momigliano. 146 S. UB 9966

Die Französische Revolution. Ein Lesebuch mit zeitgenössischen Berichten und Dokumenten. Hrsg.: Ch. E. Paschold, A. Gier. 395 S. 22 Abb. 3 Kt. UB 8535

Die Französische Revolution in Deutschland. Zeitgenössische Texte deutscher Autoren. Augenzeugen, Pamphletisten, Publizisten, Dichter und Philosophen. Hrsg.: F. Eberle, Th. Stammen. 500 S. UB 8537

Friedrich der Große: Das Politische Testament von 1752. Übers.: F. von Oppeln – Bronikowski, Nachw.: E. Most. 195 S. UB 9723

Geschichte schreiben in der Postmoderne. Beiträge zur aktuellen Diskussion. Hrsg.: Ch. Conrad, M. Kessel. 372 S. UB 9318

Kleine deutsche Geschichte. Von Ulf Dirlmeier [u. a.]. 480 S. UB 9359

Kleine Geschichte Englands. Von Michael Maurer. 526 S. UB 9616

Kleine Geschichte Frankreichs. Von Heinz-Gerhard Haupt [u. a.]. Hrsg.: E. Hinrichs. 472 S. UB 9333

Kleine Geschichte Irlands. Von Michael Maurer. 336 S. UB 9695

Kleine Geschichte Rußlands. Von Hans-Heinrich Nolte. 536 S. UB 9696

Kleinschmidt, Harald: Geschichte der internationalen Beziehungen. Ein systemgeschichtlicher Abriß. 495 S. UB 17013

König Ingemar: Der römische Staat.
– Teil 1: Die Republik. 262 S. UB 8834
– Teil 2: Die Kaiserzeit. 550 S. UB 9615

Kultur & Geschichte. Neue Einblicke in eine alte Beziehung. Hrsg.: Ch. Conrad, M. Kessel. 392 S. UB 9638

Luther und die Deutschen. Texte zur Geschichte und Wirkung. Hrsg.: J. B. Müller. 235 S. UB 7916

Müntzer, Thomas: Die Fürstenpredigt. Theologisch-politische Schriften. Hrsg.: G. Franz. 160 S. UB 8772

Nipperdey, Thomas: Wie das Bürgertum die Moderne fand. 76 S. UB 17014

Ockham, Wilhelm von: Texte zur politischen Theorie. Exzerpte aus dem »Dialogus«. Lat./Dt. Hrsg.: J. Miethke, 400 S. UB 9412

Padberg, Lutz E. von: Die Christianisierung Europas im Mittelalter. 307 S. 19 Abb. 8 Kt. UB 17015

Paine, Thomas: Common Sense. Übers. u. Hrsg.: L. Meinzer. 123 S. UB 7818

Die Peinliche Gerichtsordnung Kaiser Karls V. von 1532 (Carolina). Hrsg.: G. Radbruch. Hrsg. d. 6., durchges. Aufl. 1991: A. Kaufmann. 160 S. UB 2990

Pufendorf, Samuel: Die Verfassung des deutschen Reiches. Übers. u. Hrsg.: H. Denzer. 224 S. UB 966

Die Revolution von 1848/49. Eine Dokumentation. Hrsg.: W. Grab. 279 S. UB 9699

Der römische Festkalender der Republik. Feste, Organisation und Priesterschaften. Von Angelika u. Ingemar König. 152 S. UB 8693

Sachsenspiegel. Landrecht und Lehnrecht. Hrsg.: F. Ebel. 267 S. UB 3355

Schulze, Hagen: Gibt es überhaupt eine deutsche Geschichte? 77 S. 11 Abb. UB 17016

Tocqueville, Alexis de: Über die Demokratie in Amerika. Ausw. u. hrsg.: J. P. Mayer. 391 S. UB 8077

Die Verfassung des Deutschen Reichs vom 11. August 1919. Hrsg.: H. Mosler. 80 S. UB 6051

Widukind von Corvey: Res gestae Saxonicae / Die Sachsengeschichte. Lat./Dt. Übers. u. Hrsg.: E. Rotter, B. Schneidmüller. 262 S. UB 7699

---

Philipp Reclam jun. Stuttgart

# Deutsche Geschichte in Quellen und Darstellung

Eine neue, elfbändige Reihe mit den wichtigsten Quellentexten der deutschen Geschichte. Jedes Dokument wird einzeln erläutert und in den historischen Kontext eingeordnet. Auf der Basis des authentischen Materials der Zeit entsteht so eine fortlaufend lesbare Einführung in die jeweilige Epoche.

Bd. 1: Frühes und hohes Mittelalter. 750–1250.
Hrsg. von W. Hartmann. 472 S. UB 17001

Bd. 2: Spätmittelalter. 1250–1495.
Hrsg. von J.-M. Moeglin u. R.A. Müller. (In Vorbereitung)

Bd. 3: Reformationszeit. 1495–1555.
Hrsg. von U. Köpf. (In Vorbereitung)

Bd. 4: Gegenreformation und Dreißigjähriger Krieg. 1555–1648.
Hrsg. von B. Roeck. 437 S. UB 17004

Bd. 5: Zeitalter des Absolutismus. 1648–1789.
Hrsg. von H. Neuhaus. 488 S. UB 17005

Bd. 6: Von der Französischen Revolution bis zum Wiener Kongreß. 1789–1815.
Hrsg. von W. Demel u. U. Puschner. 427 S. UB 17006

Bd. 7: Vom Deutschen Bund zum Kaiserreich. 1815–1871.
Hrsg. von W. Hardtwig u. H. Hinze. 488 S. UB 17007

Bd. 8: Kaiserreich und Erster Weltkrieg. 1871–1918.
Hrsg. von R. v. Bruch. (In Vorbereitung)

Bd. 9: Weimarer Republik und Drittes Reich. 1918–1945.
Hrsg. von H. Hürten. 464 S. UB 17009

Bd. 10: Besatzungszeit, Bundesrepublik und DDR. 1945–1969.
Hrsg. von M. Niehuss. 478 S. UB 17010

Bd. 11: Bundesrepublik und DDR. 1969–1990.
Hrsg. von D. Grosser, St. Bierling u. B. Neuss. 422 S. UB 17011

Philipp Reclam jun. Stuttgart